JN185129

これからの
強化学習

編著 | 牧野貴樹　澁谷長史　白川真一

著 | 浅田　稔　麻生英樹　荒井幸代　飯間　等
伊藤　真　大倉和博　黒江康明　杉本徳和
坪井祐太　銅谷賢治　前田新一　松井藤五郎
南　泰浩　宮崎和光　目黒豊美　森村哲郎
森本　淳　保田俊行　吉本潤一郎

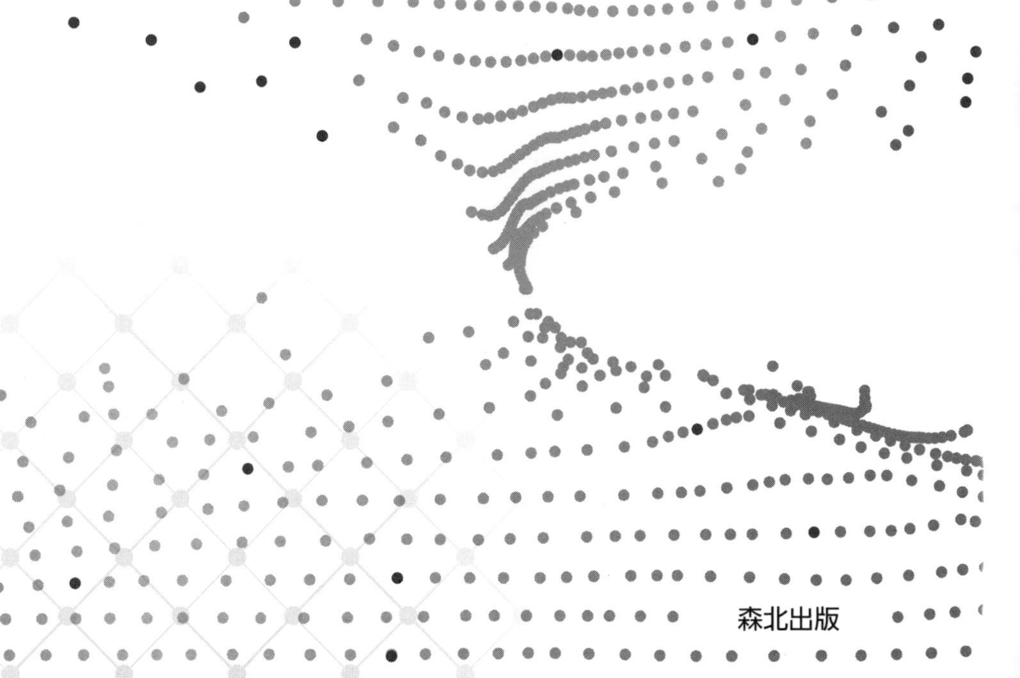

森北出版

はじめに

強化学習は，経験をもとに試行錯誤しながら最適な行動を獲得するための理論的枠組みである．近年，強化学習が注目を集めているのは，それがヒトや動物が環境に適応して行動を獲得するプロセスの本質を捉えているからである．生物が行動を獲得するときには，「正解」すなわち，各々の場面でとるべき行動が外部から与えられないことが多い．しかし，何度も試行しながら修正していくことで，何らかのハイレベルな目的を達成するような行動を自ら発見することができる．また，環境が変化して従来の方法が通用しなくなっても，誰からも教えてもらわなくても別の方法を見つけ出すことができる．このような，単なる知識の獲得では解けない問題を対象とするのが強化学習である．

たとえば，ヒトが自転車を練習して乗れるようになるのは，何度も練習することで，感覚と操作を対応づけることができるからである．また，最初から料理が上手な人はいないが，ある調理手順を試してみて，その結果とかかった時間を振り返る，という試行錯誤のプロセスを経ることで，次第に美味しい料理を短時間でつくれるようになるであろう．自転車を運転するプログラムの設計は一筋縄ではいかないが，強化学習を利用すると，コンピュータが自ら行動ルールを獲得できるようになる．あるいは，シェフが料理する手順を分析するために強化学習を利用することも考えられるだろう．

一般的には，強化学習は，機械学習とよばれる研究分野の一分野として捉えられることが多い．機械学習は，データから自動的に規則を獲得する枠組みであり，音声認識や自動識別など，すでに多くの分野で利用されている技術である．しかし，強化学習とそれ以外の機械学習では，決定的に違う点が一つある．それは，強化学習においては，アルゴリズムの出力によって，収集されるデータそのものが変化することである．ある操作に対して自転車の状態がどう変化するかは，その操作をすることではじめて知ることができるし，ある材料の組み合わせでつくった料理がどんな味になるかも，その材料で調理してみなければデータが得られない．通常の機械学習では扱えない，「データの足りない対象」に対して，試行することでデータを収集していくことが求められるのである．強化学習においては，この問題を，探索と利用のトレードオフとよんでいる．これまで収集したデータから単に最適なものを選ぶだけでは，まだ試していない領域についての知識が得られない．一方，新たな領域のデータを収集するためには，最適ではないかもしれない行動を試してみなければならないため，コストがかかる．

別の言い方をすると，「十分なデータをもっておらず，データの収集にコストがかかる世界において，データをどのように収集するか」が強化学習である，とみることもできる．その意味で，強化学習は，いわゆるビッグデータとよばれるような，データが与えられることが前提とされる他の機械学習とは，本質的に異なる問題に取り組んでいる．むしろ，データがない領域に対してどのように最適化するか，あるいは，どのようにデータをつくり出すかという，ビッグデータの次に必要となる技術であると言っても過言ではない．

また，動物やヒトの脳を理解するための理論的道具としても，強化学習は重要な役割を果たしている．脳内のさまざまな伝達物質やホルモンのはたらきを強化学習の概念と結びつけることで，脳のはたらきや疾患についての新たな見方を得ることが可能になった．ヒトのメカニズムを再現することでヒトを理解する，構成論的アプローチによる研究も進んでいる．

とはいえ，大きく広がった強化学習研究の全貌を把握することは容易ではない．これまで教科書とされてきた Sutton と Barto の『強化学習』† も発行から 20 年近く経過し，これだけで最新の研究を理解することは難しくなってきている．

本書の目的は，そのような強化学習の現在の研究を俯瞰することである．これから研究を始める大学院生や研究者が，研究分野の全貌の見取り図を知ることで，最新の研究を理解する手がかりになるものを目指した．

- 第 1 章では，強化学習の基礎的概念を，最新の見方をもとに簡潔に整理する．探索と利用のトレードオフや，方策の最適化のための反復法といった，他の強化学習の研究を理解するために必要となる項目を，初学者でも理解しやすい形で提示することを目指した．
- 第 2 章では，最新の研究に取り組んでいる研究者の方々による，最先端の理論をまとめる．最近の研究論文を読むときの手がかりとして，また，新たな研究テーマを探す手がかりとして役立てていただきたい．
- 第 3 章は，強化学習を実際に応用に取り組んだ例について，具体的な事例を紹介する．どのような問題が強化学習で解けるのか，また，どのように強化学習を適用できるのかがわかる，大変興味深い内容である．
- 第 4 章では，ヒトの理解という面における，強化学習の関連研究を紹介する．強化学習がどのように脳のはたらきと対応づけられているのか，また，内発的動機付けなど，脳の研究から強化学習にもたらされた新しい概念についてもわかる，大きく広がる内容である．

本書は，計測自動制御学会の学会誌『計測と制御』において掲載されたリレー解説「強化学習の最近の発展」をもとに，主に第 1 章を加筆する形で構成された．本書が，これから強化学習の研究を志す方々への道標となれば幸いである．

編　者

---

† Richard S. Sutton and Andrew G. Barto. *Reinforcement Learning: An Introduction.* MIT Press, Cambridge, MA, 1998. 邦訳『強化学習』(三上 貞芳, 皆川 雅章 (訳), 森北出版, 2000).

目　次

執筆者一覧

■編著者

牧野貴樹	グーグル株式会社　（はじめに，1.1～1.3 節，2.2 節，3.5 節，おわりに）
澁谷長史	筑波大学大学院システム情報工学研究科　（1.2 節，1.3 節，1.5 節，おわりに）
白川真一	横浜国立大学大学院環境情報研究院　（1.4 節，おわりに）

■著者　（50 音順）

浅田稔	大阪大学大学院工学研究科　（4.2 節）
麻生英樹	産業技術総合研究所　（3.6 節）
荒井幸代	千葉大学大学院工学研究科　（2.3 節，3.4 節）
飯間等	京都工芸繊維大学　（2.5 節）
伊藤真	沖縄科学技術大学院大学　（4.1 節）
大倉和博	広島大学大学院工学研究院　（3.2 節）
黒江康明	京都工芸繊維大学　（2.5 節）
杉本徳和	情報通信研究機構脳情報通信融合研究センター　（3.1 節）
坪井祐太	日本 IBM 東京基礎研究所　（3.5 節）
銅谷賢治	沖縄科学技術大学院大学　（4.1 節）
前田新一	京都大学大学院情報学研究科　（2.1 節，3.7 節）
松井藤五郎	中部大学生命健康科学部　（2.7 節）
南泰浩	電気通信大学大学院情報システム学研究科　（3.3 節）
宮崎和光	独立行政法人大学改革支援・学位授与機構　（2.4 節）
目黒豊美	NTT コミュニケーション科学基礎研究所　（3.3 節）
森村哲郎	日本 IBM 東京基礎研究所　（1.4 節，2.6 節）
森本淳	ATR 脳情報研究所　（3.1 節）
保田俊行	広島大学大学院工学研究院　（3.2 節）
吉本潤一郎	奈良先端科学技術大学院大学情報科学研究科　（4.1 節）

所属は 2016 年 5 月現在のものです．

第 1 章

強化学習の基礎的理論

この章では，強化学習の基本的概念について概説する．**1.1** 節では，強化学習がどのような問題を対象にしており，一般的な機械学習と何が異なるのかについて，できるだけ専門用語を使わずに解説する．**1.2** 節では，強化学習の理論を数式的に表す道具であるマルコフ決定過程 (**MDP**) を紹介する．**1.3** 節では，強化学習で最もよく使われる解法である，価値反復法について解説する．ここまで読むことで，最も簡単な強化学習の実装方法を知ることができるだろう．**1.4** 節では，価値反復法に代わって最近注目を集めている解法である方策勾配に基づくアルゴリズムを紹介する．また，**1.5** 節では，より複雑な強化学習問題を表現する基盤となる部分観測可能マルコフ決定過程 (**POMDP**) について紹介する．第 **2** 章で扱うような先進的な強化学習理論を学ぶためには本章に目を通しておくことが望ましい．

1.1 強化学習とは

牧野貴樹

強化学習とは試行錯誤しながら行動を最適化する理論的枠組みである，などという説明を聞くだけでは，強化学習とは何かを理解することは難しい．ここでは，強化学習がどのような問題を対象にしているのか，そこではどのような困難があるのか，ということを，まずは数式を使わず，例に基づいて説明したい．

1.1.1 強化学習の考え方

強化学習問題 (reinforcement-learning problem) とは，対象について不完全な知識しかなく，また，対象へのはたらきかけによって観測できることが変わってくる場合に，最適なはたらきかけ方の系列を発見するような問題である．最も典型的なケースは，自律的に動く主体が，周囲にはたらきかける場合であるので，強化学習では，行動する主体を**エージェント** (agent) とよび，はたらきかけられる対象を**環境** (environment) とよぶ．

たとえば，嵐で船が遭難し，無人の海辺に流れ着いた人を考えよう（図 1.1.1）．目が覚めたら知らない場所にいて，どこに何があるかもわからない．もしかしたら，危険な場所や，人を襲う動物が周囲にいるかもしれない．しかし，飲み水や食べ物を手に入れなければ，死んでしまうのはわかっている．こうした状況において，どのようにすればよいかを考えるためには，歩きまわったり，いろいろなもののにおいをかいでみたり，食べてみたり，などの環境へのはたらきかけを通して，探索しながら生き延びる方法を探さなければいけない．これは，強化学習問題の一例である．この例では，流れ着いた人がエージェントであり，流れ着いた浜辺の周囲が環境となる．

エージェントが環境に行うはたらきかけを，**行動** (action) とよぶ．エージェントは，いろいろな行動をとることができるが，どの行動をとるかによって，その後に何が起きるかが変わってくる．たとえば，歩いていける方向はいくつもあるだろうが，どちらに行くかでその次に見るものは大きく変わるだろう．エージェントが行動することで，変化する環境の要素を，**状態** (state) とよぶ．この例では，エージェントがいまどこにいるか，何を持っているか，といったことが状態に相当する．

同じ行動でも，どの状態でとるかによって，結果が大きく変わってくる．たとえば，同じ「水を飲む」という行動でも，手にしている水が海水であれば身体にダメージがあ

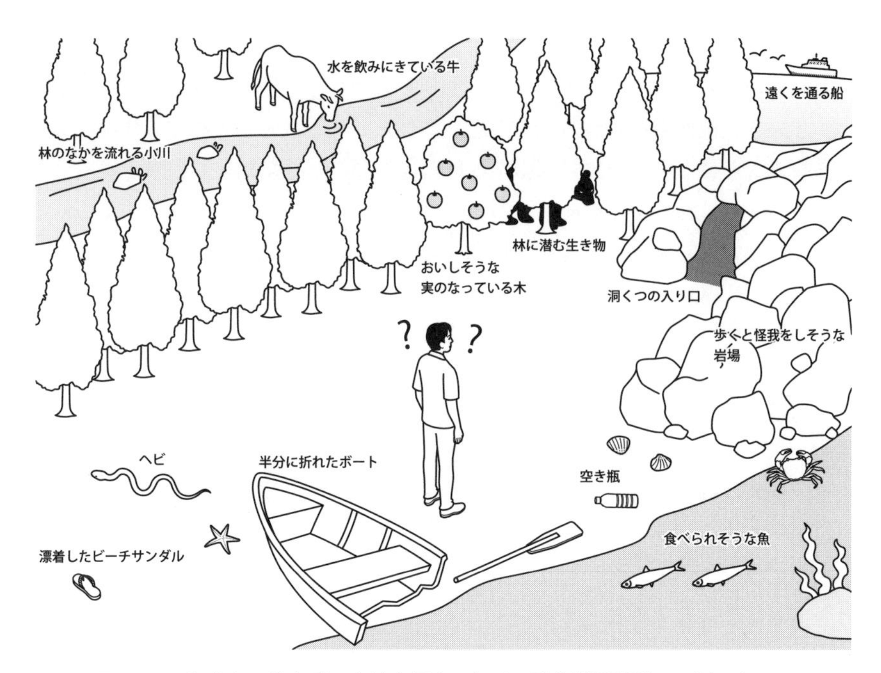

図 1.1.1　無人島で生き残る方法を探すことは，強化学習問題の一例である．

る一方，きれいな湧き水を飲めば元気が出てくるだろう．あるいは，砂浜を歩くと別の場所に移動できるが，岩場を歩けば転倒して怪我をするかもしれない．強化学習では，未知の環境で発生するいろいろなことを統一的に比較する指標として，**報酬** (reward) とよばれるスカラー値で行動の結果の良さを表す．きれいな水を飲むなど，エージェントにとって良いことに対しては大きな報酬を，海水を飲むなど悪いことには少ない報酬を割り当てる（負値を使うことも多い）．報酬は，経済学では**利得** (utility) とよばれ，制御工学では符号を反転して**損失** (loss) または**コスト** (cost) とよばれるが，強化学習の文脈では同じものと思ってよい．強化学習問題とは，置かれた環境のなかで，行動の選択を通して得られる報酬の総和を最大化する問題である．

強化学習では，多くの場合，行動の結果や与えられる報酬は確率的に変化するものとして与えられるため，一連の行動を最初に決定しておくよりも，行動の結果を観測してから次の行動を決めるほうが，より良い行動を選択できる．そこで，エージェントの行動決定の**方策** (policy) を，観測の結果（現在の環境の状態）を入力として，行動を出力とする関数の形で表す．強化学習では，ありうる数多くの方策のなかから，最適な方策，すなわち，最も多くの報酬をもたらす方策を選択することが目的となる．

単純には，エージェントはより多くの報酬につながる行動を選べばよいわけだが，ある行動をとった直後の報酬値（これを**即時報酬** (immediate reward) とよぶ）だけに注目していると，局所的な解に落ち込んでしまう．たとえば，歩いて周囲を探索すると体力を消耗するので，流れ着いた浜辺で動かずにじっとしているほうが即時報酬が高い，という状況が考えられる．しかし，いつまでもじっとしていても状況はそれ以上良くなることはない．逆に，探索を始めたばかりのときには何も報酬が得られなくても，そのあとに別の行動を組み合わせることで，はじめて大きな報酬が得られるかもしれない（食べ物を見つけるなど）．これを**遅延報酬** (delayed reward) とよぶ．強化学習においては，即時報酬と遅延報酬を合わせ，得られる長期的な報酬を最大化するような行動を選ぶことが必要になる．遅延報酬の扱いは，強化学習における本質的な問題の一つである．

遅延報酬を考慮に入れて考えようとすると，即時報酬だけでなく，その後に得られる報酬すべてを含めた結果，すなわち**収益** (return, income) を最大化することが必要になる．報酬は外部から与えられるものであるのに対し，収益は最大化したい目標としてはエージェントが自ら設定するものであるので，エージェントの考え方に応じて計算式が変わってくる．たとえば，より遠くの未来の報酬を**割引** (discount) した報酬和として収益を計算することも多い．

しかし，収益は，まだ起きていない未来の出来事に依存する確率変数であるので，エージェントの現在の状態，使う方策などを固定した場合の条件つき期待値として，**価値** (value) を計算する．価値には遅延報酬も含まれているため，価値が大きくなる条件を探すことができれば学習ができることになる．

方策が変わると価値も変わるため，あくまである方策をとった場合の価値しか計算することはできない．しかし，エージェントは，価値を計算することで，どう方策を変えればより多くの価値が得られるかを知ることができる．試行錯誤を通してデータを収集し，価値を計算しながら方策を改善していくことが，強化学習における基本的な戦略となる．この例の状況であれば，岩場は歩きにくい（=報酬が少ない）ため，ほかに何もなければ行く意味がない（=この人にとって価値が低い）ので，岩場には行かない（=岩場に向かう行動を避けるような方策を選ぶ）．しかし，岩場の奥まで行ってみると，洞窟があり，雨風をしのげる（=報酬が多い）ことがわかったとすれば，岩場を通る行動に変えるかもしれない（岩場を通って洞窟に向かう方策を選ぶ）．行動をとることで得られる情報を通じて，方策を改善し続けていけば，だんだん得られる報酬が増えていくだろう．

とはいえ，もしもいま置かれた環境について完全にわかっているならば，試行錯誤によらなくても，価値を計算したり，最適な方策を求めたりすることは可能である．たとえば，東側にきれいな湧き水があると知っていれば，そこに行けば水が手に入ることがわかる．西側の浜に空き瓶が流れ着いているのを知っていれば，飲み水を汲むという一連の行動を計画することもできるだろう．

実際，最適行動決定の問題は，制御工学においても多く扱われているが，古典的な問題設定では，エージェントはノイズ項以外は環境について完全な知識があると仮定されている．あるいは，オペレーションズ・リサーチやミクロ経済学においても，他の行動主体は常に理性的な行動を選択するという強い仮定があり，また全エージェントが行動を選択した後の結果については完全な知識があると仮定されている．しかし，このような仮定をおくと，解ける問題は限定されてしまう．

強化学習の問題では，ほとんどの場合，エージェントが環境に関して事前の知識をもっていない，あるいは知識が不完全であると仮定する．すなわち，観測できるのは，現在の状態だけであり，どの行動をとると，どのように状態が変化するかはわかっていない．不完全な知識の上で，知識を収集しながら最適な行動を計画するためはどうすればよいかを考えることが，強化学習における中心的な課題となる．

このことは，**探索と利用のトレードオフ** (exploration-exploitation tradeoff) という，もう一つの強化学習の本質的な問題を引き起こす．単純な期待値だけを考えれば，これまで試したなかで最も良さそうな選択肢を選べばよいのだが，そうしていると，そのほかの選択肢がどの程度良い結果をもたらすか知ることができない．もしかすると，海にはたまに船が通るので，そのとき海辺にいれば助けを求めることができるかもしれないが，何もないのに何度も行っても手間がかかるだけである．かといって，一度行って船がいなかったので二度と行かないと決めてしまうと，チャンスを逃してしまうかもしれない．これまでの学習結果を**利用** (exploitation) しようとすると，**探索** (exploration) が減ってしまい，機会損失が増えてしまう．一方，探索を増やせば，学習した最良の行動とは異なる行動をとることが増えるため，得られる報酬が減ってしまう．学習した最良の行動との差が，探索のコストということになる．

ここでは簡単のために極端な例をあげたが，環境の不完全な知識しかない状況で，学習結果により観測が変化する場合には，常に成り立つことに注意されたい．たとえば，どこに釣り針を垂らすと魚が釣れるか，どう自転車を操作すると転ばないか，どう Web 広告を出すと一番クリックされるか，といったようなことは，どれも強化学習問題の例であり，遅延報酬や探索と利用のトレードオフが問題になる例である．

この節では，最も簡単な強化学習問題の例として，多腕バンディット問題を例に考える．多腕バンディット問題は，行動によって状態が変化しないので，遅延報酬や価値といった道具なしでも解ける，強化学習のなかでは非常に単純な状況設定と言える．しかし，その単純な例においても，強化学習の困難である探索と利用のトレードオフが発生する．以下では多腕バンディット問題を通して，探索と利用のトレードオフがなぜ発生するのか，そしてどのように克服するのか，を見ていきたい．

1.1.2 多腕バンディット問題

One-armed bandit とは，スロットマシンを指す米俗語である．コインを入れて腕を引くと，スロットマシーンの表示が変化し，確率的に当たりが出ることにより賭けた額の何倍かが払い戻される．ここで，腕が K 本あるスロットマシンを考えよう（多腕バンディット[3]）．簡単のために，払い戻される額を R と置き，腕 $i(i = 1, ..., K)$ を引いた場合の当たりが出る確率を p_k とする．簡単のため，スロットマシーンの状態は変化しないと考える．目的は，腕の選び方を通して，多数回の試行で得られる払戻額の和を最大化することである．

確率値 p_k が既知であれば，明らかに，腕 k を引いた場合の払戻額の期待値が Rp_k であるので，プレイヤーの最適な戦略は，R と p_k の積が最大になる腕 k を選び続けることになる．しかし，通常，プレイヤーは事前に確率値を知ることはできない．できるのは，実際にその腕を引いてみて，出てくる結果を見ることだけである．このような場合に，どのように腕を選んだら，払戻額を最大化することができるだろうか．

1.1.3 greedy アルゴリズム

最も単純な手法として，greedy アルゴリズム（貪欲法）がある．これは，これまでの結果から期待値が最大の腕を選択する，というものである．もちろん，何も情報がない時点では greedy アルゴリズムは動作できないので，最初に探索することで情報を収集する必要がある．たとえば，各腕を n 回ずつ引く，といったことが考えられるだろう．もしも探索の結果，正確な期待値を見積もることができた場合，greedy アルゴリズムはその情報を「利用」して，最適な腕を選ぶことができる．

Algorithm 1.1.1 ： greedy アルゴリズム

まだ n 回選んだことがない腕がある場合，その腕を選ぶ

それ以外の場合，すべての腕に対して，これまでの報酬の平均を計算する

$$\mu_i = \frac{\text{これまで腕 } i \text{ から得られた報酬の和}}{\text{これまで腕 } i \text{ をプレイした回数}}$$

μ_i が最大の腕を選ぶ

では，どの程度情報収集すれば十分であると言えるだろうか．試行回数 n を増やせば増やすほど，より正確な期待値を見積もることが可能になる．しかし，最適ではない腕も含めて n 回ずつ賭けるということは，n を増やせば増やすほど，そのあいだ，得られる払戻額は減ることになる．もしも少ない探索で最適な腕を見つけていれば，探索する場合より多くの払戻額を得ることができるはずである．これは，探索のコストと考えることができる．探索コストはできるだけ少ないほうが望ましい．

一方，試行回数 n が少ない場合，期待値の分散が大きくなるため，誤って最適でない腕を選択してしまう可能性が増える．このときの誤り方は次の 2 種類に分けられる．

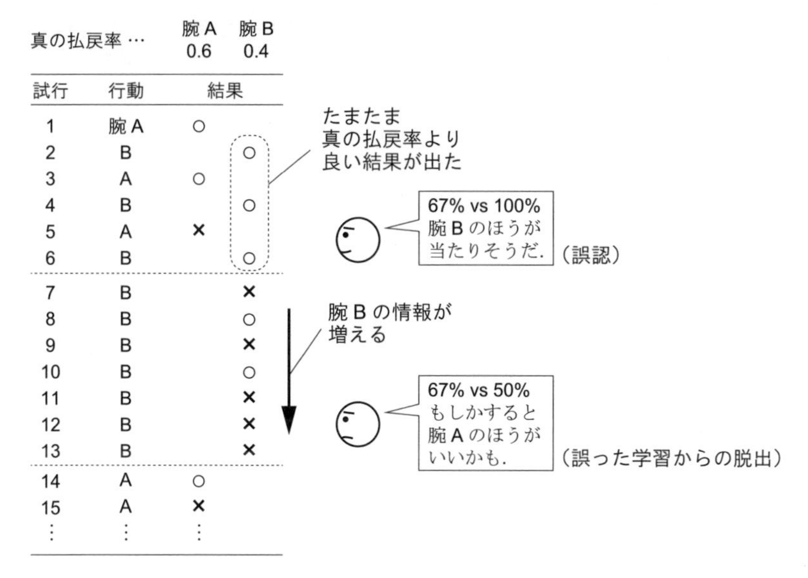

図 1.1.2 払戻率を大きい側に誤認した場合

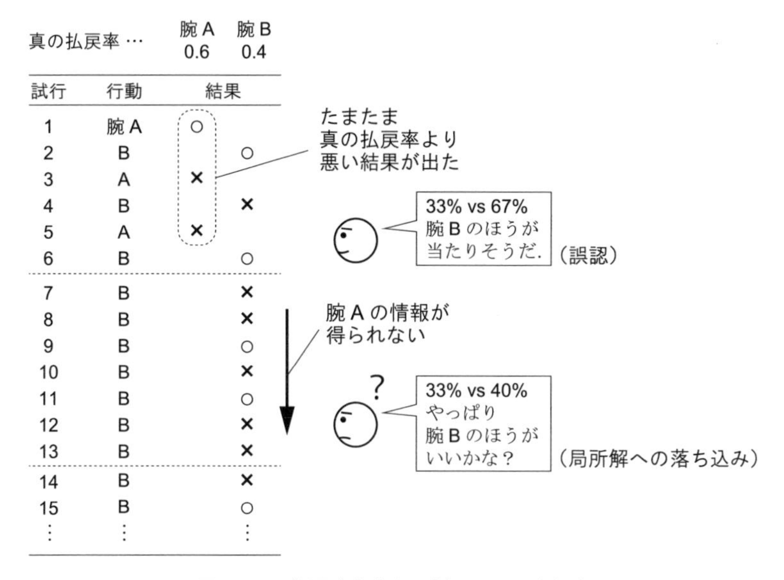

図 1.1.3 払戻率を小さい側に誤認した場合

- 本来は最適ではない腕 i' が，たまたま試行のときに多く当たったため，腕 i' の払戻率 $p_{i'}$ が最適な腕 i の払戻率 p_i より大きいと誤認してしまう（図 1.1.2）.

- 本来は最適である腕 i が，たまたま試行のときにあまり当たらなかったため，腕 i の払戻率 p_i が最適でない腕 i' の払戻率 $p_{i'}$ より小さいと誤認してしまう（図 1.1.3）.

この両者に大きな違いがないように見えるかもしれないが，結果は大きく異なってくる.

前者の場合に起きる問題は，本来は最適ではない腕 i' を最適であると誤認することである．その場合，greedy アルゴリズムは「腕 i' を引き続ける」という誤った最適解を実行してしまう．しかし，その誤った最適解に基づいて腕 i' を引き続けていれば，腕 i' の結果がより多く集まってくるため，$p_{i'}$ の見積もりの誤差は試行を増やすほど減少する．その結果，greedy アルゴリズムであっても，いつかは誤りを修正できる.

一方，後者の場合にも，本来は最適ではない腕 i' を最適であると誤認する問題が起きることは変わらない．しかし，greedy アルゴリズムが「腕 i' を引き続ける」という誤った最適解を実行し続けた場合，本来は最適な腕 i についての情報は集まらないため，試行を繰り返しても推定誤差は減少しない．結果として，いつまでも誤った最適解から脱出できない，ということが起こる．これは，greedy アルゴリズム，すなわち利用のリスクと考えることができる．このリスクもできるだけ少ないほうが望ましい.

よりコストをかけて探索を行えばリスクを減らすことはできる．が，無限にコストをかけてもリスクをゼロにすることはできない．一方，コストを削減しようとすると，より大きなリスクを負うことになる．これが探索と利用のトレードオフである．トレードオフの最適解は，得られた情報の量と偏りによって動的に変化する．この複雑な問題を解くための枠組みが，強化学習である.

このトレードオフは，教師付き学習においては発生しない，強化学習特有のものであることに注意されたい．なぜなら，教師付き学習の枠組みにおいては，訓練データがすでに用意されており，そのうえで最適な予測を実現することが求められているからである．しかし，もし学習結果に基づいて収集されるデータが変化するような場合に，そのまま教師付き学習の手法を適用してしまうと，それは greedy アルゴリズムと同様の問題を発生させる（grandfathering effect ともよばれる）．このような問題においては，探索と利用のトレードオフが本質的な困難であることを認識し，その問題を解決できるような手法を利用しなければならない.

理論的には，探索のコストと，最適解を取り違えるリスクを統一して取り扱うために，リグレットに基づく分析がよく用いられているが，詳細は 2.2 節に譲る.

1.1.4 ε-greedy アルゴリズム

最初に探索してから利用する，というスケジュールをとっている限り，リスクをゼロにすることはできない．また，最初にすべて探索しようとすると，多くのコストがかかる．利用と探索を織り交ぜていくことで，コストを減らしつつ，リスクを漸減させることが可能になる．

よく知られている単純な方法として，ε-greedy アルゴリズムがある．これは，確率 ε でランダムな腕を選ぶ以外は，greedy アルゴリズムと同じである．ε $(0 \leq \varepsilon \leq 1)$ は人が設定するパラメータであり，$\varepsilon = 0$ で greedy アルゴリズムと等価になる．

Algorithm 1.1.2 ： ε-greedy アルゴリズム

まだ選んだことがない腕がある場合，その腕から一つ選ぶ
確率 ε で，すべての腕からランダムに一つ選ぶ
確率 $1 - \varepsilon$ で，これまでの報酬の平均 μ_i が最大の腕を選ぶ

greedy アルゴリズムにより，見積もりが不確かな段階でも期待値が高い腕に多くの試行を集めることで，探索コストを減らすことができる．そして，$\varepsilon > 0$ であれば，すべての腕がいつかは十分な回数試されることになるため，期待値の誤差は 0 に収束し，リスクも減らしていくことができる．とはいえ，確率 ε でランダムな腕を選び続けることから，探索コストは試行回数に比例することになる．ε を少しずつ減らしていくことで，探索コストを削減できることが知られているが（2.2 節参照），ランダムよりは効率の良い探索方法がありそうである．

1.1.5 不確かなときは楽観的に

どのようにしたら，探索のコストとリスクを同時に減らすことができるだろうか．

探索と利用のトレードオフを解く方法として，「不確かなときは楽観的に (optimism in face of uncertainty)」という原理が知られている．これは，直感的には，前項で見た 2 種類の誤りの非対称性から説明できる．ある選択肢の期待値が真の値より小さく見積もられる場合は，間違いを修正することは困難であるが，ある選択肢の期待値を真の値より大きく見積もった場合には，何度かその選択肢を選ぶうちに間違いが修正されるのである．そのため，期待値に不確実性があるときには，その不確実性の範囲のなかで，大きい期待値を仮定すべき（楽観的に見積もるべき）ということが，この原理の示すところである．

Bubeck らの説明[2] によれば，この原理は，(1) 現在の知識と整合性のあるような「想定しうる環境」という集合をまず考え，(2) その集合から「最も都合の良い」環境を選び出す．そして，(3) その最も都合の良い環境における最適解を次の行動とする．この原理は，厳密な証明などがあるわけではないが，多腕バンディットだけに限らず，多くの強化学習問題に対して有効にはたらくことが知られている．

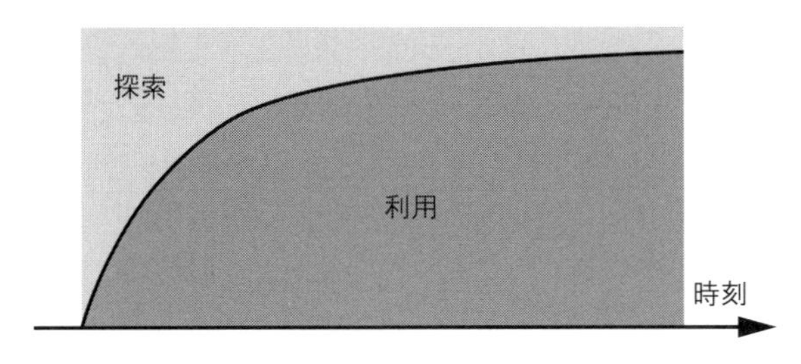

図 1.1.4　楽観主義原理に基づく場合の探索と利用のトレードオフ

不確かさは，学習の開始時には大きく，試行を繰り返すたびに減少していくので，図 1.1.4 のように，学習の初期は探索に重点が置かれ，後期になると利用に重点が置かれることになる．これは，実際の必要性にも合致しており，効率的に探索しつつ利用することが可能になっている．

最も単純に楽観主義原理を実装する方法である楽観的初期値法をアルゴリズム 1.1.3 に示す．これは，学習前に各腕から報酬の最大値を K 回観測していた，という形で，各腕の価値の楽観的な期待値を見積もるというものである．観測回数が増えてくると，この値は真の期待値に近づいていく．また，実装が簡便なため，用いられることが多い．しかし，この方法では最適解の学習に失敗する反例があることが知られているので，探索が重要な問題に対しては理論的な保証のある方法を利用するほうがよい．

Algorithm 1.1.3 ：**楽観的初期値法**

報酬の上界 r_{sup} とする
学習中に観測した結果に加え，各腕から r_{sup} の報酬が K 回観測されていたと考えて，各腕の報酬の期待値を計算する

$$\mu'_i = \frac{\text{これまで腕 } i \text{ から得られた報酬の和} + K r_{\mathrm{sup}}}{\text{これまで腕 } i \text{ をプレイした回数} + K}$$

μ'_i が最大の腕を選ぶ

楽観主義原理に基づくより洗練された手法としては，多腕バンディット問題の解法としてよく用いられている Upper Confidence Bound (UCB) アルゴリズム[1] が有名である（アルゴリズム 1.1.4）．ここで，x_i は，腕 i の払戻額の期待値に，腕 i の払戻額の信頼区間の幅の半分を加算した値である．これは，不確実性のなかでできる限り楽観的な見積もりをもとに，選択肢を決定することを意味する．また，信頼区間の確率を少しずつ 1 に近づけていくことで，すべての選択肢に対して必要な探索が行われることを保証しつつ，探索のコストも最適解を間違えるリスクも少なくできることが理論的に証明されている．

Algorithm 1.1.4 ： UCB1 アルゴリズム

R: 払戻額の最大値と最小値の差
まだ選んだことのない腕があれば，そのうちの一つを選ぶ
各々の腕 i から得られる報酬の期待値を計算する

$$\mu_i = \frac{\text{これまで腕 } i \text{ から得られた報酬の和}}{\text{これまで腕 } i \text{ を選んだ回数}}$$

各々の腕 i から得られる報酬の信頼区間の半幅を計算する

$$U_i = R\sqrt{\frac{2\ln(\text{これまでの総プレイ回数})}{\text{これまで腕 } i \text{ をプレイした回数}}}$$

$x_i = \mu_i + U_i$ が最大の腕 i を選ぶ

1.1.6 多腕バンディット問題の学習の例

$K = 4$ の場合のシミュレーション結果を示す．四つの腕の払戻額は同じで，払戻率がそれぞれ 0.2, 0.3, 0.4, 0.5 の設定だが，エージェントはそのことを知らない．10,000 時間ステップの学習を 10,000 回繰り返して，学習時間に対する行動の分布を比較した．

greedy アルゴリズムで実行した場合（図 1.1.5），早期に一定の戦略に収束してしまうため，最適ではない戦略をずっととり続けてしまうエージェントが少なからずいることがわかる．これが，探索を行わないことによる損失である．

一方，ε-greedy アルゴリズムの場合は（図 1.1.6），探索の機会が与えられるため，いつかは最適な腕を発見することができる．しかし，ε の確率で探索を繰り返すため，長い時間学習を続けても，最適ではない戦略を選ぶ行動が一定割合で残る．これが，探索を行うことによる損失である．

UCB アルゴリズムにおいては（図 1.1.7），探索回数や探索先が信頼区間によってスケジュールされるため，払戻率の明らかに悪い腕 A に比べてまあまあ良い腕 C に多くの探索行動を行うこと，また，学習が進むにつれて他の腕を試す探索行動が減っていくことがわかる．そのため，長期的には，得られる報酬を最大化することができる（図 1.1.8）．しかし，時刻 4,000 までの範囲では ε-greedy アルゴリズムに比べて平均獲得報酬が劣っている．これは，UCB アルゴリズムは長期的な報酬和の理論下限を最適化しているため，学習初期には探索を重視した行動選択をするためである．これらの結果を通して，探索と利用のトレードオフに対するアプローチの違いが，どのように学習の結果に現れるかを見ることができるであろう．ただし，この一つの実験だけでアルゴリズムの優劣を議論することには意味はないことに留意されたい．強化学習において重要なことは，特定の環境でどちらが速く学習できるかということではな

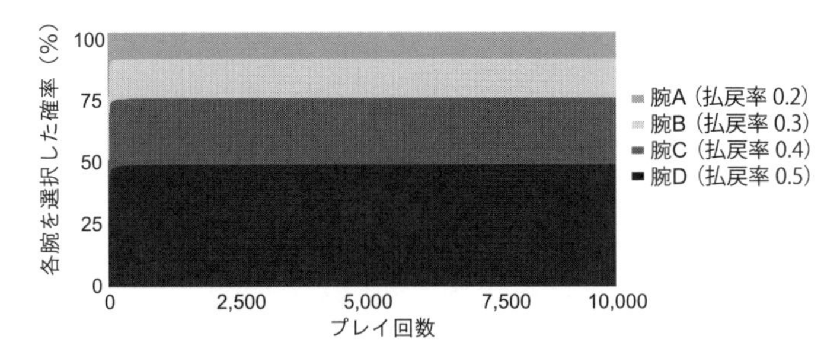

図 1.1.5 greedy アルゴリズムによるバンディット問題の学習経過

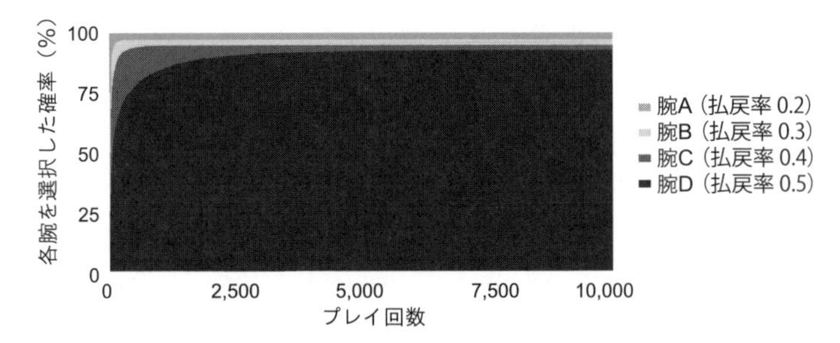

図 1.1.6 ε-greedy アルゴリズム $(\varepsilon = 0.1)$ によるバンディット問題の学習経過

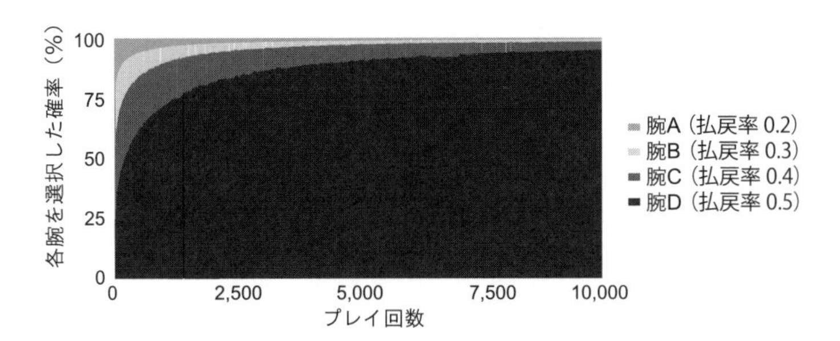

図 1.1.7 UCB1 アルゴリズムによるバンディット問題の学習経過

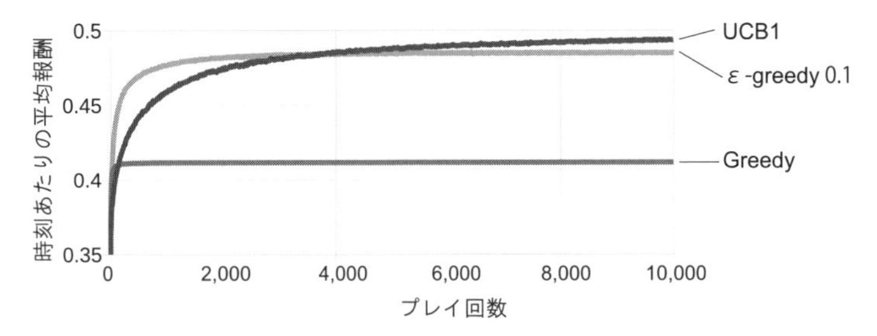

図 1.1.8 三つのアルゴリズムによるバンディット問題の平均報酬の変化

く，さまざまな未知の環境において，自ら情報収集してロバストに良い行動を獲得できるか，ということである．対象が未知であり，情報を収集しながら学習しなければならないという強化学習の性質を考えると，問題によって最適なアルゴリズムが違ってくるのは当然であるとも言える．実際に強化学習を適用する場合には，対象とする問題の性質に合わせた適切なアルゴリズムの選択が必要である．

1.1.7 まとめ

本節では，多腕バンディット問題を題材として，探索と利用のトレードオフがなぜ生じるかについて解説した．これは，多腕バンディット問題に限らず，これまで収集した情報に基づいて次に調べる対象を決めるような場合に広く起きる問題である．このような場合に，教師付き学習の結果をそのまま利用しようとする（greedy アルゴリズム）と，適切な探索が行われないため，最適な結果にならないことがあることを見てきた．そして，探索と利用のトレードオフを解くための発見的原理として，「不確かなときは楽観的に」を紹介した．本書の他の場所で紹介される強化学習アルゴリズムの多くは，対象となる問題に合わせて，何らかの形でこの「不確かなときは楽観的に」の原理を実装したものとなっている．このような視点で見ることで，一見複雑に見える強化学習のアルゴリズムも理解しやすくなるのではないだろうか．

参考文献

[1] Peter Auer, Nicolò Cesa-Bianchi, and Paul Fischer. Finite-time analysis of the multi-armed bandit problem. *Machine Learning*, 47(2/3):235–256, 2002.

[2] Sébastien Bubeck and Nicolò Cesa-Bianchi. Regret analysis of stochastic and non-stochastic multi-armed bandit problems. *Foundations & Trends in Machine Learning*, 5(1):1–122, 2012.

[3] Herbert Robbins. Some aspects of the sequential design of experiments. *Bulletin of the American Mathematical Society*, 55:527–535, 1952.

1.2 強化学習の構成要素

澁谷長史，牧野貴樹

前節で紹介した多腕バンディット問題は，腕の選択という「行動」のみを考慮する，強化学習の特別な場合であった．一般の強化学習問題においては，前の行動とその結果によって次にとるべき行動が変わってくることを表現するため，「状態」という概念が入ってくる．状態が行動によって変化していくため，この問題を解くための枠組みである強化学習には，必然的に時間的な過程を取り扱うことが求められる．

本節では，これから強化学習の理論を組み立てていくのに必要な諸概念について述べる．そのために，まず，強化学習の基本的な枠組みと，相互作用を記述するための数理モデルであるマルコフ決定過程について述べる．最後に，このモデルに基づいて，収益，価値，方策などの諸概念を定式化する．

1.2.1 強化学習の基本的な枠組み

強化学習の枠組みは，エージェント，環境，およびそれらのあいだの相互作用からなる．エージェントは，行動決定の主体である．環境は，エージェントが相互作用を行う対象である．相互作用とは，情報の受け取りと引き渡しを行うことである．

1.1 節の無人島の例では，流れついた人がエージェントに，流れ着いた浜辺の周囲が環境に相当していた．強化学習問題では，エージェントの内部構造を設計することはできるが，環境は原則として所与であるとして考える．

相互作用を記述する数理モデルはいくつかあり，そのなかでもマルコフ決定過程 (Markov Decision Process: MDP) が最も基本的である．この場合の強化学習の枠組みを図 1.2.1 に示す．エージェントと環境は，1 時間ステップごとに，状態，行動，報酬という三つの情報（変数）を受け取ったり引き渡したりする．この図に示されるように情報のやりとりは，ループ構造を形成する．太い縦線は，その始点を表している．この枠組みでは，マルコフ決定過程という数理モデルによって相互作用を記述する．なお，より発展的な環境のモデルとして，エージェントが状態を直接受け取ることができない部分観測マルコフ決定過程などがある．どの数理モデルを採用すべきかは，強化学習を適用しようとしている設計者が，適用しようとしている系をどのように見ているかに依存する．

三つの変数のうち，状態は，エージェントが置かれている状況を表す．1.1 節の例で

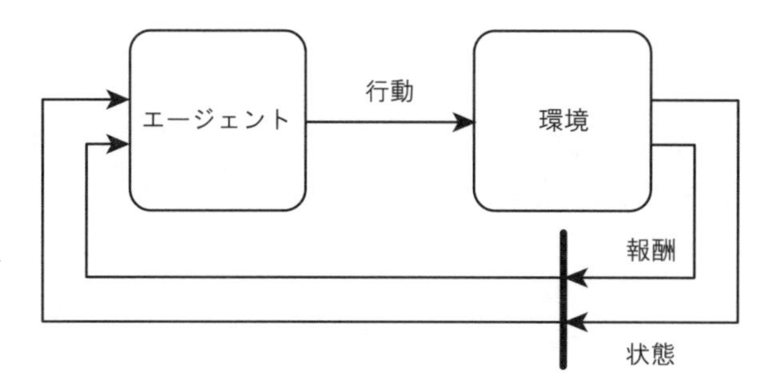

図 1.2.1 強化学習の基本的な枠組み

は，流れ着いた人の位置や所持品などがこれに当たる．実際の強化学習問題の事例では，倒立振り子を制御しようと思えば，振り子の角度と角速度が状態となり，状態遷移グラフで挙動が記述できるような系では，一つのノードが状態になる．

行動は，エージェントが環境に対して行うはたらきかけの種類を表す．1.1 節の例では，流れ着いた人の動きがこれに相当していた．さきにあげた倒立振り子の例では，振り子に与えるトルクの大きさが相当し，状態遷移グラフの例では，現在のノードから出発するリンクに相当する．

報酬は，その行動の即時的な良さを表す．エージェントは，環境から現在の状態と報酬を受け取り，行動集合のなかから行動を決定し，これを環境に引き渡す．報酬は，1 時間ステップ前の状態，1 時間ステップ前に決定した行動，および現在の状態によって決まる値である．

エージェントが行動を決定するためのルールは，**方策**とよばれる．強化学習問題を解くということは，できるだけ多くの報酬を受け取れるように，この方策を設計するということである．1.1 節でも述べたように，あらかじめ方策を設計しておくことは，環境に関する情報をすべてもっていれば可能かもしれないが，ここでは環境の挙動が未知であることを前提としているため不可能である．したがって，エージェントが「行動」を通して環境にはたらきかけ，その結果を「報酬」と「状態」という形で観測することを通じて，方策を改善していくようなアルゴリズムを設計することが，設計者にとっての具体的な課題となる．さまざまな種類の強化学習問題に対して，どのようにすれば良い方策を獲得できるのかということについては，本書全体を通して述べていくこととなる．

環境は，エージェントが決定した行動を受けて，次なる状態と報酬を決定し，これらをエージェントに引き渡す．強化学習において環境の挙動は原則として設計者の設計対象の外であると考える．ただし，どのような条件でどれくらいの報酬を環境がエージェントに引き渡すのかということを定める報酬関数に関しては，エージェントが達成すべきゴールを表すものであるので，問題設定の一部として設計者が与える必要がある．報酬関数をどのように定めるかということは，強化学習において重要な課題となる．

ここまで，エージェントと環境が与えられているとして，強化学習の枠組みについて述べてきた．しかし，自分が構築したいシステムにおいて，エージェントと環境の境界をどのように設定すべきか（どの部分をエージェントと捉え，どの部分を環境と捉えるべきか）ということは自明ではなく，実際非常に悩ましい問題である．この問題は，エージェントにとっての状態や行動をどのように設計すべきかということに関わる．たとえば，ロボットの制御に強化学習を適用しようとしたときに，アクチュエータに対する指令値を行動とするのか，あるいはアクチュエータの出力そのものを行動とするのかによって，エージェントと環境の境界は変わってくる．前者の考え方をとれば，アクチュエータは環境に含まれるが，後者ではエージェントに含まれる．どの切り分け方が適切かについて，定まった答えがあるわけではなく，システムの設計者がどのように捉えるかという問題である．

1.2.2 マルコフ決定過程による時間発展の記述

この節では，状態，行動，報酬といった相互作用を記述する数学的道具として，**マルコフ決定過程** (Markov Decision Process: MDP) の定義をする．とくに本節では，状態や行動の種類が有限である有限マルコフ決定過程について述べていく．

マルコフ決定過程は，状態空間 $\mathcal{S}$，行動空間 $\mathcal{A}(s)$， 初期状態分布 P_0，状態遷移確率 $P(s'|s,a)$ および報酬関数 $r(s,a,s')$ という要素によって記述される確率過程である．

状態集合 $\mathcal{S}$ を，すべての状態からなる集合とする．この集合の要素を表す変数を s としよう．また，とくに要素をよび分ける必要があるときには，添字をつけることにする．つまり，N 種類の状態からなる状態集合は

$$\mathcal{S} = \{s_1, s_2, \ldots, s_N\} \tag{1.2.1}$$

である．ここでもう一つ，変数を導入しよう．時間ステップ t における状態を表す確率変数を S_t とする．すなわち，S_t は，$\mathcal{S}$ の要素のうち，いずれかの値をとる変数である．どちらも，右下に整数の添字がつくためまぎらわしいので注意されたい．時間ステップ 0 から順に状態を並べて書くと，

$$S_0, S_1, S_2, \ldots, S_t, \ldots \tag{1.2.2}$$

となる．このそれぞれは，$s_1, s_2, \ldots, s_N$ のうち，いずれかを指す．

次に，行動集合 $\mathcal{A}(s)$ を，ある状態 s において選択可能なすべての行動からなる集合とする．また，s と同様に，とくに要素をよび分ける必要があるときには，添字を

つけることにする．つまり，

$$\mathcal{A}(s) = \{a_1, a_2, \dots, a_M\} \tag{1.2.3}$$

である．この集合の要素を表す変数を a としよう．(s) がついているのは，状態ごとに集合の要素や要素の数が違っていることもあるからである．もしも行動集合が状態によって不変であれば，(s) を省略し，単に $\mathcal{A}$ と表す．状態と同様に，時間ステップごとにエージェントが決定した行動を表す変数を導入する．状態 S_t において決定された行動を表す確率変数を A_t とする．すなわち，A_t は，$\mathcal{A}(S_t)$ の要素のうち，いずれかの値をとる変数である．ステップ 0 から順に状態を並べて書くと，

$$A_0, A_1, A_2, \dots, A_t, \dots \tag{1.2.4}$$

となる．このそれぞれは，$a_1, a_2, \dots, a_M$ のうち，いずれかを指す．

最後の変数である報酬を導入しよう．$\mathcal{R}$ をすべての実数からなる集合とする．S_t，A_t および S_{t+1} に依存して定まる報酬を表す確率変数を R_{t+1} とする．報酬 R_{t+1} は，$\mathcal{R}$ のうちいずれかの実数をとる．ただし，有界である（= 正または負の無限大に発散しない）とする．

以上で，状態・行動・報酬の三つの変数を導入し，相互作用の内容を表す準備が整った．これを受けて次に，マルコフ決定過程のモデルにおいて，どのようにしてこれらの変数が定まるかを見ていく．

まず環境は，初期時刻における状態（初期状態）を確率的に決定し，これをエージェントに引き渡すこととなる．この「初期状態を確率的に決定」するための確率分布は初期状態分布とよばれ，初期状態の存在確率を表す分布である．環境のモデルを規定する重要な要素である．初期状態分布とは，時間ステップ 0 における状態 S_0 は，この確率によって決定される．このことは，数式を使って

$$S_0 \sim P_0(s) \tag{1.2.5}$$

のように書ける．ここで，S_0 は時刻 0 での状態を表す確率変数，P_0 は初期状態分布である．記号 $\sim$ は，左側に書かれた確率変数が，右側に書かれた確率分布に従った独立同分布である（つまりそれ以外の変数に依存しない）ことを表す記号として使っている．初期状態は，エージェントの行動決定とは無関係に定まることに注意をしよう．

マルコフ決定過程のモデルにおいて次の状態は，現在の状態と行動によって確率的に決定される．その確率は，エージェントが状態 s において行動 a を決定したとき，状態が状態 s' に遷移する確率として，

$$P(s'|s, a) \tag{1.2.6}$$

で与えられる．たとえば，$t+1$ ステップ目における状態 S_{t+1} は，t ステップ目の状態 S_t と，その状態で選ばれた行動を A_t としたとき，

$$S_{t+1} \sim P(s'|S_t, A_t) \tag{1.2.7}$$

によって定まることとなる．このとき，S_{t+1} は，S_{t-1} や A_{t-1} などには依存せず，S_t と A_t のみに依存して定まることに注意が必要である．このような直前の状態のみで遷移確率が決まる性質はマルコフ性とよばれ，これがマルコフ決定過程の名前の由来になっている．環境は，現在の状態 S_t と行動 A_t，および次の状態 S_{t+1} に応じて，報酬 R_{t+1} を決定する．報酬は次の報酬関数によって定まる．

$$R_{t+1} = r(S_t, A_t, S_{t+1}) \tag{1.2.8}$$

なお，この報酬関数は，設計者が定める関数である．より複雑なモデルでは，報酬を確率的に決定することもできる．その場合には，報酬関数は確率分布として定義する．本節では簡単のために，S_t と行動 A_t，および次の状態 S_{t+1} が与えられたら一意に定まる関数であるとする．

以上のように環境の挙動を定式化した．次に，エージェント側の行動決定についても定式化しよう．行動は，エージェントの方策に基づいて決定される．方策を表す記号は π である．ある状態において，常に同じ行動が決定される方策のことを決定論的方策とよぶ．一方，ある状態において，行動が確率的に決定される方策のことを確率論的方策とよぶ．確率的方策 π のもとで，ある状態 s における，ある行動 a が選択される確率を $\pi(a|s)$ と表す．記号の違いに注意してほしい．単独で π が使われている場合には，方策そのもの，すなわちどの状態でどの行動を選択するかのルールを表している．そうではなく，括弧を伴って，$\pi(a|s)$ と表記された場合には，特定の s, a に対する確率を表している．

■ 例：三目並べ

ここで，Sutton らの本にならって，三目並べを例にここまでの概念を整理してみよう．ここでいう三目並べとは，3×3 の 9 個のマスに，それぞれのプレイヤーが石を置き，自分の石が三つ一直線に並んだら，そのプレイヤーが勝利するというゲーム（いわゆる○ × ゲーム）である．エージェントが○側のプレイヤーで，先手であるとしよう．対戦相手は × 側である．なお相手はコンピュータであり，ここでは簡単に，その時点で指せる手を等確率で選ぶものとする．

このゲームにおける状態集合 $\mathcal{S}$ は，図 1.2.2 のようにゲーム中，先手の局面で出現しうるすべての盤面からなる集合である．単純に「○」「×」「なし」の組み合わせを考えれば 3^9 通りがあるが，そのうちには出現しえない盤面（すべて○で埋まっている

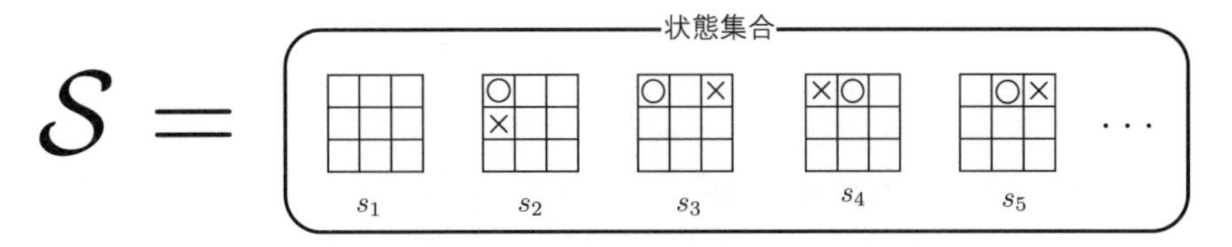

図 1.2.2 ○×ゲームにおける状態集合

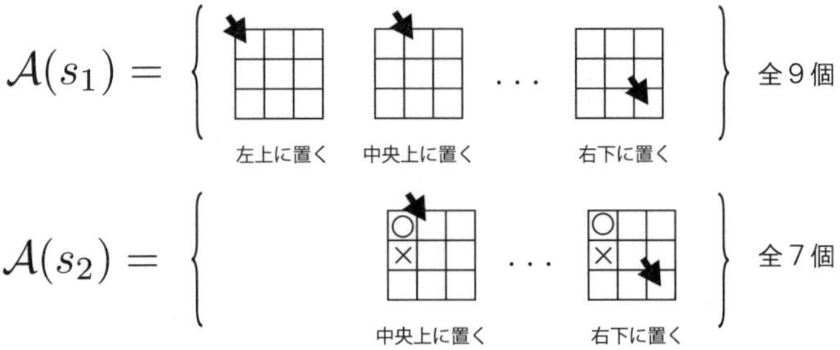

図 1.2.3 ○×ゲームにおける行動集合

など）も含まれるため，それよりはだいぶ少ない要素数からなる状態集合となる．可能な盤面を適当に列挙することで，状態 $s_1, s_2, \ldots$ を定義することができる．

行動集合は，図 1.2.3 に示すように，それぞれのマスに自身の石を置く行動からなる集合である．ただし，すでに石が置かれているマスには置くことができないので，状態によって行動集合の大きさは異なる．状態と同様に，行動も $a_1, a_2, \ldots$ と番号をつけることができる．この図に示すように，たとえば，一つもまだ石が置かれていない状態においては，行動集合の大きさは 9 である．石が二つ置かれている状態においては，行動集合の大きさは 7 である．

報酬としては，エージェントが勝利する盤面に対して正の報酬を，敗北する盤面に対して負の報酬を与える．たとえば前者は +100，後者は −100 などとする．その他の盤面の報酬はゼロとする．

初期状態分布とは，ゲームを開始するときの各盤面の出現確率である．このゲームの場合には，初期状態は石が 1 個も置かれていない状態である．すなわち，

$$P_0(s) = \begin{cases} 1 & (s = s_1) \\ 0 & (\text{otherwise}) \end{cases} \tag{1.2.9}$$

である．

状態遷移確率は，エージェントが決定した行動により生じた盤面に対して，対戦相手が石を置く確率によって定まる．これは対戦相手の行動選択確率に依存するが，今回は等確率と仮定しているので，空いているマスに，等確率で × の石が置かれること

になる．

ところで，エージェントが行動を選択することは，図 1.2.4 に示すような木構造のなかから 1 本を選ぶことに相当する．行動の決定は方策に従ってエージェントが自身で行うものである．したがって，ある状態が与えられたときに，木構造上でどの枝へ進むべきかは，エージェントは（確率的にではあるが）知っていることになる．行動決定と同様に，環境の状態遷移（すなわち対戦相手の行動）についても木構造として捉えることができる．同図に示すように，エージェントが行動を決定したあと，環境は状態遷移確率に従っていずれかの状態に遷移する．状態遷移確率は，○×ゲームで言えば，ゲームのルールと対戦相手の戦略（ここでは等確率）で定まる．方策と異なり，強化学習の問題設定では状態遷移確率は通常はエージェントは知らない．つまり，相手がどのマスに石を置くかはわからない．もしもはじめから相手の戦略がわかっているのであれば，それに応じたエージェントを構築すればよい．戦略がわからない対戦相手には，このようにつくられたエージェントは有効に機能しない．そこで強化学習では，環境が確率的に遷移するということだけを前提とする．この前提を満たす範囲であれば，試行錯誤をしながら最適な行動を獲得していくことになる．

なお，エージェントと対戦相手の二つの木構造を合わせると，状態と行動が交互に

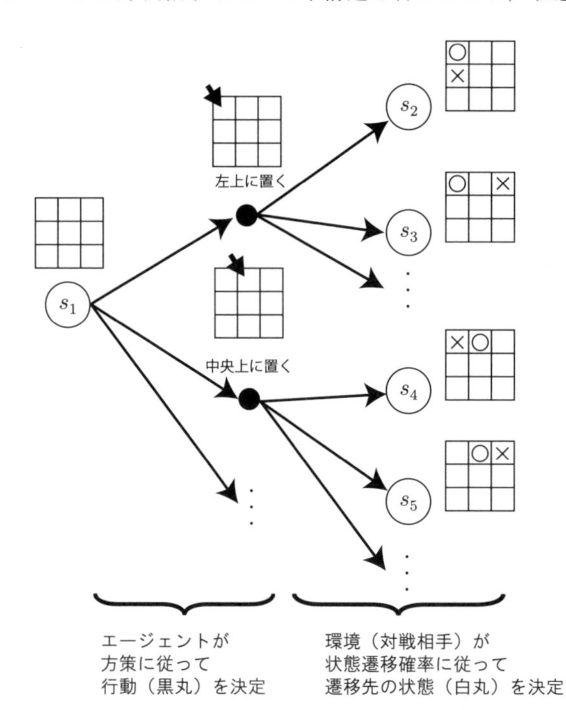

図 1.2.4　○×ゲームにおける，行動決定・状態遷移の木構造

結ばれた一つの大きな木構造になる．今回の場合では，状態だけをノードとすると最大で深さ 5（行動もノードとみなせば深さ 9）の木となる．エージェントは，この木を幹から枝へとたどっていくことになる．一般の強化学習問題は，この木の全容を知らないエージェントが，最も多くの報酬を得られるように行動決定していく問題と捉えることができる．

■ 時間ステップとエピソード

この節では，エージェントと環境の相互作用の時間発展の記述法について見てきたが，最後に系列の時間単位について述べる．強化学習には，時間ステップとエピソードという 2 種類の単位がある．**時間ステップ**とは，エージェントと環境の相互作用における基本的な時間の単位である．1 時間ステップのあいだにエージェントは，環境から状態について受け取り，行動を決定して環境に引き渡し，報酬を受け取る．これとは別に，タスク開始から終了までの時間をまとめて**エピソード**とよばれる単位をつくることがある．たとえば，三目並べであれば，石のない状態から，勝敗が決まるか石が置けなくなるまでがエピソードである．エピソードは，複数の時間ステップからなる単位であり，時間ステップと比べて，巨視的な意味をもつ．このように，一連のステップの系列をエピソードに分解可能なタスクのことを，エピソード的タスクとよぶ．つまり，エージェントは，複数回のエピソードを経験することによって学習を進めていくこととなる．

1.2.3 良い方策とは何か？

強化学習では，良い方策をいかに得るかということが関心事である．ここでは，そもそも良い方策とは何かということについて考えたい．そのために，収益と価値よばれる概念を順に導入する．

強化学習において報酬は，その行動の即時的な良さを示す指標であった．単純に考えれば，報酬をそのまま指標とすることもできそうである．これはたしかにわかりやすい方法であるが，1 回の報酬の大きさだけを行動の指標にすることはあまり適当ではない．なぜならば，すぐには小さな報酬しか得られない行動でも，後にとても大きな報酬が得ることにつながれば，はじめの行動は全体としてみれば良い行動とみなせるからである．三目並べの例でも，最後に勝敗が決まるときにしか報酬が与えられないが，そこまでにいたる報酬がゼロの行動決定もまた重要である．言い換えると，後からくる報酬（遅延報酬）を考えて行動を決定する必要があるのである．

そこで導入される考え方が，**収益** (return, income) である．収益は，ある期間で得られた累積の報酬のことである．期間のなかで報酬の和をとるので，ある行動が期間内における報酬の獲得に結びついていた場合には，それがずっと後のことであっても，指標に反映することができる．収益には，そのまま足し合わせて定義されるものや，未来にいくに従って割引きされて定義されるものなど，いくつかの種類がある．

最も単純な収益は，ある区間を決めて，報酬を足し合わせたものである．すなわち，時間ステップ t で得られた報酬を R_t などとして，収益 G_t を

$$G_t = \sum_{\tau=0}^{T-1} R_{t+1+\tau} \tag{1.2.10}$$

のように定義する．ここで T は，区間の長さを表す．和をとる変数が，未来に向かって進んでいることに注意してほしい．単純な足し合わせによる収益の場合，その値をエージェントが知ることができるのは，区間 T が経過したあとである．

より長期的な区間で収益を定義しようと思うと，上記で単純に $T \to \infty$ とすればよいように思えるが，このようにすると収益が発散してしまう恐れがある．そこで，平均

$$G_t = \lim_{T\to\infty} \frac{1}{T} \sum_{\tau=0}^{T-1} R_{t+1+\tau} \tag{1.2.11}$$

が用いられる．

強化学習においてよく用いられる収益に，**割引報酬和** (discounted total reward) がある．割引報酬和は，未来の不確実性を，報酬を割引く形で表現する収益である．割引報酬和も，無限期間の報酬和の足し合わせであるが，未来にいくほど減衰させていく点が異なる．具体的には収益 G_t を，

$$G_t = \sum_{\tau=0}^{\infty} \gamma^\tau R_{t+1+\tau} = R_{t+1} + \gamma R_{t+2} + \gamma^2 R_{t+3} + \cdots \tag{1.2.12}$$

のように定義する．割引率 γ $(0 \le \gamma \le 1)$ はどれだけ未来を割り引くかということを表す定数である．割引率が 1 に近ければ，収益は報酬を単純に足し合わせた合計と近くなり，より長期的に有益な行動を高く評価するようになる．割引率が 0 に近ければ，収益は時間ステップ t において得られる報酬に近くなり，より即時的に有益な行動を高く評価するようになる．

収益は，長期的視野で得られる報酬を評価する指標である．これでも指標としてよさそうではあるが，一つ欠点がある．それは，区間の開始時点での状態に依存して，相互作用の内容が確率的に決定されるために，収益も確率的に変動する値になってしまうということである．それでは行動の評価指標としては使いづらい．そこで，状態を条件として収益の期待値をとり，これを**状態価値** (state value) または単に**価値** (value) とよぶことにし，良い方策を定義する際の指標とする．

状態価値は，ある状態から方策 π に従って行動を決定していったときに得られる収

益の期待値である．すなわち，

$$V^{\pi}(s) = \mathbb{E}^{\pi}[G_t | S_t = s] \tag{1.2.13}$$

である．ここで，$\mathbb{E}^{\pi}[\cdot]$ は，方策 π のもとでの期待値を表す．

この記号については，少し説明を要する．「方策 π のもとでの期待値」とはこの場合，時間ステップ t における状態 s からエージェントが方策 π に基づいて行動を決定していった場合の期待値をとることを指している．なかの変数の値が確率的に変動するから，期待値をとることで，平均的な値を算出しようとしているわけである．ここまでの話のなかで，いくつか確率的に変動する要因があった．今回関係するのはそのうち，方策（確率的方策の場合）と状態遷移確率である．初期状態確率は，今回関係ない．なぜならこの確率は初期状態を定める確率であって，今回話題にしている時間ステップ t よりも以前の話だからである．今回は，時間ステップ t における状態が s であると条件付けしてしまっていることに注意しよう．

この期待値を理解するために，$T = 1$ の有限区間収益の例を考える．考えるべき収益は

$$G_t = R_{t+1} \tag{1.2.14}$$

である．状態 S_t において行動 a が決定される確率は，$\pi(a|S_t)$ であった．すると，時間ステップ $t+1$ において状態が s' である確率は，

$$P(S_{t+1} = s', A_t = a | S_t = s) = P(S_{t+1} = s' | S_t = s, A_t = a)\pi(a|s) \tag{1.2.15}$$

となる．右辺の前半部分 $P(S_{t+1} = s' | S_t = s, A_t = a)$ は状態遷移確率に，後半部分 $\pi(a|s)$ は確率的方策 π のもとでの行動選択確率にそれぞれ対応している．したがって，状態価値は，状態 S_t を条件とした期待値をとることで，

$$\begin{aligned}
V^{\pi}(s) &= \mathbb{E}^{\pi}[G_t | S_t = s] \\
&= \sum_{s' \in \mathcal{S}} \sum_{a \in \mathcal{A}(s)} P(S_{t+1} = s', A_t = a | S_t = s) r(s, a, s') \\
&= \sum_{s' \in \mathcal{S}} \sum_{a \in \mathcal{A}(s)} P(S_{t+1} = s' | S_t = s, A_t = a)\pi(a|s) r(s, a, s')
\end{aligned} \tag{1.2.16}$$

となる．変数 s については，左辺の関数の引数としてはじめから与えられているので，これについて期待値をとる必要はない．

次に，$T = 2$ の有限区間収益の例を考えよう．考えるべき収益は

$$G_t = R_{t+1} + R_{t+2} \tag{1.2.17}$$

である．したがって期待値は，

$$
\begin{aligned}
V^{\pi}(s) =& \mathbb{E}^{\pi}\left[G_t|S_t=s\right] = \mathbb{E}^{\pi}\left[R_{t+1}+R_{t+2}|S_t=s\right] \\
=& \sum_{s''\in\mathcal{S}}\sum_{a'\in\mathcal{A}(s)}\sum_{s'\in\mathcal{S}}\sum_{a\in\mathcal{A}(s)} \\
& P(S_{t+2}=s'', A_{t+1}=a', S_{t+1}=s', A_t=a|S_t=s) \\
& \quad \times \left\{r(s,a,s')+r(s',a',s'')\right\} \\
=& \sum_{s''\in\mathcal{S}}\sum_{a'\in\mathcal{A}(s)}\sum_{s'\in\mathcal{S}}\sum_{a\in\mathcal{A}(s)} \\
& \quad P(S_{t+2}=s''|S_{t+1}=s', A_{t+1}=a')\pi(a'|s') \\
& \quad \times P(S_{t+1}=s'|S_t=s, A_t=a)\pi(a|s)\left\{r(s,a,s')+r(s',a',s'')\right\}
\end{aligned} \tag{1.2.18}
$$

となる．有限な場合には，同様の議論となる．無限区間の場合には，別途の取り扱いが必要となるが，期待値をとるという基本的な発想に変わりはない．

これによって，状態価値が導入された．次にその意味付けについて考えてみよう．この関数には，二つの操作変数がある．一つは，方策 π である．もう一つは，価値を計算するはじめの状態 s である．

まず，π を固定して，s を変化させてみよう．この場合には，さまざまな状態に対して，ある固定された方策に基づいて行動を決定していったときに獲得される期待収益を評価することとなる．たくさんの収益が期待される状態の状態価値は高くなるし，そうでない状態の状態価値は低くなる．これはすなわち，ある方策 π のもとでの，その状態の良さを表す指標として使うことができる．状態に対して状態価値を対応づける関数であるとみなすことができるので，この関数を状態価値関数とよぶ．

次に，s を固定して，π を変化させてみよう．この場合には，さまざまな方策に対して，ある状態から行動を始めて獲得されることが期待される収益を評価することとなる．たくさんの収益が期待される方策のもとでの状態価値は高くなるし，そうでない方策のもとでの状態価値は低くなる．これはすなわち，ある状態 s から始めた場合の，方策の良さを表す指標として使うことができる．二つの方策 π と π' があり，ある一つの状態 s において，

$$
V^{\pi}(s) > V^{\pi'}(s) \tag{1.2.19}
$$

が成り立てば，この状態において π は π' よりも良い方策であると評価できる．この状態においては π のほうが良い方策であったが，もしかしたら別の状態 s' では逆転するかもしれない．そこで，方策の良さを状態によらずに定義するために，

$$\forall s \in \mathcal{S}, \quad V^{\pi}(s) \geq V^{\pi'}(s) \tag{1.2.20}$$

$$\exists s \in \mathcal{S}, \quad V^{\pi}(s) > V^{\pi'}(s) \tag{1.2.21}$$

が成り立つとき，π は π' よりも良い方策であるということにする．状態によって状態価値の大小関係が逆転する場合には，その二つの方策のあいだには良さの順序はつけないこととする．

我々が求めたいものは，最も良い方策であった．方策を比較できるようになったので，最も良い方策が定義されるようになる．これを**最適方策** (optimal policy) π^* とよぶ．最適方策は，

$$\forall s \in \mathcal{S}, \quad V^*(s) = V^{\pi^*}(s) = \max_{\pi} V^{\pi}(s) \tag{1.2.22}$$

を与える．この関数 $V^*(s)$ を**最適状態価値関数** (optimal state value function) とよぶ．なお，π^* が少なくとも一つ存在することが知られている．

さきほどは，状態のみを条件とする価値を考えたが，実際に行動決定を行うためには，行動も条件に加えたほうが便利な場合が多い．そこで，

$$Q^{\pi}(s,a) = \mathbb{E}^{\pi}\left[G_t | S_t = s, A_t = a\right] \tag{1.2.23}$$

の値を状態 s および行動 a の**行動価値** (action value) とよび，s および行動 a の関数を**行動価値関数** (action value function) とよぶことにする．状態価値関数の場合と同様に，最適行動価値関数を

$$Q^*(s,a) = Q^{\pi^*}(s,a) = \max_{\pi} Q^{\pi}(s,a) \tag{1.2.24}$$

によって定める．

このように状態価値関数や行動価値関数では，A_t，S_{t+1}，A_{t+1} について，その出現確率によって期待値をとる計算をしている．一つひとつの状態や行動を別々に考えることもできるが，それらが連なった軌道という切り口で考えることもできる．たとえば状態価値関数では，状態 s から始まるすべての軌道を考えて，その生起確率で重み付けした和をとると考えることもできる．

有限な場合を例にとって考えてみよう．たとえば，$T = 1$ の有限区間の収益では，

$$\mathbb{X}_1 = \{\Xi = (s, a, s') | s \in \mathcal{S}, a \in \mathcal{A}, s' \in \mathcal{S}\} \tag{1.2.25}$$

を考えることとなる．この要素の元 Ξ を軌道とよぶ．この集合の部分集合として，初期状態を固定した軌道の集合

$$\mathbb{X}_1|_s = \{\Xi = (s, a, s') | a \in \mathcal{A}, s' \in \mathcal{S}\} \tag{1.2.26}$$

および，初期状態と行動を固定した軌道の集合

$$\mathbb{X}_1|_{(s,a)} = \{\Xi = (s,a,s')|s' \in \mathcal{S}\} \tag{1.2.27}$$

も定義しておく． $\mathbb{X}_1|_{(s,a)} \subset \mathbb{X}_1|_s$ が成り立つ．収益を軌道の関数とみなして，

$$G_t = G_t(\Xi) \tag{1.2.28}$$

とすると，状態価値関数および行動価値関数は，それぞれ

$$V^\pi(s) = \sum_{\Xi \in \mathbb{X}_1|_s} P(\Xi) G_t(\Xi) \tag{1.2.29}$$

$$Q^\pi(s,a) = \sum_{\Xi \in \mathbb{X}_1|_{(s,a)}} P(\Xi) G_t(\Xi) \tag{1.2.30}$$

と書ける．

$T = 2$ の場合には，

$$\mathbb{X}_2|_s = \{\Xi = (s,a,s',a',s'')|a \in \mathcal{A}, s' \in \mathcal{S}, a' \in \mathcal{A}, s'' \in \mathcal{S}\} \tag{1.2.31}$$

および

$$\mathbb{X}_2|_{(s,a)} = \{\Xi = (s,a,s',a',s'')|s' \in \mathcal{S}, a' \in \mathcal{A}, s'' \in \mathcal{S}\} \tag{1.2.32}$$

を定義すれば同様の議論が成り立つ．

このように理解すると，状態価値や行動価値を計算するために必要な情報を軌道の観点で次のように整理できる．図 1.2.5 の環境において，s_4 にいたる軌道は二つある．a_1 をとり続けて，$s_1 \to s_3 \to s_4$ という軌道と，a_2 をとり続けて $s_1 \to s_2 \to s_4$ という軌道である．状態価値を求めるときに考慮すべき軌道の集合は，

$$\mathbb{X}_1|_{s_1} = \{(s_1,a_1,s_3),(s_1,a_2,s_2)\} \tag{1.2.33}$$

$$\mathbb{X}_2|_{s_1} = \{(s_1,a_1,s_3,a_1,s_4),(s_1,a_1,s_3,a_2,s_1),(s_1,a_2,s_2,a_1,s_1),(s_1,a_2,s_2,a_2,s_4)\} \tag{1.2.34}$$

のようになる．初期状態が s_1 であることから，いずれも s_1 から始まっている．これに対して，行動価値を求めるときに考慮すべき軌道の集合は，

$$\mathbb{X}_1|_{(s_1,a_1)} = \{(s_1,a_1,s_3)\} \tag{1.2.35}$$

$$\mathbb{X}_2|_{(s_1,a_1)} = \{(s_1,a_1,s_3,a_1,s_4),(s_1,a_1,s_3,a_2,s_1)\} \tag{1.2.36}$$

のようになる．このように行動価値の場合には，はじめの行動は条件として与えられるため，状態価値と比べて考慮すべき軌道の数は少なくなる．

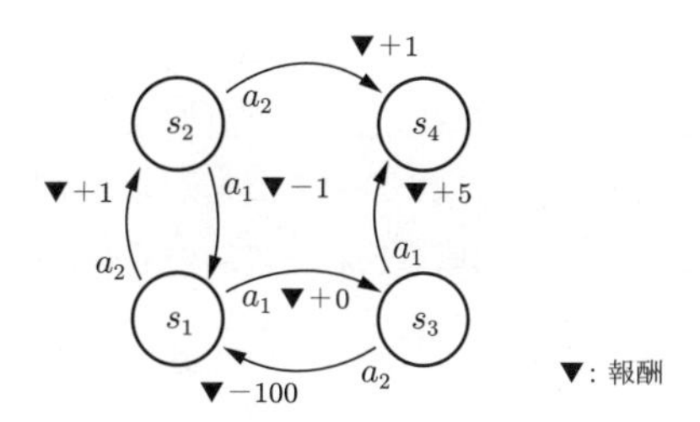

図 **1.2.5** 状態遷移グラフによる環境の例

1.2.4 良い方策をどのように求めるか？

前項では，良い方策を定義するために，価値という概念を導入した．本項では，方策の定め方について議論する．もしも最適行動価値がわかっているのであれば，行動価値の大きい行動を選択するようなルールを定めることは自然である．

そのような方策は，1.1 節と同様に **greedy 方策**とよばれている．greedy 方策の行動選択確率は，以下の式で与えられる．

$$\pi(a|s) = \begin{cases} 1 & (a = \arg\max_a Q(s,a)) \\ 0 & \text{(otherwise)} \end{cases} \tag{1.2.37}$$

greedy 方策は，最適行動価値関数がわかっていれば，最適な方策となる．しかし，現実には最適行動価値関数がはじめからわかっていることはなく，この関数を推定していくことになる．その際，1.1 節で見たように，エージェントは探索しながら学習をしていく必要がある．したがって，時にはあえてその時点で最良とは限らない行動を確率的に選択する必要が出てくる．

最大の行動価値が確率的に出やすいように方策を求める方法に，いくつかよく用いられるものがある．たとえば，ε-greedy 方策は，小さい確率 ε で一様な確率でランダムな行動を選択し，大きな確率 $1-\varepsilon$ で最も価値（の推定値）が大きい行動を選択するという確率的方策である．具体的な確率は，

$$\pi(a|s) = \begin{cases} 1 - \varepsilon + \dfrac{\varepsilon}{|\mathcal{A}(s)|} & (a = \underset{a}{\operatorname{argmax}}\, Q(s,a)) \\ \dfrac{\varepsilon}{|\mathcal{A}(s)|} & \text{(otherwise)} \end{cases} \tag{1.2.38}$$

で与えられる．

また，選択確率がギブス分布に従うボルツマン方策もよく用いられる（ソフトマックス (soft-max) 方策ともよばれる）．

$$\pi(a|s) = \frac{\exp(Q(s,a)/T)}{\sum\limits_{b \in A} \exp(Q(s,b)/T)} \tag{1.2.39}$$

T は温度パラメータとよばれており，$T \to 0$ の極限で greedy 方策に，$T \to \infty$ の極限で一様な確率で行動を選択する方策に，それぞれ収束することが知られている．

このように，Q を推定できれば方策を求めることができる．Q の推定の仕方については次の 1.3 節で述べる．一方，価値を使わずに，いくつかのパラメータを用いて直接方策を定めることもできる．そうした手法については 1.4 節で述べる．

1.3 価値反復に基づくアルゴリズム

澁谷長史，牧野貴樹

前節では，強化学習における，状態・行動・報酬などの基本的な概念と，これらを使って構成される方策や価値関数について述べた．方策の良さを評価するためには，その方策のもとでの価値関数を求めることが必要である．本節では，具体的に価値関数を推定していくためのアルゴリズムをいくつか見ていくことにする．

これらのアルゴリズムのなかでは，未来の収益の期待値を計算するために，異なる時刻における価値関数のあいだに成り立つ再帰的な関係を利用する．具体的には，現在の状態（と行動）についての価値と，一時刻後の状態（と行動）についての価値のあいだの関係を利用して，前者の推定値を逐次的に更新していく．本節では，まずある方策 π のもとでの行動価値関数について成り立つ再帰式であるベルマン方程式，この方程式に基づく学習法である Sarsa について述べる．次に，最適行動価値関数について成り立つ再帰式であるベルマン最適方程式，この方程式に基づく学習法である Q-learning について述べる．そして，これらの学習法を組み込んだ強化学習アルゴリズムである価値反復法について述べる．

1.3.1 価値関数の推定

ある方策 π のもとでの価値関数 $V^\pi(s)$ は，状態 s から得られる収益 G の期待値，すなわち

$$V^\pi(s) = \mathbb{E}^\pi \left[G_t | S_t = s\right] \tag{1.3.1}$$

と表されるのであった．ここで，収益を割引和，すなわち

$$G_t = \sum_{\tau=0}^{\infty} \gamma^\tau R_{t+1+\tau} = R_{t+1} + \gamma R_{t+2} + \gamma^2 R_{t+3} + \cdots \tag{1.3.2}$$

とすると，

$$\begin{aligned} V^\pi(s) &= \mathbb{E}^\pi \left[\sum_{\tau=0}^{\infty} \gamma^\tau R_{t+1+\tau} | S_t = s\right] \\ &= \mathbb{E}^\pi \left[R_{t+1} + \gamma R_{t+2} + \gamma^2 R_{t+3} + \cdots | S_t = s\right] \end{aligned} \tag{1.3.3}$$

のようになる．

さて，実際にこの価値を定義に沿って求めようとすると，報酬の期待値を計算しなければならない．モンテカルロ法では期待値を標本平均に置き換えることでこの値を近似する．強化学習の場合，標本とは，環境のなかで実際に行動して観測した収益値を指す．すなわち，試行錯誤した結果，ある状態 s のあとに得られた報酬値から遡って求めるのである．

方策 π に基づいた試行の結果として，時系列 $S_1, A_1, S_2, A_2, \ldots$ と報酬値 $R_1, R_2, \ldots$ が得られたと考える．このなかで，ある状態 s が K 回出てきたとしよう $(S_{t_1} = S_{t_2} = \cdots = S_{t_K} = s)$．$K$ 回のそれぞれの時点 $\{t_k\}$ について，その時点の後で得られた報酬値 $R_{t_k+1}, R_{t_k+2}, \ldots$ がわかっているので，式 (1.3.2) によって収益 G_{t_k} を計算できる．この収益値の平均をとることで，その試行に基づく状態 s の価値の近似が計算できることになる．すなわち，$V^\pi(s) \approx \frac{\sum_k G_{t_k}}{K}$ となる．

式 (1.3.2) を正確に計算するには無限時間先までの試行の結果が必要になる問題があるが，ある時刻より先は $R_t = 0$ であるとしてしまっても，割引和を導入しているおかげで，時系列の最後のほうの何状態かを除けばほぼ正確な値が得られる．または，エピソード的タスクであれば，エピソードの終了後はすべて $R_t = 0$ と考えるのが普通なので，モンテカルロ法での計算が容易となる．

この方法はわかりやすいが，効率が良いとは言えない．とくに，方策 π を変更するたびに，すべてのデータを集め直しになってしまうため，方策を学習しようとすると膨大なデータが必要になってくる．

そこで，価値関数を求めるための別の手法として，逐次的な更新によって価値を推定するアルゴリズムがいくつか知られている．逐次更新のアルゴリズムを導くためには，遷移可能な二つの状態におけるそれぞれの価値のあいだに成立する関係について明らかにしておく必要がある．ある方策のもとでの価値関数に対してはベルマン方程式が，最適価値関数にはベルマン最適方程式がそれぞれ対応する．

1.3.2 ベルマン方程式の導出

$\mathbb{E}^\pi[\cdot]$ は線形な演算であるから，

$$\begin{aligned}
V^\pi(s) &= \mathbb{E}^\pi[G_t|S_t = s] \\
&= \mathbb{E}^\pi[R_{t+1}|S_t = s] + \mathbb{E}^\pi\left[\gamma R_{t+2} + \gamma^2 R_{t+3} + \cdots |S_t = s\right] \\
&= \mathbb{E}^\pi[R_{t+1}|S_t = s] + \gamma\mathbb{E}^\pi[R_{t+2} + \gamma R_{t+3} + \cdots |S_t = s]
\end{aligned} \tag{1.3.4}$$

とすることができる．この第 1 項と第 2 項を見ていこう．それぞれ方策や状態遷移確率など，前章で定義した概念を使った表現に変形する．まず，第 1 項については，

$$\mathbb{E}^\pi[R_{t+1}|S_t = s] = \sum_{a \in \mathcal{A}(s)} \pi(a|s) \sum_{s' \in \mathcal{S}} P(s'|s,a) r(s,a,s') \tag{1.3.5}$$

となる．次に，第 2 項については，

$$\begin{aligned} &\mathbb{E}^\pi[R_{t+2} + \gamma R_{t+3} + \cdots |S_t = s] \\ &= \sum_{a \in \mathcal{A}(s)} \pi(a|s) \sum_{s' \in \mathcal{S}} P(s'|s,a) \mathbb{E}^\pi\left[R_{t+2} + \gamma R_{t+3} + \cdots |S_{t+1} = s'\right] \end{aligned} \tag{1.3.6}$$

となる．このうち，$\mathbb{E}^\pi\left[R_{t+2} + \gamma R_{t+3} + \cdots |S_{t+1} = s'\right]$ の部分は，$V^\pi(s')$ と見ることができるので，第 2 項は，

$$\sum_{a \in \mathcal{A}(s)} \pi(a|s) \sum_{s' \in \mathcal{S}} P(s'|s,a) V^\pi(s') \tag{1.3.7}$$

となる．これらをまとめると，ある方策 π のもとでの状態価値関数に関する**ベルマン方程式**[1]

$$V^\pi(s) = \sum_{a \in \mathcal{A}(s)} \pi(a|s) \sum_{s' \in \mathcal{S}} P(s'|s,a) \left(r(s,a,s') + \gamma V^\pi(s')\right) \tag{1.3.8}$$

を得る．

同様に，行動価値関数についても，

$$Q^\pi(s,a) = \sum_{s' \in \mathcal{S}} P(s'|s,a)(r(s,a,s') + \gamma V^\pi(s')) \tag{1.3.9}$$

$$V^\pi(s) = \sum_{a \in \mathcal{A}(s)} \pi(a|s) Q^\pi(s,a) \tag{1.3.10}$$

であるから，

$$Q^\pi(s,a) = \sum_{s' \in \mathcal{S}} P(s'|s,a) \left(r(s,a,s') + \sum_{a' \in \mathcal{A}(s')} \gamma \pi(a'|s') Q^\pi(s',a') \right) \tag{1.3.11}$$

となる．

説明のために，例を導入しよう．図 1.3.1 は，前節でも使った例であるが，四つの状

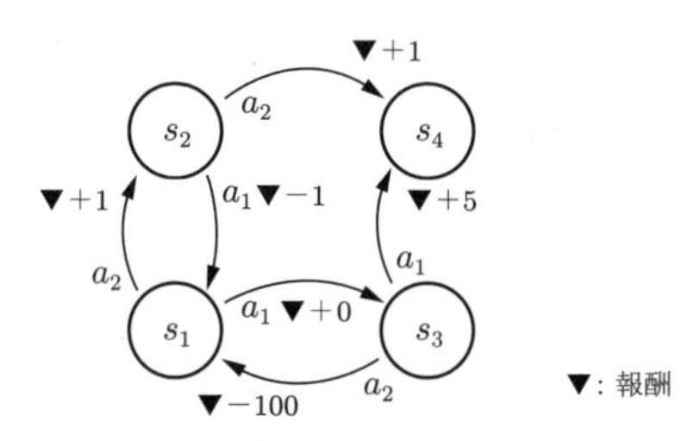

図 1.3.1　無人島の例に対応した環境の状態遷移グラフ

態と二つの行動がある状態である．初期状態は s_1 であり，終端状態は s_4 である．図中の黒い矢印は，その状態遷移によってエージェントが当該の量の報酬を受け取ることを示している．

1.1 節の無人島の例でたとえると，この環境の状態集合の要素は，s_1：寝起きしている洞窟，s_2：遠回り，s_3：近道（岩場），s_4：水場，となる．行動集合の要素は，a_1：近道の経路を進む行動，a_2：遠回りの経路を進む行動，となる．近道経路（s_3 経由）で水場に到着すれば最も良い（報酬 5 を得る）が，ここは岩場であり，間違った行動 (a_2) をとると怪我をする（報酬 -100 を得る）．遠回り経路（s_2 経由）では最初は歩きやすく（s_2 に着いた時点で報酬 1 を得る），間違った行動（この場合は a_1）をとっても大きな問題にはならない（報酬 -1 を得る）が，水場に到着したときの良さは少し（報酬 1 を得る）である．

ベルマン方程式を立てて解き，価値関数を求めてみる．割引率 $\gamma = 0.8$ とする．s_4 は終端状態であり，ここでエピソードが終わるものとする．

たとえば，常に行動 a_1 をとる方策 π_1 を考えよう．この方策の行動選択確率は，

$$\pi_1(a|s) = \begin{cases} 1 & (a = a_1) \\ 0 & (a = a_2) \end{cases} \tag{1.3.12}$$

である．このとき，状態 s_1 における状態価値についてのベルマン方程式は，

$$\begin{aligned} V^{\pi_1}(s_1) &= \sum_{a \in \mathcal{A}(s_1)} \pi_1(a|s_1) \sum_{s' \in \mathcal{S}} P(s'|s_1, a) \left(r(s_1, a, s') + \gamma V^{\pi_1}(s') \right) \\ &= r(s_1, a_1, s_3) + \gamma V^{\pi_1}(s_3) \\ &= 0 + \gamma V^{\pi_1}(s_3) \end{aligned} \tag{1.3.13}$$

となる．同様に，

$$V^{\pi_1}(s_3) = 5 + \gamma V^{\pi_1}(s_4) \tag{1.3.14}$$

$$V^{\pi_1}(s_2) = -1 + \gamma V^{\pi_1}(s_1) \tag{1.3.15}$$

となる．ところで，状態 s_4 においてはもう報酬を得ることができないので，$V^{\pi_1}(s_4) = 0$ となる．したがって，

$$V^{\pi_1}(s_3) = 5 + 0.8 \cdot 0 = 5 \tag{1.3.16}$$

$$V^{\pi_1}(s_1) = 0 + 0.8 \cdot 5 = 4 \tag{1.3.17}$$

$$V^{\pi_1}(s_2) = -1 + 0.8 \cdot 4 = 2.2 \tag{1.3.18}$$

となり，状態価値を求めることができた．今度は，行動 a_1 と a_2 を等確率で選択する方策 π_2 を考えよう．この行動の行動選択確率は，

$$\pi_2(a|s) = \begin{cases} 0.5 & (a = a_1) \\ 0.5 & (a = a_2) \end{cases} \tag{1.3.19}$$

である．さきほどと同様に考えると，

$$\begin{aligned} V^{\pi_2}(s_1) &= \sum_{a \in \mathcal{A}(s_1)} \pi_2(a|s_1) \sum_{s' \in \mathcal{S}} P(s'|s_1, a) \left(r(s_1, a, s') + \gamma V^{\pi_1}(s') \right) \\ &= 0.5(1 + 0.8V^{\pi_2}(s_2)) + 0.5(0 + 0.8V^{\pi_2}(s_3)) \end{aligned} \tag{1.3.20}$$

$$V^{\pi_2}(s_2) = 0.5(-1 + 0.8V^{\pi_2}(s_1)) + 0.5(1 + 0.8V^{\pi_2}(s_4)) \tag{1.3.21}$$

$$V^{\pi_2}(s_3) = 0.5(-100 + 0.8V^{\pi_2}(s_1)) + 0.5(5 + 0.8V^{\pi_2}(s_4)) \tag{1.3.22}$$

となる．さきほどと同様に $V^{\pi_2}(s_4) = 0$ となるので，これを解くと

$$V^{\pi_2}(s_1) \approx -27.2, \quad V^{\pi_2}(s_2) \approx -10.9, \quad V^{\pi_2}(s_3) \approx -58.4 \tag{1.3.23}$$

となる．この二つの例を見ると，すべての状態において π_1 のもとでの状態価値のほうが大きい．1.2 節の定義から，π_1 は π_2 よりも良い方策であることがわかる．

行動価値関数も計算してみよう．π_2 の場合で計算すると，

$$Q^{\pi_2}(s_1, a_1) \approx -46.7, \quad Q^{\pi_2}(s_2, a_1) \approx -22.7, \quad Q^{\pi_2}(s_3, a_1) = 5 \tag{1.3.24}$$

$$Q^{\pi_2}(s_1, a_2) \approx -7.7, \quad Q^{\pi_2}(s_2, a_2) = 1, \quad Q^{\pi_2}(s_3, a_2) \approx -121.8 \tag{1.3.25}$$

となる．$Q^{\pi_2}(s_1, a_1) < Q^{\pi_2}(s_1, a_2)$ であることは，そのあと π_2 で行動し続けるのであれば，s_1 では a_2 を選択するほうが期待される収益が高い，ということを示している．

より複雑な問題に対しても，同様にベルマン方程式を立てて価値関数を求めることができる．しかし，上記の計算を見てわかるように，ベルマン方程式から直接価値を求めるためには，状態遷移確率があらかじめわかっている必要がある．一般の強化学習問題では，それは未知であるため，状態遷移確率を直接使わずに価値関数を求める手法を使う必要がある．次項で述べるように，強化学習の特徴である試行錯誤による経験によって，未知である状態遷移確率を陽には使わずに，価値関数を求めることが可能である．

1.3.3 Sarsa

前節で述べたベルマン方程式を，試行錯誤による経験によって解くためのアルゴリズムとして **Sarsa** が知られている[2]．Sarsa は，時刻 S_t で行動 A_t を選んだ結果，報酬 R_{t+1} と次状態 S_{t+1} を観測した場合に，次状態で選ぶ予定の行動 A_{t+1} をもとに，

$$Q(S_t, A_t) \leftarrow (1-\alpha)Q(S_t, A_t) + \alpha(R_{t+1} + \gamma Q(S_{t+1}, A_{t+1})) \tag{1.3.26}$$

によって更新する学習アルゴリズムである．ここで $\leftarrow$ は，代入を表し，推定している行動価値 $Q(S_t, A_t)$ を右辺で置き換えるという意味である．α $(0 < \alpha \leq 1)$ は学習率とよばれるパラメータで，このアルゴリズムを用いる際に設計者が定める．この更新式を見てわかるように，式のなかには状態遷移確率が入ってこないため，環境が未知である場合にも計算することができる．

この更新式は，行動価値の推定値である $Q(S_t, A_t)$ を，その現在の値と，$R_{t+1} + \gamma Q(S_{t+1}, A_{t+1})$ との内分によって更新することを表現している．α は比較的小さい値であるので，現在の値に寄った内分となる．第 2 項が目標値のような役割を果たしていて，だんだんここに近づいていくイメージである．

ところで，第 2 項は，学習率の部分を除くと，報酬と遷移後の行動価値を足し合わせているという点で，ベルマン方程式 (1.3.11) と似ている．ただし，もとのベルマン方程式とは異なり，確率の係数がかかっていない．Sarsa では，状態遷移と行動決定がなされるたびに更新が行われる．遷移後の状態 S_{t+1} で，ある行動 a_1 が 4 回，別の行動 a_2 が 6 回とられ，それぞれ更新式が実行されたとすると，行動価値の推定値は二つの目標値を 2 : 3 で重みづけた値に向かうよう更新されていく．つまり，ベルマン方程式における未知係数である $\pi(a'|s')$ のかわりに，実際に状態遷移を実行し，その更新回数（の比）を利用している．遷移先についての確率 $P(s'|s, a)$ についても同様である．

Sarsa の特性を別の面から理解するために，式変形をしてみる．

$$Q(S_t, A_t) \leftarrow Q(S_t, A_t) + \alpha(R_{t+1} + \gamma Q(S_{t+1}, A_{t+1}) - Q(S_t, A_t)) \tag{1.3.27}$$

この式から，Sarsa における価値関数を更新は，第 2 項 $\alpha(R_{t+1} + \gamma Q(S_{t+1}, A_{t+1}) - Q(S_t, A_t))$ を加えることだということがわかる．この第 2 項のうち，$R_{t+1} + \gamma Q(S_{t+1}, A_{t+1}) - Q(S_t, A_t)$ は **TD 誤差**とよばれている．学習が収束したとすると，更新によって行動価値の値は変わらなくなるはずである．したがってその際には，第 2 項（正確にはその期待値が）はゼロになっているはずである．TD 誤差は，収束からの離れ具合を表す値として使うことができる．

さきほどあげた π_1 を例にとって，この更新式で推定される行動価値関数を考えてみよう．π_1 では必ず行動 a_1 が選択される．このアルゴリズムによって行動価値関数が収束したとすると，TD 誤差が 0 になるので，

$$r(s_1, a_1, s_3) + \gamma Q(s_3, a_1) - Q(s_1, a_1) = 0 \tag{1.3.28}$$

$$r(s_3, a_1, s_4) - Q(s_3, a_1) = 0 \tag{1.3.29}$$

となる．したがって，

$$Q(s_1, a_1) = r(s_1, a_1, s_3) + \gamma Q(s_3, a_1) = 0 + 0.9 \cdot 5 = 4 \tag{1.3.30}$$

$$Q(s_3, a_1) = r(s_3, a_1, s_4) = 5 \tag{1.3.31}$$

となる．

π_2 を例にとって，この更新式で推定される行動価値関数を考えてみよう．π_2 では行動 a_1 と a_2 が等確率で選択される．したがって，価値の更新も半々の割合で行われる．収束先は

$$Q(s_1, a_1) = r(s_1, a_1, s_3) + \frac{1}{2}\gamma \left(Q(s_3, a_1) + Q(s_3, a_2)\right) \tag{1.3.32}$$

$$Q(s_1, a_2) = r(s_1, a_2, s_2) + \frac{1}{2}\gamma \left(Q(s_2, a_1) + Q(s_2, a_2)\right) \tag{1.3.33}$$

などとなり，前項で述べたベルマン方程式に一致する．

Sarsa アルゴリズムによる価値関数の学習の様子を見てみよう．図 1.3.1 の環境において，すべての状態で a_1 と a_2 を等確率に選ぶ方策でエージェントを行動させ，Sarsa アルゴリズムで学習した行動価値関数の変化をプロットした（図 1.3.2）．学習率 $\alpha = 0.01$，割引率 $\gamma = 0.8$ であり，学習初期には，すべての Q 関数の値を 10 で初期化した． 横軸はエピソード数，縦軸は学習した価値関数の値である．

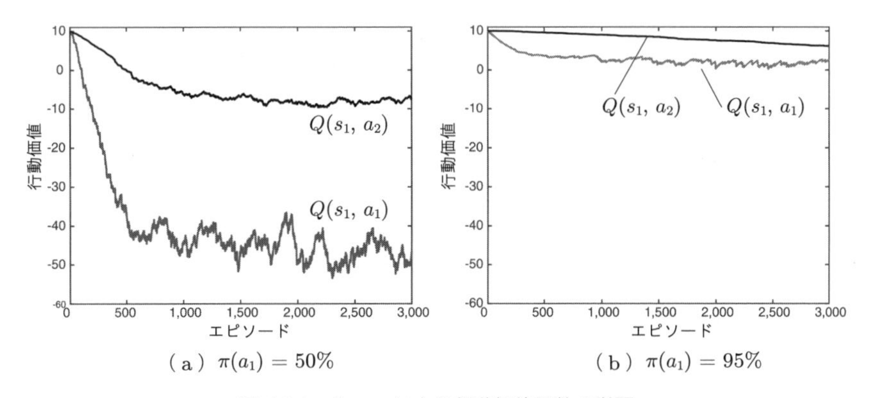

図 1.3.2 Sarsa による行動価値関数の学習

図 1.3.2(a) のとおり，$Q(s_1, a_1)$，すなわち初期状態から近道のほうに進む行動価値関数は低く，$Q(s_1, a_2)$，すなわち初期状態から回り道のほうに進む行動価値関数は高く学習されている．これは，このエージェントがランダムで行動を選択するため，状態 s_3 で行動 a_2 を選ぶ（すなわち，岩場で誤った行動をとる）ことで報酬 -100 を経験することが多いことを反映している．ここから，このエージェントは，開始状態では a_2（回り道を進む）ほうがより失敗が少なく，多くの報酬が得られることを学習し

たことがわかる.

学習曲線が揺らいでいるのは，各エピソードで得られた結果により，関数が更新されていることを反映している．この環境には確率的要素はないが，エージェントの行動が確率的であるため，そのエピソードでの結果に応じて関数の値が変動している．学習率 α を減らせば，揺らぎの幅が小さくなるが，学習に時間がかかるようになる．割引率 γ を減らすことでも安定する（行動価値関数の特定の値の揺らぎが他の値に与える影響が小さくなるため）が，その分だけエージェントが時間的に遠くの報酬を軽視することになってしまう.

図 1.3.2(b) は，a_1 を 95%，a_2 を 5%の確率で選ぶ方策で学習させた場合の様子である．図 (a) と比較すると，$Q(s_1, a_1)$ が異なる値に収束していることがわかる．方策が変わることによって価値関数が変化したこと（誤った行動が少ないなら，岩場を通るほうが報酬が大きいこと）を反映している．このように，Sarsa によって学習される価値関数は，エージェントが採用している方策に対応して変化するものとなる．ただし，選ばれない行動についてはデータが集まらないため，$Q(s_1, a_2)$ の学習はこのグラフの範囲内ではまだ収束していない.

1.3.4 ベルマン最適方程式

これまでは，ある方策 π のもとでの価値関数について議論してきた．そのために，価値関数を再帰的に表現するベルマン方程式を述べた．ベルマン方程式を直接解くためには，状態遷移確率を知る必要があるため，これに直接用いずに更新することができる Sarsa アルゴリズムを紹介した.

1.2 節で述べたように，行動価値関数にはこのほかに最適行動価値関数とよばれるものもある．最適状態価値関数や最適行動価値関数については，次のような**ベルマン最適方程式**とよばれる再帰式があることが知られている．これは，ある状態に対する行動を方策で選択するかわりに，価値関数が最大の値となる行動 a を選択した結果の価値を計算するものである.

$$V^*(s) = \max_{a \in \mathcal{A}} \sum_{s' \in \mathcal{S}} P(s'|s,a)(r(s,a,s') + \gamma V^*(s')) \tag{1.3.34}$$

$$Q^*(s,a) = \sum_{s' \in \mathcal{S}} P(s'|s,a)(r(s,a,s') + \gamma \max_{a' \in \mathcal{A}(s')} Q^*(s',a')) \tag{1.3.35}$$

ある方策 π のもとでの価値を求めていた V^π, Q^π などとは違い，この計算に直接的に行動選択確率が含まれておらず，常に価値が最大となる行動を選択することとなっていることに注意してほしい．これは，最適方策 π^*，すなわち価値関数が最大となる行動を常に選択する方策に基づいて計算した価値関数と等しくなる.

一見すると，この式には複数の解が存在しうるように見える．どの行動が最大であるか，というのが，学習した価値関数そのものに依存しているためである．しかし，ベルマン最適化方程式を満たす価値関数はただ一つであることが証明されている．すなわち，ベルマン最適化方程式が満たされているかぎり，その価値関数は大域的な最良解であることが保証されるし，そこから求めた最適方策が最善であることも保証されることになる（最適方策が複数ある場合もあるが，同じ最適価値関数の上で等価な行動のどちらを選択するかということが違うだけである）．

古典的には，このような問題を解くために，動的プログラミング (dynamic programming) が用いられてきた．すなわち，すべての状態に対する行動価値関数の表を用意し，表のすべての要素をベルマン最適化方程式 (1.3.35) で計算する，というプロセスを繰り返すのである．状態遷移確率が既知であれば，この方法がもっとも効率よく最適価値関数と最適方策を計算することが可能である．

しかし，我々の興味があるのは，状態遷移確率が未知の問題である．動的プログラミングでは，試行錯誤で得られる情報を使って学習することは困難である，そのかわりに用いられるのが，Q-learning とよばれるアルゴリズムである．

1.3.5 Q-learning

Q-learning は，行動価値を，

$$Q(S_t, A_t) \leftarrow (1-\alpha)Q(S_t, A_t) + \alpha(R_{t+1} + \gamma \max_{a' \in \mathcal{A}(S_{t+1})} Q(S_{t+1}, a')) \tag{1.3.36}$$

によって更新する学習方法である． Sarsa と同様に，α は学習率とよばれるパラメータで，このアルゴリズムを用いる際に設計者が定める．これも式のなかには状態遷移確率が入ってこないため，環境が未知である場合にも計算することができる．この更新式の第 2 項をベルマン最適方程式と見比べてみると，よく似ている．Sarsa の場合とは異なり，遷移後の行動選択についての確率は含まれず，常に最大の行動価値を目標値として更新する．

Sarsa と同様に，Q-learning は，次のように式変形をすることができる．

$$Q(S_t, A_t) \leftarrow Q(S_t, A_t) + \alpha(R_{t+1} + \gamma \max_{a' \in \mathcal{A}(S_{t+1})} Q(S_{t+1}, a') - Q(S_t, A_t)) \tag{1.3.37}$$

学習が収束していたとすると，第 2 項がゼロになるはずである．

さきの例では，たとえば $Q(s_1, a_1)$ についての更新では，

$$r(s_1, a_1, s_3) + \gamma \max_{a' \in \mathcal{A}(s_3)} Q(s_3, a') - Q(s_1, a_1) = 0 \tag{1.3.38}$$

となる．したがって，

$$Q(s_1, a_1) = r(s_1, a_1, s_3) + \gamma \max_{a' \in \mathcal{A}(s_3)} Q(s_3, a') \tag{1.3.39}$$

となり，ベルマン最適方程式で求めた式と一致する．このほかについても同様である．

Q-Learning アルゴリズムによる価値関数の学習の様子を見てみよう．前項と同様，図 1.3.1 の環境において，すべての状態で a_1 と a_2 を等確率に選ぶ方策でエージェントを行動させ，Q-Learning で学習した行動価値関数の変化をプロットした．図 1.3.3(a) のように，$Q(s_1, a_1)$，すなわち初期状態から近道のほうに進む行動価値関数が，$Q(s_1, a_2)$，すなわち初期状態から回り道のほうに進む行動価値関数に比べて高く学習されている．Sarsa とは，同じ条件で学習させても，異なる結果となっている．これは，Q-Learning が学習するものはエージェントの現在の方策に基づく価値関数ではなく，最適行動価値関数，すなわちエージェントがすべての場所で理想的な行動をした場合の結果であるためである．そのため，エージェントが状態 s_3 で行動 a_2 をとる可能性を考慮しないため，行動 a_1 のほうの価値が高くなる．

Q-Learning の場合は，学習される最適価値関数は方策に依存しないため，どの方策であっても，価値関数が同じ場所に収束する．しかし，試されない行動がある場合には，収束に時間がかかることがありうる．図 1.3.3(b) では，図 1.3.3(a) よりも学習に時間を要していることがわかるだろう．しかし，一般には，探索行動による影響を受けない分，Sarsa よりも学習が速いことが多い．

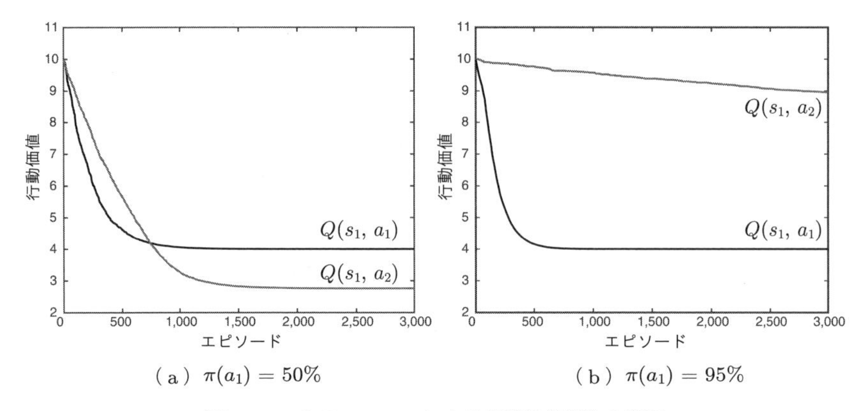

（a） $\pi(a_1) = 50\%$ （b） $\pi(a_1) = 95\%$

図 1.3.3 Q-Learning による行動価値関数の学習

1.3.6 方策の獲得と価値反復法

強化学習で目指すことは，試行錯誤を通して最適な方策を獲得することである．ここまで紹介した Sarsa や Q-Learning では，特定の方策 π によってエージェントが得た経験から，その方策に対する価値関数を学習するものであった．学習した価値関数を指針として使うことで，方策をより良い方策へと更新することができる．一度の更新では最適な方策にはたどりつくことは難しいが，逐次繰り返していくことで，方策を改善していくことができる．具体的には，次のようになる．

1. エージェントに任意の方策を与え，スタートする．
2. 現在の方策に基づいてエージェントに行動を実行させ，その結果を利用して価値関数を更新する．（価値改善）
3. 計算された価値関数に基づき，より良い方策を選択する．（方策改善）
4. これ以上改善できなくなる（より良い方策が見つからなくなる）まで 2. と 3. を繰り返す．

ある方策 π_1 に対して求められた行動価値関数 Q^{π_1} があるとき，その行動価値関数に基づく greedy 方策 $\pi^{Q^{\pi_1}}$ は，もとの方策 π_1 よりも「良い方策」（式 (1.2.19) の意味で），または π_1 と等しい価値の方策となることが証明されているため，greedy 方策を利用することで，山登り法による最適化が実現できる．

さらに，これ以上更新できない（greedy 方策 π^{Q^π} がもとの方策 π と等しい価値になる）方策が二つ（π_1, π_2）あった場合には，π_1 と π_2 の価値関数が等しくなる，すなわちすべての状態 s と行動 a に対して $Q^{\pi_1}(s,a) = Q^{\pi_2}(s,a)$ ことが証明できる（証明は背理法により，$Q^{\pi_1}(s,a) < Q^{\pi_2}(s,a)$ の場合は，Q^{π_1} に基づく greedy 方策は π_1 よりも「良い方策」となり，「これ以上改善できない」という仮定に反することを示す．状態価値関数でも同様に証明できる）．このことから，価値関数という空間で見る限りでは，逐次更新で必ず大域的最適解に到達できることがわかる．

これを実際に実装しようとすると，大きく二つのアプローチに分けられる．一つは，エージェントの学習状態として方策を表現し，それを利用して価値関数を計算するという形である．これは方策反復法とよばれ，多様な方策を表現できるメリットがある．方策反復法のなかでとくに有用なのは，最急降下法を方策に直接適用して最適化する方策勾配法であり，これについては 1.4 節で説明する．

一方，エージェントがとりうる方策を，greedy 方策などの価値関数から簡単に計算できる方策に限定してしまうと，学習状態として方策を陽に表現する必要がなくなる．これを価値反復法という．価値関数だけで学習状態を表現できるため，簡潔な実装で実現できることがメリットである．

価値反復法に基づくエージェントでは，Sarsa や Q-Learning による学習の毎ステップで価値が更新されるたび，方策が更新されることになる．しかし，方策の更新は一部であるので，前回まで学習した価値関数の続きで価値を更新していっても問題はない．むしろ，学習した結果をすぐに次の行動決定に生かせるという点ではメリットと言える．

ただし，Sarsa も Q-Learning も，ある状態と行動の組み合わせがまったく実行されない方策を使っているときには，その状態と行動の組に対する行動価値関数は更新されないため，正しく学習が収束しないことに注意しよう．そのため，単純に学習した行動価値関数をもとに greedy 方策を取ると，学習は成功しない．一方，ε-greedy アルゴリズムのように確率 ε でランダムな行動をとれば，環境の MDP が接続している（どの状態からどの状態へも行ける）限り，すべての状態と行動の組が何度も実行されることが保証される．このような場合には，Q-Learning アルゴリズムは，最適方策価値関数に収束することが証明されている[3]．Sarsa の場合でも同様であるが，収束先は最適方策価値関数ではなく，確率 ε の探索行動を含めた価値関数となる．Sarsa で最適方策価値関数を学習するには，ε を適切なスケジュールで減らしていくなどして，方策を最適方策に漸近させる必要がある[4]．

ここでは，Sarsa と Q-Learning の二つを使って，実際に行動しながらの学習を比較してみよう．さきほどのシミュレーションと異なるのは，方策が固定ではなく，その時点で学習している行動価値関数に基づいた方策を毎回実行している点である．単純のため，方策は ε を固定した ε-greedy 法とする．3,000 エピソードの学習を 1,000 回実行し，学習エピソード数に対する平均収益をプロットした．

図 1.3.4(a) は $\varepsilon = 0.01$ の場合に両者で学習させた場合の比較である．探索の影響でグラフに揺らぎがあるが，どちらもほぼ同じエピソード数で平均収益 3.5 程度に収束していることがわかる．この環境においては，近道を通ることを正しく学習したと考えることができる．

一方，図 1.3.4(b) はより探索を増やし $\varepsilon = 0.1$ とした場合の比較である．この場合，Q-Learning と Sarsa で異なる結果に収束していることがわかる．これは，Q-Learning はあくまで探索がない場合の最適価値関数を学習した結果，初期状態で a_1 を選ぶ（近道を通る）方策が得られるものの，探索の割合が多いため -100 の報酬をとることが

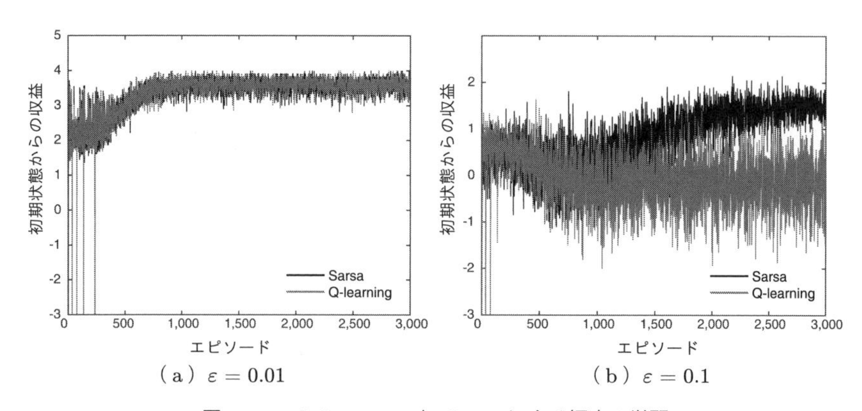

（a）$\varepsilon = 0.01$　（b）$\varepsilon = 0.1$

図 1.3.4　Q-Learning と Sarsa による探索の学習

多くなっているためである．一方，Sarsa は，探索によるノイズを含めた価値関数を学習しているため，この ε の値では初期状態で a_2 を選ぶ（遠回りの道を通る）方策がより有利になることを正しく学習していると言える．

1.3.7 まとめ

本節では，価値反復法に基づく学習アルゴリズムについて，基礎を紹介した．価値反復法アルゴリズムは，その単純さと学習のロバスト性から，古くから多くの研究がなされている領域である．たとえば，学習の更新速度を向上させるために，適格度トレースを利用する方法（Q(λ) あるいは Sarsa(λ) とよばれる）といった手法はよく利用されているが．これについては [5] がわかりやすいだろう．また，状態や行動の数が多い場合には，単純な行動価値関数の表現では学習に時間がかかりすぎる．このような場合には，関数近似器で価値関数を表現し，同様の更新規則を利用した場合に，学習が発散する場合が知られているが，このような場合にも利用できるさまざまな学習手法については，2.1 節に譲ることにする．

参考文献

[1] R. E. Bellman. *Dynamic Programming*. Princeton University Press, Princeton, NJ, 1957.
[2] G. A. Rummery and M. Niranjan. On-line Q-learning using connectionist systems. *Technical Report CUED/F-INFENG/TR 166*, Eng. Dept., Cambridge Univ., 1994.
[3] Watkins, C. J. C. H. & Dayan, P. Q-learning. *Machine Learning*, 8(3):279–292, 1992.
[4] Singh, S., Jaakkola, T., Littman, M.L. et al. Convergence Results for Single-Step On-Policy Reinforcement-Learning Algorithms. *Machine Learning*, 38: Volume 38, Issue 3, pp. 287–308, 2000.
[5] Richard S. Sutton and Andrew G. Barto. *Reinforcement Learning: An Introduction*. MIT Press, Cambridge, MA, 1998. 邦訳『強化学習』（三上貞芳, 皆川雅章（訳）, 森北出版, 2000）.

1.4 方策勾配に基づくアルゴリズム

白川真一，森村哲郎

前節までの価値反復に基づく強化学習では，方策 (policy) は行動価値関数 Q を通して表現されていた．すなわち，方策は行動価値関数から導出されるものとして定義され，エージェントは行動価値関数を試行錯誤を通して学習することで，最適な方策を求めていた．しかし，これとは異なるアプローチとして，方策を行動価値関数とは別のパラメータで表現することも考えられる．ここでは，確率的方策を，あるパラメータベクトル θ によってパラメタライズされた確率モデル $\pi_\theta(a|s)$ と考え，これを θ について最適化することで強化学習問題を解く方法を「方策勾配に基づく強化学習アルゴリズム」とよぶことにする．アルゴリズムの目的は，収益 G を最大化するような方策のパラメータ θ^* を求めることとして捉えることができる．

方策勾配に基づく強化学習アルゴリズムでは，前節までに出てきた Q-learning や Sarsa などの行動価値関数を更新していくタイプのアルゴリズムとは異なり，方策 π を明示的に更新していくことになる．本節では，この方策勾配に基づく強化学習アルゴリズムの考え方と代表的なアルゴリズムを概説する．

1.4.1 概要

ここでは，方策勾配に基づく強化学習の概念を次のような 1 次元のゴルフ問題の例題を通して説明してみよう．

■ ゴルフ問題

・エージェントは状態として，ボールとカップの距離と風の強さを連続値として観測できる
・各ステップでエージェントはスイングの速さを連続値で設定できる
・エージェントはボールとカップまでの距離に応じて報酬を得る

この問題の概要図を図 1.4.1 に示す．

このゴルフ問題のように，状態 s や行動 a の取りうる値が連続である場合，前節のように行動価値関数 $Q(s,a)$ の学習を通して行動を選択しようとすると，いくつかの問題に遭遇する．まず，状態 s や行動 a が連続の場合，それらの値をすべて数え上げることは不可能であるため，行動価値関数をテーブルとして保持するためには，状態や

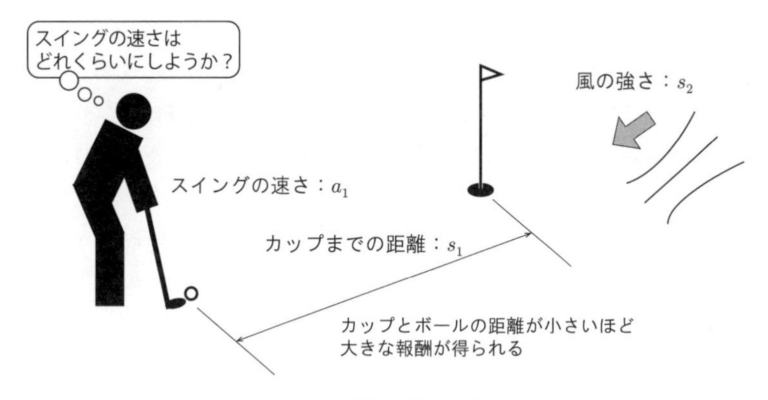

図 1.4.1 ゴルフ問題の概念図

行動の離散化が必要となる．状態や行動の離散化についてはさまざまな方法が存在するが，問題によっては適切な離散化方法をあらかじめ知ることは困難である．ゴルフ問題の状態を離散化する場合でも，何メートル刻みで離散化すればよいのか，等間隔な離散化でよいのかなど考えるべき項目を種々あげることができ，即座に最適な離散化方法を設定することは難しい．一般に，状態や行動の離散化が粗すぎるとエージェントが認識できる情報が減ってしまったり，緻密な行動ができなくなってしまったりする．一方，離散化が細かすぎると，行動価値関数のテーブルが膨大になり，莫大な量の試行が必要になったり，大量のメモリ空間が必要になったりする問題がある．

それでは，行動価値関数 $Q(s,a)$ を何かしらの関数近似器で近似する方法はどうだろうか（関数近似器については 2.1 節に詳しい説明がある）．行動価値関数 $Q(s,a)$ を状態と行動を入力とする何かしらの関数 $f(s,a)$ で近似したとすると，状態や行動を離散化せずに連続値のまま扱うことができる．しかしながら，行動が連続値である場合，行動価値関数 $Q(s,a)$ が最大となるような行動を選択することはそれほど容易ではない．通常は，ある状態で行動価値関数 $Q(s,a)$ が最大となる行動 a^* を解析的に求めることは困難であるため，探索的に求めることが必要となる．たとえば，連続版ゴルフ問題の場合，行動は打つ強さの 1 変数であるので，行動 a の値を 0.01 刻みで変えて行動価値関数 $Q(s,a)$ の値を取得し，最大となる行動を全探索的に探すことが考えられる．この方法は，1 変数であればそれほどコストがかからないかもしれないが，行動として出力すべきものが，スイングの速さだけでなく，エージェントの立つ位置，グリップの強さ，グラブの種類など行動の自由度（次元）が増えていくと探索数も指数関数的に増大し，行動選択に必要な計算量が爆発してしまう．とくに問題空間が連続であるような場合には，行動価値関数を計算機上で効率的に取り扱うために何かしらの工夫が必要になってしまう．

1.2 節で登場した ε-greedy 法では，行動価値関数 $Q(s,a)$ に基づいて確率的方策が

表現されており，方策関数自体には学習により調整されるパラメータが存在していない[†]．このような場合，試行錯誤によって得られたデータを利用して行動価値関数の更新（価値反復）を行うことで方策が更新される．この行動価値関数 $Q(s,a)$ と方策 $\pi(a|s)$ の更新のイメージを図 1.4.2 に示す．図中のある方策に従って行動した後には，行動価値関数が更新され最適な行動価値関数に近づいていくことをイメージしている．価値反復に基づく強化学習アルゴリズムでは，行動価値関数を更新していき，方策を明示的に更新することはしない．ただし，行動価値関数に応じて方策が決まるため，行動価値関数の更新によって方策は変化する．図中では方策が行動価値関数に付随して決まることを水平の矢印で表現している．

価値反復に基づく強化学習アルゴリズムでは，行動価値関数によって方策がパラメタライズされ，行動価値関数を更新していくことがアルゴリズムの中心であった．強化学習本来の目的が最適な方策 π を求めることであったことを思い出すと，行動価値関数 $Q(s,a)$ を用いて方策を定める必要性はなく，方策関数を別のパラメータベクト

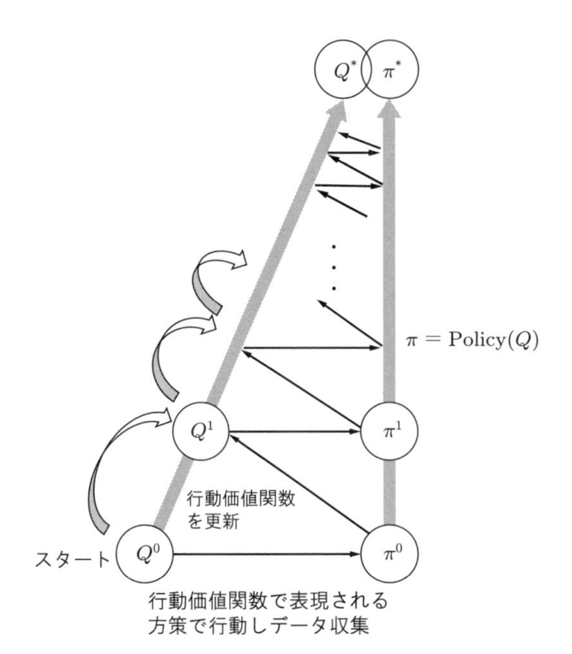

図 1.4.2　価値反復に基づく強化学習アルゴリズムの行動価値関数と方策の更新イメージ
方策が行動価値関数だけ表現される場合，行動価値関数が決まるとそれに応じて自動的に方策が決定するため，図中で Q から π への矢印は水平線とした．ある方策に従って行動した後には，行動価値関数が更新され最適な行動価値関数 Q^* に近づいていくことをイメージしている．

† ε-greedy 法やボルツマン方策では，パラメータとして選択確率 ε や温度パラメータ T が存在するが，これらはアルゴリズム使用者が事前に設定する外部パラメータであり，学習の対象にはなっていないため，方策パラメータとはみなさない．

ル θ によってパラメタライズすることも考えられる．方策勾配に基づく強化学習アルゴリズムでは，このように行動価値関数に着目するのではなく，方策そのものをパラメータ表現し，直接方策を求めることに重きを置く．

さて，方策をパラメータベクトル θ でパラメタライズするとはどういうことだろうか？　ここでは，ゴルフ問題を例に方策表現を考えてみよう．ボールとカップの距離を s_1，風の強さを s_2 として，この二つの状態変数 $s = [s_1, s_2]^{\mathrm{T}}$ を入力とし，行動としてスイングの速さ a を決定する関数 $f(s)$ を考える．この関数が次のような線形関数であるとすれば，この方策モデルのパラメータは w_1 と w_2 である．

$$f(s) = w_1 s_1 + w_2 s_2 \tag{1.4.1}$$

アルゴリズムの表現を簡単にするために，この二つのパラメータをまとめて 2 次元ベクトルの $\theta = [w_1, w_2]^{\mathrm{T}}$ と表すことにすると，$f_\theta(s)$ はパラメータベクトル θ でパラメタライズされた方策ということができる．このベクトルを構成する二つのパラメータを調整することで，方策を変化させることができ，これを調整することが方策勾配に基づく強化学習アルゴリズムの目的になる．方策勾配に基づく強化学習では，これまでの行動価値関数を通した方策表現とは異なり，方策モデルに行動価値関数を用いる必要はなく，方策のパラメータを試行錯誤を通して直接学習できればよいと考える．

単純な方策モデルとして，式 (1.4.1) の線形関数を例にあげたが，この関数に従って行動を決定した場合，エージェントの行動はある状態に対して決定的なものとなり，確率的な要素は入らない．環境に対しての知識を仮定しない強化学習の場合，エージェントがさまざまな状態，行動を経験し試行するために，確率的な方策モデルを導入するのが有効である．ゴルフ問題の例で，式 (1.4.1) を方策関数として説明を行ったが，これを拡張して行動（スイングの速さ）は平均 $f(s)$，分散 σ^2 の正規分布 $\mathcal{N}(f(s), \sigma^2)$ に従って決定されるとしよう．こうすることで，同じ状態観測でも正規分布に基づくゆらぎが行動に与えられ，確率的な方策を表現することができる．ここで，方策のパラメータに新たに σ が導入されていることに注意していただきたい．すなわち，この場合の確率的な方策モデルのパラメータは $\theta = \{w_1, w_2, \sigma\}$ の三つとなり，これらを学習することが目的となる．本項の例では，方策表現として単純な線形モデルと正規分布モデルを紹介したが，ニューラルネットワークなどのより複雑なモデルを採用することも可能である．

ここまでで概説したように，方策勾配に基づく強化学習では，方策を何かしらの確率モデルで表現し，そのパラメータを試行錯誤を通じて学習する．通常は，方策モデルのパラメータ学習には勾配法が用いられる．エージェントの目的は期待収益を最大化することなので，適当なパラメータから始めて，期待収益が大きくなる方向にこのパラメータを更新していくという手順を踏むことになる．方策勾配に基づく強化学習では，行動価値関数を明示的に使うことなく方策モデルを直接表現し，パラメータの学習を通して方策の改善を繰り返す．方策を確率モデルで直接表現することで，状態や行動が離散の場合でも連続の場合でも，モデルを変更するだけで同じようにアルゴリズムを適用することができる．実際にエージェントの行動を実現する場合にも，確率モデルである方策からのサンプリングによって行動を決定するため，サンプリングが容易な確率モデルであれば，連続の行動を決定することも容易である．端的に言ってしまえば，前節までの強化学習アルゴリズムと本節の方策勾配に基づく強化学習アルゴリズムの違いは，アルゴリズムの主眼が行動価値関数の推定にあるのか，方策を直接推定することになるのかの違いである．図 1.4.3 は方策勾配に基づく強化学習アルゴリズムの方策更新のイメージ図である．この図では方策の評価に基づいて方策パラメータが更新され，最適な方策に近づいていくことをイメージしている．

どちらのアプローチが良いかは，対象となる問題に応じて変わってしまうため，解きたい強化学習問題の特性を使用者が見極め，適切なアルゴリズムを選択する必要がある．さきに述べたように，一般には，連続の状態，行動空間を取り扱いたい場合は，方策勾配に基づく強化学習アルゴリズムを選択する利点が大きいと言える．一方，方策勾配に基づく強化学習アルゴリズムは方策モデルとは別に方策モデルを更新するための推定値が必要となるため，一般にアルゴリズムが煩雑になりやすく，調整パラメータの数も多い．

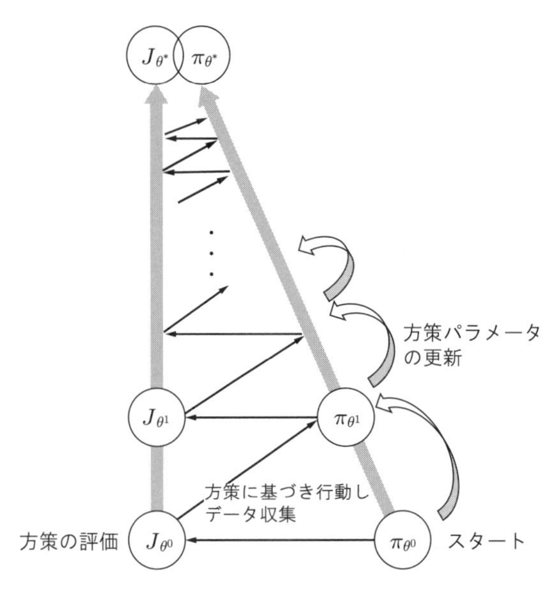

図 1.4.3　方策勾配に基づく強化学習アルゴリズムの方策更新のイメージ

通常は，ある方策に対する評価方法は変わらないため，方策の評価への矢印は水平線とした．方策の評価に基づいて方策パラメータが更新され最適な方策 π_{θ^*} に近づいていくことをイメージしている．

以降の項では，方策勾配に基づく強化学習アルゴリズムについてより詳細な説明を行う．まず，1.4.2 項でアルゴリズムの枠組みについて解説を行い，1.4.3 項ではいくつかの具体的なアルゴリズムの紹介を行う．

1.4.2 アルゴリズムの枠組み

さきに述べたように，方策勾配に基づく強化学習アルゴリズムの目的は，期待収益を目的関数 $J(\theta)$ として，これを最大化する確率的方策 π_θ のパラメータ θ を求めることである．多くの場合，目的関数 $J(\theta)$ の最大化には勾配ベースの方法が用いられる．すなわち，パラメータ θ を，

$$\theta \leftarrow \theta + \delta\theta \tag{1.4.2}$$

のように繰り返し更新していくことで，局所最適解を求めることを目指す．ただし，$\delta\theta$ はパラメータ θ の更新量を表すものとする．たとえば，典型的な勾配法では，$J(\theta)$ の θ に関する勾配に，微小な係数 η をかけたものが用いられる．この η はステップサイズ，あるいは学習率とよばれる．つまり，∇_θ を θ に関する勾配を計算するオペレータとすると，$\delta\theta = \eta\nabla_\theta J(\theta)$ である．

方策勾配に基づく強化学習アルゴリズムの手順を大まかにまとめると，次のようになる．

1. 方策 π_θ による行動（exploration）
2. 方策 π_θ の評価（evaluation）
3. 方策 π_θ の更新（update）

上記の各ステップでの具体的な処理は，扱う問題やユーザの選択によって決定することになる．以下では，各ステップを実際に実現するために決めるべき事項を説明していく．

■ 確率的方策による行動

まず第一に，エージェントの方策を確率モデル $p(a|s)$ で定める必要がある．方策勾配に基づく強化学習アルゴリズムでは，方策があるパラメータベクトル θ でパラメタライズされていることを仮定するため，ここでは $p(a|s) = \pi_\theta(a|s)$ と表記することにする．また，π_θ は，パラメータ θ に関して微分可能な関数であるとする．

まずは状態空間と行動空間がともに離散の場合を考えよう．たとえば，ソフトマックス関数を使って，次のような確率的方策モデルを考えることができる．

$$\pi_\theta(a|s) = \frac{\exp(\theta_{sa})}{\sum_{b\in\mathcal{A}} \exp(\theta_{sb})} \tag{1.4.3}$$

ここで，θ_{sa} は行動価値関数とは別の調節可能なパラメータであり，このパラメータベクトル $\theta = \left[\theta_{11}, \ldots, \theta_{sa}, \ldots, \theta_{|\mathcal{S}||\mathcal{A}|}\right]^{\mathrm{T}}$ を直接学習することが方策勾配に基づく強化学習アルゴリズムの目的になる．

次に，状態空間が連続で，行動空間が離散の場合を考えよう．状態空間が連続であることから，状態を数え上げることは不可能であるため，次のような線形関数を介したソフトマックス関数を考えよう．

$$\pi_\theta(a|s) = \frac{\exp(\theta^{\mathrm{T}}\phi(s,a))}{\sum_{b\in\mathcal{A}}\exp(\theta^{\mathrm{T}}\phi(s,b))} \tag{1.4.4}$$

ここで，$\phi(s,a)$ は状態と行動によって特徴づけられる任意の関数 ϕ によって定まる特徴ベクトルであり，θ が方策を調整するパラメータベクトルである．

最後の例として，状態空間も行動空間も連続の場合を考えよう．状態空間が d_s 次元の実数空間であり（$s \in \mathbb{R}^{d_s}$），行動が d_a 次元の実数値空間（$a \in \mathbb{R}^{d_a}$）であるような場合は，次のようなガウスモデルを考えることで確率的方策を表現することができる．

$$\pi_\theta(a|s) = \frac{1}{(2\pi)^{d_a/2}|C|^{1/2}}\exp\left(-\frac{1}{2}(a - Ws)^{\mathrm{T}}C^{-1}(a - Ws)\right) \tag{1.4.5}$$

ここで，$\pi_\theta(a|s)$ は状態 s のときに行動 a をとる確率密度関数を表し，$W \in \mathbb{R}^{d_a \times d_s}$ は $d_a \times d_s$ の行列であり，共分散行列 C は分布の形状を決めるパラメータとみなすことができる．確率的方策全体のパラメータベクトル θ は，W，C の要素を並べたベクトルとなる．

ここで紹介した三つの確率的方策はあくまでも典型的な例であり，他のモデルを採用することも可能である．方策勾配に基づく強化学習アルゴリズムでは，上記のように方策をパラメータをもつ確率モデルで表現し，そのモデルパラメータを環境とのインタラクションを通して更新していくことで学習を行っていく．

■ 方策 π_θ の評価

方策勾配に基づく強化学習では，より良い方策を得るために確率的方策のパラメータ θ を更新するが，そのためには，あるパラメータ θ によって定まる方策の「良さ」を評価する必要がある．ここで，強化学習における学習の指標として 1.2 節で登場した収益を思い出そう．収益は，将来に渡って得られる報酬の平均（平均報酬）や割引和（割引報酬和）で与えられ，これを最大化することが強化学習の目的であった．方策勾配に基づく強化学習では，方策は確率モデルによって記述されるため，ある方策 π_θ のもとで行動を行った場合，得られる収益も確率的なゆらぎをもつ．そのため，ある確率的方策の平均的な収益，すなわち期待収益（平均報酬や割引報酬和の期待値）によって，確率的方策の良さを量ることにする．平均報酬は式 (1.2.11) のように

$G_t = \lim_{T\to\infty} T^{-1}\sum_{\tau=0}^{T-1} R_{t+1+\tau}$ で定義され，割引報酬和は式 (1.2.12) のように $G_t = \sum_{\tau=0}^{\infty} \gamma^{\tau} R_{t+1+\tau}$ で定義されていた．まず，初期ステップからの平均報酬の期待値を最大化すべき目的関数と考えると，

$$J(\theta;\, s_0) = \mathbb{E}[G_0|S_0 = s_0] = \lim_{T\to\infty} \frac{1}{T}\mathbb{E}\left[\sum_{t=1}^{T} R_t \middle| S_0 = s_0\right] \tag{1.4.6}$$

と表すことができる．次に，割引報酬和の場合も同様に，

$$J(\theta;\, s_0) = \mathbb{E}[G_0|S_0 = s_0] = \mathbb{E}\left[\sum_{t=1}^{\infty} \gamma^{t-1} R_t \middle| S_0 = s_0\right] \tag{1.4.7}$$

と表すことができる．

■ 方策 π_θ の更新

方策の良さを目的関数として定義することができたので，その目的関数を最大化するような確率的方策のパラメータ θ を求めればよい．通常の強化学習の設定では，最適なパラメータを解析的に得ることも困難であるため，勾配法による数値解法でより良い方策を求めることになる．勾配法では，ある時点 t のパラメータ θ^t を，目的関数の θ に関する微分で得られる勾配方向へ次のように更新していく．

$$\theta^{t+1} = \theta^t + \eta \nabla_\theta J(\theta) \tag{1.4.8}$$

ここで，η は学習率やステップサイズとよばれる更新幅を決定するパラメータであり，$\nabla_\theta J(\theta)$ は $J(\theta)$ の $\theta = [\theta_1, \ldots, \theta_d]^{\mathrm{T}}$ に関する勾配を表し，偏微分を使って次のように定義される．

$$\nabla_\theta J(\theta) = \left[\frac{\partial J(\theta)}{\partial \theta_1}, \ldots, \frac{\partial J(\theta)}{\partial \theta_d}\right]^{\mathrm{T}} \tag{1.4.9}$$

この勾配 $\nabla_\theta J(\theta)$ は，行動価値関数 $Q(s,a)$ を用いて次のような形で表すことができ，これは方策勾配定理[1] として知られている．

$$\nabla_\theta J(\theta) = \mathbb{E}_{\pi_\theta}\left[\frac{\partial \pi_\theta(a|s)}{\partial \theta} \frac{1}{\pi_\theta(a|s)} Q^{\pi}(s,a)\right] \tag{1.4.10}$$

ここでの期待値は，状態 s と行動 a に関しての期待値を表している．また，目的関数として平均報酬の期待値を採用した場合は，行動価値関数を，$Q^{\pi}(s,a) = \sum_{t=1}^{\infty} \mathbb{E}[R_t - J(\theta)|s_0 = s, a_0 = a, \pi]$ と定義する必要があり，1.2 節で導入した行動価値関数とは異なっていることに注意する必要がある．また，割引報酬の期待値を目的関数とした場合には，行動価値関数は $Q^{\pi}(s,a) = \mathbb{E}[\sum_{k=1}^{\infty} \gamma^{k-1} R_{t+k}|s_t = s, a_t = a, \pi]$ で表され，勾配は同様に式 (1.4.10) で表すことができる．

さらに，式 (1.4.10) は対数の微分の性質を利用すると，次のように変形することができる．

$$\nabla_\theta J(\theta) = \mathbb{E}_{\pi_\theta}\left[\frac{\partial \pi_\theta(a|s)}{\partial\theta}\frac{1}{\pi_\theta(a|s)}Q^\pi(s,a)\right]$$
$$= \mathbb{E}_{\pi_\theta}[\nabla_\theta \log \pi_\theta(a|s) Q^\pi(s,a)] \tag{1.4.11}$$

ここで，$\frac{\partial \log \pi_\theta(a|s)}{\partial\theta} = \nabla_\theta \log \pi_\theta(a|s)$ とした．

■ 勾配の近似

実際には，式 (1.4.11) で定義される勾配を解析的に求めることはできないため，確率的方策 π_θ に基づき行動を行って得られたサンプルを利用してこれを近似する必要がある．具体的な近似式を得るために，エージェントが方策 π_θ に従って T ステップの行動を M エピソードだけ行い，そのデータから勾配を近似することを考えよう．式 (1.4.11) はモンテカルロ近似によって次のように近似することが可能である．

$$\nabla_\theta J(\theta) \approx \frac{1}{M}\sum_{m=1}^{M}\frac{1}{T}\sum_{t=1}^{T}\nabla_\theta \log \pi_\theta(a_t^m|s_t^m)Q^\pi(s_t^m, a_t^m) \tag{1.4.12}$$

ここで，s_t^m と a_t^m はそれぞれ m エピソード目の t ステップ目の状態とそのときの行動である．

これに加えて，式 (1.4.10) や (1.4.12) 中の行動価値関数 $Q^\pi(s,a)$ も未知であるため，推定する必要がある．最も単純な方法は，行動価値関数を即時報酬 R_t で近似してしまう方法である．すなわち，$Q^\pi(s_t,a_t) \approx R_t$ とする方法である．これを利用することで後述する REINFORCE アルゴリズム[2] が導出される．

行動価値関数を即時報酬で近似するという方法は簡単な方法ではあるが，かなり大雑把な近似になってしまう可能性がある．そのため，行動価値関数を何らかの別のモデルで推定する方法がさまざま研究されている．このように，方策のモデルと行動価値関数のモデルの両方を別々にモデル化する方法を **Actor-Critic アルゴリズム**という．この場合，方策モデルはエージェントの行動を決定する Actor に対応し，行動価値関数のモデルは方策モデルを評価する Critic に対応する．Actor-Critic では Actor と Critic の二つのモデルを試行錯誤を通じて学習していくことになる．

状態空間や行動空間が離散であれば，TD 学習のように行動価値関数を推定することが可能である．一方，状態空間や行動空間が連続の場合，行動価値関数をルックアップテーブルで保持することは困難なため，何らかの関数近似器によって近似することが行われる．あるパラメータベクトル w でパラメタライズされた行動価値関数を $Q^w(s,a)$ とし，次のような線形モデルで表現し，推定することを考えよう．

$$Q^w(s,a) = w^{\mathrm{T}}\phi(s,a) \tag{1.4.13}$$

ここで，$\phi(s,a)$ は状態 s と行動 a から求められる特徴ベクトルである．このとき，特徴ベクトル $\phi(s,a)$ に何を採用するかについては任意性があるが，確率的方策モデルの対数の勾配 $\nabla_\theta \log \pi_\theta(a|s)$ を採用すると都合の良いことが知られている[1]．すなわち，行動価値関数を次のようなモデルで近似する．

$$Q^w(s,a) = w^{\mathrm{T}}\nabla_\theta \log \pi_\theta(a|s) \tag{1.4.14}$$

この行動価値関数のモデルのパラメータ w を推定する必要があるが，その際，平均二乗誤差が最小になるような w^* を採用することで，式 (1.4.11) の勾配の推定バイアスがなくなることが知られている[1]．このとき，$Q^{w^*}(s,a)$ を使った勾配の推定は不偏推定器であり，

$$\nabla_\theta J(\theta) = \mathbb{E}_{\pi_\theta}[\nabla_\theta \log \pi_\theta(a|s) Q^{w^*}(s,a)] \tag{1.4.15}$$

が成り立つ．

■ 自然勾配法

上記のように勾配 $\nabla_\theta J(\theta)$ の推定値を用いて，エージェントの行動と式 (1.4.8) による方策パラメータの更新を繰り返していけば方策勾配に基づく強化学習アルゴリズムを実現することができる．

しかしながら，ここで注意する必要があるのが，方策パラメータ θ が確率分布のパラメータであるということである．確率的方策 π_θ はパラメータ θ が変わると，その確率分布が変化し，方策も変化する．あるパラメータ θ_1 と θ_2 で定まる確率分布の距離を，パラメータ間のユークリッド距離 $\|\theta_1 - \theta_2\|^2$ で定義した際に導かれる勾配が，式 (1.4.9) のような通常の勾配である．ここで，パラメータ θ が確率分布を定めていることを勘案し，確率分布間の（擬）距離を KL ダイバージェンスで定めると，自然勾配[3] とよばれる勾配方向が導出される．自然勾配 $\tilde{\nabla}_\theta J(\theta)$ は，通常の勾配にフィッシャー情報行列の逆行列をかけたもので表せる．

$$\tilde{\nabla}_\theta J(\theta) = F^{-1}(\theta)\nabla_\theta J(\theta) \tag{1.4.16}$$

ここで，$F(\theta)$ はフィッシャー情報行列であり，

$$F(\theta) = \mathbb{E}\left[(\nabla_\theta \log \pi_\theta(a|s))(\nabla_\theta \log \pi_\theta(a|s))^{\mathrm{T}}\right] \tag{1.4.17}$$

である．方策勾配に基づく強化学習では，通常の勾配ではなく自然勾配を利用することで，計算の省力化や性能の向上が実現できることが知られている．

1.4.3 具体的なアルゴリズム例

ここまでで述べたように，方策勾配に基づく強化学習では，方策を決定づける確率モデルを定義し，そのパラメータを学習することが主目的となる．方策モデルのパラメータは勾配法によって更新・学習していくことになるが，実際には勾配を近似する必要があり，その近似方法によってさまざまなアルゴリズムのバリエーションが存在する．ここでは，代表的な方策勾配に基づく強化学習アルゴリズムを紹介する．

■ REINFORCE アルゴリズム[2]

勾配 $\nabla_\theta J(\theta)$ 中の行動価値関数 $Q^\pi(s_t, a_t)$ を R_t で近似することを考える．この近似 $Q^\pi(s_t, a_t) \approx R_t^m$ を式 (1.4.12) に代入してみると，

$$\nabla_\theta J(\theta) \approx \frac{1}{M} \sum_{m=1}^{M} \frac{1}{T} \sum_{t=1}^{T} \nabla_\theta \log \pi_\theta(a_t^m | s_t^m) R_t^m \tag{1.4.18}$$

を得る．ここで，R_t^m は m エピソード目の t ステップ目での報酬である．このように目的関数の θ に関する勾配 $\nabla_\theta J(\theta)$ を近似する方策勾配に基づく強化学習アルゴリズムを **REINFORCE アルゴリズム**[2] とよぶ．

REINFORCE アルゴリズムでは，上記の勾配推定に加えて，ベースラインとよばれるものを導入している．ベースラインとよばれる定数 b を勾配の推定式 (1.4.11) に追加して，

$$\nabla_\theta J(\theta) = \mathbb{E}_{\pi_\theta}[\nabla_\theta \log \pi_\theta(a|s)(Q^\pi(s,a) - b)] \tag{1.4.19}$$

としても期待値そのものに影響はない．これは，$\int \nabla_\theta \log p_\theta(x) p_\theta(x) \mathrm{d}x = \int \nabla_\theta p_\theta(x) \mathrm{d}x = \nabla_\theta \int p_\theta(x) \mathrm{d}x = 0$ であることから確かめることができる．ベースライン b は期待値そのものには影響は与えないが，分散には影響を及ぼす．そのため，勾配 $\nabla_\theta J(\theta)$ の推定分散が小さくなるように b を設定することで，勾配の推定精度を高めることが期待される．REINFORCE アルゴリズムにおいて，分散が最小となる最適なベースラインを求めることも可能であるが，計算の容易さなどからベースラインとしては平均報酬 $\bar{b} = \frac{1}{MT} \sum_{m=1}^{M} \sum_{t=1}^{T} R_t^m$ がよく用いられる．このベースラインを用いて，REINFORCE アルゴリズムにおける勾配の推定 $\nabla_\theta^{\mathrm{RF}} J(\theta)$ は次のように表される．

$$\nabla_\theta^{\mathrm{RF}} J(\theta) = \sum_{m=1}^{M} \sum_{t=1}^{T} (R_t^m - \bar{b}) \nabla_\theta \log \pi_\theta(a_t^m | s_t^m) \tag{1.4.20}$$

ここで，定数は学習率に含めることができるため省略した．これを使って，方策パラメータを，

$$\theta_{t+1} = \theta_t + \eta \nabla_\theta^{\mathrm{RF}} J(\theta) \tag{1.4.21}$$

のように更新していくことで方策の学習を実現する.

■ 方策勾配法[1]

REINFORCE アルゴリズムでは，行動価値関数を $Q^\pi(s_t, a_t) \approx R_t$ のように即時報酬で大雑把に近似した．これに対して，行動価値関数 $Q^\pi(s_t, a_t)$ を別のモデルで近似することが考えられる．このような方法は方策を表現する Actor と方策を評価する行動価値関数の二つをモデルとして保持するため，Actor-Critic とよばれる．さきに紹介したように，式 (1.4.11) に行動に依存しないベースラインを導入しても，勾配の期待値に影響はないため，$J(\theta)$ の勾配を次のように書き直すことができる.

$$\nabla_\theta J(\theta) = \mathbb{E}_{\pi_\theta}[\nabla_\theta \log \pi_\theta(a|s)\,(Q^\pi(s,a) - b^\pi(s))] \tag{1.4.22}$$

ここで，ベースライン $b^\pi(s)$ に価値関数 $V^\pi(s)$ を採用すると，

$$\begin{aligned}\nabla_\theta J(\theta) &= \mathbb{E}_{\pi_\theta}[\nabla_\theta \log \pi_\theta(a|s)\,(Q^\pi(s,a) - V^\pi(s))]\\ &= \mathbb{E}_{\pi_\theta}[\nabla_\theta \log \pi_\theta(a|s) A^\pi(s,a)]\end{aligned} \tag{1.4.23}$$

となる．ここで，$A^\pi(s,a) = Q^\pi(s,a) - V^\pi(s)$ はアドバンテージ関数とよばれ，状態 s における行動 a の相対的な良さを表している．このことから，行動価値関数のかわりにこのアドバンテージ関数を推定することでも勾配を得ることができる．推定されたアドバンテージ関数から求めた勾配方向に方策パラメータを更新するのが，典型的な方策勾配法である.

■ 自然方策勾配法[4]

勾配を推定するためにはアドバンテージ関数を推定する必要があるが，式 (1.4.14) と同様に，アドバンテージ関数を線形モデル $A^\pi(s,a) = w^{\mathrm{T}} \nabla_\theta \log \pi_\theta(a|s)$ で表すことにすると，

$$\begin{aligned}\nabla_\theta J(\theta) &= \mathbb{E}_{\pi_\theta}[\nabla_\theta \log \pi_\theta(a|s) \nabla_\theta \log \pi_\theta(a|s)^{\mathrm{T}} w]\\ &= \mathbb{E}_{\pi_\theta}[\nabla_\theta \log \pi_\theta(a|s) \nabla_\theta \log \pi_\theta(a|s)^{\mathrm{T}}] w\\ &= F(\theta) w\end{aligned} \tag{1.4.24}$$

と，フィッシャー情報行列が出てきて $\nabla_\theta J(\theta) = F(\theta)w$ のような形で書くことができる.

さらに，パラメータ更新に自然勾配を採用することにすると，通常の勾配にフィッシャー情報行列の逆行列をかけることで，

$$
\begin{aligned}
\tilde{\nabla}_\theta^{\mathrm{NG}} J(\theta) &= F^{-1}(\theta)\nabla_\theta J(\theta) \\
&= F^{-1}(\theta)F(\theta)w \\
&= w
\end{aligned}
\tag{1.4.25}
$$

となる．自然勾配は結局，$\tilde{\nabla}_\theta^{\mathrm{NG}} J(\theta) = w$ となり，線形モデルのパラメータに一致するというシンプルな形になる．

つまり，自然勾配による方策パラメータの更新を実現するためには，アドバンテージ関数の関数近似器のパラメータベクトル w を求めればよい．これを実現する方法はさまざま考えられ，TD 学習のようにオンラインで逐次的に w を更新していく方法[6, 7]や，最小二乗法によって求める方法[5] などがある．自然方策勾配法にはアドバンテージ関数の推定方法によっていくつかのバリエーションが存在するが，上記のような枠組みは Natural Actor-Critic[5] ともよばれ，ロボット制御などへの応用が盛んである．また，方策のパラメータに更新よって，行動選択確率だけでなく状態分布も変化するが，それら両方の変化を考慮した自然方策勾配法もある[8, 9]．

1.4.4 おわりに

本節では，方策勾配に基づく強化学習アルゴリズムについて説明を行った．方策勾配に基づく強化学習アルゴリズムでは，1.3 節で紹介した Q-Learning や Sarsa といった価値関数に基づく強化学習アルゴリズムとは異なり，方策モデルを更新することにアルゴリズムの主眼がある．このポイントを理解するために，方策をパラメータ表現するということについて詳しく述べ，具体的なアルゴリズムの枠組みを紹介した．

方策勾配に基づく強化学習アルゴリズムの利点は，方策モデルを直接表現することで，連続の状態や行動を扱いやすくなる点である．そのため，連続の状態や行動がしばしば必要となるロボット制御などへの応用が多く見られる[10, 11]．

方策勾配に基づく強化学習アルゴリズムは，価値関数に基づく強化学習アルゴリズムよりも比較的新しく，最近になって研究が進んできた領域である．本節では基本的な考え方と代表的なアルゴリズムの紹介を行ったが，これ以外にもさまざまなアルゴリズムや理論が展開している．方策勾配に基づく強化学習アルゴリズムについてより詳細に学びたい場合は，たとえば文献[12, 13] などを参照していただきたい．

参考文献

[1] R. S. Sutton, D. A. McAllester, S. P. Singh, and Y. Mansour: Policy Gradient Methods for Reinforcement Learning with Function Approximation, *Advances in Neural Information Processing Systems 12*, pp. 1057–1063 (2000).

[2] R. J. Williams: Simple Statistical Gradient-Following Algorithms for Connectionist Reinforcement Learning, *Machine Learning*, Vol. 8, Issue 3, pp. 229–256 (1992).

[3] S. Amari. Natural Gradient Works Efficiently in Learning, *Neural Computation*, Vol. 10, No. 2, pp. 251–276 (1998).

[4] S. Kakade. A Natural Policy Gradient. *Neural Information Processing Systems 14*, pp. 1531–1538, 2001.

[5] J. Peters and S. Schaal. Natural Actor-Critic, *Neurocomputing*, Vol. 71, Issues 7–9, pp. 1180–1190 (2008).

[6] S. Bhatnagar, R. S. Sutton, M. Ghavamzadeh, and M. Lee. Natural Actor-Critic Algorithms, *Automatica*, Vol. 45, Issue 11, pp. 2471-2482 (2009).

[7] T. Morimura, E. Uchibe, and K. Doya. Utilizing the natural gradient in temporal difference reinforcement learning with eligibility traces. In *International Symposium on Information Geometry and its Application*, 2005.

[8] T. Morimura, E. Uchibe, J. Yoshimoto, and K. Doya. A New Natural Policy Gradient by Stationary Distribution Metric, *Proceedings of the European Conference on Machine Learning and Principles and Practice of Knowledge Discovery in Databases (ECML PKDD 2008)*, Vol. 5212 of the series Lecture Notes in Artificial Intelligence, Springer-Verlag, pp. 82–97, 2008.

[9] T. Morimura, E. Uchibe, J. Yoshimoto, and K. Doya. A Generalized Natural Actor-Critic Algorithm, *Advances in Neural Information Processing Systems 22*, pp. 1312–1320, 2009.

[10] J. Park, J. Kim, and D. Kang. An RLS-Based Natural Actor-Critic Algorithm for Locomotion of a Two-Linked Robot Arm, *Proceedings of the 2005 International Conference on Computational Intelligence and Security (CIS '05)*, Vol. 3801 of the series Lecture Notes in Computer Science, Springer-Verlag, pp. 65–72 (2005).

[11] T. Ueno, Y. Nakamura, T. Shibata, K. Hosoda, and S. Ishii. Fast and Stable Learning of Quasi-Passive Dynamic Walking by an Unstable Biped Robot Based on Off-Policy Natural Actor-Critic, *Proceedings of the IEEE/RSJ International Conference on Intelligent Robots and Systems (IROS)*, pp. 5226–5231 (2006).

[12] I. Grondman, L. Busoniu, G. A. D. Lopes, and R. Babuska. A Survey of Actor-Critic Reinforcement Learning: Standard and Natural Policy Gradients, *IEEE Transactions on Systems, Man, and Cybernetics, Part C (Applications and Reviews)*, Vol. 42, No. 6, pp. 1291–1307 (2012).

[13] M. P. Deisenroth, G. Neumann, and J. Peters. A Survey on Policy Search for Robotics, *Foundations and Trends in Robotics*, Vol. 2, Issue 1–2, pp. 1-142 (2013).

1.5 部分観測マルコフ決定過程と強化学習

澁谷長史

部分観測マルコフ決定過程 (POMDP: Partially Observable Markov Decision Process) は，マルコフ決定過程 (MDP: Markov Decision Process) に “観測” の要素を取り入れてできた数理モデルである．POMDP の環境における意思決定者は，未来の挙動を一意に決定する “状態” の情報を直接は知ることができずに，その決断を下す必要がある．

POMDP では，意思決定を行う本人から見たら「同じに見える状態」が実は異なった状態である，という状況が存在する．たとえば二つの「同じに見える状態」においてある行動をとると，一方では高い利益があり，他方では大きな損益が出るとする．はたしてその行動をとるほうがよいのかどうか．このことを考えるためには，得られる観測の情報をもとに，自分がいる真の状態について考えることが重要である．

このように，情報の不十分性によって意思決定・学習が困難になる問題は不完全知覚問題[10, 33] とよばれている．意思決定者から見ると，対象となるシステムの挙動にマルコフ性を仮定できないことが難しさの要因である．センサを増やすなどの工夫によってマルコフ性が回復できればよいのだが，そうでない場合には残念ながらそのままモデル化して問題を解かざるを得ない．本節が焦点を当てる POMDP は，このような問題をモデル化する道具立てである．

POMDP は MDP と比べて問題設定が厳しい．問題を解くにあたっては，事前知識や利用可能な計算資源に対する仮定や，要求される性能に応じて手法を選ぶことが必要である．本節では，近年の POMDP における強化学習研究のいくつかを取り上げ，解説を試みる．

1.5.1 部分観測マルコフ決定過程

まず，部分観測マルコフ決定過程の定義や適用事例について述べる．マルコフ決定過程の詳細な定義については，1.2 節を参照されたい．

■ 部分観測マルコフ決定過程の定義

本節では，Kaelbling らの定義[10, 11] にならって，部分観測マルコフ決定過程を $\langle \mathcal{S}, \mathcal{A}, T, R, \Omega, O \rangle$ の組として定義する．T は $T(s, a, s') = P(s'|s, a)$ で与えられる

状態遷移確率を記述する関数（状態遷移関数），$R(s,a)$ はエージェントに与えられる報酬の期待値を記述する関数（報酬関数）である．Ω はエージェントの観測を要素にもつ有限な集合（観測集合），$O(s',a,o) = P(o|a,s')$ はエージェントの観測を記述する関数（観測関数）である．POMDP におけるエージェントは状態を直接知ることができないため，MDP の場合と比べて意思の決定が困難となる．エージェントは，観測に応じた行動選択，状態遷移，報酬の受け取りを繰り返すなかで，各状態において将来得られる報酬の和が最大となるような方策の獲得を目指す．

■ POMDP の応用事例

POMDP の適用事例は多く報告されている．たとえば，マダラウミスズメの保護に関する文献[30] では，シミュレーションによって野鳥保護に対する POMDP の適用可能性を検討している．この文献では，巣と思しき場所に鳥が住んでいるか・いないかという 2 種類の状態と，調査活動を行うか・通常の活動を行うかという 2 種類の行動を用いている．調査を行えばコストがかかり，通常の活動を行えば利益が出るが，もし，実際に鳥がいたにもかかわらず，通常の活動を行ってしまったら大きな不利益が出る，という報酬を設定している．この問題設定では，観測を行っても，巣に鳥がいるかいないかがはっきりとわからない点に情報の制約がある．

近年のほかの例としてはたとえば，上肢のリハビリテーション支援への応用の文献[12] もある．この事例では，患者はレバーを動かすことによってリハビリテーションを行う．エージェントは，機器の状態などから，患者が動かす機器の目標位置と動かす際の動きにくさを設定する．報酬は効果的な目標設定を行った場合に高い値がエージェントに与えられるよう設計されている．この問題設定では，疲労などの要素を直接は観測することができないという点に情報の制約がある．

1.5.2 解法

本項では，まず解法の分類について述べ，次に POMDP 環境における学習を行う上で重要な信念状態について定義する．そのあとで，POMDP における学習の手法をいくつか紹介する．

■ 解法の分類

解法の分類をするために，まずは分類に用いる観点を整理する．

環境に対するモデルについての事前知識をどう扱うかという観点から，モデルベースドとモデルフリーという分類がある．モデルベースドな手法では，その手法が事前知識の一つとして環境のモデルを陽に用いる．すなわち，その手法による計算を実行するためには状態遷移確率や観測関数が必要である．これに対してモデルフリーな手法では，その手法が環境のモデルを陽には用いない．たとえば，強化学習でよく用いられる手法の一つに 1.3 節で紹介した Q-learning[5] がある．Q-learning では，エージェントは環境と相互作用をする．その意味では環境の情報を使用することになるが，学習に際してその構成要素である関数を直接用いることはないので，Q-learning はモデルフリーな手法に分類される．

価値や方策を求めるタイミングの観点から，オンラインとオフラインという分類がある．オフラインな手法とは，価値計算や方策を完全に求めてから，得られた方策を実行する手法である．オンラインな手法とは，価値計算や方策を求めながら，その時点で得られている方策を実行する手法である．

価値や方策を求める理論的な観点に，厳密解法，近似解法，ヒューリスティクスな方法という分類がある．厳密解法は理論どおり正確に解を求める方法である．近似解法は，厳密解法では計算量の面から求解が難しい場合に近似によって解を得る方法である．ヒューリスティクスな方法は，理論的な裏付けは得られていないものの実証実験によって効果が確認されている方法である．

本節では，環境に対するモデルについての事前知識の観点で分類する．

■ 信念状態

POMDP における学習では信念状態 (belief state) とよばれる状態が用いられる．信念状態とは，どの状態にいるかを表す確率を並べてつくる「状態」である．それぞれの状態に対する要素を抜き出して，状態空間上に定義された確率分布として $b(s) = P(s|h)$ と書くこともある．ここで，h はその時点までの観測や行動の履歴である．すなわち，信念状態は $\forall s \in \mathcal{S}$ に対して $b(s) \in [0, 1]$ であって，$\sum_{s \in S} b(s) = 1$ を満たし，$(|S| - 1)$ 次元単体† 上の 1 点として表されることになる[29]．この空間を信念状態空間とよぶ．

ここまでの話を POMDP でよく用いられる問題である Tiger[10] を用いて，具体例で示す．なお，信念状態についてこの例を用いた日本語のほかの解説としては，木村の文献[36] が詳しい．Tiger では，二つのドアがあり，どちらかのドアの背後にトラが隠れているという状況を考える．状態は，左にトラがいる状態 s_l と右にトラがいる状態 s_r の二つである．トラがいるほうのドアを開けると大きな負の報酬が与えられ，もう片方を開けると正の報酬が与えられる．いずれにしろ，ドアを開けるとトラはランダムに位置を変え，初期状態に戻る．エージェントは左右のドアを開けるという行動 left，right に加え，ドアのむこうの音を聞くという行動 listen をとることができる．状態遷移図を図 1.5.1(a) に示す．もし，この問題が MDP であったとすると，音

† 例として，1 次元単体は線分，2 次元単体は三角形，3 次元単体は四面体である．

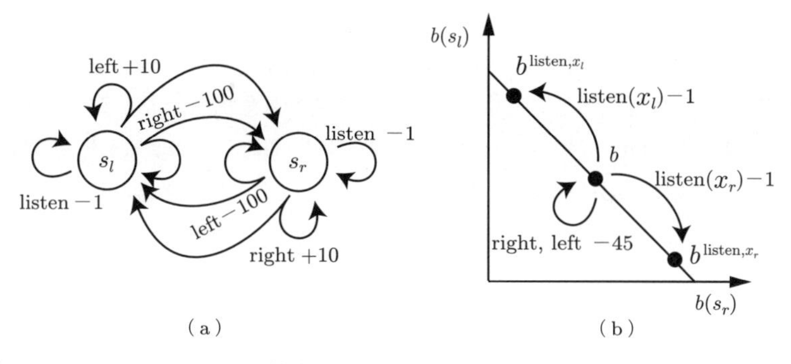

図 1.5.1 Tiger 問題における状態遷移

(a) MDP 版 Tiger の状態遷移グラフ．s_l はトラが左にいる状態，s_r はトラが右にいる状態である．数字は報酬を表す．二又の矢印は二つの状態のどちらかに等確率で遷移することを表す．(b) Tiger の信念状態と belief MDP 上での状態遷移の例．確率の定義（各状態にいる確率は 0 以上であって総和は 1）から，信念状態は線分 $b(s_l)+b(s_r)=1$ $(b(s_r), b(s_l) \geq 0)$ 上の 1 点となる．矢印は 信念状態 $b=(b(s_l), b(s_r))=(0.5, 0.5)$ からの状態遷移である． listen の矢印は，二つの観測に対応している．数字は式 (1.5.4) の意味での報酬である．

を聞くまでもなくエージェントは自身の状態を知ることができる．s_l において right，s_r において left の行動をとることが最適であるのは明らかである．

ここに部分観測性を付加して状態を直接観測できない問題設定にする．すなわち，エージェントはどちらのドアにトラが隠れているかを知ることができない．行動 listen をとると，左から音が聞こえる x_l，右から聞こえる x_r のいずれかの観測が得られるが，15%の確率で逆方向からの音が観測されるとしよう．これらの不確実な情報から，エージェントは自身の状態を推定していくこととなる．

たとえば，初期状態では，それぞれの状態にいると思われる確率が 50%ずつであるので，信念状態は $b(s_l, s_r)=(0.5, 0.5)$ である．ここで，行動状態 listen をとり観測 x_l を得たとすると，得られた情報により信念が変化し (0.85, 0.15) となる（図 1.5.1）．

ここで，やや細かい式展開になるが，このような信念状態空間での遷移が POMDP の要素で記述できることを確認しておこう．

$$
\begin{aligned}
b^{a,o}(s') &= P(s'|b,a,o) = \frac{P(s',b,a,o)}{P(b,a,o)} \\
&= \frac{P(o|s',b,a)P(s',b,a)}{P(o|b,a)P(b,a)} = \frac{P(o|a,s')P(s'|b,a)}{P(o|b,a)} \\
&= \frac{P(o|a,s')\sum_{s\in\mathcal{S}} P(s'|s,a)b(s)}{P(o|b,a)}
\end{aligned}
\tag{1.5.1}
$$

となる．ここで，

$$
P(o|b,a) = \sum_{s\in\mathcal{S}} b(s) \sum_{s'\in\mathcal{S}} P(s'|s,a)P(o|a,s') \tag{1.5.2}
$$

である．$b^{a,o}$ は，ある信念状態 b にいて，行動 a をとり，観測 o を受けた後の信念状態を表している．途中でベイズの定理を何度か用いている．また，2 行目で $P(o|s',b,a)=P(o|a,s')$ としているのは，遷移先の信念状態で考えるべき状態 s' が条件に与えられており，b にはよらなくなったためである．このように，POMDP の要素であった状態遷移関数や観測関数を用いることによって，信念状態を更新できることがわかる．このような更新を belief update という．あらたに，$\mathcal{B}$ を信念状態空間とし，

$$\tau(b,a,b')=\sum_{o\in\Omega}P(o|b,a)\mathbb{I}(b'=b^{a,o}) \tag{1.5.3}$$

$$R_{\mathcal{B}}(b,a)=\sum_{s\in\mathcal{S}}b(s)R(s,a) \tag{1.5.4}$$

のように定義すれば，POMDP を，$\tau(b,a,b')$ を状態遷移関数，$R_{\mathcal{B}}(b,a)$ を報酬関数とした信念状態空間上の MDP のように取り扱うことができる[22]．この新しい MDP は belief MDP とよばれる[10]．ここで，$\mathbb{I}(b'=b^{a,o})$ は $b'=b^{a,o}$ のときに，そのときに限って 1 を返す関数である．

ふたたび図 1.5.1(b) を見てほしい．このように定義された状態遷移関数や報酬関数のもとでエージェントは，信念状態 b において listen をとることで，right や left をとる場合と比べて大きな報酬（負の報酬が小さい）を得られるようになる．また，listen によってどちらかの状態に存在する確率が高いことを表す信念状態に遷移する．一方，left や right の行動をとっても，遷移先の状態が 50%ずつの確率をもつ信念状態であるので，遷移は起こらない．このように信念状態空間上の状態遷移は，得られる観測によって状態の推定を行うことと同義である．信念状態が十分統計量であるため，信念状態空間は MDP であることが理論的に示されているが，もとの状態空間が離散であっても信念状態空間は連続な空間となるために計算には工夫が必要となる．

1.5.3 モデルベースドな手法

モデルベースドな手法は，信念状態空間上の MDP のモデルがすべてわかっているものとして，行動価値や方策を求める手法である．この項では，まず信念状態空間上の価値関数の表現について述べ，そのあと価値関数を求める手法として厳密解法である exact value iteration と，価値反復の近似解法である Point-Based Value Iteration (PBVI) の基本的な考え方について概説する．方策反復の近似解法である Point-Based Policy Iteration (PBPI) については，紙面の都合で参考文献をあげるにとどめる．

■ belief MDP 上の価値関数の表現

MDP における学習の手法として価値反復 (value iteration) とよばれる手法があることは，1.3 節で紹介した．価値反復とは，繰り返し計算によって，ベルマン最適方程式とよばれる最適な価値関数が満たすべき方程式の解を求める手法である．状態価値関数に関するベルマンの最適方程式は，

$$V^*(s) = \max_{a \in \mathcal{A}} \left[R(s,a) + \gamma \sum_{s' \in \mathcal{S}} T(s,a,s') V^*(s') \right] \tag{1.5.5}$$

によって与えられることが知られている．この方程式の解を得るため，価値反復法では，バックアップとよばれる操作をすべての状態 $s \in S$ に対して，次式によって行う．

$$V(s) \leftarrow \max_{a \in \mathcal{A}} \left[R(s,a) + \gamma \sum_{s' \in \mathcal{S}} T(s,a,s') V(s') \right] \tag{1.5.6}$$

価値反復法は MDP に対して成立する手法であるから，belief MDP 上でも同様の議論が成り立つ．このとき，ベルマン最適方程式は，状態や遷移確率などを置き換えた

$$V^*(b) = \max_{a \in \mathcal{A}} \left[R_{\mathcal{B}}(b,a) + \gamma \sum_{b' \in \mathcal{B}} \tau(b,a,b') V^*(b') \right] \tag{1.5.7}$$

$$= \max_{a \in \mathcal{A}} \left[R_{\mathcal{B}}(b,a) + \gamma \sum_{o \in \Omega} P(o|b,a) V^*(b^{a,o}) \right] \tag{1.5.8}$$

という方程式となる．式 (1.5.7) から式 (1.5.8) への変形には，式 (1.5.3) を用いた．MDP の場合には価値関数は有限な集合の上に定義された関数であった．しかし，belief MDP の場合，価値関数は信念状態空間 $\mathcal{B}$ 上の関数となるため，定義域は連続空間となる．

ところで，belief MDP 上の価値関数は，報酬の総和をとる期間が有限期間の場合と，無限期間の一部の場合について，次のように書き下せることが知られている[25, 27]．

$$V(b) = \max_{\alpha \in \Gamma} b \cdot \alpha = \max_{\alpha \in \Gamma} \sum_{s \in \mathcal{S}} b(s) \alpha(s) \tag{1.5.9}$$

ここで，$\alpha \in \Gamma = \{\alpha_1, \alpha_2, \cdots, \alpha_n\}$ は α-ベクトルとよばれる $|S|$ 次元ベクトルである．Γ は価値関数を表現する α-ベクトルの集合である．各々の α-ベクトルは，直感的には，ある行動決定木（行動をノード，観測をエッジとする決定的方策）をとった場合の価値関数を表している．一般の無限期間の場合にも，このような形状の関数で近似可能である[27]．図 1.5.2 に概形を示す．

ここで Tiger の例に戻って，

$$r^a(s) = R(s,a) \tag{1.5.10}$$

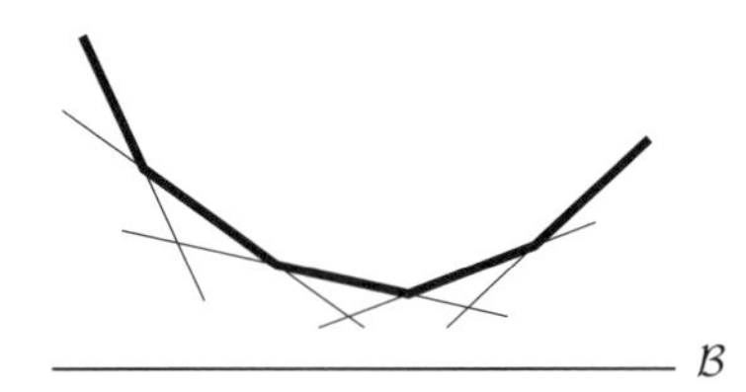

図 1.5.2　複数の α-ベクトルによる価値関数
価値関数はそれらの直線の包絡線となる.

を要素としてもつようなベクトル r^a が，そのまま α-ベクトルであったとしよう．この場合の α-ベクトルと，そのベクトルによる価値関数の関係を図 1.5.3 に示す．$\alpha = r^{\mathrm{left}} = (\alpha(s_r), \alpha(s_l)) = (R(s_r, \mathrm{left}), R(s_l, \mathrm{left})) = (-100, 10)$ である．信念状態 $b = (0.5, 0, 5)$ に対して，この α-ベクトルは価値 -45 を与える．このことは成分ごとに考えるとより明確になる．図 1.5.3(b) において，両端の高さがそれぞれ -100, $+10$ となる直線を引くことになるためである．それぞれの両端では真の状態が確定しているので報酬はその状態に従って与えられ，中間的な信念状態における報酬は確率に応じた重ね合わせによって式 (1.5.4) の意味で与えられることがわかる．

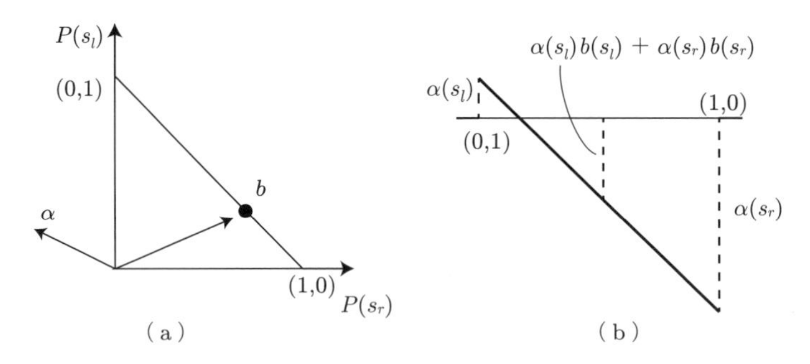

図 1.5.3　α-ベクトルと信念状態
(a) α-ベクトルと信念状態の幾何的な関係．これらの内積により価値を計算できる．(b) α-ベクトルの各成分と，その α-ベクトルによる価値関数の関係．まず単体の頂点に対応する状態での α の値を求め，それらを結ぶ線分（超平面）が価値関数となる．

■ exact value iteration

次に価値関数の更新について考える．そのために，まず式（1.5.8）を次のように分解する．

$$V(b) \leftarrow \max_{a \in \mathcal{A}} V^a(b) \tag{1.5.11}$$

$$V^a(b) = \sum_{o \in \Omega} V_o^a(b) \tag{1.5.12}$$

$$V_o^a(b) = \frac{\sum_{s \in \mathcal{S}} R(s,a)b(s)}{|\Omega|} + \gamma P(o|b,a)V(b^{a,o}) \tag{1.5.13}$$

価値の評価に，V の各要素と b との内積値の max 演算の結果が使われることを考えると，両者の対応がつくことが見てとれる．

exact value iteration では，この式と同様の形式によって，価値を更新することができる[4, 29]．価値関数が α-ベクトルの集合 Γ で表現されている状態（式 (1.5.9)）を考え，以下の形で Γ を更新する．

$$\Gamma \leftarrow \text{prune}\left(\bigcup_{a \in \mathcal{A}} \Gamma^a\right) \tag{1.5.14}$$

$$\Gamma^a = \bigoplus_{o \in \Omega} \Gamma^{a,o} \tag{1.5.15}$$

$$\Gamma^{a,o} = \left\{ \frac{1}{|\Omega|} r^a + \gamma \alpha^{a,o} \;\middle|\; \alpha \in \Gamma \right\} \tag{1.5.16}$$

ここで，

$$\bigoplus_{i \in \{1,2,\ldots,N\}} A_i = A_1 \oplus A_2 \oplus \cdots \oplus A_N \tag{1.5.17}$$

$$A \oplus B = \{a + b | a \in A, b \in B\} \tag{1.5.18}$$

であり†，$\alpha^{a,o}$ は，

$$\alpha^{a,o}(s) = \sum_{s' \in \mathcal{S}} P(s'|s,a)P(o|a,s')\alpha(s') \tag{1.5.19}$$

によって要素が与えられるベクトルである．直感的には，現在知っている深さ k 以下の行動決定木に対応する α-ベクトルをもとにして，新しい根ノードを組み合わせることで深さ $k+1$ の行動決定木に対応する α-ベクトルのすべてを生成するプロセスと捉えることができる．prune は，生成したすべての α-ベクトルから，価値関数に寄与しないもの（すなわち，どんな信念 b に対しても式 (1.5.9) の max 演算子で使用されない α）を取り除く手続きであり，価値更新の max 演算に対応する（実装には線形計画法などが利用される）．

このように exact value iteration は，全信念空間上に対して価値を更新することができるが，この計算では，α-ベクトルがステップごとに指数的に増えてしまう．そのオーダーは，$|\Gamma|$ を α-ベクトルの数として，$O(|\Gamma| \times |\mathcal{A}| \times |\Omega| \times |\mathcal{S}|^2 + |\mathcal{A}| \times |\mathcal{S}| \times |\Gamma|^{|\Omega|})$ に及ぶ[22]．incremental pruning[4] は，$\text{prune}(A \oplus B \oplus C \cdots) = \text{prune}(A \oplus \text{prune}(B \oplus \text{prune}(C \cdots)))$ の性質を使うことで計算量を抑えるものであるが，最悪時のオーダー

† すなわち，$A = \{a_1, a_2, \ldots, a_n\}$，$B = \{b_1, b_2, \ldots, b_m\}$ に対して，$A \oplus B = \{a_1 + b_1, a_1 + b_2, \ldots, a_1 + b_n, a_2 + b_1, \ldots, a_n + b_m\}$ を表す[19]．

は変わらない.

■ Point-Based Value Iteration

厳密解法における計算量の問題を解決するため，$\mathcal{B}$ の部分集合 B においてのみ価値反復を行う手法として，PBVI が提案されている[18]．これは，図 1.5.4 に示すように B 内の点についてのみ α-ベクトルを求めることで計算量の低減を図る手法である.

まずそのために，PBVI では，ある 1 点の信念状態 $b \in B$ について，式 (1.5.8) の形でバックアップが行われるよう，α-ベクトルをバックアップすることを考える．すなわち,

$$
\begin{aligned}
V(b) \leftarrow\ & \max_a \left[R_{\mathcal{B}}(b,a) + \gamma \sum_{o \in \Omega} P(o|b,a) V(b^{a,o}) \right] \\
=\ & \max_a \left[\sum_{s \in \mathcal{S}} b(s) r^a(s) + \gamma \sum_{o \in \Omega} P(o|b,a) \max_k \sum_{s'} b^{a,o}(s') \alpha_k(s') \right] \\
=\ & \max_a \left[\sum_{s \in \mathcal{S}} b(s) r^a(s) + \gamma \sum_{o \in \Omega} \max_k \sum_{s \in \mathcal{S}} b(s) \sum_{s' \in \mathcal{S}} P(s'|s,a) P(o|a,s') \alpha_k(s') \right] \\
=\ & \max_a \sum_{s \in \mathcal{S}} b(s) \left[r^a(s) + \gamma \sum_{o \in \Omega} \max_k \alpha_k^{a,o}(s) \right] \\
=\ & \max_{\alpha^{a,b} \in \{\alpha^{a,b}\}_a} b \cdot \alpha^{a,b} = b \cdot \mathrm{backup}(b)
\end{aligned} \tag{1.5.20}
$$

となるよう α-ベクトルを更新する．ここで,

$$
\alpha^{a,b}(s) = r^a(s) + \gamma \sum_{o \in \Omega} \operatorname*{argmax}_{\{\alpha_k^{a,o}\}_k} b \cdot \alpha_k^{a,o} \tag{1.5.21}
$$

$$
\{\alpha^{a,b}\}_a = \{\alpha^{a,b} | a \in \mathcal{A}\} \tag{1.5.22}
$$

$$
\mathrm{backup}(b) = \operatorname*{argmax}_{\alpha^{a,b} \in \{\alpha^{a,b}\}_a} b \cdot \alpha^{a,b} \tag{1.5.23}
$$

である．なお，この変形は途中で式 (1.5.1) を用いた.

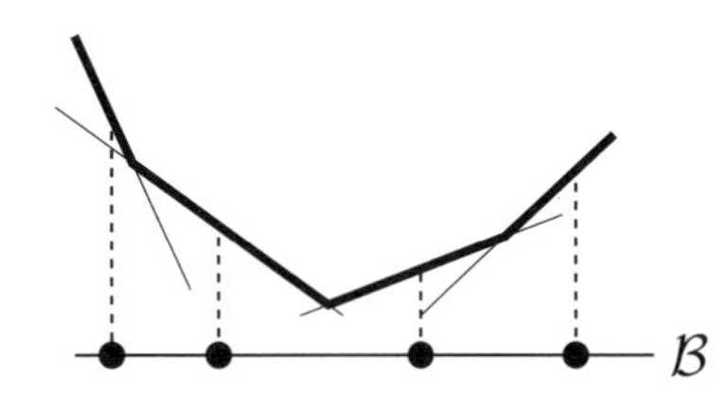

図 1.5.4 Point-based iteration による価値関数
黒い点の集合が B であり，この上での α-ベクトルのみが求められる.

以上の議論から，価値を直接更新するかわりに，α-ベクトルについての更新を backup(b) によって行えばよいことがわかる．この更新はある一つの信念状態に関するものであったから，B 全体の α-ベクトルを次のように更新する．

$$\Gamma \leftarrow \bigcup_{b \in B} \mathrm{backup}(b) \tag{1.5.24}$$

これにより，計算コストは $O(|\mathcal{A}| \times |\Omega| \times |\Gamma| \times |\mathcal{S}|^2 + |B| \times |\mathcal{A}| \times |\mathcal{S}| \times |\Omega|)$ にまで低減する[22]．ただし，B 内の点でカバーされていない信念に対しては，価値更新で価値が減少しうるため，更新の単調性は保証されない．

PBVI には，B の決定方法や価値更新の仕方によってさまざまな種類がある．たとえば，乱数による選択を考慮する Perseus[28]，ヒューリスティックな選び方を考慮する HSVI[26]，到達可能な信念について考慮する SARSOP[14] などの手法が提案され，大幅な性能向上がなされている．これら手法の比較については，Shani らのサーベイ[22] が詳しい．離散な空間だけではなく，連続な状態・行動・観測空間をもつ POMDP への適用事例も報告がある[20]．

PBVI は，ベイジアン強化学習の問題において POMDP ソルバーとしても利用されており[32]，モデルベースドな解法のなかでは標準的な手法となっている．

■ Point-Based Policy Iteration

PBVI 以外の point-based な手法として，Hansen の 方策反復 (policy iteration)[8] に point-based の考え方を導入することで更新の単調性を保証した，Point-Based Policy Iteration(PBPI) がある[9]．

■ 関連するモデルや表現

ベイズ適応的 MDP(BAMDP: Bayes-Adaptive MDP) では，状態遷移関数が未知である MDP の不確実性を観測できない状態の要素として扱うことで，モデルが既知の POMDP へと変換される[6] (2.2 節参照)．このような取り組みは，MDP だけではなく，POMDP へも行われている．ベイズ適応的 POMDP (BAPOMDP: Bayes-Adaptive POMDP)[21] は，POMDP を，状態遷移関数だけではなく，観測関数を定めるパラメータも状態の要素に含めた POMDP へと変換する手法である．しかし，あらたに構成される BAPOMDP は無限の状態からなる状態空間をもつことになるため，有限な POMDP で近似やオンラインの手法によって解くことが必要となる．

観測の不完全性に関する別の表現として，予測的状態表現 (PSR: Predictive State Representation) があり[15]，POMDP との関連が示されている[35]．

1.5.4 モデルフリーな手法

ここまで見てきたように，モデルが与えられていても POMDP を解くことは簡単ではない．そのような対象をモデルフリーで学習することはとても難しいが，USM[17] などのメモリベースな方法をはじめとした多くの手法が研究されている．ここでは比較的近年の試みについて述べる．

■ ブラックボックスなシミュレータを用いる手法

モデルの要素を直接用いるかわりにブラックボックスなシミュレータによってモンテカルロ法を行う手法として POMCP がある[24]．POMCP では，シミュレータから状態・観測・報酬などをサンプルすることで，信念状態の更新をパーティクルフィルタによって行う．この手法では UCT[7, 13] というモンテカルロ木探索を POMDP に適用することによって価値関数を構築する．約 10^{56} 個の状態，4 個の行動，1,024 個の観測をもつ部分観測パックマン問題に適用して有効性を示している．モンテカルロ木探索の手法そのものについては Browne らのサーベイが詳しい[2]．

■ 楽観的価値反復を用いる手法

適格度トレースを用いる Sarsa が POMDP においてよく動作する場合があることは実験的に報告されている[16]．この Sarsa による価値の更新は，楽観的価値反復とよばれる手法に属する[1, 3]．Vlassis らは，価値関数を報酬が与えられる確率についての尤度関数として捉えて最尤推定を行う方法[31] を提案している．そのなかで，最尤推定の手法である Stochastic Approximation EM 法と，楽観的価値反復との関連について議論し，最尤推定による手法が POMDP の環境のなかで適格度トレースを用いる Sarsa と同様に機能することを実験的に示している．

■ 価値の表現を工夫する手法

信念状態を使わずに POMDP に取り組む手法もある．

Wiering らは，価値関数を階層的に表現して学習を行う手法を提案している[34]．これは複数のエージェントを切り替えながら行動選択を行うことで，もとの問題を一つのエージェントが学習可能な問題に分割して扱う手法である．

筆者らは，複素数で表現された価値（複素行動価値）を用いる複素強化学習という枠組みを提案している[23, 38]．絶対値と位相にそれぞれ価値の大きさと時系列の情報を含め，内部参照値という内部変数との位相差を用いることで，文脈にあった行動の発現を目指している．図 1.5.5 に示すように，複素行動価値の絶対値が大きいほど，複素行動価値の位相と内部参照値の位相が近いほど，その行動はその文脈における行動の良さ（実効的な価値の大きさ）が大きいとみなす．複素強化学習の手法を階層化さ

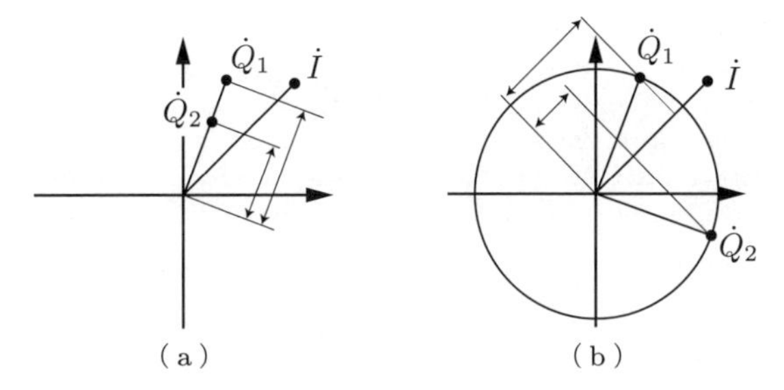

図 1.5.5 複素強化学習における実効的な価値の大きさ
(a) 複素行動価値の位相が同じ場合の実効的な価値の大きさの比較.
(b) 複素行動価値の絶対値が同じ場合の実効的な価値の大きさの比較.

せる試みもある[37].

参考文献

[1] Dimitri P. Bertsekas and John N. Tsitsiklis. *Neuro-Dynamic Programming.* Athena Scientific, 1st edition, 1996.

[2] C. B. Browne, E. Powley, D. Whitehouse, S. M. Lucas, P. I. Cowling, P. Rohlfshagen, S. Tavener, D. Perez, S. Samothrakis, and S. Colton. A survey of Monte Carlo tree search methods. *IEEE Transactions on Computational Intelligence and AI in Games*, 4(1):1–43, 2012.

[3] Lucian Busoniu, Damien Ernst, Bart De Schutter, and Robert Babuska. Approximate reinforcement learning: An overview. In *2011 IEEE Symposium on Adaptive Dynamic Programming And Reinforcement Learning*, pp. 1–8, 2011.

[4] Anthony Cassandra, Michael L. Littman, and Nevin L. Zhang. Incremental pruning: A simple, fast, exact method for partially observable Markov decision processes. In *Proceedings of the Thirteenth Conference on Uncertainty in Artificial Intelligence*, pp. 54–61. Morgan Kaufmann Publishers, 1997.

[5] C.J.C.H.Watkins. *Learning from Delayed Rewards.* PhD thesis, Cambridge University, 1989.

[6] Michael O. Duff. Design for an optimal probe. In *Proceedings of the 19th International Conference on Machine Learning*, pp. 131–138, 2003.

[7] Sylvain Gelly and David Silver. Combining online and offline knowledge in UCT. In *Proceedings of the 24th international conference on Machine learning*, pp. 273–280, 2007.

[8] Eric A. Hansen. Solving POMDPs by searching in policy space. In *Proceedings of the 14th Conference on. Uncertainty in Artificial Intelligence*, volume 14, pp. 211–219, 1998.

[9] Shihao Ji, Ronald Parr, Hui Li, Xuejun Liao, and Lawrence Carin. Point-based policy iteration. In *Proceedings of the 22nd national conference on Artificial intelligence*, volume 2, pp. 1243–1249, 2007.

[10] Leslie Pack Kaelbling, Michael L. Littman, and Anthony R. Cassandra. Planning and acting in partially observable stochastic domains. *Artificial Intelligence*, 101:99–134, 1998.

[11] Leslie Pack Kaelbling, Michael L. Littman, and Andrew W. Moore. Reinforcement learning: a survey. *Journal of Artificial Intelligence Research*, 4:237–285, 1996.

[12] Patricia Kan, Rajibul Huq, Jesse Hoey, Robby Goetschalckx, and Alex Mihailidis. The development of an adaptive upper-limb stroke rehabilitation robotic system. *Journal of NeuroEngineering and Rehabilitation*, 8(33), 2011.

[13] Levente Kocsis and Csaba Szepesvári. Bandit based Monte-Carlo planning. In *Pro-*

ceedings of the 17th European conference on Machine Learning, pp. 282–293, 2006.

[14] Hanna Kurniawati, David Hsu, and Wee Sun Lee. Sarsop: Efficient point-based POMDP planning by approximating optimally reachable. In *Proceedings of Robotics: Science & Systems, 2008*, 2008.

[15] Michael L. Littman, Richard S. Sutton, and Satinder Singh. Predictive representations of state. In *Advances in Neural Information Processing Systems (NIPS)*, volume 14, pp. 1555–1561, 2002.

[16] John Loch and Satinder Singh. Using eligibility traces to find the best memoryless policy in partially observable Markov decision processes. In *Proceedings of the Fifteenth International Conference on Machine Learning*, pp. 323–331, 1998.

[17] A. McCallum. Instance-based utile distinctions for reinforcement learning with hidden state. In *Proceedings of the Twelfth International Conference on Machine Learning*, pp. 387–395, 1995.

[18] J. Pineau, G. Gordon, and S. Thrun. Point-based value iteration: An anytime algorithm for POMDPs. In *International Joint Conference on Artificial Intelligence*, pp. 1025–1032, 2003.

[19] Joelle Pineau, Geoffrey Gordon, and Sebastian Thrun. Anytime point-based approximations for large POMDPs. *Journal of Artificial Intelligence Research*, 27:335–380, 2006.

[20] Josep M. Porta, Nikos Vlassis, Matthijs T. J. Spaan, and Pascal Poupart. Point-based value iteration for continuous POMDPs. *Journal of Machine Learning Research*, 7:2329–2367, 2006.

[21] Stephane Ross, Joelle Pineau, Brahim Chaib-draa, and Pierre Kreitmann. A bayesian approach for learning and planning in partially observable Markov decision processes. *Journal of Machine Learning Research*, 12:1729–1770, 2011.

[22] Guy Shani, Joelle Pineau, and Robert Kaplow. A survey of point-based POMDP solvers. *Autonomous Agents and Multi-Agent Systems*, 27(1):1–51, 2013.

[23] Takeshi Shibuya and Tomoki Hamagami. Complex-valued reinforcement learning: a context-based approach for POMDPs. In Abdelhamid Mellouk, editor, *Advances in Reinforcement Learning*, pp. 255–274. InTech, 2011.

[24] David Silver and Joel Veness. Monte-carlo planning in large POMDPs. In *Advances in Neural Information Processing Systems 23*, pp. 2164–2172, 2010.

[25] Richard D. Smallwood and Edward J. Sondik. The optimal control of partially observable Markov processes over a finite horizon. *Operations Research*, 21(5):1071–1088, 1973.

[26] Trey Smith and Reid Simmons. Heuristic search value iteration for POMDPs. In *Proceedings of the Twentieth Conference Annual Conference on Uncertainty in Artificial Intelligence (UAI-04)*, pp. 520–527, Arlington, Virginia, 2004. AUAI Press.

[27] Edward J. Sondik. The optimal control of partially observable Markov processes over the infinite horizon: Discounted costs. *Operations Research*, 26(2):282–304, 1978.

[28] Matthijs T. J. Spaan and Nikos Vlassis. Perseus: Randomized point-based value iteration for POMDPs. *Journal of Artificial Intelligence Research*, 24:195–220, 2005.

[29] Matthijs T.J. Spaan. Partially observable Markov decision processes. In M. Wiering and M. van Otterlo, editors, *Reinforcement Learning*, chapter 12, pp. 387–414. Springer-Verlag Berlin Heidelberg, 2012.

[30] David Tomberlin. Endangered seabird habitat management as a partially observable Markov decision process. *Marine Resource Economics*, 25:93–104, 2010.

[31] Nikos Vlassis and Marc Toussaint. Model-free reinforcement learning as mixture learning. In *Proceedings of the 26th International Conference on Machine Learning*, pp. 1081–1088, 2009.

[32] Yi Wang, Kok Sung Won, David Hsu, and Wee Sun Lee. Monte Carlo bayesian reinforcement learning. In *Proceedings of the 29th International Conference on Machine Learning*, pp. 1135–1142, 2012.

[33] Steven D. Whitehead and Long-Ji Lin. Reinforcement learning of non-Markov decision processes. *Artificial Intelligence*, 73(1-2):271–306, 1995.

[34] Marco Wiering and Jurgen Schmidhuber. HQ-learning. *Adaptive Behavior*, 6:219–246, 1997.

[35] David Wingate. Predictively defined representations of state. In M. Wiering and M. van Otterlo, editors, *Reinforcement Learning*, chapter 13, pp. 415–439. Springer-Verlag Berlin Heidelberg, 2012.

[36] 木村 元, Leslie Pack Kaelbling. 部分観測マルコフ決定過程下での強化学習. **人工知能学会誌**, 12(6):822–830, 1997.

[37] 山崎 惇広, 濱上 知樹. 逐次的に分割された問題空間における複素強化学習. **電子情報通信学会論文誌** *D*, J94-D(5):872–880, 2011.

[38] 澁谷 長史, 濱上 知樹. 複素数で表現された行動価値を用いる Q-learning. **電子情報通信学会論文誌** *D*, J91-D(5):1286–1295, 2008.

第 2 章

強化学習の発展的理論

本章においては，第 1 章の基礎的内容を踏まえた，発展的理論に関して解説する．これらの理論を使うことで，より複雑な問題に対してどのようなアプローチが可能かを見ることができる．各節は独立しているので，興味のある節を見ていただくことで，その領域に関して学ぶことができるであろう．

2.1 第2章 強化学習の発展的理論 統計学習の観点から見たTD学習

前田新一

これまで主に状態 s や行動 a は離散化されたものを考え，それら状態 s，行動 a の関数である行動価値関数 $Q(s,a)$ や状態価値関数 $V(s)$ が計算機内のメモリで表現できることを想定してきた．しかし，実問題には，位置や角度，トルクといった連続値をとる変数を状態変数や行動変数とすることがある．このような場合には各々の状態や行動ごとの価値関数をメモリに保存することができないため，特徴づけられるパラメトリックな関数を用いて価値関数を近似的に表現することが必要となる．

パラメトリックな関数を用いて価値関数を近似するメリットには，他にも推定精度(汎化性能) の向上，学習の高速化といったものがある．状態や行動を細分化して離散化すると，一定回数のエピソード数の学習では，まったくあるいはほとんどサンプリングされない状態や行動が生じる．

このとき，未到達であったり，少数のサンプルしか得られていない領域であっても状態行動空間上で滑らかに変化する関数近似器を用いることで，補間・外挿といった汎化ができる．逆に関数近似器による価値関数の汎化性能が良好であれば，同程度の誤差の価値関数を学習するのに必要になるサンプリング数を減らすことができ，学習の高速化に役立つ．

本節では，まず 2.1.2 項で関数近似を行わない場合の価値関数の推定について復習し，その後，2.1.3 項で関数近似を行う場合の価値関数の推定について概観する．2.1.4 項で，マルコフ報酬過程 (Markov Reward Process: MRP) とよばれる固定された方策のもとでの関数近似器を用いた価値関数の推定問題がセミパラメトリック統計の問題とみなせることを示し，その収束性について包括的に議論できることを示す．最後に 2.1.7 項でまとめを行う．

2.1.1 強化学習と教師付き学習の学習則

教師付き学習による回帰関数の学習と異なり，強化学習の価値関数の学習においては収束の保証されたアルゴリズムの構築は容易ではない．とくに関数近似器を用いた場合に難しい．その理由は，大きく分けて二つ存在する．

1. 価値関数の出力の手本となる教師出力が未知であること

2. 生成されるサンプルが独立同一分布 (independent and identically distributed: i.i.d.) に従わないこと

の二つである．

しかし，これらの違いのがあるにもかかわらず，強化学習の学習則は，しばしば，教師付き学習の学習則によく類似した形式のものが利用される．というより，むしろ教師付き学習の学習則と類似した学習則とすることで，学習を安定化させているとも考えられる．したがって，何を教師出力として仮定した教師付き学習の学習則とみなせるかの対応を考えたり，どういった手続きによってサンプルが独立に近づくようにしているかという対応を考えたりすることは学習則を理解するにあたって有意義であると思われる．

そこで，まず，教師付き学習について述べる．入力変数を $x \in \mathcal{S}$, 出力変数を $y \in \mathbb{R}$ にもつ関数近似器 $y = f(x;\theta)$ の学習を考える．ここで，$\theta \in \mathbb{R}^m$ は関数近似器のパラメータである．教師付き学習では，T 個の訓練データ $\{x_t, y_t\}$ $(t = 1, \ldots, T)$ が与えられたとき，教師出力 y_t と入力 x_t を得たときの関数近似による出力 $\hat{y}_t = f(x_t;\theta)$ との間の誤差 $d(y_t, \hat{y}_t)$ のデータに関する平均 $\frac{1}{T}\sum_{t=1}^{T} d(y_t, \hat{y}_t)$ を最小化するようパラメータ θ を学習することで，誤差の期待値 $\mathbb{E}[d(y, \hat{y})]$ のパラメータ θ に関する最小化を図る．

誤差関数として回帰の問題でよく用いられる二乗誤差を利用した場合，訓練データから計算される経験的な目的関数 $J(\theta)$ は

$$J(\theta) = \frac{1}{T}\sum_{t=1}^{T} d(y_t, \hat{y}_t) = \frac{1}{T}\sum_{t=1}^{T}(y_t - \hat{y}_t)^2 = \frac{1}{T}\sum_{t=1}^{T}(y_t - f(x_t;\theta))^2 \tag{2.1.1}$$

と書ける．目的関数 $J(\theta)$ のパラメータ θ に関する勾配は，

$$\frac{\partial J(\theta)}{\partial \theta} = \frac{1}{T}\sum_{t=1}^{T}\frac{\partial d(y_t, \hat{y}_t)}{\partial \theta} = \frac{2}{T}\sum_{t=1}^{T}(y_t - f(x_t;\theta))\partial_{\boldsymbol{\theta}} f(x_t;\theta) \tag{2.1.2}$$

と書ける．ただし，$\partial_{\boldsymbol{\theta}} f(x_t;\theta) := \frac{\partial f(x_t;\theta)}{\partial \theta}$ である．以降，適宜，変数 θ による微分を簡潔に表現するために記号 $\partial_{\boldsymbol{\theta}}$ を用いる．勾配法による最適化では，この勾配をもとに目的関数の下がる方向にパラメータを更新する．

$$\begin{aligned} \theta_{n+1} &= \theta_n - \alpha_n M_n \frac{\partial J(\theta_n)}{\partial \theta} \\ &= \theta_n - \alpha_n M_n \frac{2}{T}\sum_{t=1}^{T}\underbrace{(y_t - f(x_t;\theta_n))}_{\text{誤差}}\underbrace{\partial_{\boldsymbol{\theta}} f(x_t;\theta_n)}_{\text{近似する関数のパラメータ勾配}} \end{aligned} \tag{2.1.3}$$

ここで，α_n は正のステップサイズ，M_n は $m \times m$ の正定値行列である．適切なス

テップサイズ α_n の選択のもと，このパラメータ更新によって目的関数が下がることを示そう．目的関数 $J(\theta)$ が θ に関して二階微分可能であるとき，$J(\theta+\Delta\theta) = J(\theta) + \frac{\partial J(\theta)}{\partial\theta}^{\mathrm{T}}\Delta\theta + O(\Delta\theta^2)$ と書けることを利用すると，θ_n 周りのテイラー展開によって

$$\begin{aligned} J(\theta_{n+1}) &= J\left(\theta_n - \alpha_n M_n \frac{\partial J(\theta)}{\partial\theta}\right) \\ &= J(\theta_n) - \alpha_n M_n \frac{\partial J(\theta)}{\partial\theta}^{\mathrm{T}} \frac{\partial J(\theta)}{\partial\theta} + O(\alpha_n^2) \end{aligned} \tag{2.1.4}$$

と書ける．$\frac{\partial J(\theta)}{\partial\theta}^{\mathrm{T}} \frac{\partial J(\theta)}{\partial\theta} > 0$ であり，M_n は正定値行列なので，式 (2.1.4) の右辺第 2 項は正の数となる．第 3 項が発散しない条件においては α_n を十分小さくとれば，第 2 項に比べ第 3 項の大きさは小さくなるので $J(\theta_{n+1}) - J(\theta_n) < 0$ とできることがわかる．

サンプル数が膨大な場合は，T 個のすべてのサンプルに関する和をとらずにサンプル 1 個（もしくは少数のサンプル）で更新を行うことで 1 回の更新に要する計算量を大きく削減する確率近似法がとられる．このとき，

$$\begin{aligned} \theta_{t+1} &= \theta_t - \alpha_t M_t \partial_{\boldsymbol{\theta}} d(y_t, \hat{y}_t) \\ &= \theta_n + 2\alpha_n M_n \underbrace{(y_t - f(x_t;\theta))}_{\text{誤差}} \underbrace{\partial_{\boldsymbol{\theta}} f(x_t;\theta)}_{\text{近似する関数のパラメータ勾配}} \end{aligned} \tag{2.1.5}$$

のような形式の更新が行われる．確率近似法の理論から，各サンプルが i.i.d. に従って得られると仮定できるならば，α_t に対するある条件を満たせばパラメータ θ の目的関数の局所解への収束が保証できる．

これに対して強化学習の場合，教師出力 y_t が未知となる．そのため，最適化すべき目的関数やそのパラメータに関する勾配を陽に書き下すことが難しく，教師付き学習の学習則をそのまま利用できるわけではない．さらに得られるサンプルも適当な行動方策に従って得た場合，状態遷移がマルコフ性をもつ系列のサンプルとなり，i.i.d. の条件で得られるサンプルと異なる．そのため，収束に関する議論も，混合確率過程 (mixing random process) における収束の議論が必要となる．このような違いがあるものの，強化学習のアルゴリズムは，二乗誤差を最小化する教師付き学習の勾配法による学習則 (2.1.5) のように“誤差”と“近似する関数のパラメータ勾配”の積の形式で書けるような学習則をとるものが多く，教師付き学習との対応関係を知ることで学習則を理解しやすい．

この対応について一点，注意点を述べる．$\partial_{\boldsymbol{\theta}} f(x_t;\theta)$ の項を“近似する関数のパラメータ勾配”として解釈したが，これは“誤差のパラメータ勾配”を計算した結果として得られたものである．二乗誤差最小化の勾配法においては，“誤差のパラメータ勾

配”と“近似する関数のパラメータ勾配”は符号を除いて一致するが一般に強化学習のアルゴリズムでは“近似する関数のパラメータ勾配”ではあっても“誤差のパラメータ勾配”として解釈可能な“誤差”(目的関数)を定義できない場合が存在する．このとき“誤差”と“誤差のパラメータ勾配”の積の関係でなければ，目的関数に対する勾配法による最小化という解釈は成り立たず，収束するかどうかが明らかでなくなることに注意する．具体的にどの学習則で何が誤差に対応するかについては，以下で順次，説明を行う．

2.1.2 関数近似をしない場合の価値関数の推定

まず，記法を整理しながら関数近似をしない場合の価値関数の推定について復習する．ここでは，離散のマルコフ決定過程 (Markov Decision Process: MDP)$\mathcal{M} = (\mathcal{S}, \mathcal{A}, P)$ を考える．すなわち，状態 $s \in \mathcal{S}$ の集合 $\mathcal{S}$，行動 $a \in \mathcal{A}$ の集合 $\mathcal{A}$ はともに有限集合であり，状態遷移確率 P は，各状態, 行動の組 $(s, a) \in \mathcal{S} \times \mathcal{A}$ に対して $\mathcal{S} \times \mathbb{R}$ 上の確率 $P(\cdot|s, a)$ として定義される．とりうる行動の集合が，状態ごとに異なることを明示する場合，$\mathcal{A}(s)$ のように表記する．報酬関数 $r(s, a, s')$ は，現在の状態 $s \in \mathcal{S}$ と行動 $a \in \mathcal{A}$，次状態 $s' \in \mathcal{S}$ を入力として実数を出力する関数 $\mathcal{S} \times \mathcal{A} \times \mathcal{S} \to \mathbb{R}$ である．時刻 t で訪れた状態，選択した行動を示すために，それぞれ時刻 t を添字にした表記 s_t,a_t を用いる．時刻 t での行動の結果，時刻 $t+1$ で得られた報酬は $r_t = r(s_{t-1}, a_{t-1}, s_t)$ と表記する．方策 π は，各状態 $s_t \in \mathcal{S}$ に対して $\mathcal{A} \times \mathbb{R}$ 上の確率測度 $\pi(\cdot|s_t)$ として定義される．方策は，累積報酬 $R_t = r_t + \gamma r_{t+1} + \gamma^2 r_{t+2} + \cdots + \gamma^{T-1} r_{t+T} \cdots$ を最大化することが目的となる．ここで γ は，$0 < \gamma < 1$ を満たす定数で，割引率とよばれる．問題によっては終端時刻 T が有限であったり，終端状態が存在したりするものを考えることもあるが，ここでは，終端時刻 $T \to \infty$ の状況を考え，また初期状態によらず状態遷移を繰り返すことでどの状態にもいつかは到達すること（既約）を仮定する†．強化学習の目的は，最適な方策を求めたり，ある特定の方策 π のもとでの価値関数を求めることにある．方策 π のもとでの状態価値関数 $V^\pi(s_t)$ は，状態 $s_t \in \mathcal{S}$ を入力としてその状態の価値を出力する関数 $\mathcal{S} \to \mathbb{R}$ であり，$V^\pi(s_t) = \mathbb{E}^\pi[R_t|s_t]$ と表現される．$\mathbb{E}^\pi[\cdot|s_t]$ は，時刻 t における状態が s_t であったもとでのそれ以降の状態・行動・報酬の系列に関する条件付き期待値を表す記号で方策 π に依存することを陽に示すため，π の添字がつけられる．

前述のとおり，強化学習では機械学習のメインストリームとも言える教師付き学習とは異なり，最適な方策や価値関数を求めるにあたって，直接的な教師信号が与えられない．教師信号のかわりに学習の手がかりとなるものとして，しばしばベルマン残差が利用される．すでに第1章において，ある方策 π のもとでの状態価値関数 $V^\pi(s)$,

† この仮定は，マルコフ連鎖が唯一の定常分布をもつことを保証する．

行動価値関数 $Q^\pi(s,a)$ は以下のベルマン方程式を満たすことを述べた．以下に再掲する．

$$\forall s_t \in \mathcal{S}, \quad V^\pi(s_t) = \mathbb{E}^\pi\left[r_{t+1} + \gamma V^\pi(s_{t+1})|s_t\right], \tag{2.1.6}$$

$$\forall s_t \in \mathcal{S}, a_t \in \mathcal{A}, \quad Q^\pi(s_t,a_t) = \mathbb{E}^\pi\left[r_{t+1} + \gamma Q^\pi(s_{t+1},a_{t+1})|s_t,a_t\right] \tag{2.1.7}$$

ここで，γ は $0 < \gamma < 1$ となる割引率を表す．

同様に，最適な状態価値関数 $V^*(s)$，行動価値関数 $Q^*(s,a)$ がベルマン方程式を満たす．

$$\forall s_t \in \mathcal{S}, \quad V^*(s_t) = \max_{a_t} \mathbb{E}_P\left[r_{t+1} + \gamma V^*(s_{t+1})|s_t,a_t\right], \tag{2.1.8}$$

$$\begin{aligned}\forall s_t \in \mathcal{S}, a_t \in \mathcal{A}, \quad Q^*(s_t,a_t) &= \max_{a_{t+1}} \mathbb{E}_P\left[r_{t+1} + \gamma Q^*(s_{t+1},a_{t+1})|s_t,a_t\right] \\ &= \mathbb{E}_P\left[r_{t+1} + \gamma \max_{a_{t+1}} Q^*(s_{t+1},a_{t+1})|s_t,a_t\right]\end{aligned} \tag{2.1.9}$$

ただし，$\mathbb{E}_P[\cdot]$ は状態遷移確率 P や報酬の分布に関する期待値を表し，最適とは $V^*(s) = \max_\pi V^\pi(s)$, $Q^*(s,a) = \max_\pi Q^\pi(s,a)$ であることを意味する．

ここで，価値関数を入力し，価値関数を出力するベルマンオペレータ (Bellman Operator) を導入する．価値関数 $V(s)$，$Q(s,a)$（ただし，$s \in \mathcal{S}$, $a \in \mathcal{A}$）の入力引数を略したものを V，Q とすると，式 (2.1.6)〜(2.1.9) の右辺は，それぞれ価値関数 V，Q を入力し，価値関数 $V'(s)$，$Q'(s,a)$ (ただし，$s \in \mathcal{S}$, $a \in \mathcal{A}$) を出力するベルマンオペレータ $V'(s) = B^\pi V$，$Q'(s,a) = B^\pi Q$，$V'(s) = B^* V$，$Q'(s,a) = B^* Q$ で表現できる．

$$V'(s) = B^\pi V = \mathbb{E}^\pi\left[r_{t+1} + \gamma V(s_{t+1})|s_t = s\right] \tag{2.1.10}$$

$$Q'(s,a) = B^\pi Q = \mathbb{E}^\pi\left[r_{t+1} + \gamma Q(s_{t+1},a_{t+1})|s_t = s, a_t = a\right] \tag{2.1.11}$$

$$V'(s) = B^* V = \max_{a_t} \mathbb{E}_P\left[r_{t+1} + \gamma V(s_{t+1})|s_t = s, a_t\right] \tag{2.1.12}$$

$$Q'(s,a) = B^* Q = \mathbb{E}_P\left[r_{t+1} + \gamma \max_{a_{t+1}} Q(s_{t+1},a_{t+1})|s_t = s, a_t = a\right] \tag{2.1.13}$$

このベルマンオペレータによる更新を繰り返し，価値関数を更新（価値反復：value iteration）することで，それぞれ方策 π のもとでの状態価値関数 $V^\pi(s)$，行動価値関数 $Q^\pi(s,a)$，最適状態価値関数 $V^*(s)$，最適行動価値関数 $Q^*(s,a)$ に収束する．これは，ベルマンオペレータが一様ノルムに対して縮小写像となることから示すことができる．n 回目の更新で得られた価値関数をそれぞれ $V_n(s)$，$Q_n(s,a)$ と表すと，ベルマンオペレータが一様ノルムに対して縮小写像となるというのは以下の成立を意味する．

$$||V_{n+1} - V^{\pi}||_{\infty} = ||B^{\pi}V_n - B^{\pi}V^{\pi}||_{\infty} \leq \alpha||V_n - V^{\pi}||_{\infty} \tag{2.1.14}$$

$$||Q_{n+1} - Q^{\pi}||_{\infty} = ||B^{\pi}Q_n - B^{\pi}Q^{\pi}||_{\infty} \leq \alpha||Q_n - Q^{\pi}||_{\infty} \tag{2.1.15}$$

$$||V_{n+1} - V^{*}||_{\infty} = ||B^{*}V_n - B^{*}V^{*}||_{\infty} \leq \alpha||V_n - V^{*}||_{\infty} \tag{2.1.16}$$

$$||Q_{n+1} - Q^{*}||_{\infty} = ||B^{*}Q_n - B^{*}Q^{*}||_{\infty} \leq \alpha||Q_n - Q^{*}||_{\infty} \tag{2.1.17}$$

ただし，$\alpha \in (0, 1)$ であり，$||f(x)||_{\infty} = \sup_{x \in X} |f(x)|$ は集合 X 上で定義される関数 $f(x)$ の一様ノルムを表す．したがって，ベルマンオペレータによる更新を繰り返すことによって価値関数が収束することがわかる．

■ サンプルに基づくベルマンオペレータの近似

上記のようなベルマンオペレータによる更新には，一般には未知である状態遷移確率に関する期待値が必要となる．そのため，状態遷移確率を既知とせず，推定もしないモデルフリーな設定での強化学習では，ベルマンオペレータによる更新ができない．

そこで，ベルマンオペレータで期待値操作を行っていた部分をサンプルで置き換えたサンプル版ベルマンオペレータを考える．とりうる状態 $s_t \in \mathcal{S}$ それぞれにおいて，方策 π に従って行動 $a_t \sim \pi(\cdot|s_t)$ を選択し，次状態 $s_{t+1} \sim P(\cdot|s_t, a_t)$ のサンプルを得たとする．このサンプルをもとに，状態価値関数 $V(s)$，行動価値関数 $Q(s, a)$ を次のように更新する．

$$\hat{B}^{\pi}V = r_{t+1} + \gamma V(s_{t+1}) \tag{2.1.18}$$

$$\hat{B}^{\pi}Q = r_{t+1} + \gamma Q(s_{t+1}, a_{t+1}) \tag{2.1.19}$$

同様にとりうる状態 $s_t \in \mathcal{S}$ それぞれにおいて，任意の行動 $a_t \in \mathcal{A}$ を選択し，次状態 $s_{t+1} \sim P(\cdot|s_t, a_t)$ のサンプルを得たとする．このサンプルをもとに，状態価値関数 $V(s)$，行動価値関数 $Q(s, a)$ を次のように更新する．

$$\hat{B}^{*}V(s_t) = \max_{a_t}\{r_{t+1} + \gamma V(s_{t+1})\} \tag{2.1.20}$$

$$\hat{B}^{*}Q(s_t, a_t) = r_{t+1} + \gamma \max_{a_{t+1}} Q(s_{t+1}, a_{t+1}) \tag{2.1.21}$$

これらサンプル版ベルマンオペレータを次状態のサンプル s_{t+1} に関する条件付き期待値をとると，それぞれ

$$\mathbb{E}^{\pi}\left[\hat{B}^{\pi}V(s_t)|s_t\right] = \mathbb{E}^{\pi}\left[r_{t+1} + \gamma V(s_{t+1})|s_t\right] = B^{\pi}V \tag{2.1.22}$$

$$\mathbb{E}^{\pi}\left[\hat{B}^{\pi}Q(s_t, a_t)|s_t, a_t\right] = \mathbb{E}^{\pi}\left[r_{t+1} + \gamma Q(s_{t+1}, a_{t+1})|s_t, a_t\right] = B^{\pi}Q \tag{2.1.23}$$

$$\mathbb{E}_{\max}\left[\hat{B}^*V(s_t)|s_t\right] = \mathbb{E}_{\max}\left[\max_{a_t}\{r_{t+1} + \gamma V(s_{t+1})\}\middle| s_t\right] \neq B^*V \quad (2.1.24)$$

$$\mathbb{E}_P\left[\hat{B}^*Q(s_t, a_t)|s_t, a_t\right] = \mathbb{E}_P\left[r_{t+1} + \gamma \max_{a_{t+1}} Q(s_{t+1}, a_{t+1})\middle| s_t, a_t\right] = B^*Q \quad (2.1.25)$$

のようになる．ここで $\mathbb{E}_{\max}[\cdot|s_t]$ は，状態 s_t でとりうるすべての行動 a_t を 1 度ずつ試して得られたサンプルに対して計算された最大値の期待値†である．行動 a_t で得られるサンプルの期待値に対する最大値と行動 a_t で得られるサンプルの最大値の期待値は異なるため，式 (2.1.24) の $\hat{B}^*V$ に関しては，式 (2.1.20) のベルマンオペレータとは一致しない．それ以外の式 (2.1.18)，(2.1.19)，(2.1.21) のサンプル版ベルマンオペレータの期待値はそれぞれもとの期待値を使ったベルマンオペレータ (2.1.10)，(2.1.11)，(2.1.13) に一致する．

そのため，サンプルをもとに最適価値関数 $V^*(s)$ を推定することは困難になる．この問題があるため，サンプルをもとに価値関数を近似する際，モデルフリーな設定では最適状態価値関数 $V^*(s)$ の学習が検討されることはない．以降でも，$V^*(s)$ の学習は考えない．

サンプル版ベルマンオペレータは，ベルマンオペレータと同様，関数 V，Q を更新するものであり，すべての状態 s，あるいは状態–行動対 s，a に対して更新を行うものである．実際には，ある特定の状態からの次状態に関するサンプルは得られても，すべての状態あるいは状態–行動対に対して次状態のサンプルを得ることは困難である．そこで，実際にはある行動方策に基づいて得られる状態–行動系列のサンプルに従って，更新が行われる．さらに実際の個々のサンプルは，期待値とは異なり確率的なバラつきが含まれる．そのため，期待値への収束を保証するためには以下の形式の更新が行われる．

$$V_{t+1}(s) = \begin{cases} V_t(s_t) + \alpha_t(r_{t+1} + \gamma V_t(s_{t+1}) - V_t(s_t)) & (s = s_t) \\ V_t(s) & (\text{otherwise}) \end{cases} \quad (2.1.26)$$

$$Q_{t+1}(s, a) = \begin{cases} Q_t(s_t, a_t) + \alpha_t(r_{t+1} + \gamma Q_t(s_{t+1}, a_{t+1}) - Q_t(s_t, a_t)) \\ \qquad\qquad ((s, a) = (s_t, a_t)) \\ Q_t(s, a) \qquad (\text{otherwise}) \end{cases} \quad (2.1.27)$$

† 各行動 a_t を 1 度試して得られる報酬のサンプルは確率的であるため，報酬の最大値は確率変数となることに注意する．

$$Q_{t+1}(s,a) = \begin{cases} Q_t(s_t,a_t) + \alpha_t(r_{t+1} + \max_{a_{t+1}} \gamma Q_t(s_{t+1},a_{t+1}) - Q_t(s_t,a_t)) \\ \qquad\qquad\qquad ((s,a) = (s_t,a_t)) \\ Q_t(s,a) \qquad\qquad (\text{otherwise}) \end{cases} \tag{2.1.28}$$

ここで，α_t はスカラーの係数であり，学習係数とよばれる．直感的には，このような更新が，すべての状態，あるいはすべての状態－行動対で十分な回数，繰り返されるなら，確率近似法の議論から α_t の適切な減衰を行えば収束することが理解できるであろう．ここでの確率的なバラつきは時間的な相関をもっているため直接的な確率近似法の適用はできないものの，確率的なバラつきに関して適当な条件が満たされれば，確率近似法と同様の α_t の減衰を行うことで収束を保証できる[4]．

一般に，ある行動方策に従って得られる状態行動系列は，状態遷移確率のもつマルコフ性を有するため，集合 $\mathcal{S}$ から一様ランダムに選択して得られる状態とは大きく異なる．そのため，このオンライン更新はどういった状態行動系列で更新を行うかに収束の速さや安定性が強く影響される．次項以降で述べる関数近似器を用いた価値関数の近似においては，すべての状態，あるいは状態行動対の価値関数に対して近似誤差をゼロにできるわけではない．そのため，更新に利用する状態行動系列の偏りは，更新時にどの状態行動における近似誤差を減らすかという偏りに直結し，とくに問題となる．昨今のdeep neural networkを用いた学習も例外ではなく，どういった状態行動系列を用いて更新するかは重要なトピックの一つである．後に述べるようにDeep Q-Network (DQN) では，この問題に**体験再生 (experience replay)** とよばれる手法を用いて状態行動系列の偏りを抑制し，収束性を改善している．

2.1.3 関数近似をする場合の価値関数の推定

前項では，関数近似をしない場合にベルマンオペレータ，サンプル版ベルマンオペレータによる更新によって価値関数を推定できることを述べた．しかし，価値関数を関数近似する場合には，サンプル近似による誤差に加えて近似誤差が含まれる．そのため，ベルマンオペレータやサンプル版ベルマンオペレータによる更新はもはや可能ではなく，いずれかの状態あるいは状態行動対に対してはベルマンオペレータから逸脱した更新が行われてしまう．そのため，関数近似を行って価値関数を学習する場合，収束が保証されるかどうかは関心の的となる．

収束性を含め，関数近似を使った学習がどういった切り口で分類できるかについて表2.1.1にまとめる．表2.1.1では「近似対象の関数」，「関数近似器」，「方策」，「目的関数」，「更新方法」「収束の保証」の項目から分類している．以下，これらの項目について補足説明を行う．

「近似対象の関数」とは，関数の入出力変数の違いによる分類である．θ を関数近似器の

表 2.1.1 関数近似器を用いた価値関数の近似手法

近似対象の関数（入出力関数）	$s \in \mathcal{S} \mapsto \hat{V}^{\pi}(s\|\theta) \in \mathbb{R}$ or $(s,a) \in \mathcal{S} \times \mathcal{A} \mapsto \hat{Q}^{\pi}(s,a\|\theta) \in \mathbb{R}$ or $(s,a) \in \mathcal{S} \times \mathcal{A} \mapsto \hat{Q}^{*}(s,a\|\theta) \in \mathbb{R}$ or $s \in \mathcal{S} \mapsto \hat{Q}^{*}(s,a\|\theta) \in \mathcal{A} \times \mathbb{R}$
関数近似器	線形 or 非線形
方策	方策オン型 or 方策オフ型
目的関数	なし or ベルマン二乗誤差 など
更新方法	バッチ型 or オンライン型
収束の保証	あり or なし

パラメータとし，状態価値関数，行動価値関数を近似した関数をそれぞれ $\hat{V}(\cdot|\theta)$, $\hat{Q}(\cdot|\theta)$ のように表記する．状態価値関数を近似する場合，入力は状態，出力はその状態の価値となるが，行動価値関数については，入力を状態と行動の対にして，出力をその入力の状態と行動の対に対する価値を出力とする関数の取り方以外にも，$s \in \mathcal{S} \mapsto \hat{Q}^{*}(s,a|\theta)$ のように入力を状態のみにして，出力にその入力における各行動ごとの価値という多出力の関数とする方法がある．

「関数近似器」は，近似対象の関数をどういった関数近似器によって近似するかによる分類である．関数近似器は，パラメータに対して線形な出力をもつ関数であるか，パラメータに対して非線形な出力をもつ関数であるかで，しばしば収束の保証が異なるため線形性の有無で区別される．

「行動方策」は，方策オン型と方策オフ型に分類される．学習の対象が，目標方策 π のもとでの状態価値関数 V^{π} や行動価値関数 Q^{π} であった場合にその目標方策 π そのものを行動方策として用いるのが方策オン型，目標方策 π に縛られずにさまざまな行動方策を用いるのが方策オフ型である．最適行動価値関数の学習の際には目標方策は最適方策であり，最適方策は未知であるために必然的に方策オフ型で学習せざるを得ない．強化学習では，往々にして最適方策を求めることが主目的となり，方策は適宜，更新されていく．しかし，方策オン型での状態価値関数 V^{π} や行動価値関数 Q^{π} の学習においては，方策が更新されてしまうと以前の方策で得られた状態，報酬のサンプル系列を再利用できないという問題が生じる．そのため，方策オフ型での学習が望まれる．ただし，関数近似器を用いた場合，V^{π} や Q^{π} が関数近似器で表現できるとは限らない．そのため，何らかの尺度のもとで V^{π} や Q^{π} に近い関数の学習が行われる．その尺度は方策オン型と方策オフ型で一般に等しくはないため，方策オフ型で得られる価値関数が収束したとしても，方策オン型で得られる価値関数と一致するとは限らないことに注意する．

関数近似器の学習の際に用いられる「目的関数」は，さまざまであり，手法によっては目的関数が定義されないものもある．これについては次項で手法別に述べる．

「更新方法」は，サンプルをもとに推定する価値関数が確率近似法に基づいて少しずつ修正されるオンライン型と，まとまったサンプルをもとに解析的に価値関数を求めることができるバッチ型とに分類できる．

以下では，近似対象の関数と目的関数ごとに各近似手法を紹介する．

■ 関数近似器を用いた TD 法, Q 学習, Sarsa

関数近似器を用いた TD 法

まず近似誤差のないテーブル表現された方策 π の状態価値関数を学習する TD 法 (2.1.26) を関数近似した状態価値関数の学習の特殊な場合とみなした場合の話から始める．テーブル表現された状態価値関数とは，状態数が有限個 $|S|$ のときに，それぞれ状態の価値を独立に更新できる状態価値関数のことである．これは，線形関数によって近似した価値関数の一種とみなすことができる．一般に線形関数によって近似した価値関数は，

$$\hat{V}^{\pi}(s|\theta) = \theta^{\mathrm{T}}\phi(s) \tag{2.1.29}$$

と書くことができる．ここで，この線形関数近似器による価値関数表現がテーブル表現された価値関数と一致させるためには，$\phi(s)$ の次元 d が状態数 $|S|$ の次元に等しく ($d = |S|$)，i 番目の要素 $\phi_i(s)$ は状態 s が i 番目の状態にある（これを $s = i$ と表現する）ときのみ 1 をとり，それ以外ではゼロをとるベクトルとする必要がある．これは，入力が真であるときのみ 1 をとり，それ以外のときに 0 をとる指示関数 $\mathbf{1}(\cdot)$ を用いると $\phi_i(s) = \mathbf{1}(s = i)$ と書くことができる．このとき，1 ステップの TD 学習法 (2.1.26) を一般の関数近似器を用いた価値関数の学習法へと拡張した学習法は，下記のように書ける．

$$\begin{cases} \theta_{t+1} = \theta_t + \alpha_t \Delta\theta_t \\ \Delta\theta_t \ = \varepsilon_{t+1}\partial_{\boldsymbol{\theta}}\hat{V}^{\pi}(s_t|\theta_t) \end{cases} \tag{2.1.30}$$

ここで，α_t は学習係数であり，TD 誤差を $\varepsilon_{t+1} := r_{t+1} + \gamma\hat{V}^{\pi}(s_{t+1}|\theta_t) - \hat{V}^{\pi}(s_t|\theta_t)$ と表した．ε_t は，パラメータ θ に依存することに注意する．以降では，表記を簡潔にするため適宜，TD 誤差を ε_t と，線形関数の基底 $\phi(s_t), \phi(s_{t+1})$ をそれぞれ ϕ_t, ϕ_{t+1} と表記する．

この学習則は，TD 誤差を誤差と考えると式 (2.1.5) の教師付き学習の確率勾配法による学習則のように誤差と近似する関数 $\hat{V}^{\pi}(s_t|\theta_t)$ のパラメータ勾配との積の形式で更新量が決まる学習則となっている．ただし，ここでいう誤差は教師信号 y_t として 1 ス

テップ後のモデル化した価値関数と現時点の報酬から計算される $r_{t+1}+\gamma\hat{V}^{\pi}(s_{t+1}|\theta_t)$ を用い，これをモデル化した価値関数による出力 $\hat{V}^{\pi}(s_t|\theta_t)$ との差で計算される．つまり，この学習則は真の価値関数 $V^{\pi}(s_{t+1})$ をモデル化した価値関数 $\hat{V}^{\pi}(s_{t+1}|\theta_t)$ で近似する前提のもと，1 ステップ TD 誤差の二乗を最小化する学習則と捉えることができる．そのため，1 ステップあとの価値関数の予測を頼りに現在の価値関数を更新する形態で学習が進む．この場合，教師信号にモデル化した価値関数が含まれているために，この学習則においては，“近似する関数のパラメータ勾配” の部分は “誤差のパラメータ勾配” とは解釈できず，ある目的関数の最小化の形式にはなっていないことに注意する．

この更新則が，式 (2.1.29) の関数近似器を用いるとき，テーブル表現した価値関数の TD 学習に一致することを確かめてみよう．

$$
\begin{aligned}
&\hat{V}^{\pi}(s|\theta_{t+1}) = \theta_{t+1}^{\mathrm{T}}\phi(s)\\
=&(\theta_t+\alpha_t\Delta\theta)^{\mathrm{T}}\phi(s)\\
=&\hat{V}^{\pi}(s|\theta_t)+\alpha_t\varepsilon_{t+1}\partial_{\boldsymbol{\theta}}\hat{V}^{\pi}(s_t|\theta_t)^{\mathrm{T}}\phi(s)\\
=&\hat{V}^{\pi}(s|\theta_t)+\alpha_t(r_{t+1}+\gamma\hat{V}^{\pi}(s_{t+1}|\theta_t)-\hat{V}^{\pi}(s_t|\theta_t))\phi(s_t)^{\mathrm{T}}\phi(s)
\end{aligned}
\tag{2.1.31}
$$

$\phi(s_t)$ は，状態 s_t に対応する要素のみ 1 で，それ以外の状態でゼロとなるベクトルであるため，$\phi(s_t)^{\mathrm{T}}\phi(s)$ は $s=s_t$ のとき 1 をとり，それ以外の s に対してゼロをとる．したがって，

$$
\hat{V}^{\pi}(s|\theta_{t+1}) = \begin{cases} \hat{V}^{\pi}(s_t|\theta_t)+\alpha_t(r_{t+1}+\gamma\hat{V}^{\pi}(s_{t+1}|\theta_t)-\hat{V}^{\pi}(s_t|\theta_t)) & (s=s_t)\\ \hat{V}^{\pi}(s|\theta_t) & (\text{otherwise}) \end{cases}
$$

となり，式 (2.1.26) が得られる．このように式 (2.1.30) の $\Delta\theta=\varepsilon_{t+1}\partial_{\boldsymbol{\theta}}\hat{V}^{\pi}(s_t|\theta_n)$ による更新は，線形関数近似器においてテーブル表現できるように基底関数を選んだときの価値関数の更新法と一致する．前項で述べたように，適切な条件を満たせば，この更新法は収束が保証される．

一方，式 (2.1.30) による更新法は，形式的には一般の非線形な関数近似器を用いた価値関数の学習にも適用できる．この一般の関数近似器に対しても，テーブル表現したとき同じような条件を課せば，収束は保証されるだろうか？　結論だけを述べると，関数近似器が式 (2.1.29) のような線形関数でかつ，方策オン型，すなわち目標方策と行動方策が一致する場合を除いて収束は保証されず，方策オフ型の学習や非線形関数近似器による学習において発散が生じる例があることが知られている（[4] の Examples 6.6 と 6.7 参照）．逆に線形関数近似器で方策オン型の学習を行えば，関数近似器が冗長な状態表現をしたとしても，初期値に依存して唯一の解に収束する[3]．

演算 $\max_{a_t}$ を含まないベルマンオペレータ B^π は，価値関数に状態遷移確率という重みで重み付き和をとって，報酬 r_{t+1} を足すという価値関数に関して線形な演算である．そのため，パラメータに関して線形な関数近似器を用いて価値関数 V を近似し，$B^\pi V$ と V の間のマハラノビス距離を小さくするようパラメータを勾配法を用いて更新する場合，そのマハラノビス距離の計量のとり方によらず，パラメータの更新則は以下のような線形な更新式で表現される．

$$\theta_{t+1} = \theta_t - \alpha_t(A\theta_t - b) \tag{2.1.32}$$

ここで A は $d \times d$ の行列，b は $d \times 1$ のベクトルである．この形式の更新則が収束するためには，行列 A が正定値である必要がある[28]．式 (2.1.30) の更新則の場合，

$$\mathbb{E}_\mu[\mathbb{E}^\pi[\Delta\theta_t|s_t]] = \mathbb{E}_\mu[\mathbb{E}^\pi[\varepsilon_{t+1}|s_t]\phi_t] = -(A_{\mathrm{TD}}\theta - b_{\mathrm{TD}}) \tag{2.1.33}$$

となる．ここで，行列 A_{TD}，ベクトル b_{TD} はそれぞれ $A_{\mathrm{TD}} = \mathbb{E}_\mu[\mathbb{E}^\pi[\phi_t(\phi_t - \gamma\phi_{t+1})^{\mathrm{T}}|s_t]]$, $b_{\mathrm{TD}} = r_{t+1}\phi_t$ となる．この行列 A_{TD} は，方策オン型であるとき，すなわち目的方策 π に従った行動で得られる状態 s の定常分布が $\mu(s)$ のとき，正定値であることが保証される（[4] の Lemma 6.6）が，方策オフ型では保証されない．

関数近似器を用いた TD(λ) 法

1 ステップ TD 法を TD(λ) 法 ($\lambda \in [0,1]$) へ拡張した場合も同様である．関数近似器を用いた価値関数の TD 学習を累積履歴 (accumulating trace) による TD(λ) 法 ($\lambda \in [0,1]$) へ拡張した場合，パラメータの更新量は

$$\Delta\theta_t = \varepsilon_{t+1}\sum_{k=1}^{t}(\gamma\lambda)^{t-k}\partial_{\boldsymbol{\theta}}\hat{V}^\pi(s_k|\theta) \tag{2.1.34}$$

となる．以下，単に TD(λ) 法とよぶときには，この累積履歴による TD(λ) 法を指すものとする．この更新量は，状態や報酬の履歴をメモリに保存することなく更新するために，しばしば以下の等価な形式で書かれる．

$$\begin{cases} \Delta\theta_t = \varepsilon_{t+1}e_t \\ e_t \quad = \partial_{\boldsymbol{\theta}}\hat{V}^\pi(s_t|\theta_t) + \gamma\lambda e_{t-1} \end{cases} \tag{2.1.35}$$

ただし，$e_0 = 0$ である．これは，TD 誤差 ε_t に対して e_t による重み付けがされていると解釈することができる．$0^0 = 1$ と約束すると，$\lambda = 0$ のときこの更新則 (2.1.34) は式 (2.1.30) に一致することに注意する．この TD(λ) 法の $\lambda < 1$ では方策オン型の行動方策でかつ，線形関数近似器を使った場合以外では，収束が保証されない．$\lambda = 1$

かつ $T \to \infty$ のときはモンテカルロ法と一致し，この場合は非線形関数近似器を用いても収束が保証される．これは TD(λ) 法の更新則を前方観測とよばれる見方をすると，理解しやすい．

式 (2.1.34) の後方観測による見方と前方観測による見方は，式 (2.1.34) のパラメータの更新量 $\Delta\theta_t$ を $t = 1, \ldots, T$ まで累積した和をとってからパラメータを更新したときに等価となる．すなわち，

$$\theta \leftarrow \theta + \sum_{t=1}^{T} \Delta\theta_t \tag{2.1.36}$$

という更新である．このとき，後方観測による見方では，式 (2.1.34) のように時刻 t より前に訪問した状態の関数が足され，

$$\sum_{t=1}^{T} \Delta\theta_t = \sum_{t=1}^{T} \varepsilon_{t+1} \sum_{k=1}^{t} (\gamma\lambda)^{t-k} \partial_{\boldsymbol{\theta}} \hat{V}^{\pi}(s_k|\theta) \tag{2.1.37}$$

となるが，前方観測による見方では，時刻 t より後に得られる報酬の和からなる収益との誤差をもとに以下のように更新量が計算される．

$$\sum_{t=1}^{T} \Delta\theta_t = \sum_{t=1}^{T} \underbrace{(R^{\lambda}_{t+1,T} - \hat{V}^{\pi}(s_t|\theta))}_{\text{誤差}} \underbrace{\partial_{\boldsymbol{\theta}} \hat{V}^{\pi}(s_t|\theta)}_{\text{近似する関数のパラメータ勾配}} \tag{2.1.38}$$

ここで，$R^{\lambda}_{t+1,T}$ は λ 収益 (λ-return) とよばれるもので，n ステップ収益 (n-step return)$R^{(n)}_{t+1}$ を用いて以下のように定義される．

$$R^{\lambda}_{t+1,T} = (1-\lambda) \sum_{n=1}^{T-t} \lambda^{n-1} R^{(n)}_{t+1} + \lambda^{T-t} R^{(T-t+1)}_{t+1} \tag{2.1.39}$$

$$R^{(n)}_{t+1} = r_{t+1} + \gamma r_{t+2} + \gamma^2 r_{t+3} + \cdots + \gamma^{(n-1)} r_{t+n} + \gamma^n \hat{V}^{\pi}(s_{t+n}|\theta) \tag{2.1.40}$$

式 (2.1.39) からわかるように $\lambda = 1$ のとき，$R^{\lambda=1}_{t,T} = R^{(T-t)}_{t}$ であり，式 (2.1.40) より T が十分大きいとき，すなわち，$R^{\lambda=1}_{t,\infty}$ がモンテカルロ法による累積報酬の推定値となる．

式 (2.1.38) による更新則は，教師付き学習での更新則 (2.1.3) と同様の形式をとる．すなわち，“誤差” と “近似する関数のパラメータ勾配” の積のような形式を取る．そのため，TD(λ) 法は，$R^{\lambda}_{t,T}$ を教師信号として価値関数 $\hat{V}^{\pi}(s|\theta)$ を学習する際の更新式と同様の形式をとる．しかし，ここで注意しなければいけないのは，近似したい関数 $\hat{V}^{\pi}(s|\theta)$ に対する教師信号 $R^{\lambda}_{t,T}$ は $\hat{V}^{\pi}(s|\theta)$ の含まれる n ステップ収益 $R^{(n)}_{t}$ を用いて記述されるため，一般にはこの更新則を二乗誤差の勾配法による最小化と解釈することはできず，収束性は保証されない．$\lambda = 1$ でかつ T を十分大きくとったときの

教師信号 $R_{t,\infty}^{\lambda=1}$ は，パラメータ θ に対する依存性が消え，下記の最小化問題となる．

$$\min_{\theta} \mathbb{E}_{\mu}[(R_{t,\infty}^{\lambda=1} - \hat{V}^{\pi}(s|\theta))^2] \tag{2.1.41}$$

ここで $\mu(s)$ は，目標方策 π で行動した際のマルコフ過程の定常分布を指し，$\mathbb{E}_{\mu}[\cdot]$ は，この定常分布 $\mu(s)$ で状態 s に関する期待値をとることを意味する．このコスト関数の勾配法による最適化は，教師付き学習と同様の二乗誤差関数をサンプル近似した関数の勾配法による最小化と形式的に一致し収束を保証できる．また，$\lambda = 1$ でかつ $T \to \infty$ とした場合以外にも，式 (2.1.29) のような線形関数近似器を用いた場合で，かつ，パラメータが収束した場合には，以下の平均二乗誤差を目的関数としたときの停留点と解釈できる．

$$\min_{\theta} \mathbb{E}_{\mu}[(B_{\lambda}^{\pi}\hat{V}^{\pi}(s|\theta) - \hat{V}^{\pi}(s|\theta))^2] \tag{2.1.42}$$

ここで $B_{\lambda}^{\pi}\hat{V}^{\pi}(s|\theta)$ は，$R_{t,T}^{\lambda}$ の期待値を λ-ベルマンオペレータ $B_{\lambda}^{\pi}\hat{V}^{\pi}(s|\theta) = \mathbb{E}_{\pi}[R_{t,\infty}^{\lambda}|s_t = s]$ で表したものである．

後方観測による見方と前方観測による見方の等価性の証明には，$\sum_{t=1}^{T}\sum_{k=1}^{t} f_{t,k} = \sum_{k=1}^{T}\sum_{t=k}^{T} f_{t,k}$ の恒等式と等比数列の和の公式を用いる．これらから

$$R_{t+1,T}^{\lambda} - \hat{V}^{\pi}(s_t|\theta) = \sum_{k=t}^{T} (\gamma\lambda)^{k-t} \varepsilon_{k+1} \tag{2.1.43}$$

が言える．これを式 (2.1.38) に代入して，再度，恒等式 $\sum_{t=1}^{T}\sum_{k=1}^{t} f_{t,k} = \sum_{k=1}^{T}\sum_{t=k}^{T} f_{t,k}$ を用いれば後方観測による見方である式 (2.1.37) との等価性が示せる．

状態を離散化する場合には累積履歴 (accumulating trace) による TD(λ) 法とは別に，置換履歴 (replacing trace) による TD(λ) 法の適用も提案されている[31]．この更新則の場合，式 (2.1.35) の z_t において一度，到達した状態に再度，到達した場合に e_t を $e_t = \partial_{\boldsymbol{\theta}}\hat{V}^{\pi}(s_t|\theta_t)$ にリセットする形式となる．この更新則も含めて TD(λ) は，TD 誤差の重み付けを変更したものと解釈できる．

$\lambda = 0$ のときの TD(0) 法を含め，TD(λ) 法の収束性を表 2.1.2 にまとめる．

関数近似器を用いた Sarsa

行動価値関数の更新則も，状態価値関数の更新則と同様に関数近似器へと拡張できる．式 (2.1.27) の行動方策 π に対する行動価値関数の学習を，関数近似器 $\hat{Q}(s_t|\theta_t)$ を用いた Q 学習へ拡張した学習則は以下のように書ける．

表 2.1.2 TD 法による状態価値関数 V^π の近似手法

手法	方策	関数近似器	収束の保証	関連文献
TD(λ) 法 ($0 \leq \lambda < 1$)	方策オン型	線形	あり	平均収束[35] 概収束[36]
TD(λ) 法 ($0 \leq \lambda < 1$)	方策オフ型	線形	なし	Ex.6.7 in[4]
TD(λ) 法 ($0 \leq \lambda < 1$)	方策オン型/オフ型	非線形	なし	Ex.6.6 in[4]
モンテカルロ法 (ただし終端時刻 or 状態が必要)	方策オン型/オフ型	線形/非線形	あり	概収束[4]

$$\begin{cases} \theta_{t+1} = \theta_t + \alpha_t \Delta\theta_t \\ \Delta\theta_t \ = \varepsilon_{t+1} \partial_{\boldsymbol{\theta}} \hat{Q}^\pi(s_t|\theta_t) \end{cases} \tag{2.1.44}$$

ここで，α_t は学習係数，ε_{t+1} は $\varepsilon_{t+1} := r_{t+1} + \gamma\hat{Q}^\pi(s_{t+1}, a_{t+1}|\theta_t) - \hat{Q}^\pi(s_t, a_t|\theta_t)$ である．

この行動価値関数の学習の収束性は，状態価値関数を関数近似した TD 学習の収束性と等しい性質をもつ．すなわち，線形関数近似器を用いた場合は収束が保証されるが，非線形関数近似器を用いた場合は収束が保証されない．

Sarsa では，ある固定された行動方策 π のもとでの行動価値関数を推定する方策評価を行うと同時に，得られた行動価値関数をもとに行動方策 π を改善させる方策改善を行う．この方策評価と方策改善を交互に繰り返す学習を方策反復 (policy iteration) とよぶ．ここで，方策評価の収束が保証され，方策改善による行動方策の改善が保証されたとしてもそれらを交互に繰り返した方策反復によって最適方策が求められるとは限らないことに注意する．たとえば，行動方策 π は行動価値関数を最大化する行動しかとらないように改善すると，他の行動をとらなくなり十分な探索が行えなくなり，最適方策に収束しない．そのため，ε-greedy 方策やボルツマン分布のようなある一定の確率でさまざまな行動をとることのできる行動方策が用いられる．

他方で ε-greedy 方策の場合，行動価値関数が更新されると行動価値関数を最大化する行動が不連続に変化しうるため，方策反復によって更新される方策は不連続に変化しうる．関数近似器を用いた価値関数推定では，推定が収束したとしてもいずれかの状態での価値推定に誤差が生じるが，このような方策の不連続な変化は誤差の安定的な収束を阻むため方策反復の収束による行動価値関数と方策の収束を妨げうる．方策が不連続に変化しないことを仮定†することで，線形関数近似器を用いた Sarsa で得られる方策と行動価値関数が収束することが示される[25]．

† ただし，最適方策は決定論的な方策であるため，最適方策に近づいたときに方策変化の連続性の仮定を満たすのは容易ではないことに注意する．

関数近似器を用いた Q 学習

同様にして式 (2.1.28) の Q 学習 (Q-learning) を，関数近似器 $\hat{Q}(s_t|\theta_t)$ を用いた Q 学習へ拡張した学習則は以下のように書ける．

$$\begin{cases} \theta_{t+1} = \theta_t + \alpha_t \Delta\theta_t \\ \Delta\theta_t \ = \varepsilon^*_{t+1} \partial_{\boldsymbol{\theta}} \hat{Q}(s_t|\theta_t) \end{cases} \tag{2.1.45}$$

ここで，α_t は学習係数，ε^*_t は $\varepsilon^*_{t+1} := r_{t+1} + \gamma \max_{a_{t+1}} \hat{Q}(s_{t+1}, a_{t+1}|\theta_t) - \hat{Q}(s_t, a_t|\theta_t)$ である．

ベルマンオペレータ B^*Q による更新は，方策 π に依存しない．そのため，行動価値関数をテーブル表現した場合，任意の状態, 行動をとる確率がゼロでない方策であれば，どのような方策でも収束を保証できた．しかし，関数近似器を用いて上記の更新を行う場合，方策を固定しなければ収束の保証がされない．ただし，方策を固定，かつ関数近似器として線形関数近似器を用いた場合には収束が保証できる[21]．

関数近似器を用いた場合の Sarsa(2.1.44), Q 学習 (2.1.45) の収束性を表 2.1.3 にまとめる．

表 2.1.3 Sarsa, Q 学習による行動価値関数 Q^π, Q^* の近似手法

手法	方策	関数近似器	収束の保証	関連文献
Sarsa	方策オン型	線形	滑らかな方策反復であり	概収束[25]
Sarsa	方策オン型	非線形	なし	[4]
Q 学習	方策オフ型	線形	方策固定であり	概収束[21]
Q 学習	方策オフ型	非線形	なし	[4]

■ 勾配 TD 法 (gradient temporal difference methods), 最小二乗法

前項のアルゴリズムは，しばしば直接法ともよばれ，テーブル表現した価値関数の TD 学習法との直接の対応がつくものの，必ずしも目的関数の最小化として解釈できるとは限らない．

本項では，目的関数の最小化として導出されるアルゴリズムについて述べる．

TD 学習のパラメータ更新量の最小化

式 (2.1.30) に従った関数近似器を用いた TD 法の停留点は

$$\mathbb{E}_\mu[\mathbb{E}^\pi[\varepsilon_{t+1}|s_t]\partial_{\boldsymbol{\theta}} \hat{V}^\pi(s_t|\theta)] = 0 \tag{2.1.46}$$

を満たす．そこで，式 (2.1.46) を満たす解を停留点としてもつ目的関数 $J(\theta)$ として式 (2.1.46) を二乗した以下の目的関数を考える．

$$J(\theta) = \left(\mathbb{E}_\mu[\mathbb{E}^\pi[\varepsilon_{t+1}|s_t]\partial_{\boldsymbol{\theta}}\hat{V}^\pi(s_t|\theta)]\right)^2 \tag{2.1.47}$$

この目的関数を確率勾配法によって最小化するのが Gradient Temporal Difference (GTD) アルゴリズム[34] である．GTD アルゴリズムでは，線形関数近似器 $\hat{V}^\pi(s_t|\theta) = \theta^{\mathrm{T}}\phi_t$ を用いる．

このとき，目的関数 $J(\theta)$ は，

$$J(\theta) = (\mathbb{E}_\mu[\mathbb{E}^\pi[\varepsilon_{t+1}|s_t]\phi_t])^2 \tag{2.1.48}$$

と書け，そのパラメータ θ に関する勾配は，

$$\frac{\partial J(\theta)}{\partial\theta} = -2\mathbb{E}_\mu[\mathbb{E}^\pi[\phi_t(\phi_t - \gamma\phi_{t+1})^{\mathrm{T}}|s_t]]^{\mathrm{T}}\mathbb{E}_\mu[\mathbb{E}^\pi[\varepsilon_{t+1}|s_t]\phi_t] \tag{2.1.49}$$

と書ける．ここで，$\varepsilon_{t+1} = r_{t+1} + \gamma\theta^{\mathrm{T}}\phi_{t+1} - \theta^{\mathrm{T}}\phi_t$ を用いた．上記のようにこのパラメータに関する勾配の計算には，二つの期待値の計算が必要となる．この期待値のサンプルに基づく近似計算には二つの方法が提案されている．一つは，前半の期待値を行列 A_t で近似するもので，行列 A_t を

$$A_t = \frac{1}{t}\sum_{k=0}^{t-1}\phi_k(\phi_k - \gamma\phi_{k+1})^{\mathrm{T}} \tag{2.1.50}$$

と計算し，$\alpha_t > 0$ を学習係数として

$$\theta_{t+1} = \theta_t + \alpha_t A_t^{\mathrm{T}}\varepsilon_{t+1}\phi_t = \theta_t - \alpha_t A_t^{\mathrm{T}}((\phi_t - \gamma\phi_{t+1})\theta - r_{t+1}\phi_t) \tag{2.1.51}$$

のように更新する方法である．これは直接法による TD(0) の更新に単に行列 A_t がかけられたものとなる．もう一つは，後半の期待値をベクトル u_t で近似するもので，

$$\begin{cases} \theta_{t+1} = \theta_t + \alpha_t(\phi_t - \gamma\phi_{t+1})\phi_t^{\mathrm{T}}u_t \\ u_{t+1} = u_t + \beta_t(\varepsilon_t\phi_t - u_t) \end{cases} \tag{2.1.52}$$

のように更新する方法である．ただし，α_t, β_t はともに正の学習係数であり，$u_1 = 0$ である．前者は，行列 A_t の保持，行列 A_t とベクトル ϕ_t の積に $O(d^2)$ のメモリと計算量を必要とするのに対し後者は，$O(d)$ のメモリと計算量しか必要としないため，計算の面から後者が有利である．前者の GTD アルゴリズムは，TD(0) の更新に単に行列 A_t がかけられたものとなっているが，十分長いサンプル系列をとったときの更新量の期待値は $\mathbb{E}_\mu[\mathbb{E}^\pi[A_t^{\mathrm{T}}(\phi_t - \gamma\phi_{t+1})|s_t]]\theta - \mathbb{E}_\mu[\mathbb{E}^\pi[A_t^{\mathrm{T}}r_{t+1}|s_t]\phi_t] = A_{\mathrm{TD}}^{\mathrm{T}}A_{\mathrm{TD}}\theta - A_{\mathrm{TD}}^{\mathrm{T}}b_{\mathrm{TD}}$ と書け，$A = A_{\mathrm{TD}}^{\mathrm{T}}A_{\mathrm{TD}}$ は正定値行列であるため，TD(0) の更新則とは異なり方策オフ型でも収束が保証される．後者のアルゴリズムでも行列 A_t の期待値が正則で α_t, β_t が適切に減衰するなどの条件のもとで収束が保証される[34]．

ベルマン残差の二乗の最小化

・**BRM 法, RG 法**

$\varepsilon_{t+1} := r_{t+1} + \gamma\hat{V}^{\pi}(s_{t+1}|\theta_t) - \hat{V}^{\pi}(s_t|\theta_t)$ で表される TD 誤差を状態遷移確率に関して期待値をとったベルマン残差 $E^{\pi}[\varepsilon_{t+1}|s_t]$ の二乗で表された目的関数の最小化を考える．線形関数近似器 $\hat{V}^{\pi}(s_t|\theta_t) = \theta^{\mathrm{T}}\phi_t$ を用いたとき，目的関数とパラメータ勾配はそれぞれ

$$J_B = \mathbb{E}_{\mu}[\mathbb{E}^{\pi}[r_{t+1} + \gamma\theta^{\mathrm{T}}\phi_{t+1} - \theta^{\mathrm{T}}\phi_t|s_t]^2] \tag{2.1.53}$$

$$\begin{aligned}\frac{\partial J_B}{\partial\theta} &= 2\Big(\mathbb{E}_{\mu}[(\phi_t - \gamma\mathbb{E}^{\pi}[\phi_{t+1}|s_t])(\phi_t - \gamma\mathbb{E}^{\pi}[\phi_{t+1}|s_t])^{\mathrm{T}}]\theta \\ &\qquad -\mathbb{E}_{\mu}[\mathbb{E}^{\pi}[(\phi_t - \gamma\phi_{t+1})r_{t+1}]|s_t]\Big)\end{aligned} \tag{2.1.54}$$

と書ける．このように目的関数はパラメータ θ に関する二次関数となり，パラメータに関する勾配（式 (2.1.54)）をゼロにするパラメータを求めることで解析解 θ_{BRM} を得ることができる．

$$\begin{aligned}\theta_{\mathrm{BRM}} &= \mathbb{E}_{\mu}[(\phi_t - \gamma\mathbb{E}^{\pi}[\phi_{t+1}|s_t])(\phi_t - \gamma\mathbb{E}^{\pi}[\phi_{t+1}|s_t])^{\mathrm{T}}]^{-1} \\ &\quad \times \mathbb{E}_{\mu}[\mathbb{E}^{\pi}[(\phi_t - \gamma\phi_{t+1})r_{t+1}]|s_t]\end{aligned} \tag{2.1.55}$$

これをベルマン残差最小化法 (Bellman Residual Minimization: BRM)[29] とよぶ．また，解析解を求めずに，式 (2.1.54) をもとに最急勾配法で解を求める手法は残差勾配法 (Residual Gradient: RG)[2] とよばれる．

いずれの手法もサンプルをもとに行列 $\mathbb{E}_{\mu}[(\phi_t - \gamma\mathbb{E}^{\pi}[\phi_{t+1}|s_t])(\phi_t - \gamma\mathbb{E}^{\pi}[\phi_{t+1}|s_t])^{\mathrm{T}}]$ の不偏推定量を得るためには同じ状態 s_t から二度，独立に次状態 s_{t+1} に関するサンプリングを行う必要がある．この同じ状態から二重にサンプリングする手法は，二重サンプル法 (double sampling) とよばれる．しかし，しばしば，状態遷移確率は未知であり，二重サンプル法を適用することは難しい†.

TD 残差の二乗の最小化

二重サンプル法を避けるため，ベルマン残差ではなく，TD 誤差 ε_t を直接，最小化することを考える．このとき，目的関数は

$$J_{\mathrm{TD}}(\theta) = \mathbb{E}_{\mu}[\mathbb{E}^{\pi}[\varepsilon_{t+1}|s_t]^2] \tag{2.1.56}$$

$$\begin{aligned}&= \mathbb{E}_{\mu}[\mathbb{E}^{\pi}[(r_{t+1} + \gamma\hat{V}^{\pi}(s_{t+1}|\theta_t) - \hat{V}^{\pi}(s_t|\theta_t))^2|s_t]] \\ &\approx \frac{1}{T}\sum_{t=0}^{T-1}\Big(r_{t+1} + \gamma\hat{V}^{\pi}(s_{t+1}|\theta_t) - \hat{V}^{\pi}(s_t|\theta_t)\Big)^2\end{aligned} \tag{2.1.57}$$

† ただし，状態遷移や報酬が決定論的に得られる場合は，二重サンプル法を用いる必要はない．

のように書ける．線形関数近似器 $\hat{V}^{\pi}(s_t|\theta) = \theta^{\mathrm{T}}\phi_t$ を用いると，目的関数は，

$$J_{\mathrm{TD}}(\theta) \approx \frac{1}{T}\sum_{t=0}^{T-1}\Big(r_{t+1} - \theta^{\mathrm{T}}(\phi_t - \gamma\phi_{t+1})\Big)^2 \tag{2.1.58}$$

となる．この場合，サンプルをもとに解析的に解を得ることができる．

しかし，この場合，得られる解にはバイアスが生じてしまうことが知られている．これは，線形回帰問題に対して最小二乗法を用いたものと考えるとわかりやすい．線形回帰問題では，以下の式を満たす真のパラメータ θ^* が存在するものと仮定する．

$$r_{t+1} = \theta^{*\mathrm{T}}(\phi_t - \gamma\phi_{t+1}) + m_t \tag{2.1.59}$$

ただし，$m_t = r_{t+1} - \mathbb{E}^{\pi}[r_{t+1}|s_t]$ は平均ゼロのノイズである．この真のパラメータ θ^* に平均的に一致する推定量がバイアスのない不偏推定量となる．しかし，この問題の場合，ノイズ m_t が入力変数にあたる $(\phi_t - \gamma\phi_{t+1})$ と相関をもつため，たとえ真のパラメータ θ^* が存在したとしても最小二乗推定量はこれと平均的にも漸近的にも一致しない．そのため，操作変数法 (instrumental variable method) とよばれる手法を用いる必要がある．

(1) 操作変数法

まず不偏推定量とならないことを，パラメータ θ が 1 次元の場合で示す．いま，$y_t = \theta^* x_t + m_t$ が成り立つとする．ただし，m_t は平均ゼロの時刻 t ごとに独立なノイズである．いま，T 個の入出力ペアのサンプル (x_t, y_t) $(t = 1, \ldots, T)$ を得たとし，その入力，出力，ノイズの系列をそれぞれベクトル $\mathbf{x} = [x_1, \ldots, x_T]^{\mathrm{T}}$, $\mathbf{y} = [y_1, \ldots, y_T]^{\mathrm{T}}$, $\mathbf{m} = [m_1, \ldots, m_T]^{\mathrm{T}}$ と表したとすると，最小二乗解 $\theta_{\mathrm{LMS}} = \arg\min_{\theta} \frac{1}{T}\sum_{t=0}^{T-1}(y_t - \theta x_t)^2$ は

$$\theta_{\mathrm{LMS}} = \frac{\mathbf{x}^{\mathrm{T}}\mathbf{y}}{\mathbf{x}^{\mathrm{T}}\mathbf{x}} = \frac{\mathbf{x}^{\mathrm{T}}(\theta^*\mathbf{x} + \mathbf{m})}{\mathbf{x}^{\mathrm{T}}\mathbf{x}} = \theta^* + \frac{\mathbf{x}^{\mathrm{T}}\mathbf{m}}{\mathbf{x}^{\mathrm{T}}\mathbf{x}} \tag{2.1.60}$$

となる．式 (2.1.60) からわかるように，θ_{LMS} は θ^* とは $\frac{\mathbf{x}^{\mathrm{T}}\mathbf{m}}{\mathbf{x}^{\mathrm{T}}\mathbf{x}}$ だけ異なる．$\frac{\mathbf{x}^{\mathrm{T}}\mathbf{m}}{\mathbf{x}^{\mathrm{T}}\mathbf{x}}$ は，$\mathbb{E}[x_t m_t] = 0$ と $\mathbb{E}[x_t^2] \neq 0$ であればその期待値 $\mathbb{E}[\frac{\mathbf{x}^{\mathrm{T}}\mathbf{m}}{\mathbf{x}^{\mathrm{T}}\mathbf{x}}]$ はゼロとなり，また，大数の法則によってゼロに概収束，すなわち，θ_{LMS} が θ^* に概収束することがわかる．一方，$\mathbb{E}[x_t m_t] \neq 0$ であるとき，$\frac{\mathbf{x}^{\mathrm{T}}\mathbf{m}}{\mathbf{x}^{\mathrm{T}}\mathbf{x}}$ の期待値はゼロとならず，また θ_{LMS} は一致推定量とならない．

このように出力変数のもつノイズが入力変数と相関をもつ問題を一般に変数内誤差 (error-in-variable) 問題とよぶが，変数内誤差問題において通常の最小二乗解は一致推定量とならない．この問題を解決する一つの方法が操作変数法 (instrumental variable method) である．操作変数法では，入力 x_t と相関するが，出力ノイズ m_t とは相関しない変数 w_t(これを操作変数とよぶ) を導入する．この操作変数 w_t が得られれば，その系列 $\mathbf{w} = [w_1, \ldots, w_T]^{\mathrm{T}}$ を用いて推定量を

$$\theta_{\mathrm{IV}} = \frac{\mathbf{w}^{\mathrm{T}}\mathbf{y}}{\mathbf{w}^{\mathrm{T}}\mathbf{x}} = \frac{\mathbf{w}^{\mathrm{T}}(\theta^*\mathbf{x} + \mathbf{m})}{\mathbf{w}^{\mathrm{T}}\mathbf{x}} = \theta^* + \frac{\mathbf{w}^{\mathrm{T}}\mathbf{m}}{\mathbf{w}^{\mathrm{T}}\mathbf{x}} \tag{2.1.61}$$

のように構成する．式 (2.1.61) では，式 (2.1.60) と異なり，右辺第 2 項は大数の弱法則によってゼロに確率収束するため，推定量 θ_{IV} は一致推定量となる．

(2) LSTD(Least-Squares TD) 法

話をもとの価値関数推定の問題に戻す．式 (2.1.59) の線形回帰問題は，変数内誤差問題の一種であるので操作変数法で解を求めることができる．この問題における操作変数 w_t として，$w_t = \phi(s_t) = \phi_t$ の利用が提案されている．この場合，たしかに出力ノイズと操作変数は無相関 $\mathbb{E}_\mu[\mathbb{E}^\pi[\phi_t m_t|s_t]] = \mathbb{E}_\mu[\phi_t \mathbb{E}^\pi[r_{t+1} - r_{t+1}|s_t]] = \mathbf{0}$ であることがわかる．時刻 t までのサンプル系列が得られたとき，この操作変数法による推定量は

$$\theta_{\mathrm{IV}} = \left(\frac{1}{t}\sum_{k=0}^{t-1}\phi_k(\phi_k - \gamma\phi_{k+1})^{\mathrm{T}}\right)^{-1}\left(\frac{1}{t}\sum_{k=0}^{t-1}\phi_k r_{k+1}\right) \tag{2.1.62}$$

で得られる．この推定法は LSTD(Least-Squares TD) 法とよばれ，得られる推定量は基底 $\phi(s)(s \in \mathcal{S})$ が一次独立であれば，真のパラメータ θ^* が存在する場合，一致推定量となることが保証される[8]．

この操作変数法による推定量 θ_{IV} の説明は，原著論文[8] に沿ったものであるが，この推定量は他の解釈が可能であり，それらの解釈を通じてより理解を深めることができる．推定量 θ_{IV} は，式 (2.1.57) の目的関数を最小にする解ではなかったが，下記の別のコスト関数を $\hat{V}^\pi(s_t|\theta) = \theta^{\mathrm{T}}\phi(s_t)$ のもとで近似的に†最小化する解と解釈できる ([1],[9] の Appendix A).

$$\theta^*_{\mathrm{IV}} = \arg\min_\theta C_{PB}(\theta)$$

$$C_{\mathrm{PB}}(\theta) = \mathbb{E}_\mu[(\hat{V}^\pi(s_t|\theta) - \Pi B^\pi \hat{V}^\pi(s_t|\theta))^2] \tag{2.1.63}$$

$$= ||vec(\mathbb{E}_\mu[\mathbb{E}^\pi[\varepsilon_{t+1}|s_t]\phi_t])||^2_M \tag{2.1.64}$$

ここで, M は $M = \Phi D \Phi$ なる $d \times d$ 行列である．状態 s_t のとりうる値をある順序に並べたときの第 i 番目 $(i = 1, \ldots, |S|)$ の状態を $s_t^{(i)}$ とすると，$vec(\mathbb{E}_\mu[\mathbb{E}^\pi[\varepsilon_{t+1}|s_t]\phi_t])$ は，

† 近似的に，というのは，下記目的関数に含まれる期待値計算をサンプル近似した際に得られるものが θ_{IV} であり，解 θ^*_{IV} と θ_{IV} が一致するにはサンプル数が無限の極限を考えなければいけないからである．

第 i 成分に $\mathbb{E}_\mu[\mathbb{E}^\pi[\varepsilon_{t+1}|s_t^{(i)}]\phi_t]$ をもつ $|S|$ 次元ベクトル，行列 Φ は第 i 行に $\phi(s_t^{(i)})^{\mathrm{T}}$ をもつ $|S|\times d$ 行列，行列 D は，第 (i,i) 成分に定常分布 $\mu(s_t^{(i)})$ をもつ $|S|\times|S|$ の対角行列である．また，$||\mathbf{v}||_M^2$ はベクトル $\mathbf{v}$ のマハラノビス距離 $||\mathbf{v}||_M^2=\sum_i M_{ij}v_iv_j$ を表す．ただし，M_{ij}, v_i はそれぞれ行列 M の第 (i,j) 要素，ベクトル $\mathbf{v}$ の第 i 要素を表す．B^π は式 (2.1.10) で導入したベルマンオペレータ，Π は射影オペレータであり，以下で定義される．

$$\begin{cases} \Pi V(s_t)=\hat{V}(s_t|\tilde{\theta}) \\ \tilde{\theta}=\arg\min_\theta \mathbb{E}_\mu[(V(s_t)-\hat{V}(s_t|\theta))^2] \end{cases} \tag{2.1.65}$$

式 (2.1.63) は，ベルマン残差を射影したものの二乗となっており，このベルマン残差の射影は射影ベルマン残差とよばれる．LSTD 法は，二重サンプル法を用いることなく，射影ベルマン残差を最小化できるというすぐれた性質をもつ．式 (2.1.64) の目的関数からわかるように，推定量 θ_{IV} は停留点で

$$\mathbb{E}_\mu[\mathbb{E}^\pi[\varepsilon_{t+1}|s_t]\phi_t]=0 \tag{2.1.66}$$

を満たす．これは直接法の停留点に等しい．逆に推定量 θ_{IV} を，式 (2.1.66) の期待値をサンプル平均で近似して解いた解として導出できる．式 (2.1.66) の期待値をサンプル平均で近似すると

$$\frac{1}{t}\sum_{k=0}^{t-1}\phi_k(r_{k+1}+\gamma\theta_{\mathrm{IV}}^{\mathrm{T}}\phi_{k+1}-\theta_{\mathrm{IV}}^{\mathrm{T}}\phi_k)=0$$

$$\left(\frac{1}{t}\sum_{k=0}^{t-1}\phi_k(\phi_k-\gamma\phi_{k+1})^{\mathrm{T}}\right)\theta_{\mathrm{IV}}=\frac{1}{t}\sum_{k=0}^{t-1}\phi_k r_{k+1}$$

$$\theta_{\mathrm{IV}}=\left(\frac{1}{t}\sum_{k=0}^{t-1}\phi_k(\phi_k-\gamma\phi_{k+1})^{\mathrm{T}}\right)^{-1}\left(\frac{1}{t}\sum_{k=0}^{t-1}\phi_k r_{k+1}\right) \tag{2.1.67}$$

が得られる．この推定量の期待値は，$A_{\mathrm{TD}}, b_{\mathrm{TD}}$ を用いて

$$\mathbb{E}_\mu[\mathbb{E}^\pi[\theta_{\mathrm{IV}}]]=\mathbb{E}_\mu[\mathbb{E}^\pi[\theta_{\mathrm{IV}}|s_t]]=A_{\mathrm{TD}}^{-1}b_{\mathrm{TD}} \tag{2.1.68}$$

と書ける．これまでしばしば，行列 A_{TD} が現れ，正定値性が保証されないことを述べたが，行列 A_{TD} は方策オフ型では正定値行列とは限らないものの正則な行列となる．したがって，逐次的に停留点の条件を満たすように更新する TD(0) 法は方策オフ型で収束の保証がないものの，停留点を解析的に求めるバッチ型の LSTD 法が方策オフ型でも解を得られることには矛盾がないことに注意する．方策オフ型のバッチ型 LSTD 法については後述する．

また，上記の LSTD による推定量は，モデルベース，すなわち推定した状態遷移確率を用いて得られる解としても解釈できることが知られている．とくに関数近似器がテーブル表現した状態価値関数を表現できる場合，状態遷移の頻度を用いて推定された状態遷移確率が利用されたときのモデルベースの解と一致する[6]．

(3) R-LSTD(Recursive-LSTD) 法

上記の推定量 θ_{IV} は，データを蓄積してから一度に解を得るバッチ型の推定量であるが，逐次的に得られるデータから順次，更新していくオンライン型の推定量を導くことができる．R-LSTD(Recursive-LSTD) 法[8] は，行列 A_t，ベクトル b_t を以下のように定義し，逆行列補題とよばれる逆行列に関する恒等式を利用することで以下の逐次更新則を得る．

$$\begin{cases} A_t^{-1} = \left(\sum_{k=0}^{t-1} u_k v_k^{\mathrm{T}}\right)^{-1} & \Rightarrow A_{t+1}^{-1} = \left(A_t + u_t v_t^{\mathrm{T}}\right)^{-1} \\ & \qquad\qquad = A_t^{-1} - \dfrac{A_t^{-1} u_t v_t^{\mathrm{T}} A_t^{-1}}{1 + v_t^{\mathrm{T}} A_t^{-1} u_t} \\ b_t = \sum_{k=0}^{t-1} w_k u_k & \Rightarrow b_{t+1} = b_t + w_t u_t \end{cases} \tag{2.1.69}$$

ここで $u_k = \phi_k$，$v_k = \phi_k - \gamma\phi_{k+1}$，$w_k = r_{k+1}$ である．式 (2.1.69) を用いると，パラメータ θ_t は以下のように更新できる．

$$\theta_{t+1} = A_{t+1}^{-1} b_{t+1} = \theta_t + \frac{A_t^{-1}}{1 + v_t^{\mathrm{T}} A_t^{-1} u_t} \varepsilon_{t+1} u_t \tag{2.1.70}$$

ただし，$\varepsilon_{t+1} = w_t - \theta_t^{\mathrm{T}} v_t = r_{t+1} + \gamma\theta_t^{\mathrm{T}}\phi_{t+1} - \theta_t^{\mathrm{T}}\phi_t$ である．この手法では，新しいサンプルと行列 A とベクトル b のみから更新が可能であり，バッチ型の計算では $O(d^3)$ の計算量となる逆行列計算が必要であったのに対して各更新での計算は $O(d^2)$ の計算量となる行列 A とベクトル b や u, v との積に減らすことができる．そのため，データ蓄積されていく場合は R-LSTD 法のほうが計算量の点で望ましい．必要となるメモリは，行列 A，ベクトル b の保持であり，$O(d^2)$ のメモリとなる．この計算量，メモリは，次項で述べるように GTD2，TDC，LSPE 法で計算することでさらに $O(d)$ に減らすことができる．

(4) 方策オフ型の LSTD 法

LSTD 法は目標方策が π であるときに，行動方策を π' を用いて方策オフ型で学習するよう修正できる．これを行うには停留点が満たすべき式を式 (2.1.66) から下記のように重点重み (importance weight)ρ を用いた式に変更する．

$$\mathbb{E}_{\mu'}\left[\mathbb{E}^{\pi'}\left[\rho_t \varepsilon_{t+1}|s_t\right]\phi_t\right] = 0 \tag{2.1.71}$$

ここで $\rho_t = \frac{\pi(a_t|s_t)}{\pi'(a_t|s_t)}$，$\mu'$ は行動方策 π' でサンプルを取得し続けたときの定常分布である．行動方策 π' は，目標方策がとりうる行動はいずれも選択しうる必要がある．すなわち，任意の $\pi(a|s) > 0$ となる状態・行動の組 (s, a) に対して $\pi'(a|s) > 0$ である必要がある．こうすることで，$\mathbb{E}^{\pi'}\left[\rho_t \varepsilon_{t+1}|s_t\right] = \mathbb{E}^{\pi}\left[\varepsilon_{t+1}|s_t\right]$ が保証できる．ただし，外側の期待値の $\mathbb{E}_{\mu'}[\cdot]$ に関しては $\mathbb{E}_{\mu}[\cdot]$ と一致しない．この不一致は式 (2.1.63) のマハラノビス距離の計量行列 M の変更と解釈できる．このように目的関数が一致しないため，一般に方策オフ型で得られる解は方策オン型で得られる解とは一致しない．式 (2.1.71) の期待値をサンプル平均で近似すれば，重点重みつきの行列 A，ベクトル b の計算に帰着できるが，この実装には 2 通りの方法がある．$\mathbb{E}^{\pi'}\left[\rho_t \varepsilon_{t+1}|s_t\right] = \mathbb{E}^{\pi'}\left[\rho_t(r_{t+1} + \gamma\phi_{t+1} - \phi_t)|s_t\right]$ のうち $\mathbb{E}^{\pi'}\left[\rho_t\phi_t|s_t\right]$ は $\mathbb{E}^{\pi'}\left[\rho_t\phi_t|s_t\right] = \mathbb{E}^{\pi'}\left[\rho_t|s_t\right]\phi_t = \phi_t$ と計算できる．この重点重み ρ_t を恒等式を利用して省く計算と省かない計算の 2 通りの選択肢があるが，方策オフ型の LSTD を提案した文献[5] では，この恒等式を利用して ρ を含めない計算としている．一見，恒等式を利用して ρ を含めないほうが精度が高まるように思えるが，文献[9] の Table 8 ではあえて重点重み ρ を含めることでよりロバストな推定となることを実験的に示している．これは，$\varepsilon_{t+1} = r_{t+1} + \gamma\phi_{t+1} - \phi_t$ の各項の間の相関が強く，ε_{t+1} の分散は小さくとも，各項の個別の分散が大きい場合に生じうる．一般に方策オフ型は，重点重み ρ の分散が大きくなることで，推定値が安定に求められない問題がつきまとうため，収束の保証はあるもの[39] の実装上は注意が必要となる．導出は略すが，後述の GTD2 や TDC，iLSTD などの学習法も同様に重点重みを用いることで方策オフ型の学習が可能である†．

(5) LSTD(λ) 法

また，累積履歴を用いて TD 法を TD(λ) 法に拡張したように，LSTD を LSTD(λ) 法[6] に拡張できる．このとき，停留点が満たすべき式は式 (2.1.66) から下記のように変更される．

$$\mathbb{E}^{\pi}\left[\varepsilon_{t+1}\sum_{k=1}^{t}(\gamma\lambda)^{t-k}\phi(s_k)\right] = 0 \tag{2.1.72}$$

(6) iLSTD (incremental LSTD) 法

LSTD 法にしても R-LSTD 法にしても線形方程式 $A_{\mathrm{TD}}\theta - b_{\mathrm{TD}} = 0$ の解である $\theta = A_{\mathrm{TD}}^{-1}b_{\mathrm{TD}}$ を求めるものであった．行列 A_{TD} はサンプルをもとに逐次更新できる

† 各アルゴリズムの方策オフ型の学習則は，サーベイ論文[9] の付録にまとめられている．

が，各状態を表現する基底が少数の非ゼロ要素しかもたない，すなわちスパースな基底であるとき，A_{TD} の更新量 ΔA_{TD} もスパースな行列となることが期待される．こういった場合，スパース性を利用して，線形方程式を解くことが考えられる．線形方程式 $A_{\mathrm{TD}}\theta - b_{\mathrm{TD}} = 0$ の解は，最適化問題 $\min_\theta \theta^{\mathrm{T}} A_{\mathrm{TD}}\theta - b_{\mathrm{TD}}\theta$ の解とみなせる．この目的関数の勾配は，$A_{\mathrm{TD}}\theta - b_{\mathrm{TD}}$ であり，勾配法を用いる場合，A_{TD} の更新量のスパース性を利用できる．すなわち，$A_{\mathrm{TD}}\theta_k - b_{\mathrm{TD}} \approx 0$ が成り立っているところで $(A_{\mathrm{TD}} + \Delta A_{\mathrm{TD}})\theta_{k+1} - (b_{\mathrm{TD}} + \Delta b_{\mathrm{TD}}) \approx 0$ となるパラメータ θ_{k+1} を求めることを考える．このとき，$|(A_{\mathrm{TD}} + \Delta A_{\mathrm{TD}})\theta_{k+1} - (b_{\mathrm{TD}} + \Delta b_{\mathrm{TD}})|$ の最も大きな θ の要素に着目し，その要素のみ $(A_{\mathrm{TD}} + \Delta A_{\mathrm{TD}})\theta_{k+1} - (b_{\mathrm{TD}} + \Delta b_{\mathrm{TD}}) \approx 0$ を成立させるよう更新する．この手続きを繰り返す手法が，iLSTD (incremental LSTD)[13, 14] 法である．iLSTD 法は計算量を大きく削減できるが，その反面で収束性が保証できない．

射影 Bellman 残差の二乗の最小化による状態価値関数の推定

・ GTD2 法, TDC 法

式 (2.1.63) で示したように LSTD 法は，射影ベルマン残差を最小化するパラメータ θ を求めるものと理解できることを述べた．この目的関数を最小化する解は，他のアルゴリズムによっても得ることができる．

線形関数近似器を用いた場合, 射影オペレータ Π は射影行列として表され, 式 (2.1.63) の目的関数 $J_{\mathrm{PB}}(\theta)$ は行列演算によって

$$J_{\mathrm{PB}}(\theta) = \mathbb{E}[\varepsilon_{t+1}\phi_t]^{\mathrm{T}}\mathbb{E}[\phi_t\phi_t^{\mathrm{T}}]^{-1}\mathbb{E}[\varepsilon_{t+1}\phi_t] \tag{2.1.73}$$

と書ける．ここで $\mathbb{E}_\mu[\mathbb{E}^\pi[\cdot|s_t]]$ をまとめて $\mathbb{E}[\cdot]$ と表した．この目的関数を最急勾配法によって最適化することを考える．そこで，この目的関数のパラメータ勾配を求めると，パラメータ勾配は下記の 2 通りの表現ができる．

$$\begin{aligned}\frac{\partial J_{PB}(\theta)}{\partial\theta} &= -2\mathbb{E}[(\phi_t - \gamma\phi_{t+1})\phi_t^{\mathrm{T}}]\mathbb{E}[\phi_t\phi_t^{\mathrm{T}}]^{-1}\mathbb{E}[\varepsilon_{t+1}\phi_t] &(2.1.74)\\ &= -2\mathbb{E}[\varepsilon_{t+1}\phi_t] + 2\gamma\mathbb{E}[\phi_{t+1}\phi_t^{\mathrm{T}}]\mathbb{E}[\phi_t\phi_t^{\mathrm{T}}]^{-1}\mathbb{E}[\varepsilon_{t+1}\phi_t] &(2.1.75)\end{aligned}$$

ここで，$w := \mathbb{E}[\phi_t\phi_t^{\mathrm{T}}]^{-1}\mathbb{E}[\varepsilon_{t+1}\phi_t]$ と定義すると式 (2.1.74), (2.1.75) はそれぞれ

$$\begin{aligned}\frac{\partial J_{PB}(\theta)}{\partial\theta} &= -2\mathbb{E}[(\phi_t - \gamma\phi_{t+1})\phi_t^{\mathrm{T}}]w &(2.1.76)\\ &= -2\mathbb{E}[\varepsilon_{t+1}\phi_t] + 2\gamma\mathbb{E}[\phi_{t+1}\phi_t^{\mathrm{T}}]w &(2.1.77)\end{aligned}$$

と記述できる．LSTD の計算が重いのは，逆行列計算が必要になる部分であったが，勾配法によるパラメータ θ の最適化にも逆行列計算の必要な w が含まれてしまう．そこで，この逆行列計算を回避するために，あえて w を解析的な形で求めず，逐次最適

化の形で更新することを考える．実は，w は以下の二乗誤差を最小化する解として解釈できる．

$$J_w(w) = \mathbb{E}[(\phi_t^{\mathrm{T}} w - \varepsilon_{t+1})^2] \tag{2.1.78}$$

この解を最急勾配法で求めると，

$$w_{t+1} = w_t - \beta_t \phi_t (\phi_t^{\mathrm{T}} w_t - \varepsilon_{t+1}) \tag{2.1.79}$$

なる更新式が得られる．

この w_t に関する更新式に加えてパラメータ θ に関する最急勾配として式 (2.1.76), (2.1.77) の表現を利用して更新式を構築すると，それぞれ

$$\begin{cases} \theta_{t+1} = \theta_t + \alpha_t (\phi_t - \gamma \phi_{t+1}) \phi_t^{\mathrm{T}} w_t \\ w_{t+1} = w_t - \beta_t \phi_t (\phi_t^{\mathrm{T}} w_t - \varepsilon_{t+1}) \end{cases} \tag{2.1.80}$$

$$\begin{cases} \theta_{t+1} = \theta_t + \alpha_t (\varepsilon_{t+1} \phi_t - \gamma \phi_t^{\mathrm{T}} w_t) \phi_{t+1} \\ w_{t+1} = w_t - \beta_t \phi_t (\phi_t^{\mathrm{T}} w_t - \varepsilon_{t+1}) \end{cases} \tag{2.1.81}$$

という θ と w に関する更新式を得ることができる．ここで α_t, β_t は学習係数である．前者 (2.1.80) が GTD2(Gradient Temporal-Difference learning 2) アルゴリズム[33]，後者 (2.1.81) が TDC(Temporal-Difference learning with gradient Correction) アルゴリズム[33] とよばれる．これらの手法は，w_t という別の変数によって統計量 $\mathbb{E}[\phi_t \phi_t^{\mathrm{T}}]^{-1} \mathbb{E}[\varepsilon_{t+1} \phi_t]$ を近似することで，二重サンプルを行うことなく収束を保証できる．さらに両者とも各更新で d 次元の基底ベクトルの積しか必要としないため，計算量，メモリとも $O(d)$ に減らすことができる．また，GTD2 や TDC は，滑らかな非線形関数近似器において局所的な射影オペレータを考えることで，非線形関数近似器を用いた場合に適用できるよう拡張されている[20]．

・LSPE 法

バッチ型の LSPE(Least-Squares Policy Evaluation) 法[24] は，GTD2 や TDC と同様に二つの最適化問題に分割して解くものであるが，GTD2 や TDC とは異なり，一方のパラメータに関して，バッチ型で解析的に解を求める方法である．LSTD の目的関数は，下記のように書くことができる．

$$\begin{cases} \min_{\theta} J_{PB}(\theta) = \min_{\theta} \mathbb{E}_{\mu}[(\hat{V}^{\pi}(s_t|\theta) - \Pi B^{\pi} \hat{V}^{\pi}(s_t|\theta))^2] \\ \Pi B^{\pi} \hat{V}^{\pi}(s_t|\theta) = \arg \min_{\hat{V}(s_t|\theta')} \mathbb{E}_{\mu}[(\hat{V}(s_t|\theta') - B^{\pi} \hat{V}^{\pi}(s_t|\theta))^2] \end{cases} \tag{2.1.82}$$

ここで，パラメータ w をもつ線形関数近似器 $\phi_t^{\mathrm{T}} w$ を用いて Bellman オペレータの射影 $\Pi B^\pi \hat{V}^\pi(s_t|\theta)$ を表すと式 (2.1.82) は

$$\min_\theta \mathbb{E}_\mu[(\phi_t^{\mathrm{T}}\theta - \phi_t^{\mathrm{T}} w)^2] \tag{2.1.83}$$

$$\phi_t^{\mathrm{T}} w = \arg\min_{\phi_t^{\mathrm{T}} w'} \mathbb{E}_\mu[(\phi_t^{\mathrm{T}} w' - B^\pi(\phi_t^{\mathrm{T}}\theta))^2] \tag{2.1.84}$$

と書ける．式 (2.1.83), (2.1.84) を同時に満たすパラメータ θ を求めることは難しいが，一方のパラメータは現在の推定値で固定した状態で最適化するのであれば容易に解くことができる．別の見方をすれば，現在の推定値で固定することでターゲットとなる教師出力を定め，教師付き学習による二乗誤差最小化の形式に持ち込んでいると考えることもできる．バッチ型の LSPE 法では，以下のように式 (2.1.83) に関しては勾配法で，式 (2.1.84) はバッチ型で解析的に解いて更新式を得る．

$$\begin{cases} \theta_{t+1} = \theta_t + \alpha_t(w_t - \theta_t) \\ w_{t+1} = \mathbb{E}[\phi_t\phi_t^{\mathrm{T}}]^{-1}\mathbb{E}[(r_{t+1} + \gamma\phi_{t+1}^{\mathrm{T}}\theta_{t+1} - \phi_t^{\mathrm{T}}\theta_{t+1})\phi_t] \\ \qquad = -\mathbb{E}[\phi_t\phi_t^{\mathrm{T}}]^{-1}(A_{\mathrm{TD}}\theta_{t+1} - b_{\mathrm{TD}}) \end{cases} \tag{2.1.85}$$

式 (2.1.85) の w_{t+1} の更新式は，バッチ型の LSTD 法をオンライン型の R-LSTD 法へ修正したのと同様の要領で逆行列に関する恒等式を用いることでオンライン型の逐次更新則に置き換えることもできる．LSPE 法もいくつかの拡張がなされており，LSPE(λ) 法[24] への拡張が提案されたり過学習を防いで安定した解を得るために，式 (2.1.83), (2.1.84) の二つの最適化問題に L1 や L2 の正則化項を加える方法[9, 12, 16, 26] が提案されたりしている．

これまでさまざまな状態価値関数の推定アルゴリズムを紹介してきたが，LSTD 法や LSPE 法は，オンライン型にしてもバッチ型と同じ解析解が得られ，オフ型の学習にも対応するため，十分なサンプルが存在するときには高い性能を発揮することが予想されるが，実際に他手法に比べてすぐれた性能を示すことが実験的に確かめられている[9]．

射影ベルマン残差の二乗の最小化による行動価値関数の推定

・**LSPI 法**

LSTD 法は，状態価値関数 $\hat{V}^\pi(s_t|\theta)$ の推定に用いられていたが，同様の手法を行動価値関数 $\hat{Q}^\pi(s_t, a_t|\theta)$ の推定に利用できる．これは，LSTDQ 法[17] とよばれる．

LSTDQ 法が同じ LSTD 法と同様の要領で解けることを示す．まず，LSTD 法のときと同様に行動価値関数を線形近似 $\hat{Q}^\pi(s_t, a_t|\theta) = \theta^{\mathrm{T}}\phi(s_t, a_t) = \theta^{\mathrm{T}}\phi_t$ する．この

表 2.1.4 勾配 TD 法，最小二乗法による状態価値関数の近似手法

手法	方策	関数近似器	収束の保証	関連文献
BRM	方策オン型/オフ型	線形	あり（要二重サンプル法）	[29]
RG	方策オン型/オフ型	線形	あり（要二重サンプル法）	[2]
GTD	方策オン型/オフ型	線形	あり	[34]
GTD2	方策オン型/オフ型	線形/非線形	あり	線形[33], 非線形[20]
TDC	方策オン型/オフ型	線形/非線形	あり	線形[33], 非線形[20]
LSTD	方策オン型/オフ型	線形	あり	[8]
LSTD(λ)	方策オン型/オフ型	線形	あり	[6]
iLSTD	方策オン型/オフ型	線形	なし	[13, 14]
LSPE(λ)	方策オン型/オフ型	線形	あり	[24]

線形近似のもとで，式 (2.1.11) のベルマン方程式を考えると，

$$\begin{aligned}\hat{Q}^{\pi}(s_t, a_t|\theta) &\approx \mathbb{E}^{\pi}[r_{t+1} + \gamma\hat{Q}^{\pi}(s_{t+1}, a_{t+1}|\theta)|s_t, a_t] \\ \theta^{T}\phi_t &\approx \mathbb{E}^{\pi}[r_{t+1} + \gamma\theta^{\mathrm{T}}\phi_{t+1}|s_t, a_t]\end{aligned} \tag{2.1.86}$$

が得られる．ここから真のパラメータを θ^* として，式 (2.1.59) と同様の線形回帰問題を考えることができる．

$$r_{t+1} = \theta^{*\mathrm{T}}(\phi_t - \gamma\phi_{t+1}) + m_t \tag{2.1.87}$$

ただし，$m_t = r_{t+1} - \mathbb{E}^{\pi}[r_{t+1}|s_t, a_t]$ は平均ゼロのノイズである．この問題に対して，操作変数 $w_t = \phi_t$ を導入すると，推定量は

$$\theta_{\mathrm{IV}} = \left(\frac{1}{t}\sum_{k=0}^{t-1}\phi_k(\phi_k - \gamma\phi_{k+1})^{\mathrm{T}}\right)^{-1}\left(\frac{1}{t}\sum_{k=0}^{t-1}\phi_k r_{k+1}\right) \tag{2.1.88}$$

のように得られる．LSTDQ 法は，方策が固定されていれば LSTD 法と同様に収束が保証されるが，推定された Q 関数をもとに方策を改善する方策反復 (policy iteration) の場合には，収束の保証はない．推定された Q 関数をもとに，greedy に方策を改善する手法は，LSPI(Least-Squares Policy Iteration)[17] とよばれる．

・GQ 法

LSTDQ 法は，LSTD 法と同様，射影ベルマン残差の最小化を行っていると解釈することができる．

$$J_{\mathrm{PB}}(\theta) = \mathbb{E}_{\mu}[(\hat{Q}^{\pi}(s_t, a_t|\theta) - \Pi B^{\pi}\hat{Q}^{\pi}(s_t, a_t|\theta))^2]$$

さらに，線形関数近似器を用いている場合，

$$J_{\mathrm{PB}}(\theta) = \mathbb{E}[\varepsilon_{t+1}\phi_t]^{\mathrm{T}}\mathbb{E}[\phi_t\phi_t^{\mathrm{T}}]^{-1}\mathbb{E}[\varepsilon_{t+1}\phi_t] \tag{2.1.89}$$

となる．ただし，Π は射影オペレータであり，以下で定義される．

$$\begin{cases} \Pi Q(s_t, a_t) = \hat{Q}(s_t, a_t|\tilde{\theta}) \\ \tilde{\theta} = \arg\min_{\theta} \mathbb{E}[(Q(s_t, a_t) - \hat{Q}(s_t, a_t|\theta))^2] \end{cases} \tag{2.1.90}$$

式 (2.1.89) を勾配法で解くことで TDC と同様のアルゴリズムを導出できる．

$$\begin{cases} \theta_{t+1} = \theta_t + \alpha_t(\varepsilon_{t+1}\phi_t - \gamma\phi_t^{\mathrm{T}}w_t)\phi_{t+1}) \\ w_{t+1} = w_t - \beta_t\phi_t(\phi_t^{\mathrm{T}}w_t - \varepsilon_{t+1}) \end{cases} \tag{2.1.91}$$

これが，GQ (Gradient Q-learning)[19] である．

GQ では，目標方策と行動方策が一致しているものと仮定したが，方策反復 (policy iteration) を行うために，目標方策と行動方策を区別して考える．目標方策を π_θ，行動方策を π_b と表記すると，目的関数は

$$J_{\mathrm{PB}}(\theta) = \mathbb{E}_\mu[(\hat{Q}^{\pi_\theta}(s_t, a_t|\theta) - \Pi B^{\pi_\theta}\hat{Q}^{\pi_\theta}(s_t, a_t|\theta))^2] \tag{2.1.92}$$

のようにベルマンオペレータがパラメータ θ に依存する形となる．ここで，期待値 $\mathbb{E}_\mu[\cdot]$ は行動方策 π_b のもとでの状態，行動の定常分布 μ による期待値である．このとき，π_θ として greedy 方策を考えると，目的関数は微分不可能となる．そこで，劣勾配 (sub-gradient) をとって，アルゴリズムを導出する．そうすると目標方策による期待値は異なるものの，形式的には GQ とよく似たアルゴリズムが導出される．これは，greedy GQ (greedy gradient Q-learning)[18] とよばれる．greedy GQ は，目標方策と行動方策が異なることを許すが，収束を保証するためには行動方策 π_b が固定されている必要がある．また，劣勾配は得られるものの，式 (2.1.92) の目的関数は非線形な関数であり，大域解が得られるわけではないことに注意する．

fitted Q による行動価値関数の推定

前項では状態価値関数推定における TDC を導出した要領で，行動価値関数推定に対する GQ アルゴリズムを導出したが，同様に状態価値関数推定における LSPE を導出したのとよく似た要領で，行動価値関数推定のアルゴリズムを得ることができる．

$$\min_\theta J_Q(\theta) = \min_\theta \mathbb{E}_\mu[(\hat{Q}(s_t, a_t|\theta) - B^*\hat{Q}(s_t, a_t|\theta))^2] \tag{2.1.93}$$

$$B^*\hat{Q}(s_t, a_t|\theta) = \mathbb{E}_P\left[r_{t+1} + \gamma \max_{a_{t+1}} \hat{Q}(s_{t+1}, a_{t+1}|\theta) \middle| s_t, a_t \right] \tag{2.1.94}$$

LSPE とは違って，ベルマンオペレータは B^π ではなく B^* を用いていること，射影

オペレータ Π が使われていないことに注意する．式 (2.1.93), (2.1.94) をパラメータ θ に関して同時に解くのは容易ではない．そこで，$w(s_t, a_t) = B^*\hat{Q}(s_t, a_t|\theta)$ を導入して，最適化問題を分割すると，教師付き学習の問題に持ち込むことができる．

$$\theta_{k+1} = \arg\min_{\theta} \mathbb{E}_{\mu}[(\hat{Q}(s_t, a_t|\theta) - w(s_t, a_t))^2] \tag{2.1.95}$$

$$w(s_t, a_t) = \mathbb{E}_P \left[r_{t+1} + \gamma \max_{a_{t+1}} \hat{Q}(s_{t+1}, a_{t+1}|\theta_k) \middle| s_t, a_t \right] \tag{2.1.96}$$

と書ける．ここで，$w(s_t, a_t)$ が教師出力，$\hat{Q}(s_t, a_t|\theta)$ がその教師出力を近似するパラメータ θ をもつ入力 (s_t, a_t) の関数近似器である．式 (2.1.95)，(2.1.96) の期待値をある行動方策 π_b に従って行動して得たサンプルによるサンプル平均で置き換えて，式 (2.1.95) の最適化を教師付き学習で解くのが fitted Q[13] である．とくに関数近似器としてニューラルネットワークを用いるものを neural fitted Q[23] とよぶ．$w(s_t, a_t)$ を教師出力として求めると述べたが，行動 a_t が連続値をとる場合，式 (2.1.96) に含まれる行動 a_t に関する最大化も容易ではないことに注意する．

fitted Q は，行動方策 π_b を固定し，線形関数近似器を用いたとしても収束しない可能性がある[2, 7, 36]．その一方で，ある限定された方策のクラスのなかでの最適化を行う場合，方策を更新することで解が振動する可能性があるものの，最適価値関数と推定された価値関数との誤差の上界が得られることが知られている[1, 23]．fitted Q は理論的な収束の保証を行うことは難しいが，実験的には DQN(Deep Q-Network) の学習に用いられて成功を収めるなどして注目されている[21, 28]†．

表 2.1.5　勾配 TD 法による行動価値関数の近似手法

手法	方策	関数近似器	収束の保証	関連文献
LSTDQ	方策オン型/オフ型	線形	あり	[17]
LSPI	方策オン型/オフ型	線形	なし	[17]
GQ(λ)	方策オン型	線形	あり	[19]
greedy GQ(λ)	方策オン型/オフ型	線形	あり	[18]
fitted Q	方策オン型/オフ型	線形/非線形	なし・上界あり	[1, 13, 23]

2.1.4 セミパラメトリック統計学習に基づく定式化

これまで，TD 法による価値関数推定において，さまざまな推定アルゴリズムが存在すること，また，それらのアルゴリズム毎に収束性が解析されていることを見てきた．本項では，方策評価の問題をセミパラメトリック統計学習問題として定式化することで得られる一般的な帰結について説明する．セミパラメトリックモデルとは，一

† DQN の Atari 2600 のゲームや，囲碁への応用は 3.7 節を参照のこと．

つは興味のあるパラメータ，もう一つは興味のない，知る必要のないパラメータ（これを**撹乱パラメータ**とよぶ）の 2 種類のパラメータで特徴づけられる統計モデルである．セミパラメトリック統計学習では，セミパラメトリックモデルの**撹乱パラメータを知ることなく**，知りたいパラメータのみ推定することを目的とする．強化学習の場合，往々にして状態遷移確率や報酬関数が未知となるが，それらの関数を記述するパラメータが興味のない撹乱パラメータ，状態価値関数，あるいは行動価値関数が興味のあるパラメータと考えることができる．

以降では，議論を簡単にするため，価値関数 $V(s)$ はパラメトリックな関数 $\hat{V}^{\pi}(s_t;\boldsymbol{\theta})$ で必ず表現できる，すなわち，モデル化誤差がないという強い仮定をおく．

◆ **仮定 1** 価値関数を表現できるパラメータ $\boldsymbol{\theta}$ が必ず存在する．

$$V^{\pi}(s_t) = \hat{V}^{\pi}(s_t;\boldsymbol{\theta}) \tag{2.1.97}$$

さらにセミパラメトリック統計学の問題として定式化するにあたって，方策 π を固定したマルコフ報酬過程 (Markov Reward Process: MRP) を考える．ここで考える MRP は，以下の同時分布で定義される．

$$p(Z_T) = p(s_0)\prod_{t=1}^{T} p(r_t|s_t, s_{t-1})p(s_t|s_{t-1}) \tag{2.1.98}$$

ただし，$z_t = \{s_{t-1}, s_t, r_t\}$ として，その初期状態から時刻 T までの状態・報酬の系列が $Z_T = \{z_1, \ldots, z_T\}$ であり，$p(s_t|s_{t-1}) = \int p(s_t|s_{t-1}, a_{t-1})\pi(a_{t-1}|s_{t-1})da_{t-1}$ である．

まず，最初に方策を固定した際の価値関数の推定問題が MRP の統計量の推定と等価であることを示す．

◆ **補題 1** s_{t-1} が与えられたとき，$\{r_t, s_t\}$ に関する条件付き確率分布は以下の式で与えられる．

$$p(r_t, s_t|s_{t-1}) = p(r_t|s_t, s_{t-1})p(s_t|s_{t-1})$$

ここで，以下の方程式を満たす関数 $g(s)$ について考える．任意の状態 $s_{t-1} \in \mathcal{S}$ に関して

$$\mathbb{E}\left[r_t|s_{t-1}\right] = g(s_{t-1}) - \gamma\mathbb{E}[g(s_t)|s_{t-1}] \tag{2.1.99}$$

を満たす関数 $g(s)$ について考える．このとき，式 (2.1.99) を満たす関数 $g(s)$ は唯一であり，$g(s)$ は式 (2.1.6) で与えられる価値関数 $V^{\pi}(s)$ に一致する．

補題 1 は，式 (2.1.99) はベルマン方程式でしかありえないことを示している．関数

$g(s)$ をパラメータ $\boldsymbol{\theta}$ で特徴づけたものを $\hat{V}^{\pi}(s_t;\boldsymbol{\theta})$ とし，仮定 1 が成り立つものとすると，価値関数推定は，式 (2.1.98) の部分的な統計量 $\mathbb{E}[r_t|s_t]$ をベルマン方程式を通して $\boldsymbol{\theta}$ で特徴づけ，他の統計量を撹乱パラメータで特徴づけたセミパラメトリックモデルに対する統計学習の問題と解釈できる†.

◆ **補題 2** 式 (2.1.98) における確率分布 $p(r_t, s_t|s_{t-1})$ の条件付き期待値 $\mathbb{E}\left[r_t|s_{t-1}\right]$ が，式 (2.1.97) のパラメトリックな価値関数モデルを用いて次式のように表現されたものと解釈できる.

$$\mathbb{E}\left[r_t|s_{t-1}\right] = \hat{V}^{\pi}(s_{t-1};\boldsymbol{\theta}) - \gamma\mathbb{E}\left[\hat{V}^{\pi}(s_{t-1};\boldsymbol{\theta})|s_{t-1}\right]$$

一般に確率分布は，統計量で特徴づけることができるが，確率分布 $p(r_t, s_t|s_{t-1})$ に関する条件付き期待値 $\mathbb{E}\left[r_t|s_{t-1}\right]$ 以外のすべての統計量と確率分布 $p(s_0)$ に関するすべての統計量をそれぞれ撹乱パラメータ $\boldsymbol{\xi}_0$，$\boldsymbol{\xi}_s$ で表し，確率分布 $p(r_t, s_t|s_{t-1})$ と $p(s_0)$ をそれぞれの統計量で特徴づける．このとき価値関数の推定問題は，セミパラメトリックモデル

$$p(Z_T;\boldsymbol{\theta},\boldsymbol{\xi}) = p(s_0;\boldsymbol{\xi}_0)\prod_{t=1}^{T} p(r_t, s_t|s_{t-1};\boldsymbol{\theta},\boldsymbol{\xi}_s) \tag{2.1.100}$$

に対するセミパラメトリック推定の問題と解釈できる．ここで，$\boldsymbol{\xi} = \{\boldsymbol{\xi}_0, \boldsymbol{\xi}_s\}$ である.

方策評価をセミパラメトリック統計学習問題と解釈する最大の利点は，統計学習で確立されている**推定関数**による解析法を用いることができる点にある[15]．推定関数は，セミパラメトリック統計学習下で撹乱パラメータに依存しない一致推定量を設計する方法を提供する．次節では，セミパラメトリックモデルにおいて，一致推定量を導くことができる推定関数について紹介する.

■ セミパラメトリックモデルと推定関数

ここでは，推定関数に関する全体像を掴んでもらうため，独立・同一分布 (i.i.d.) のサンプルが得られる場合について紹介する．式 (2.1.100) の MRP のもとでの推定関数については，次項で詳細に解説する.

セミパラメトリックモデル $p(\boldsymbol{x};\boldsymbol{\theta},\boldsymbol{\xi})$ について考える．ここで，$\boldsymbol{\theta}$ は m 次元パラメータ，そして $\boldsymbol{\xi}$ は撹乱パラメータとする．そのとき，m 次元のベクトル関数 $\boldsymbol{f}(\boldsymbol{x};\boldsymbol{\theta})$ は任意 $\boldsymbol{\theta}, \boldsymbol{\xi}$ で以下の 3 条件を満たすとき，関数 $\boldsymbol{f}(\boldsymbol{x};\boldsymbol{\theta})$ は**推定関数**とよばれる[15].

---

† セミパラメトリックモデルと考えずに状態遷移確率を含めて同時分布をパラメトリックモデルで表現するモデルベースの手法や，ノンパラメトリックモデルであるガウス過程で表現する手法[10] などのアプローチも存在する.

$$\mathbb{E}_{\boldsymbol{\theta},\boldsymbol{\xi}}[\boldsymbol{f}(\boldsymbol{x};\boldsymbol{\theta})] = \boldsymbol{0} \tag{2.1.101}$$

$$\det \left| \mathbb{E}_{\boldsymbol{\theta},\boldsymbol{\xi}} \left[\frac{\partial}{\partial \boldsymbol{\theta}} \boldsymbol{f}(\boldsymbol{x};\boldsymbol{\theta}) \right] \right| \neq 0 \tag{2.1.102}$$

$$\mathbb{E}_{\boldsymbol{\theta},\boldsymbol{\xi}} \left[\|\boldsymbol{f}(\boldsymbol{x};\boldsymbol{\theta})\|^2 \right] < \infty \tag{2.1.103}$$

$\mathbb{E}_{\boldsymbol{\theta},\boldsymbol{\xi}}[\cdot]$ は $p(\boldsymbol{x};\boldsymbol{\theta},\boldsymbol{\xi})$ による $\boldsymbol{x}$ に関する期待値である．$\det|\cdot|$ と $\|\cdot\|$ はそれぞれ行列式とユークリッドノルムを表している．$\partial_{\boldsymbol{\theta}}$ は，パラメータ $\boldsymbol{\theta}$ に関する偏微分である．

真のモデル $p(\boldsymbol{x};\boldsymbol{\theta}^*,\boldsymbol{\xi}^*)$ から，独立にサンプル $\{\boldsymbol{x}_1,\boldsymbol{x}_1,\ldots,\boldsymbol{x}_T\}$ が得られるとする．もし推定関数 $\boldsymbol{f}(\boldsymbol{x},\boldsymbol{\theta})$ が存在するならば，推定方程式

$$\sum_{t=1}^{T} \boldsymbol{f}(\boldsymbol{x}_t,\widehat{\boldsymbol{\theta}}_T) = \boldsymbol{0} \tag{2.1.104}$$

を解くことで漸近的に良い性質をもつ推定量 $\hat{\boldsymbol{\theta}}_T = \widehat{\boldsymbol{\theta}}_T(\boldsymbol{x}_1,\ldots,\boldsymbol{x}_T)$ を得ることができる．式 (2.1.104) の解は **M 推定量**とよばれ，M 推定量は真の撹乱パラメータによらず，サンプル数無限大の極限で，真のパラメータに確率収束する（一致性をもつ）ことが知られている．また，同じくサンプル数無限大の極限で，$\sqrt{T}(\widehat{\boldsymbol{\theta}}_T - \boldsymbol{\theta}^*)$ は以下のガウス分布に法則収束する．

$$\sqrt{T}(\widehat{\boldsymbol{\theta}}_T - \boldsymbol{\theta}^*) \xrightarrow{d} N(\boldsymbol{0}, \boldsymbol{A}^{-1}\boldsymbol{M}(\boldsymbol{A}^{-1})^{\mathrm{T}}) \tag{2.1.105}$$

ここで $\boldsymbol{A} := \mathbb{E}_{\boldsymbol{\theta}^*,\boldsymbol{\xi}^*}[\partial_{\boldsymbol{\theta}}\boldsymbol{f}(\boldsymbol{x};\boldsymbol{\theta})]$，$\boldsymbol{M} := \mathbb{E}_{\boldsymbol{\theta}^*,\boldsymbol{\xi}^*}\left[\boldsymbol{f}(\boldsymbol{x};\boldsymbol{\theta})\boldsymbol{f}^{\mathrm{T}}(\boldsymbol{x};\boldsymbol{\theta})\right]$ であり，$N(\boldsymbol{a},\boldsymbol{B})$ は，平均ベクトル $\boldsymbol{a}$，共分散 $\boldsymbol{B}$ のガウス分布である．$\xrightarrow{d}$ は法則収束を表す．これは，M 推定量 $\widehat{\boldsymbol{\theta}}_T$ が $1/\sqrt{T}$ のオーダーで真のパラメータに収束することを意味している†.

M 推定量は十分に広い一致推定量のクラスであり，理論的に扱いやすいので，一致推定量として M 推定量のみを考えることは合理的である．推定関数の強みは，推定関数となりうる関数形全体を特定すれば，**M 推定量となりうる推定量をすべて特定できる**点にある．推定関数が特定されれば，式 (2.1.105) より，その推定量の漸近分散 (推定精度) を求めることができる．さらに，その漸近分散を最小にする推定関数を求めることで漸近的な意味で最適な M 推定量を導出することが可能となる．

2.1.5 推定関数に基づく方策評価の理論解析

この項では，セミパラメトリックモデル (2.1.100) に対する推定関数による解析結果について解説する．前項で紹介した推定関数は独立・同一分布の場合であったが，

† 条件 (2.1.101)〜(2.1.103) が何を意味しているのか，なぜこれらの条件を満たす推定関数が漸近的に良い性質をもつ推定量を導くかについて直感的な説明を図 2.1.1 にまとめた．

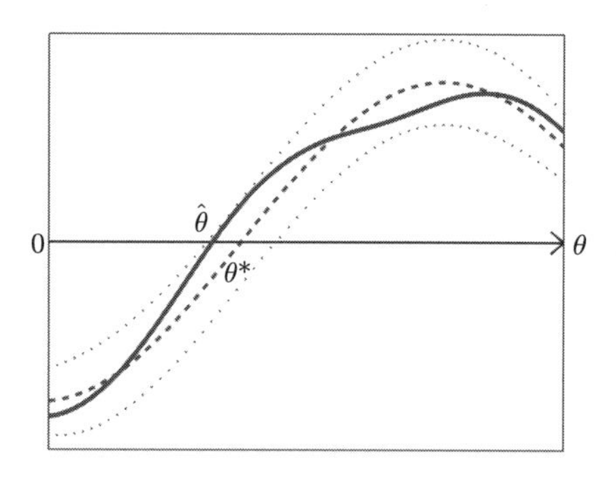

図 2.1.1 実線は，パラメータの関数としてサンプル数 T で正規化された推定方程式，$(1/T)\sum_{t=1}^{T} f(x_t,\theta)$ を示している．破線は推定関数の期待値 $\mathbb{E}_{\theta^*,\xi^*}[f(x,\theta)]$ を示している．点線は推定方程式の標準偏差を示している．推定関数の条件 (2.1.106) より，期待値（破線）と横軸との交点が θ^* となる．条件 (2.1.107) は推定方程式の期待値（破線）は，θ^* 周辺で非ゼロな勾配をもち，θ^* で唯一の零点をもつことを表している．条件 (2.1.108) は，T 無限大の極限で，推定方程式（実線）が期待値（破線）と一致し，その標準偏差（点線）が $1/\sqrt{T}$ のオーダーで縮小していくことを保証する．したがって，推定方程式 (2.1.109) を解くことで，真の撹乱パラメータ ξ^* の値に依存しない，オーダー $1/\sqrt{T}$ で真のパラメータに θ^* に収束する一致推定量 $\widehat{\theta}_T$ を見つけることができる．

セミパラメトリックモデル (2.1.100) はマルコフ時系列であるため，そのまま適用できない．しかし，推定関数の概念はマルコフ時系列に適用できるように拡張されている[15]．ここでは，**マルチンゲール推定関数**とよばれる推定関数のクラスに着目する．

m 次元ベクトル関数 $\boldsymbol{f}_T(Z_T,\boldsymbol{\theta})$ を以下で定義する．

$$\boldsymbol{f}_T(Z_T,\boldsymbol{\theta}) = \sum_{t=1}^{T} \boldsymbol{\psi}_t(Z_t,\boldsymbol{\theta})$$

これは推定方程式 (2.1.104) の左辺と似ているが，$\boldsymbol{\psi}$ は過去の観測に依存する関数であり，時刻 t までの系列の関数である．関数 $\boldsymbol{\psi}_t(Z_t,\boldsymbol{\theta})$ の系列が任意の $\boldsymbol{\theta}$ と $\boldsymbol{\xi}$ に関して次の条件を満たすとき，関数 $\boldsymbol{f}_T(Z_T,\boldsymbol{\theta})$ は推定関数となる．

$$\mathbb{E}_{\boldsymbol{\theta},\boldsymbol{\xi}_s}\left[\boldsymbol{\psi}_t(Z_t,\boldsymbol{\theta})|Z_{t-1}\right] = \boldsymbol{0}, \quad \forall t > 0, \tag{2.1.106}$$

$$\lim_{t\to\infty} \det\left|\mathbb{E}_{\boldsymbol{\theta},\boldsymbol{\xi}}\left[\partial_{\boldsymbol{\theta}}\boldsymbol{\psi}_t(Z_t,\boldsymbol{\theta})\right]\right| \neq 0, \tag{2.1.107}$$

$$\lim_{t\to\infty} \mathbb{E}_{\boldsymbol{\theta},\boldsymbol{\xi}}\left[\|\boldsymbol{\psi}_t(Z_t,\boldsymbol{\theta})\|^2\right] < \infty \tag{2.1.108}$$

$\mathbb{E}_{\boldsymbol{\theta},\boldsymbol{\xi}}[\cdot]$ と $\mathbb{E}_{\boldsymbol{\theta},\boldsymbol{\xi}_s}[\cdot|s_{t-1}]$ はそれぞれ $p(Z_T;\boldsymbol{\theta},\boldsymbol{\xi})$，$p(r_t,s_t|s_{t-1};\boldsymbol{\theta},\boldsymbol{\xi})$ に関する期待値である．サンプル Z_T が真のモデル $p(Z_T;\boldsymbol{\theta},\boldsymbol{\xi})$ から得られるならば，推定方程式

$$\sum_{t=1}^{T} \boldsymbol{\psi}_t(Z_t,\boldsymbol{\theta}) = \boldsymbol{0} \tag{2.1.109}$$

を解くことで，M 推定量を得ることができる．

時系列における推定関数はより一般的な定義が存在する．しかし，マルチンゲール推定関数が導く M 推定量は，実用的で，かつ十分な一般性をもつため，本節の解析では，一致推定量として推定方程式 (2.1.109) から導かれる M 推定量のみを考える．

■ マルチンゲール推定関数となりうる関数クラス

MRP (2.1.100) 下でマルチンゲール推定関数となりうる関数について考えるため，2.1.3 項で導入した TD 誤差について考察する．サンプル系列 Z_T が式 (2.1.100) で定義される $p(Z_T;\boldsymbol{\theta},\boldsymbol{\xi})$ から生成されるとき，TD 誤差 $\varepsilon(z_t,\boldsymbol{\theta})$ の条件付き期待値は，任意の時刻 t において，

$$\mathbb{E}\left[\varepsilon(z_t,\boldsymbol{\theta})|s_{t-1}\right]=\mathbf{0}$$

を満たす．さらに，この性質は TD 誤差に任意の過去サンプル系列 Z_{t-1} とパラメータ $\boldsymbol{\theta}$ に依存する重み関数 $\boldsymbol{w}_{t-1}(Z_{t-1},\boldsymbol{\theta})$ をかけても成立する．つまり，

$$\begin{aligned}&\mathbb{E}_{\boldsymbol{\theta},\boldsymbol{\xi}_s}\left[\boldsymbol{w}_{t-1}(Z_{t-1},\boldsymbol{\theta})\varepsilon(z_t,\boldsymbol{\theta})|Z_{t-1}\right]\\&=\boldsymbol{w}_{t-1}(Z_{t-1},\boldsymbol{\theta})\mathbb{E}_{\boldsymbol{\theta},\boldsymbol{\xi}_s}\left[\varepsilon(z_t,\boldsymbol{\theta})|Z_{t-1}\right]=\mathbf{0}\end{aligned}$$

これは，$\boldsymbol{w}_{t-1}(Z_{t-1},\boldsymbol{\theta})\varepsilon(z_t,\boldsymbol{\theta})$ は式 (2.1.106) を満たすことを意味する．したがって，$\boldsymbol{w}_{t-1}(Z_{t-1},\boldsymbol{\theta})\varepsilon(z_t,\boldsymbol{\theta})$ はマルチンゲール推定関数となりうる関数の候補の一つである．

◆ **補題 3** サンプル Z_T が式 (2.1.100) で定義されるセミパラメトリックモデル $p(Z_T;\boldsymbol{\theta},\boldsymbol{\xi})$ から得られるとする．このとき，適切な正則化条件の下で，以下で定義される関数 $\boldsymbol{f}_T(Z_T,\boldsymbol{\theta})$ はマルチンゲール推定関数となる．

$$\begin{aligned}\boldsymbol{f}_T(Z_T,\boldsymbol{\theta})&=\sum_{t=1}^{T}\boldsymbol{\psi}_t(Z_t,\boldsymbol{\theta})\\&:=\sum_{t=1}^{T}\boldsymbol{w}_{t-1}(Z_{t-1},\boldsymbol{\theta})\varepsilon(z_t,\boldsymbol{\theta})\end{aligned}\tag{2.1.110}$$

補題 3 より，以下で推定方程式 (2.1.109) を解くことで，M 推定量を得ることができる．

さらに MRP においては，マルチンゲール推定関数は補題 3 で示した関数 (2.1.110) として常に表現されることを示すことができる．

◆ **定理 1** MRP (2.1.100) におけるすべてのマルチンゲール推定関数は次の関数で表現される．

$$\boldsymbol{f}_T(Z_T, \boldsymbol{\theta}) = \sum_{t=1}^{T} w_{t-1}(Z_{t-1}, \boldsymbol{\theta})\varepsilon(z_t, \boldsymbol{\theta})$$

定理 1 は，MRP (2.1.100) に関するすべての M 推定量を特定している．実際に，これまで提案されている代表的な方策評価法は，式 (2.1.110) で表される推定関数から得られる M 推定量によりすべて説明できる（2.1.6 項を参照）．

■ 最適な推定精度を実現する推定関数

定理 1 より，すべてのマルチンゲール推定関数を式 (2.1.110) で特定できたため，推定方程式 (2.1.109) に漸近解析を施すことで，すべての一致推定量に対して，推定精度を知ることができる．

◆ **補題 4** サンプル系列 Z_T が，式 (2.1.100) で定義されるセミパラメトリックモデル $p(Z_T; \boldsymbol{\theta}^*, \boldsymbol{\xi}^*)$ から得られるとする．このとき，推定方程式 (2.1.109) から与えられる M 推定量は以下を満たす．

$$\sqrt{T}\left(\widehat{\boldsymbol{\theta}}_T - \boldsymbol{\theta}^*\right) \xrightarrow{d} N(\boldsymbol{0}, \boldsymbol{A}^{-1}\boldsymbol{M}(\boldsymbol{A}^{-1})^{\mathrm{T}})$$

ただし

$$\boldsymbol{A} := \lim_{t\to\infty} \mathbb{E}_{\boldsymbol{\theta}^*, \boldsymbol{\xi}^*}\left[\boldsymbol{w}_{t-1}^* \left\{\partial_{\boldsymbol{\theta}}\varepsilon(z_t, \boldsymbol{\theta}^*)\right\}^{\mathrm{T}}\right]$$
$$\boldsymbol{M} := \lim_{t\to\infty} \mathbb{E}_{\boldsymbol{\theta}^*, \boldsymbol{\xi}^*}\left[(\varepsilon_t^*)^2 \boldsymbol{w}_{t-1}^* (\boldsymbol{w}_{t-1}^*)^{\mathrm{T}}\right]$$

ここで，$\varepsilon_t^* := \varepsilon(z_t, \boldsymbol{\theta}^*)$，$\boldsymbol{w}_{t-1}^* := \boldsymbol{w}_{t-1}(Z_{t-1}, \boldsymbol{\theta}^*)$ である．

補題 4 より，式 (2.1.109) から与えられる M 推定量は，すべて $\sqrt{T}$ のオーダーで真のパラメータ $\boldsymbol{\theta}^*$ に収束する．したがって，推定量の精度精度は，共分散行列 $\boldsymbol{A}^{-1}\boldsymbol{M}(\boldsymbol{A}^{-1})^{\mathrm{T}}$ で決定する．したがって，共分散行列 $\boldsymbol{A}^{-1}\boldsymbol{M}(\boldsymbol{A}^{-1})^{\mathrm{T}}$ を最小とする重み関数 $\boldsymbol{w}_{t-1}(Z_{t-1}, \boldsymbol{\theta})$ を求めることで，最良の推定精度を実現する M 推定量を導出できる．

◆ **定理 2** 最適な推定精度を実現する M 推定量は次の推定関数から得ることができる．

$$\boldsymbol{f}_T^*(Z_T, \boldsymbol{\theta}) := \sum_{t=1}^{T} \boldsymbol{w}_{t-1}^*(s_{t-1})\varepsilon(z_t, \boldsymbol{\theta}) \tag{2.1.111}$$

ただし，

$$\boldsymbol{w}_{t-1}^*(s_{t-1}, \boldsymbol{\theta}^*) := \mathbb{E}_{\boldsymbol{\theta}^*, \boldsymbol{\xi}_s^*}[(\varepsilon_t^*)^2 | s_{t-1}]^{-1} \mathbb{E}_{\boldsymbol{\theta}^*, \boldsymbol{\xi}_s^*}[\partial_{\boldsymbol{\theta}}\varepsilon(z_t, \boldsymbol{\theta}^*) | s_{t-1}]$$

ここで，最適な重み関数の定義には，真のパラメータを含む TD 誤差 $\varepsilon(z_t, \boldsymbol{\theta}^*)$，TD 誤差

のパラメータ微分 $\partial_{\boldsymbol{\theta}}\varepsilon(z_t, \boldsymbol{\theta}^*)$，ならびに未知の条件付き期待値 $\mathbb{E}^*_{\boldsymbol{\theta}^*,\boldsymbol{\xi}_s}\left[(\varepsilon_t^*)^2|s_{t-1}\right]$，$\mathbb{E}_{\boldsymbol{\theta}^*,\boldsymbol{\xi}_s^*}[\partial_{\boldsymbol{\theta}}\varepsilon(z_t, \boldsymbol{\theta}^*)|s_{t-1}]$ を含む．よって，最良の推定精度を実現する M 推定量を計算するには，これらを近似する必要がある．文献[38] では，推定関数 (2.1.111) から得られる推定量のオンライン，バッチ両方の計算法が提案されている．

2.1.6 既存手法との関係

本節の最後に，既存の方策評価法と定理 1 によって特定された M 推定量の関係について説明する．これまで提案されている既存の方策評価法は，M 推定量の一例であるとみなすことが可能である．

TD 法では，目的関数が陽に定義されないものの下記に再掲する式 (2.1.46) で与えられる停留点

$$\mathbb{E}_\mu[\mathbb{E}^\pi[\varepsilon_{t+1}|s_t]\partial_{\boldsymbol{\theta}}\hat{V}^\pi(s_t|\theta)] = 0 \tag{2.1.112}$$

を満たす θ を求めることになることを述べたが，これも式 (2.1.109) の形式をとる推定関数の一種となっている．さらに式 (2.1.109) で表される推定関数は，式 (2.1.34) で与えられるような TD(λ) 法の停留点の満たすべき式を表現する．

$$\mathbb{E}_\mu\left[\mathbb{E}^\pi[\varepsilon_{t+1}|s_t]\partial_{\boldsymbol{\theta}}\sum_{k=1}^{t}(\gamma\lambda)^{t-k}\partial_{\boldsymbol{\theta}}\hat{V}^\pi(s_k|\theta)\right] = 0 \tag{2.1.113}$$

したがって上記の式を線形関数近似器のもとで解いた LSTD，LSPE，GTD2, TDC などは，解法は違えど同じ推定関数の解を求めていると考えることができる．

パラメトリックな価値関数 $\hat{V}^\pi(s|\boldsymbol{\theta})$ を式 (2.1.29) のような線形関数で表現するとき，推定方程式の解となる推定量を求める方法は大きく分けて二つ存在する．一つ目がバッチ法で，逆行列演算により解析的に推定量を求める方法である．

$$\hat{\boldsymbol{\theta}}_T = \left[\sum_{t=1}^{T}\boldsymbol{w}_{t-1}\left(\boldsymbol{\phi}(s_{t-1}) - \gamma\boldsymbol{\phi}(s_t)\right)^{\mathrm{T}}\right]^{-1}\left[\sum_{t=1}^{T}\boldsymbol{w}_{t-1}r_t\right]$$

もう一つは，オンライン法で，以下で示すような更新式に従って逐次的にパラメータを更新する方法である．

$$\widehat{\boldsymbol{\theta}}_t = \widehat{\boldsymbol{\theta}}_{t-1} + \eta_t\boldsymbol{R}_t\boldsymbol{w}_{t-1}\varepsilon(z_t, \widehat{\boldsymbol{\theta}}_{t-1})$$

ここで $\boldsymbol{w}_t$ は時刻 t での重み関数であり，$\boldsymbol{R}_t$ は $m \times m$ の可逆な行列である．オンライン法は，学習係数の調節，行列 $\boldsymbol{R}$ の選択により，推定量の推定精度が大きく変わる．詳しくは，文献[38] を参照していただきたい．

ここで，$\boldsymbol{f}_T^{\mathrm{TD}}$，$\boldsymbol{f}_T^{\mathrm{TD}(\lambda)}$，$\boldsymbol{f}_T^{\mathrm{RG}}$ をそれぞれ以下で定義する推定関数とする．

$$
\begin{aligned}
\boldsymbol{f}_T^{\mathrm{TD}}(Z_T, \boldsymbol{\theta}) &:= \sum_{t=1}^{T} \boldsymbol{\phi}_{t-1} \varepsilon(z_t, \boldsymbol{\theta}), \\
\boldsymbol{f}_T^{\mathrm{TD}(\lambda)}(Z_T, \boldsymbol{\theta}) &:= \sum_{t=1}^{T} \sum_{i=1}^{t} (\gamma\lambda)^{t-i} \boldsymbol{\phi}_{i-1} \varepsilon(z_t, \boldsymbol{\theta}), \\
\boldsymbol{f}_T^{\mathrm{RG}}(Z_T, \boldsymbol{\theta}) &:= \sum_{t=1}^{T} \mathbb{E}_{\boldsymbol{\theta}^*, \boldsymbol{\xi}_s^*}[\boldsymbol{\phi}_{t-1} - \gamma \boldsymbol{\phi}_t | s_{t-1}] \varepsilon(z_t, \boldsymbol{\theta})
\end{aligned}
$$

ここで，TD[32]，NTD[8]，LSTD[8]，LSPE[24]，GTD[34]，GTD2[33]，TDC[33]，iLSTD[13] は推定関数 $\boldsymbol{f}_T^{\mathrm{TD}}(Z_T, \boldsymbol{\theta})$ から，TD(λ)[32]，NTD(λ)[8]， LSTD(λ)[6]，LSPE(λ)[24]，iLSTD(λ)[14] は推定関数 $\boldsymbol{f}_T^{\mathrm{TD}(\lambda)}(Z_T, \boldsymbol{\theta})$ から，そして RG[2] は推定関数 $\boldsymbol{f}_T^{\mathrm{RG}}$ から導かれる M 推定量の計算法と解釈できる．表 2.1.6 に既存手法と M 推定量（推定関数）との関係についてまとめる．

表 2.1.6 既存手法との関係．$\boldsymbol{I}$ は単位行列である．

オンライン推定法: $\hat{\boldsymbol{\theta}}_t = \hat{\boldsymbol{\theta}}_{t-1} + \eta_t \boldsymbol{R}_t \boldsymbol{w}_{t-1}(Z_{t-1}) \varepsilon(z_t, \hat{\boldsymbol{\theta}}_t)$

- $\boldsymbol{f}_T^{\mathrm{TD}}(Z_T, \boldsymbol{\theta}) = \sum_{t=1}^{T} \boldsymbol{\phi}(s_{t-1}) \varepsilon(z_t, \boldsymbol{\theta})$
  - TD[32]　$\boldsymbol{R}_t = \boldsymbol{R} = \boldsymbol{I}$
  - NTD[8]　$\boldsymbol{R}_t = \{(1/t) \sum_{i=1}^{t} \boldsymbol{\phi}_i^{\mathrm{T}} \boldsymbol{\phi}_i\}^{-1} \boldsymbol{I}$
  - LSPE[24]　$\boldsymbol{R}_t = \{(1/t) \sum_{i=1}^{t} \boldsymbol{\phi}_i \boldsymbol{\phi}_i^{\mathrm{T}}\}^{-1}$
  - GTD[34]　文献[34] の式 (9)，(10) を参照
  - GTD2[33]　文献[33] の式 (8)，(9) を参照
  - TDC[33]　文献[33] の式 (9)，(10) を参照
  - iLSTD[13]　文献[13] のアルゴリズム 3 を参照
- $\boldsymbol{f}_T^{\mathrm{TD}(\lambda)}(Z_T, \boldsymbol{\theta}) = \sum_{t=1}^{T} \sum_{i=1}^{t} (\gamma\lambda)^{t-i} \boldsymbol{\phi}_{i-1} \varepsilon(z_t, \boldsymbol{\theta})$
  - TD(λ)[32]　$\boldsymbol{R}_t = \boldsymbol{R} = \boldsymbol{I}$
  - NTD(λ)[8]　$\boldsymbol{R}_t = \{(1/t) \sum_{i=1}^{t} \boldsymbol{\phi}_i^{\mathrm{T}} \boldsymbol{\phi}_i\}^{-1} \boldsymbol{I}$
  - LSPE(λ)[24]　$\boldsymbol{R}_t = \{(1/t) \sum_{i=1}^{t} \boldsymbol{\phi}_i \boldsymbol{\phi}_i^{\mathrm{T}}\}^{-1}$
  - iLSTD(λ)[14]　文献[14] のアルゴリズム 2 を参照
- $\boldsymbol{f}_T^{\mathrm{RG}}(Z_T, \boldsymbol{\theta}) = \sum_{t=1}^{T} \left(\boldsymbol{\phi}_{t-1} - \gamma \mathbb{E}_{\boldsymbol{\theta}^*, \boldsymbol{\xi}_s^*}[\boldsymbol{\phi}_t | s_{t-1}] \right) \varepsilon(z_t, \boldsymbol{\theta})$
  - RG[2]　$\boldsymbol{R}_t = \boldsymbol{R} = \boldsymbol{I}$

バッチ推定法: $\hat{\boldsymbol{\theta}}_T = \left[\sum_{t=1}^{T} \boldsymbol{w}_{t-1} (\boldsymbol{\phi}_{t-1} - \gamma \boldsymbol{\phi}_t)^{\mathrm{T}} \right]^{-1} \left[\sum_{t=1}^{T} \boldsymbol{w}_{t-1} r_t \right]$

- $\boldsymbol{f}_T^{\mathrm{TD}}(Z_T, \boldsymbol{\theta}) = \sum_{t=1}^{T} \boldsymbol{\phi}_{t-1} \varepsilon(z_t, \boldsymbol{\theta})$
  - LSTD[8]
- $\boldsymbol{f}_T^{\mathrm{TD}(\lambda)}(Z_T, \boldsymbol{\theta}) = \sum_{t=1}^{T} \sum_{i=1}^{t} (\gamma\lambda)^{t-i} \boldsymbol{\phi}_{i-1} \varepsilon(z_t, \boldsymbol{\theta})$
  - LSTD(λ)[6]

2.1.7 おわりに

本節では，関数近似器を用いた価値関数の TD 学習法について概説するとともにセミパラメトリック統計における推定関数法としてこれらの TD 学習法の多くを解釈できることを示した．また，このように解釈することで，推定量の漸近的な性質を解析したり，最適な推定量について議論できることを述べた．

このように統計学習として捉えることで理論的な見通しを高めることができ，多くのメリットが享受できる．しかし，既存のセミパラメトリック統計としての解釈には限界も存在する．一つは，適切なパラメータ θ を選べば真の価値関数を表現できると仮定した仮定 1 である．実用上は，関数近似器で完全に表現できることはないはずで，大なり小なりのバイアスを考慮する必要がある．バイアスがどの程度生じるかは用いる関数近似器，真の価値関数に依存し，定量的に述べることは難しい．ただし，終端時刻が存在するような問題ではモンテカルロ法が不偏推定量となり，バイアスが生じないことから予測できるように，TD(λ) における λ を 1 に近づけるとバイアスが小さくなる傾向にある．線形関数近似器に絞った限定的な状況であれば，このような定性的な性質をもとにバイアスを含めた漸近解析が行える[35]．もう一つは，方策 π の固定化である．統計的学習においては，サンプルを生成する分布は定常であることを仮定することが多いが，強化学習では，往々にして最適な方策 π を求めることが主目的となる．そのため，方策 π が更新され，サンプルを生成する分布はダイナミックに変化する．このような状況における統計解析を開発することで，強化学習の目的に即した解析を行うことが求められる．

参考文献

[1] András Antos, Csaba Szepesvári, and Rḿi Munos. Learning near-optimal policies with Bellman-residual minimization based fitted policy iteration and a single sample path. *Machine learning*, 71(1):89–129, 2008.

[2] L. Baird. Residual algorithms: Reinforcement learning with function approximation. In *Proceedings of the 12th International Conference on Machine Learning*, pp. 30–37, 1995.

[3] Dimitri P Bertsekas. Approximate dynamic programming - discounted models. In *Dynamic programming and optimal control*, volume 2. Athena Scientific, 4 edition, 2012.

[4] Dimitri P Bertsekas and John N Tsitsiklis. *Neuro-dynamic programming*. optimization and neural computation series. Athena Scientific, 1996.

[5] Dimitri P Bertsekas and Huizhen Yu. Projected equation methods for approximate solution of large linear systems. *Journal of Computational and Applied Mathematics*, 227(1):27–50, 2009.

[6] J. A. Boyan. Technical update: Least-squares temporal difference learning. *Machine Learning*, 49(2):233–246, 2002.

[7] Justin Boyan and Andrew W Moore. Generalization in reinforcement learning: Safely approximating the value function. *Advances in Neural Information Processing Systems*, pp. 369–376, 1995.

[8] S. J. Bradtke and A. G. Barto. Linear least-squares algorithms for temporal difference

learning. *Machine Learning*, 22(1):33–57, 1996.

[9] Christoph Dann, Gerhard Neumann, and Jan Peters. Policy evaluation with temporal differences: a survey and comparison. *Journal of Machine Learning Research*, 15(1):809–883, 2014.

[10] Yaakov Engel, Shie Mannor, and Ron Meir. Bayes meets Bellman: The Gaussian process approach to temporal difference learning. In *Proceedings of the 20th international conference on Machine learning*, volume 20, page 154, 2003.

[11] Damien Ernst, Pierre Geurts, and Louis Wehenkel. Tree-based batch mode reinforcement learning. *Journal of Machine Learning Research*, 6:503–556, 2005.

[12] Matthieu Geist, Bruno Scherrer, Alessandro Lazaric, and Mohammad Ghavamzadeh. A dantzig selector approach to temporal difference learning. In *Proceedings of the 29th international conference on Machine learning*, 2012.

[13] A. Geramifard, M. Bowling, and R. S. Sutton. Incremental least-squares temporal difference learning. In *Proceedings of the 21th National Conference on Artificial Intelligence*, pp. 356–361. AAAI Press, 2006.

[14] A. Geramifard, M. Bowling, M. Zinkevich, and R. S. Sutton. iLSTD: Eligibility traces and convergence analysis. In *Advances in Neural Information Processing Systems 19*, pp. 441–448, 2007.

[15] V. P. Godambe, editor. *Estimating Functions*. Oxford University Press, 1991.

[16] Matthew W Hoffman, Alessandro Lazaric, Mohammad Ghavamzadeh, and Rémi Munos. Regularized least squares temporal difference learning with nested L2 and L1 penalization. In *European Workshop on Reinforcement Learning*, pp. 102–114. Springer, 2011.

[17] Michail G Lagoudakis and Ronald Parr. Least-squares policy iteration. *Journal of Machine Learning Research*, 4(Dec):1107–1149, 2003.

[18] Hamid R Maei, Csaba Szepesvári, Shalabh Bhatnagar, and Richard S Sutton. Toward off-policy learning control with function approximation. In *Proceedings of the 27th International Conference on Machine Learning*, pp. 719–726, 2010.

[19] Hamid Reza Maei and Richard S Sutton. GQ(λ) : A general gradient algorithm for temporal-difference prediction learning with eligibility traces. In *Proceedings of the Third Conference on Artificial General Intelligence*, volume 1, pp. 91–96, 2010.

[20] Hamid Reza Maei, Csaba Szepesvári, Shalabh Bhathnagar, Doina Precup, David Silver, and Richard Sutton. Convergent temporal-difference learning with arbitrary differentiable function approximator. In *Advances in Neural Information Processing Systems*, pp. 1204–1212, 2009.

[21] Francisco S Melo, Sean P Meyn, and M Isabel Ribeiro. An analysis of reinforcement learning with function approximation. In *Proceedings of the 25th international conference on Machine learning*, pp. 664–671. ACM, 2008.

[22] Volodymyr Mnih, Koray Kavukcuoglu, David Silver, Andrei A. Rusu, Joel Veness, Marc G. Bellemare, Alex Graves, Martin Riedmiller, Andreas K. Fidjeland, Georg Ostrovski, Stig Petersen, Charles Beattie, Amir Sadik, Ioannis Antonoglou, Helen King, Dharshan Kumaran, Daan Wierstra, Shane Legg, and Demis Hassabis. Human-level control through deep reinforcement learning. *Nature*, 518(7540):529–533, 02 2015.

[23] Rémi Munos and Csaba Szepesvári. Finite-time bounds for fitted value iteration. *Journal of Machine Learning Research*, 9(May):815–857, 2008.

[24] A. Nedić and D. P. Bertsekas. Least squares policy evaluation algorithms with linear function approximation. *Discrete Event Dynamic Systems*, 13(1):79–110, 2003.

[25] Theodore J Perkins and Doina Precup. A convergent form of approximate policy iteration. In *Advances in Neural Information Processing Systems*, pp. 1595–1602, 2002.

[26] Bernardo Avila Pires. *Statistical analysis of L1-penalized linear estimation with applications*. PhD thesis, 2011.

[27] Martin Riedmiller. Neural fitted Q iteration—first experiences with a data efficient neural reinforcement learning method. In *16th European Conference on Machine Learn-*

ing, pp. 317–328. Springer, 2005.

[28] Ralf Schoknecht. Optimality of reinforcement learning algorithms with linear function approximation. In *Advances in Neural Information Processing Systems*, pp. 1555–1562, 2002.

[29] Paul J Schweitzer and Abraham Seidmann. Generalized polynomial approximations in markovian decision processes. *Journal of mathematical analysis and applications*, 110(2):568–582, 1985.

[30] David Silver, Aja Huang, Chris J Maddison, Arthur Guez, Laurent Sifre, George van den Driessche, Julian Schrittwieser, Ioannis Antonoglou, Veda Panneershelvam, and Marc Lanctot. Mastering the game of go with deep neural networks and tree search. *Nature*, 529(7587):484–489, 2016.

[31] Satinder P Singh and Richard S Sutton. Reinforcement learning with replacing eligibility traces. *Machine learning*, 22(1-3):123–158, 1996.

[32] R. S. Sutton and A. G. Barto. *Reinforcement Learning: An Introduction.* MIT Press, 1998. 邦訳『強化学習』(三上 貞芳, 皆川 雅章（訳）, 森北出版, 2000).

[33] R. S. Sutton, H. R. Maei, D. Precup, S. Bhatnagar, D. Silver, C. Szepesvári, and E. Wiewiora. Fast gradient-descent methods for temporal-difference learning with linear function approximation. In *Proceedings of the 26thth International Conference on Machine Learning*, pp. 993–1000, 2009.

[34] R. S. Sutton, C. Szepesvári, and R. H. Maei. A convergent $o(n)$ temporal-difference algorithm for off-policy learning with linear function approximation. In *Advances in Neural Information Processing Systems 21*, 2009.

[35] Richard S Sutton. Learning to predict by the methods of temporal differences. *Machine learning*, 3(1):9–44, 1988.

[36] John N Tsitsiklis and Benjamin Van Roy. An analysis of temporal-difference learning with function approximation. *Automatic Control, IEEE Transactions on*, 42(5):674–690, 1997.

[37] Tsuyoshi Ueno, Shin-ichi Maeda, and Shin Ishii. Asymptotic analysis of value prediction by well-specified and misspecified models. *Neural Networks*, 31:88–92, 2012.

[38] Tsuyoshi Ueno, Shin-ichi Maeda, Motoaki Kawanabe, and Shin Ishii. Generalized TD learning. *The Journal of Machine Learning Research*, 12:1977–2020, 2011.

[39] Huizhen Yu. Convergence of least squares temporal difference methods under general conditions. In *Proceedings of the 27th International Conference on Machine Learning*, pp. 1207–1214, 2010.

第 2 章　強化学習の発展的理論

2.2 強化学習アルゴリズムの理論性能解析とベイズ統計による強化学習のモデル化

牧野貴樹

強化学習の根本的問題として，探索と利用のトレードオフがあることは，1.1 節で見てきたとおりである．しかし，さまざまなアルゴリズムがどのぐらいこのトレードオフを上手に解いているかを評価することは，なかなか簡単ではない．問題の設定など，さまざまな要素によって，最適なアルゴリズムが異なってくるから，なおさらである．また，問題の構造について適切な事前知識が得られる場合と，そうでない場合とで，何が最適かは変わってくる．

本節では，最悪性能を理論的に評価する方法として広く用いられている，リグレットに基づく解析と，サンプル複雑性に基づく解析について紹介する．また，ベイズ事前分布の形式で環境の事前知識が得られる場合には探索と利用のトレードオフが統一的に取り扱えることを示し，厳密計算に必要な指数的計算量を避けるために提案されているさまざまな近似手法について紹介する．

2.2.1 多腕バンディット問題

探索と利用のトレードオフが生じる最も単純な問題として，1.1 節で見た**多腕バンディット問題**を再び考える．

多腕バンディットでは，K 本の腕の各々に [0,1] 上の報酬の確率分布 $\nu_1, \ldots, \nu_K$ が割り当てられているが，その分布は未知であると考える．各時刻 t でプレイヤーは腕 $i(t) \in \{1, \ldots, K\}$ を選び，対応する報酬 $x_{i(t)}(t) \sim \nu_{i(t)}$ を観測する．強化学習の表現を使うと，多腕バンディット問題は状態が 1 個，行動が K 個の MDP と等価である．

報酬和 $\sum_t x_{i(t)}(t)$ の最大化を目指すという点では強化学習と同じであるが，ほかの選択肢との相対的な違いに対する学習性能を評価する指標として，**リグレット**（regret，直訳すれば「後悔」），すなわち，すべての問題設定を知る神様であれば実行できた最適解を最初から実行していた場合の報酬和と比べてどれだけ損失があったか，が用いられる．腕 i の報酬の期待値を μ_i と表記すると，多腕バンディット問題では，最大期待値 $\mu^* = \max_i \mu_i$ を与える腕 i^* を常に選び続ける戦略が最適解であることから，時刻 T におけるリグレットは

$$\bar{R}_T = \mathbb{E}\left[\sum_{t=1}^{T} x_{i^*}(t)\right] - \mathbb{E}\left[\sum_{t=1}^{T} x_{i(t)}(t)\right] = T\mu^* - \sum_{t=1}^{T} \mu_{i(t)}$$

で計算される†.

リグレットは「探索コスト」を表す指標に見えるが，実際には探索と利用のトレードオフに対する要求がシンプルに表現されたものとなっている．探索が少なすぎれば，乱数の揺らぎのために最適ではない腕を最適と思い込んでしまう危険性が増すし，探索が多すぎれば，その分最適な腕を選択できる機会が減ってしまい，いずれにしろリグレットが大きくなるからである．

■ ε-greedy 方策

まず，最も単純な方策の場合のリグレットを考えてみよう．ε-greedy アルゴリズム[39] は，最初に各腕を 1 度ずつ試したあと，時刻 t までの各腕の試行結果の観察から得られた期待値 $\bar{x}_i$ を最大にする腕 $\mathrm{argmax}_i\, \bar{x}_i$ を時刻 $t+1$ に選択する（貪欲 (greedy) 方策）．ただし，確率 $0 < \varepsilon < 1$ で，貪欲方策ではなく，ランダムに腕を選択する．すなわち，確率 ε で探索を行い，確率 $1-\varepsilon$ で経験を利用するアルゴリズムである．

このような単純な手法でも，試行回数 T が十分大きければ，最適な腕を間違える確率を無限に小さくできるという意味では，探索と利用のトレードオフの解法の一つと言える．実際，実用的な場面では，より高度なアルゴリズムに引けを取らない性能を出すこともある[44] が，リグレットの上界は T に対して線形 $O(T)$ と，最悪の場合にはかなり悪くなることがわかる．しかし，ε を固定ではなく，$1/t$ に比例して適応的に減衰させる形式であれば，長期的には $O(\log T)$ のリグレットが達成できることが知られている[4]．

■ UCB アルゴリズム

しかし，ランダムな探索より良い方法はありそうである．探索する際にもこれまでの経験を生かす，言い換えれば，探索と利用を同時に実現する方法が望ましい．

バンディット問題で「不確かなときは楽観的に」原理に基づいて，行動を選択するアルゴリズムの一つが UCB1 アルゴリズム[4] である．UCB1 では，プレイヤーは，$\bar{x}_i + \sqrt{\frac{2\ln T}{n_i}}$ を最大にする腕を毎回選択する．ここで，n_i は T 回目の試行までに腕 i を選択した回数である．第 2 項は，これまでの観察から得られた，μ_i の存在範囲に関する，確率 $1-T^{-4}$ で成り立つ信頼区間の幅の半分を表している．この確率の範囲のなかで最も楽観的な想定をしたうえで最適解を選ぶのが UCB1 であると言える．試行回数 T が増えるに従い，より広い信頼区間を考えるようになり，必要な探索行動が自然に選択されることになる．

† $\bar{R}$ は，真の損失ではなく，期待値同士の差を見ているので，疑似リグレットとよばれることもある．

UCB1 は非常に実装が簡単ながら，リグレット上界を $O(\log T)$ で抑えられる（しかも適応的 ε-greedy に比べ係数が非常に小さい）ことが証明されているため，利用価値が高い．とくに有名な応用に，モンテカルロ木探索法がある．これは，ランダムなシミュレーション（プレイアウト）を多数回実行することで探索木を構成していく手法であるが，有望な領域にプレイアウトを集中させられれば，少ない計算リソースでより良い結果が得られる．**UCT** (Upper Confidence bounds on Trees) アルゴリズム[21] は，探索枝の選択をバンディット問題と考え UCB1 を適用することで，有望な枝により多くのプレイアウトを割り当てるものである．UCT に基づく囲碁の思考プログラム MoGo[14] がコンピュータ囲碁界を席巻したことから注目を集め，現在ではゲームに限らず，混合整数計画問題などの多様な探索問題に応用されている[7]．

UCB アルゴリズムには，UCB1 以外にも収束速度や報酬分布の仮定が異なるさまざまな類種が存在するので，問題に合ったアルゴリズムを選択することが有効である．

■ Thompson サンプリング

もう一つ興味深いアルゴリズムを紹介しておこう．Thompson[43] は，報酬がベルヌーイ分布（確率 μ で 1，その他の場合は 0 が出る分布）に従う場合のベイズ推論アルゴリズムを提案している．まず，i 番目の腕のパラメータ $\mu_i \in [0,1]$ に対して，事前分布として一様分布を考える．時刻 t までの結果を観測した後の μ_i の事後分布 $\pi_{i,t}$ から，各腕ごとにサンプル $\theta_{i,t}$ を収集する．そして，$\theta_{i,t}$ が最大となる i を時刻 $t+1$ の行動として選択する．この手法が興味深いのは，「不確かなときは楽観的に」の原理が，環境をベイズ的にモデル化し，事後分布の上でサンプリングするという形で表現されていることである．確率的サンプリングなので，常に楽観的ではないが，楽観的なサンプルが出たときにはそれに従うという形で，適度な探索が実現されている．

この大変古い手法は長らく忘れられていたが，最近になって，UCB1 アルゴリズムと同様のリグレット上界が確認され，また問題によっては UCB1 よりも良い結果を出すという報告もある[18]．このような一見シンプルな問題でも，まだまだ研究すべきことは残っているようである．

■ その他のバンディット問題

本節では，強化学習に最も近い確率的な多腕バンディットを取り上げたが，多腕バンディットには多くの発展形がある．最近のサーベイ論文[8] では，より一般的な場合での UCB アルゴリズムに加え，敵対的 (adversarial) バンディット（相手が自由に設定を変えられる場合に相当し，確率的仮定が通用しない），文脈つきバンディット，連続バンディット（腕が離散ではなく d 次元実数空間上の点で表される場合）などについて詳細に解析している．UCB よりも古くから研究されている解法 Gittins index は，マルコフ的バンディット（各腕がマルコフ過程で遷移する）に対して非常に有効であるが，これに関しては別のサーベイがわかりやすい[26]．

2.2.2 強化学習における探索コスト最小化

次に，より一般的な強化学習の問題として，MDP の上での探索と利用のトレードオフについて考えよう．MDP の場合，行動の価値はその行動に対応した報酬だけではなく，その後の状態にも影響されるので，探索は容易ではない．高い報酬につながる行動を探すだけでなく，探索すべき未知の状態につながる行動も探す必要があるからである．

本項では，探索コストの最小化という観点で，強化学習の探索と利用のトレードオフ問題に取り組んだ研究を紹介していく．以下では，簡単のため，価値関数が [0,1] 区間に収まる場合を考える（価値関数の範囲が有限であれば，簡単な変形で [0,1] 区間に帰着できる）．

■ 楽観的初期価値法

よく知られている発見的手法として，**楽観的初期価値法**[39] がある．Q-Learning[48] や Sarsa[32] などのモデルフリー手法において，各状態の行動価値の初期値を高め（具体的には，価値の理論的上限 $\frac{1}{1-\gamma}$ かそれ以上）に設定しておく，というものである．こうすることで，探索が少ない領域については自然に高めの価値が割り振られるため，より多く選択されるようになり，探索が進むにつれてより正確な価値へと収束していくことで，学習結果の利用が自然にできるようになる．実装が簡単であり，また単純な問題では効果的であることから，ε-greedy 方策などと組み合わせて採用されることも少なくないが，最適解の学習に失敗する可能性をゼロにはできない．実際にも，正しい値が伝搬して楽観的な値を上書きするまでには多くの繰り返しが必要になるため，効率が良いとは言えないのが実情である．改良しようとする試みもあるが[15]，理論的上界を与えるにはいたっていない．

■ サンプル複雑性：モデルベース手法

強化学習の研究の文脈で，探索コストの指標として最も重点的に研究されているものは**サンプル複雑性** (sample complexity) である．

◆ **定義 1**[17] アルゴリズム $\mathcal{A}$ を MDP $\mathcal{P}$ 上で実行して生成された履歴 $c = (s_1, a_1, r_1, s_2, a_2, r_2, \ldots)$ があるとする．アルゴリズムを非定常な方策と考え，時刻 t での方策を $\mathcal{A}_t$ で表し，状態 s_t から 方策 $\mathcal{A}_t$ を実行したときの期待割引報酬

和を $V^{\mathcal{A}_t}(s_t) = \mathbb{E}[r_t + \gamma r_{t+1} + \gamma^2 r_{t+2} + \cdots]$ で表す．$\mathcal{A}$ の**サンプル複雑性**とは，任意の $\varepsilon > 0$ に対して，$\mathcal{A}_t$ が ε-最適でない（すなわち $V^{\mathcal{A}_t}(s_t) < V^*(s_t) - \varepsilon$ を満たす）ような時刻 t の数である．

つまり，真に最適な方策より ε 以上劣るような方策をとることを「間違い」と考えれば，サンプル複雑性は履歴全体での間違いの回数を評価していることに相当する．この考え方に基づくと，アルゴリズムの効率性に関する次のような定義ができる．

◆**定義 2**[36] アルゴリズム $\mathcal{A}$ が **PAC-MDP** (Probably Approximately Correct in MDP) であるとは，任意の $\varepsilon > 0$ と $0 < \delta < 1$ に対し，関係する量 $(1/\varepsilon, 1/\delta, 1/(1-\gamma), |S|, |A|)$ の多項式で表される上界に，$\mathcal{A}$ のサンプル複雑性が確率 $1-\delta$ で抑えられることを言う．ここで，$|S|$，$|A|$ は，MDP の状態集合と行動集合のサイズを表す．

PAC-MDP であることがはじめて示されたアルゴリズムは $\mathbf{E^3}$ (Explicit Explore or Exploit)[20] とその後継 **Rmax**[6, 17] である．Rmax では，任意の状態–行動ペア (s, a) に対して，m 回経験するまでは「知らない」とマークし，楽観的な価値（価値の理論的上限）が与えられると仮定する．一方，m 回経験した (s, a) ペアに対しては，その経験から遷移確率・報酬関数を推定して，そのモデルを動的計画法で解き，最適な行動を選択する．Rmax は，$\tilde{O}(\frac{|S|^2|A|}{\varepsilon^3(1-\gamma)^6})$ のサンプル複雑性をもつことが示されている．しかし，そのためには m を非常に大きく（$\tilde{O}(\frac{|S|}{\varepsilon^2(1-\gamma)^4})$ 以上に）しなければならず，実用とするには無理がある．

より効率的な探索を実現する手法として**モデルベース区間推定** (**MBIE**, Model-Based Interval Estimation) がある[37]．この手法では，各状態–行動ペアに対する報酬と遷移確率に関する信頼区間を求め，その信頼区間のなかで最大の価値となるような行動を，モデル上の計算で解く．このとき，可能性がある無数の報酬関数・遷移関数のなかで価値を最大化することは簡単ではなさそうだが，価値反復法の単純な拡張で解くことができる（直感的には，信頼区間のうち「最も自分に都合のよい」端を利用してベルマン方程式を解く）．証明されているサンプル複雑性は Rmax とほぼ変わらないが，実際にはかなりの違いがある．

区間推定を行うかわりに，探索ボーナスを価値に加えることで，ほぼ同等の効率を保ったうえで計算をよりシンプルにする手法も提案されている[37]．また，より低い上界 $\tilde{O}(\frac{|S||A|}{\varepsilon^2(1-\gamma)^4})$ を示す **MoRmax** (Modified Rmax)[41]，理論的上界は悪いが，実用的な問題に対して性能が良いと主張する **OIM** (Optimistic Initial Model)[40] も提案されており，活発に研究が進んでいる領域と言える．

■ サンプル複雑性：モデルフリー手法

これまでの議論は，行動履歴から環境モデルをつくり，それに基づいて探索と利用をコントロールする，モデルベース手法によるものであった．サンプル複雑性としては効率的だが，モデルを保持したうえで，近似した MDP を多数回解く必要があり，計算量的には効率的とは言えない．

Q-learning のようなモデルフリーの手法に基づいてサンプル複雑性を抑える手法としては，**Delayed Q-learning**[36] が提案されている．アルゴリズムの概略は，Q-learning と同様に，行動価値関数 $Q(s,a)$ を更新しながら現時点で最適と思われる行動を選択していくものである．ただし，行動した後，行動価値関数の更新をすぐに行わないところがポイントである．任意の (s,a) ペアに対して，m 回の経験が集まるまでは $Q(s,a)$ を更新せず，m 回の経験が集まるごとに，m 回分のデータを一度に使って $Q(s,a)$ を更新する．最初の m 回を経験するまでは行動価値関数の該当する要素 $Q(s,a)$ は楽観的な価値が入ったままである．

論文[36] のアルゴリズムは証明を成立させるトリックも含むため複雑だが，エッセンスは非常に単純である．しかし，回数パラメータ m などを適切に設定することで，サンプル複雑性 $\tilde{O}(\frac{|S||A|}{\varepsilon^4(1-\gamma)^8})$ が達成できることが示されている[35]．

■ リグレット上界

サンプル複雑性は，学習までにかかる時間の上限を与えるが，報酬和にどの程度影響するかについては直接見積もることができない．多腕バンディット問題と同様にリグレットに基づく上界を計算することで，この問題を解決できる．このとき，割引報酬和を考えると問題が簡単になりすぎるため（割引があると，有限ステップの未来だけを考える問題と等価になる）[13]，割引しない（$\gamma = 1$ の）場合を考える．

マルコフ決定過程でのリグレットについて，現在最も強力なアルゴリズムは **UCRL2**[16] である．上述の MBIE と似て，モデルベースで信頼区間を推定し，最も楽観的なものを選択するものであるが，そのときに利用する信頼区間の幅を，UCB1 と同様に，試行の長さ T に応じて広げてゆく（具体的には，信頼区間の確率 $1-P$ における P が $T^{4/5}$ に比例する）ような定式化になっている．

UCRL2 は，$\tilde{O}(D|S|\sqrt{|A|T})$ のリグレット上界を達成することが証明されている．ここで，T は行動回数，D は与えられた MDP の半径（後述）である．Rmax が $T^{2/3}$ のオーダーのリグレット上界しか実現できないことを考えると，より良い上界が実現できていると言える．

一方，MDP の半径を表す新たな項 D が入っていることに注意されたい．MDP の半径とは，MDP 内で最も遠い 2 状態間の距離，すなわち，どんな方策でも使ってよい場合に，状態 s_1 から状態 s_2 へと遷移するために最低限必要な（平均）ステップ数の上限である．この上界が意味をもつためには，D が有限である――すなわち，何らかの方策によることで，平均 D ステップ以内に任意の状態間を遷移できることが前提とされている．決して遷移できない状態がある場合では，$D = \infty$ となり，上界は無意味になる．実際，帰り道がない場合にはリグレットが T に対して線形になってしまう[23]．

なお，サンプル複雑性においては，この例のような状況でも上界は変わらない．なぜなら，帰れない場所に行ってしまっても，その場でできる最適な行動をとり続ければサンプル複雑性は増加しないからである．ただ，そのような解は報酬和最大化の点では最適とは言えず，このような例を扱うことの難しさは変わらないと言える．

2.2.3 ベイズ主義的アプローチ

前項の議論では，未知の MDP が与えられたときに，探索にかかるコストの最悪値を見積もることで，アルゴリズムの比較を行っていた．しかし，実際には，問題が完全に未知である，という仮定は現実的ではない．たとえば迷路問題であれば，通った道はたいてい逆戻りできたり，T 字路などの似た構造が何度も登場する，ということがわかっている．また，筆者らは，徒弟学習による環境モデル学習，すなわち，その環境をよく知るエキスパートが最適な行動をとる過程（演示）を観測することで，環境との相互作用から得られる情報に加え，エキスパートの知識のなかにある環境の情報をも獲得する手法を研究している[28]．こうした形で得られた事前知識を利用すれば，無駄な探索を最小限に抑え，効率的に知識を利用することができるはずである．

このような問題を適切に取り扱う方法論として，「不確かさ」を確率論のモデルを利用して取り扱う，ベイズ主義的アプローチ[5] がある．事前知識が含む不確かさ（パラメータがありそうな範囲）を，パラメータ空間上の事前確率分布という形で表現することで，データ観測後の知識を事後確率分布（直感的には，真の値の近傍に範囲が狭まったパラメータ空間上の確率分布）として得ることができる．事後分布は一般には複雑な形になるが，共役事前分布とよばれる，データ観測過程と対応する形式で確率分布を表現できる場合は，観測後の事後分布も少数のハイパーパラメータを使ってコンパクトに表現できる．

探索と利用のトレードオフ問題においては，データが足りないことにより生じる不確かさの扱い方が本質である．不確かさを明示的に表現して取り扱うベイズ主義的アプローチを利用することは理にかなっていると言える．

以下では，環境が k 次元のパラメータベクトル $\theta \in \mathbb{R}^k$ によって決まる MDP $\mathcal{P}_\theta$ として記述されると考える．ありうる環境の集合のなかでどれがありそうかを，$\mathbb{R}^k$ 上の確率分布 $p(\theta)$ で記述したものをベイズ環境モデルとよぶ．また，ベイズ環境モデルで表された環境に対する強化学習（与えられた事前分布 $p(\theta)$ と割引率 $\gamma \in (0,1)$ に対して，割引報酬の期待値 $\mathbb{E}_{p(\theta)}[\sum_{t=0}^{\infty} \gamma^t r_t]$ を最大化する方策を発見する問題）をベイジアン強化学習とよぶことにする．

■ ベイズ適応的 MDP

ベイジアン強化学習の研究の基盤となる，最適な探索に関する定式化としては，ベイズ適応的 **MDP** (**BAMDP**: Bayes-Adaptive MDP) がよく利用されている[11, 12]．

BAMDP のアイディアは，ベイジアン強化学習，すなわち「MDP の学習過程の最適化」という問題を「部分観測マルコフ決定過程 (POMDP) の方策最適化」問題に帰着するというものである．具体的には，いま自分が直面している環境のパラメータ θ と，その環境中での現在の状態 s の直積 $[\theta, s]$ が状態となるような，拡張した MDP を考える．環境のパラメータ θ は観測できないため，状態がすべて観測できる通常の MDP にはならず，POMDP になる．ここで，拡張した POMDP の遷移確率は $\hat{T}([\theta, s], a, [\theta', s']) = P_\theta(s'|s, a) \cdot \delta(\theta, \theta')$ で表される．$P_\theta(s'|s, a)$ は，パラメータ θ で表される MDP $\mathcal{P}_\theta$ の遷移関数であり，δ はクロネッカーのデルタである（環境パラメータ θ が変化しないという問題設定を表す）．

POMDP においては，観測できない要素 θ に関する信念 (belief) を確率分布の形式で保持し，その発展を計算するが，BAMDP により生成された POMDP では，θ 上の信念が，もとのベイジアン強化学習問題における環境のベイズ的知識表現（事前分布・事後分布）に対応する．さらに，可能な行動の結果の各々に対して信念の発展が計算できるので，事前分布 $p(\theta)$ に相当する信念を初期状態とすると，任意の行動履歴に対応する事後分布 $p(\theta|s_1, a_1, \ldots, s_t, a_t)$ が求まることになる．この POMDP は，もとのベイジアン強化学習の問題と等価なので，この上での最適方策を求めることで，最適な探索計画が得られることになる．

BAMDP は，前項で紹介したような他のオンライン学習アルゴリズムとは本質的に異なり，オフラインで，すなわち実際の環境での試行錯誤をすることなく事前に探索行動のスケジュールを立てるというアプローチである．通常の強化学習において，環境の MDP モデルが与えられていれば，動的計画法によりオフラインで最適解を求められるのと同様に，POMDP モデルが与えられれば，POMDP ソルバーによりオフラインで最適解を求められる．BAMDP が示しているのは，これらと同様に，ベイジアン強化学習の事前分布として与えられた可能な環境モデルの集合全体に対する探索方策を，オフラインで計算できるということである．BAMDP の解は，オンラインで起こりうるすべての場合に対する最適な探索行動を事前に計算した結果——つまり，探索と利用のトレードオフに対する最適解である，と言ってもよい．

このようなことができるのは，ベイズ主義的アプローチにより，生じうるすべての可能性と，観測後に残る不確かさを，事前分布と事後分布の形で明示的に表現できるからである．他のアルゴリズムではうまく表現できない，決して戻れない可能性がある問題の探索についても，事前分布でその可能性が正しく記述されてさえいれば，常に最適な探索（あるいは，探索しないという決断）が実現される．

とはいえ，POMDP の厳密解を直接求める計算量は一般に指数オーダーであり，現実的ではない．遷移確率に対して適切な共役分布である Dirichlet 分布を利用することで各々の信念をコンパクトに表現することはできるが，とりうる信念の数が，時間地平線 H（信念の時間発展に対する木構造の探索深さ上限）に関して指数関数的に増大することには変わりない．また，H が有限である限り，BAMDP は PAC-MDP 性を満たさないという証明もある[22]．

そのため，以後の研究は，多項式オーダーの計算量でいかに BAMDP を近似するか，という点に焦点が当たることになる．手法としては，大きく分けて，ベイズ環境モデルの共役分布表現を直接利用する方法，環境モデルをサンプリングする手法，モンテカルロ木探索法を利用する手法の三つがある．以下では，これらを一つずつ紹介していく．

■ 共役分布表現を直接利用する方法

ベイズ環境モデルの共役分布表現を利用して BAMDP を直接近似しようとしたアルゴリズムが **BEETLE**[29] である．信念空間上の価値関数の構成要素を，適切に選んだ基底関数の線形和で近似することで，一般の POMDP ソルバーが扱える形式に帰着させる．とはいえ，近似の良さは，基底関数の選び方による（基底関数は POMDP ソルバーの近似解計算手法を応用して選択するが，その精度に大きく依存する）うえ，POMDP ソルバーそのものの近似精度にも依存するため，近似精度の評価は困難であった．

一方，ベイズ環境モデルの共役分布表現は，環境に残る不確かさをコンパクトに表現しているため，これを利用して「不確かなときは楽観的に」の原理を実装することで，信念発展の木構造を探索せずに済ませようとする手法がいくつか提案されている．たとえば，事後分布から計算される報酬・遷移確率の分散に応じて探索ボーナスを与える **BVR**（Bounded Variance Reward）アルゴリズム[34] は PAC-MDP を満たすことが示されている．

しかし，PAC-MDP では，事前分布に表現されている知識をどれだけ活用できているか，といった点についてうまく表現できない．そこで，真の BAMDP の解との近さを評価する指標として，**PAC-BAMDP**[22] が研究されている．PAC-MDP との違いは，PAC-MDP では神様だけが知る真の最適解（学習完了後の方策に相当）と，アルゴリズムによる探索を含めた方策の差を見ているため，決してゼロにはならないのに対し，PAC-BAMDP では，直接計算が困難な BAMDP 解（すなわち，最適な探索戦略）を多項式計算時間で近似する精度を見ているため，いくらでもゼロに近づけられる可能性がある点である．

PAC-BAMDP 性について最も詳細に解析されているアルゴリズムは **BOLT** (Bayesian Optimistic Local Transitions)[1] である．パラメータ $\eta > 0$ が与えられたとき，各状態から任意の（最も都合の良い）状態に η 回遷移したという観測を付け加えた場合の事後分布から計算される予測分布を使い，遷移確率の楽観的な信頼区間の上限を得るものであり PAC-BAMDP を満たすことが示されている．また，筆者としては，BOLT における探索ボーナスの計算方法が，実用上の効率を目指して構築された OIM アルゴリズム（2.2.2 項）とも非常に近いことを指摘しておきたい．

■ 環境モデルのサンプリングに基づく手法

これまでの手法は，共役分布で表現された事後分布を直接操作して決定的に方策を生成するものであったが，ベイズ主義的機械学習では，モンテカルロ法を適用して，事後確率分布から抽出したサンプルを利用して良い近似を実現する手法が多く研究されており，ベイジアン強化学習に適用する研究も存在する．共役分布で書けないような複雑な事後分布であっても，サンプリングであれば比較的容易に実現可能であり，また，サンプリングした結果は，通常の強化学習と同様，動的計画法 (DP) などで取り扱えることから，アルゴリズムがシンプルになる利点がある．

しかし，サンプルを使って，どのように探索と利用のトレードオフを解けばよいかは，自明ではない．以下に紹介するアプローチも一長一短であり，まだ定まった答えがあるとは言い難いのが現状である．言い換えれば，新たな研究が生まれる余地がある領域ということもできる．

Bayesian DP[38] は，MDP のパラメータ θ を事前分布から一つサンプリングして，その θ で表される MDP $\mathcal{P}_\theta$ の最適方策を DP で計算する．その方策で N ステップ行動したら，その経験から得られた事後分布を使って新たな θ をサンプリングして，プロセス全体を繰り返す．Thompson サンプリング（2.2.1 項）を MDP に拡張したものと考えてよい．手法はシンプルだが，探索コストは比較的大きくなる．

サンプル分布を使うことで，「不確かなときは楽観的に」の原理を実現しようとしたのが，**MBBE** (Model-Based Bayesian Exploration)[9] である．n 組の MDP パラメータ $\theta_1, \ldots, \theta_n$ をサンプリングして，得られた n 個の MDP $\mathcal{P}_{\theta_1}, \ldots, \mathcal{P}_{\theta_n}$ の各々を DP で解くことで，各 (s, a) ペアに対する行動価値 Q の分布の幅を見積もる．これに基づいて，その (s, a) ペアについて情報を収集する価値を計算し，行動価値の期待値との和を最大化するような行動を選択するものである．探索コストの上界については示されていないほか，計算コストを下げるための工夫が計算を複雑化させていることもあり，後の文献でこの手法との比較を示しているものがなく，アルゴリズムの評価は難しい．

サンプルに基づく楽観性を実現している別のアプローチとして，**BOSS** (Best of Sampled Sets) アルゴリズム[2] がある．n 組の MDP パラメータをサンプリングするところは同じであるが，得られた n 個の MDP を合成した仮想の MDP をつくり，その上での最適解を考えるのである．これは，MDP 上の各状態で，エージェントが n 個の可能な世界のうちから最も都合の良い世界を選んで行動できると考えることに相当する．また，一定量の経験を集めるたびに事後分布から再サンプリングすることで，探索範囲を適切に狭めてゆく．PAC-BAMDP 性については検討されていないが，適切な前提のもとでは Rmax と同様の上界をもつ PAC-MDP であることが証明されている．また複雑な構造をもつ事前確率も扱え，かつ実装が簡単で，計算コストもそれほど大きくないというメリットがある．しかし，各状態の楽観的見積もりを混合して探索することから，問題によっては楽観的になりすぎてしまうという指摘もある[34]．

これらとは異なり，楽観主義原理によらず，事前分布のサンプルを使って BAMDP を直接近似しようとするアプローチもある．**MC-BRL** (Monte-Carlo Bayesian RL)[47] は，n 組の MDP パラメータをサンプリングして，それらが表す n 個の MDP 世界のうちどれか一つが正しいと考え，観測できない n 個の世界のインデックスで MDP の状態を拡張した POMDP をつくり，POMDP ソルバーで解くアルゴリズムである．PAC-BAMDP 性を満たすことは証明されているが，パラメータ次元数が多くなると多数のサンプルが必要になるという問題がある．サンプル数が増えると，拡張した POMDP が複雑になるため，POMDP ソルバーの計算時間の増大は避けらけない．効率を改善するには，BOSS と同様に再サンプリングを組み合わせることが有効であろう．理論的上界を抑えられる適切なサンプリングスケジュールへの取り組みが今後期待される．

■ モンテカルロ木探索法

サンプリングを使う別の方法として，BAMDP の探索木上のパスをサンプリングする方法が考えられる．BAMDP の困難が，指数的にノードが増える信念木の探索であることを考えれば，これも自然なアプローチであると言える．状態数の多い MDP に対して，価値の評価のためにランダムシミュレーションによる疎なサンプルの平均を用いるというアイディアは以前からあり (**Sparse Sampling**[19])，それをベイジアン強化学習に適用することも提案されていた[46] が，計算コストの問題から一般的にはならなかった．しかし，多腕バンディット問題の解法を利用することで高効率にモンテカルロ木探索を実現できる **UCT** アルゴリズム[21] が提案されたことで，風向きは変わりつつある．

UCT は POMDP における信念木の探索にも応用されている[33] が，MDP の方策選択に適用した場合は最適解収束までの最悪計算時間が超指数関数的であることが指摘されていた．**FSSS** (Forward Search Sparse Sampling) アルゴリズム[45] は，この問題を解決するため，UCB1 のかわりに漸近的に Sparse Sampling に到達するような木探索アルゴリズムを利用するものである．FSSS を使ってベイジアン強化学習を解くこともちろん可能で，**BFS3** (Bayesian FSSS)[3] は PAC-BAMDP であることが示されている．

今後，より良い木探索法やシミュレーション（ロールアウト）生成方法が研究されれば，計算コストを劇的に下げられる可能性もあり，さらなる発展が期待される．

■ ベイジアン強化学習の限界

このように強力なベイズ主義的手法であるが，事前分布で問題を適切に表現できない場合には効果的ではないことも併せて理解しておきたい．問題によって，非ベイズ的手法と適切に使い分けることが必要となるだろう．逆に，より詳細な世界の事前知識を表現できる事前分布のモデルを用意することで，さらに探索コストを下げようとする試み[30] もある．実用的な場面では，適切な事前知識を与えることができれば，効率的な探索が実現できることが期待できる．

また，割引なしのケースをうまく扱う手法は見つかっていない[10]．言い換えると，これらのアルゴリズムはリグレット上界の意味では良い評価が得られないということである．今後の研究の発展が望まれる．

2.2.4 おわりに

以上，バンディット問題と MDP を題材に，探索と利用のトレードオフに関する研究について概観してきた．リグレット，サンプル複雑性など，さまざまな探索コストの指標に基づいて多くのアルゴリズムが提案されていることを見てきた．多くは「不確かなときは楽観的に」の原理に基づいて，探索を促進する仕掛けが組み込まれているものであった．ただし，この原理は常に万能であるわけではないことに注意したい．2.2.2 項で紹介したリグレット上界がはたらかないケースは，「不確かなときは楽観的に」の原理が失敗する例とも言える．上界が有限になる条件を言い換えると，どんな状態に行ってしまっても，有限時間でもとの状態に戻せるということである．逆に，有限時間でリカバーできないような失敗がありうるような設定では，楽観主義以外の別の原理が必要になる，と考えてもよいだろう．

また，これらのさまざまな発見的手法が，ベイズ主義的アプローチの視点で統一的に捉えられることを示した．とくに，ベイズ適応的 MDP (BAMDP) は「MDP の学習過程の最適化」を「POMDPの方策最適化」に帰着することで，理論的に最適な探索学習方策を導出できることを示している．しかし同時に，計算コストが指数的になることから，この最適解を何らかの手法で近似する必要があることもわかった．ここでは，BAMDPを直接近似しようとする研究や，ベイズ環境モデルを使って「不確かなときは楽観的に」の原理を実装しようとする手法をいくつか紹介した．

ただし，ここで紹介したアルゴリズムは，理論上は強力であるものの，残念ながら，必ずしも実用的性能が高いとは限らない．また，有限離散状態・完全観測性を前提としているため，現実の問題への適用が難しいことも多い．強化学習では，こうした問題の性質に基づいた適切なアルゴリズムの選択が重要であることを申し添えておきたい．

紙面の都合上，触れられなかった話題も多い．PAC学習より一般的な学習の枠組みであるKWIK (Knows What It Knows) 学習[25]の上での強化学習の位置づけ[24]やRmaxアルゴリズムとの融合[42]，価値関数の近似表現を利用した場合の学習，状態空間や行動が連続である場合[23]．部分観測マルコフ決定過程 (POMDP) に対する最適探索問題[31]，敵対的環境（マルチエージェント環境を含む）における強化学習のリグレット評価[27]など，いずれも興味深い内容であるが，機会を改めて紹介することとしたい．

参考文献

[1] Mauricio Araya-López, Vincent Thomas, and Olivier Buffet. Near-optimal BRL using optimistic local transitions. In *Proc. of the 29th Intl. Conf. on Machine Learning (ICML)*, pp. 97–104, 2012.

[2] John Asmuth, Lihong Li, Michael L. Littman, Ali Nouri, and David Wingate. A Bayesian sampling approach to exploration in reinforcement learning. In *Proc. of the 25th Conf. on Uncertainty in Artificial Intelligence (UAI)*, pp. 19–26, 2009.

[3] John Asmuth and Michael Littman. Learning is planning: near Bayes-optimal reinforcement learning via Monte-Carlo tree search. In *Proc. of the 27th Conf. on Uncertainty in Artificial Intelligence (UAI)*, pp. 19–26, 2011.

[4] Peter Auer, Nicolò Cesa-Bianchi, and Paul Fischer. Finite-time analysis of the multi-armed bandit problem. *Machine Learning*, 47(2/3):235–256, 2002.

[5] Christopher M. Bishop. *Pattern Recognition and Machine Learning*. Springer, 2006. 邦訳『パターン認識と機械学習 上/下 – ベイズ理論による統計的予測』（元田 浩 ほか（訳），丸善出版, 2007）.

[6] Ronen I. Brafman and Moshe Tennenholtz. R-MAX–a general polynomial time algorithm for near-optimal reinforcement learning. *J. Machine Learning Research*, 3:213–231, 2002.

[7] Cameron B. Browne, Edward Powley, Daniel Whitehouse, Simon M. Lucas, Peter I. Cowling, Philipp Rohlfshagen, Stephen Tavener, Diego Perez, Spyridon Samothrakis, and Simon Colton. A survey of Monte Carlo tree search methods. *IEEE Transactions on Computational Intelligence and AI in Games*, 4(1):1–43, 2012.

[8] Sébastien Bubeck and Nicolò Cesa-Bianchi. Regret analysis of stochastic and nonstochastic multi-armed bandit problems. *Foundations & Trends in Machine Learning*, 5(1): 1-122, 2012.

[9] Richard Dearden, Nir Friedman, and David Andre. Model based Bayesian exploration. In *Proc. of the 15th Conf. on Uncertainty in Artificial Intelligence (UAI)*, pp. 150–159, 1999.

[10] Christos Dimitrakakis. Efficient methods for near-optimal sequential decision making under uncertainty. In Robert Babuška and Frans C.A. Groen, editors, *Interactive Collaborative Information Systems*, volume 281 of *Studies in Computational Intelligence*, pp. 125–153. Springer Berlin Heidelberg, 2010.
[11] Michael Duff. Design for an optimal probe. In *Proc. of the 19th Intl. Conf. on Machine Learning (ICML)*, pp. 131–138, 2003.
[12] Michael O'Gordon Duff. *Optimal learning: Computational procedures for Bayes-adaptive Markov decision processes*. PhD thesis, University of Massachusetts Amherst, 2002.
[13] Claude-Nicolas Fiechter. Efficient reinforcement learning. In *Proc. of the 7th Conf. on Learning Theory (COLT)*, pp. 88–97, 1994.
[14] Sylvain Gelly and Yizao Wang. Exploration exploitation in Go: UCT for Monte-Carlo Go. In *Proc. of the Neural Information Processing Systems (NIPS) On-line Trading of Exploration and Exploitation Workshop*, 2006.
[15] Marek Grześ and Daniel Kudenko. Improving optimistic exploration in model-free reinforcement learning. In *LNCS 5495: Proc. of the 9th Intl. Conf. of Adaptive and Natural Computing Algorithms*, pp. 360–369, 2009.
[16] Thomas Jaksch, Ronald Ortner, and Peter Auer. Near-optimal regret bounds for reinforcement learning. *J. Machine Learning Research*, 11:1563–1600, 2010.
[17] Sham M. Kakade. *On the Sample Complexity of Reinforcement Learning*. PhD thesis, Gatsby Computational Neuroscience Unit, University College London, 2003.
[18] Emilie Kaufmann, Nathaniel Korda, and Rémi Munos. Thompson sampling: An asymptotically optimal finite time analysis. In *Proc. of the 23rd Intl. Conf. on Algorithmic Learning Theory (ALT)*, 2012. arXiv:1205.4217.
[19] Michael Kearns, Yishay Mansour, and Andrew Y. Ng. A sparse sampling algorithm for near-optimal planning in large Markov decision processes. *Machine Learning*, 49:193–208, 2002.
[20] Michael Kearns and Satinder Singh. Near-optimal reinforcement learning in polynomial time. *Machine Learning*, 49:209–232, 2002.
[21] Levente Kocsis and Csaba Szepesvári. Bandit based Monte-Carlo planning. In *Proc. of the 17th European Conf. on Machine Learning (ECML)*, pp. 282–293, 2006.
[22] J. Zico Kolter and Andrew Y. Ng. Near-Bayesian exploration in polynomial time. In *Proc. of the 26th Intl. Conf. on Machine Learning (ICML)*, pp. 513–520, 2009.
[23] Lihong Li. Sample complexity bounds of exploration. In Marco Wiering and Martijn van Otterlo, editors, *Reinforcement Learning: State-of-the-Art*, volume 12 of *Adaptation, Learning, and Optimization*, pp. 175–204. Springer-Verlag, 2012.
[24] Lihong Li and Michael L. Littman. Reducing reinforcement learning to KWIK online regression. *Annals of Mathematics and Artificial Intelligence*, 58:217–237, 2010.
[25] Lihong Li, Michael L. Littman, Thomas J. Walsh, and Alexander L. Strehl. Knows what it knows: a framework for self-aware learning. *Machine Learning*, 82(3):399–443, March 2011.
[26] Aditya Mahajan and Demosthenis Teneketzis. Multi-armed bandit problems. In Alfred Olivier Hero, David Castañón, Doug Cochran, and Keith Kastella, editors, *Foundations and Applications of Sensor Management*, pp. 121–151. Springer, 2007.
[27] Odalric-Ambrym Maillard and Rémi Munos. Online learning in adversarial Lipschitz environments. In *Proc. of the 2010 European Conf. on Machine Learning and Principles and Practice of Knowledge Discovery in Databases (ECML PKDD)*, pp. 305–320, 2010.
[28] Takaki Makino and Johane Takeuchi. Apprenticeship learning for model parameters of partially observable environments. In *Proceedings of the 29th Intl. Conf. on Machine Learning (ICML)*, pp. 1495–1502, July 2012.
[29] Pascal Poupart, Nikos Vlassis, Jesse Hoey, and Kevin Regan. An analytic solution to discrete Bayesian reinforcement learning. In *Proc. of the 23rd Intl. Conf. on Machine Learning (ICML)*, pp. 697–704, 2006.
[30] Stéphane Ross and Joelle Pineau. Model-based Bayesian reinforcement learning in

large structured domains. In *Proc. of the 24th Conf. on Uncertainty in Artificial Intelligence (UAI)*, pp. 476–483, 2008.

[31] Stéphane Ross, Joelle Pineau, Brahim Chaib-draa, and Pierre Kreitmann. A Bayesian approach for learning and planning in partially observable Markov decision processes. *J. Machine Learning Research*, 12:1729–1770, 2011.

[32] G. A. Rummery and M. Niranjan. On-line Q-learning using connectionist systems. Technical Report CUED/F-INFENG/TR 166, Eng. Dept., Cambridge Univ., 1994.

[33] David Silver and Joel Veness. Monte-Carlo planning in large POMDPs. In *Advances in Neural Information Processing Systems (NIPS) 23*, pp. 2164–2172, 2010.

[34] Jonathan Sorg, Satinder Singh, and Richard Lewis. Variance-based rewards for approximate Bayesian reinforcement learning. In *Proc. of the 26th Conf. on Uncertainty in Artificial Intelligence (UAI)*, pp. 564–571, 2010.

[35] Alexander L. Strehl, Lihong Li, and Michael L. Littman. Reinforcement learning in finite MDPs: PAC analysis. *J. Machine Learning Research*, 10:2413–2444, 2009.

[36] Alexander L. Strehl, Lihong Li, Eric Wiewiora, John Langford, and Michael L. Littman. PAC model-free reinforcement learning. In *Proc. of the 23rd Intl. Conf. on Machine Learning (ICML)*, pp. 881–888, 2006.

[37] Alexander L. Strehl and Michael L. Littman. An analysis of model-based interval estimation for Markov decision processes. *J. Computer and System Sciences*, 74(8):1309–1331, December 2008.

[38] Malcolm Strens. A Bayesian framework for reinforcement learning. In *Proc. of the 17th Intl. Conf. on Machine Learning (ICML)*, pp. 943–950, 2000.

[39] Richard S. Sutton and Andrew G. Barto. *Reinforcement Learning: An Introduction.* MIT Press, Cambridge, MA, 1998. 邦訳『強化学習』(三上 貞芳, 皆川 雅章 (訳), 森北出版, 2000).

[40] István Szita and András Lörincz. The many faces of optimism: A unifying approach. In *Proc. of the 25th Intl. Conf. on Machine Learning (ICML)*, pp. 1048–1055, 2008.

[41] István Szita and Csaba Szepesvári. Model-based reinforcement learning with nearly tight exploration complexity bounds. In *Proc. of the 27th Intl. Conf. on Machine Learning (ICML)*, pp. 1031–1038, 2010.

[42] István Szita and Csaba Szepesvári. Agnostic KWIK learning and efficient approximate reinforcement learning. In *JMLR: Workshop and Conference Proceedings (the 24th Conf. on Learning Theory (COLT))*, volume 19, pp. 739–772, 2011.

[43] William R. Thompson. On the likelihood that one unknown probability exceeds another in view of the evidence of two samples. *Biometrika*, 25(3/4):285–294, 1933.

[44] Joannès Vermorel and Mehryar Mohri. Multi-armed bandit algorithms and empirical evaluation. In *Proc. of the 16th European Conf. on Machine Learning (ECML)*, 2005.

[45] Thomas J. Walsh, Sergiu Goschin, and Michael L. Littman. Integrating sample-based planning and model-based reinforcement learning. In *Proc. of the 24th AAAI Conf. on Artificial Intelligence*, 2010.

[46] Tao Wang, Daniel Lizotte, Michael Bowling, and Dale Schuurmans. Bayesian sparse sampling for on-line reward optimization. In *Proc. of the 22nd Intl. Conf. on Machine Learning (ICML)*, pp. 956–963, 2005.

[47] Yi Wang, Kok Sung Won, David Hsu, and Wee Sun Lee. Monte Carlo Bayesian reinforcement learning. In *Proc. of the 29th Intl. Conf. on Machine Learning (ICML)*, pp. 1135–1142, 2012.

[48] C. J. C. H. Watkins and P. Dayan. Technical note: Q-learning. *Machine Learning*, 8(3/4):279–292, May 1992.

2.3 逆強化学習 (Inverse Reinforcement Learning)

荒井幸代

2.3.1 報酬設計問題

プランニングやスケジューリング問題などの行動計画問題解決のアプローチとして強化学習が優位な点としては，所与とする事前情報や設計パラメータが少なくてよいことがあげられる．

たとえば，動的計画法のように環境のダイナミクスを表す状態遷移行列は不要であるし，また，ニューラルネットワークに代表される教師付き学習のように，行動出力ごとの正解・不正解が既知である必要もない．複数の行動系列を経た後に遷移した状態の良し悪しが評価できればよい．この評価を定量化したスカラー量が報酬である．また，この報酬も複数の行動系列後の状態遷移に対して付与すればよいことから，「報酬の遅れ」(delayed reward) を許容すると言われ，この特徴が問題解決者にとっての大きな利点である．

なぜなら，一般に，すべての状態，あるいは，すべての「状態−行動対」に対して評価値を付与することは難しいが，迷路のようなエピソード型タスクでは目標状態にいたったとき，または，倒立振子のような連続タスクではタスクが途切れたときなどの終端状態に対して，正あるいは負のスカラー量を報酬として付与するのは比較的容易と考えられるためである．

しかし，実問題に対しては，目標状態や終端状態にだけ定義された報酬によって学習することは難しいことが多い．ここで実問題とは，大規模な計画問題やマルチエージェント系が該当する．探索すべき状態空間の規模が大きな計画問題では，初期状態から目標状態に到達するまでの行動系列が長大になる．この場合，学習初期のランダムな行動選択だけで目標状態に到達できる確率は極めて小さいため，試行錯誤に膨大な時間を要するし，目標状態にたどりついたとしても，目標状態で与えられる報酬が初期状態での行動強化へと伝搬するまでの時間も膨大となる．

また，複数のエージェントの行動が環境の状態遷移に関与するマルチエージェント系では，各エージェントの状態観測が局所的であることが多く，上述の目標状態や終端状態だけに報酬が付与されたとしても，そこにいたるまでの行動系列のなかで，どのエージェントの行動が報酬獲得に寄与したのかがわからないことから，学習は困難になる．

前者の大規模な問題に対しては，目標状態以外でも報酬が定義できること，後者のマルチエージェント系に対しては，エージェントごとに報酬が定義できることがそれぞれ望ましい．

本節では，報酬を定義することを「報酬設計」とよぶ．報酬設計法として**逆強化学習** (**inverse reinforcement learning**) を取り上げ，迷路問題を用いて報酬設計方法としての可能性と問題点を指摘する．

マルチエージェント系の報酬設計問題については 3.4 節で扱う．

逆強化学習は，Russell[3] によって最適な行動系列や環境モデルを所与として報酬関数を求める問題として定義される．Ng ら[1] は有限状態空間をもつ環境に対しては線形計画法，無限の状態空間をもつ環境に対してはモンテカルロ法を用いて報酬関数を推定する手法を示し，Abbeel ら[2] は報酬関数を推定する過程で最適な方策を獲得する**見習い学習** (**apprenticeship learning**) に基づく手法を示した．それぞれについては以下で説明する．

2.3.2 Ng の逆強化学習法：有限状態空間を対象とする場合

各状態 $s_i (i = 1, 2, \ldots, M)$ における最適な行動 a_1 を所与とし，式 (2.3.1) の線形計画問題を解くことによって報酬関数 R を推定する．式 (2.3.1) において，報酬関数ベクトル R は状態 s_i における報酬 r_{s_i} で与えられる．状態遷移行列 P_a は行動 a の状態遷移確率で与えられる $M \times M$ 行列であり，状態 s_i から行動 a をとり $s_{i'}$ に遷移する確率を $P^a_{ii'}$ とする．$P_a(i)$ は，P_a の第 i 行ベクトルである．λ はペナルティ係数であり，λ を大きくするほど単純な報酬関数が得られる．$R_{\max} (> 0)$ は報酬の上限である．

$$\text{maximize} : \sum_{i=1}^{N} \min_{a \in a_2, \ldots, a_k} \{(P_{a_1}(i) - P_a(i))(I - \gamma P_{a_1})^{-1} R\} - \lambda ||R||_1 \quad (2.3.1)$$

$$\text{subject to} : (P_{a_1} - P_a)(I - \gamma P_{a_1})^{-1} R \geq 0$$

2.3.3 Abbeel の逆強化学習法：projection 法

各状態で最適な行動をとるエージェントをエキスパートと定義する．Abbeel の逆強化学習ではエキスパートの行動軌跡を所与とし，エキスパートと同じような行動軌跡が得られる報酬関数 R を推定する．

このモデルはマルコフ決定過程モデル $< \mathcal{S}, \mathcal{A}, T, \gamma >$ で定義する．ここで $\mathcal{S}$ は有限状態集合，$\mathcal{A}$ は行動集合，$T = \{P_{sa}\}$ は状態遷移確率，γ は割引率である．これらに加え，特徴量 ϕ と特徴期待値 μ を定義する．ここで，特徴量とは $\mathcal{S} \to [0, 1]^k$ で表されるベクトルで，状態を表す．式 (2.3.2) に示す特徴期待値は方策 π に従ったときの期待割引累積特徴量で，行動軌跡を表す．

$$\mu(\pi) = \mathbb{E}\left[\sum_{t=0}^{\infty} \gamma^t \phi(s_t)|\pi\right] \in R^k \tag{2.3.2}$$

Abbeelの逆強化学習では，エキスパートの特徴期待値との差が τ 以下になる特徴期待値を学習を通して得ることができる報酬関数を推定する．推定法として，max-margin法と projection 法が提案されており，前者では QPsolver，後者では正射影ベクトルが用いられている．文献[2] の実験では projection 法が収束率の点でわずかにすぐれた性能を示しており，以下の実験では projection 法を用いる．

projection 法を図 2.3.1 に示す．パラメータ τ はエキスパートの特徴期待値と推定した報酬による特徴期待値の差が十分近づいたことを判定するための閾値である．

なお，エキスパートの特徴期待値 μ_E は，エキスパートの m 試行の行動軌跡 $\{s_0^{(i)}, s_1^{(i)}, \ldots\}_{i=1}^{m}$ から式 (2.3.3) によって推定する．

$$\hat{\mu}_E = \frac{1}{m}\sum_{i=1}^{m}\sum_{t=0}^{\infty} \gamma^t \phi(s_t^{(i)}) \tag{2.3.3}$$

1. ランダムに選んだ方策 π^0 から特徴期待値 $\mu^0 = \mu(\pi^0)$ を計算する
2. 各特徴期待値に対する重み $w^1 = \mu_E - \mu^0$ を計算し，$i = 1$ とする
3. 終了条件 $t^i \leq \tau$ を満たすまで以下を繰り返す：
   (a) 報酬関数 $R = w^i \cdot \phi$ と強化学習を用いて，最適方策 π^i を求める
   (b) 最適方策 π^i から特徴期待値 $\mu^{(i)} = \mu(\pi^i)$ を計算し，$i = i + 1$ とする
   (c) エキスパートの特徴期待値への射影ベクトル $\bar{\mu}^{i-1}$ を以下の式で計算する

$$\bar{\mu}^{(i-1)} = \bar{\mu}^{(i-2)} + \frac{(\mu^{(i-1)} - \bar{\mu}^{(i-2)})^{\mathrm{T}}(\mu_E - \bar{\mu}^{(i-2)})}{(\mu^{(i-1)} - \bar{\mu}^{(i-2)})^{\mathrm{T}}(\mu^{(i-1)} - \bar{\mu}^{(i-2)})}(\mu^{(i-1)} - \bar{\mu}^{(i-2)})$$

   (d) $w^{(i)} = \mu_E - \bar{\mu}^{(i-1)}$，$t^{(i)} = ||\mu_E - \bar{\mu}^{(i-1)}||_2$

図 2.3.1 projection 法 アルゴリズム

2.3.4 大規模計画問題への適用

前項で説明した二つの逆強化学習を，大規模計画問題の報酬設計法として適用するうえでの問題点を整理する．具体的には 2 点を考える．一つは問題規模にかかわらず生じる問題として，最適方策を導く報酬関数が複数存在しうること．もう一つは，大規模な問題では状態空間が膨大となることから，制約条件が増えすぎて実行可能解が得にくくなることである．報酬設計の要請は，大規模な問題解決にあることから何ら

かの対策が必要となる.

ここでは，前者の解候補を絞り込む方法として二つのアプローチを紹介する．一つは，多目的最適化問題として定式化し，複数のパレート解のなかから好ましい解を選択す方法，もう一つは，学習効率を明示的に考慮した目的関数を導入する方法である．また，後者の制約の問題に対しては，制約条件を緩和する方法を示す.

また，Abbeel については，エキスパートの行動軌跡が状態空間を網羅していないことから，軌跡が存在しない状態に対する特徴量をどう与えるかが問題となる．この点については 3.4 節で説明する.

■ 報酬関数の評価：学習効率

複数の報酬関数候補から一つに絞り込むためには，別の評価関数を導入すればよい．ここでは，学習効率を最大にする報酬関数を探索する問題として定式化し，制約条件を緩和しながら，遺伝的アルゴリズム (Genetic Algorithm: GA) を用いて解いた例を示す．学習効率を最適方策に収束する速さとし，たとえば式 (2.3.4) のように定義する．ここで QLstep は，ある報酬関数 R のもとで Q 学習を行った際，あるエピソード数 epi を終了するまでに要した累積ステップ数である．QLstep が小さいほど，学習に必要なステップ数が少なくなるため，学習効率が良いとみなし，QLstep の最小化問題として解く.

$$\mathrm{QLstep}(R, epi) \tag{2.3.4}$$

GA の各個体の遺伝子を報酬関数とし，各染色体を一つの状態の報酬とする．ここで，GA は制約条件を直接扱えないため，制約条件を破った数に比例したペナルティを与えた目的関数を考える．また，計算時間を削減するために，各個体を次の 2 段階に分けて進化させる.

1. 制約条件をすべて満たす解の探索
2. 1 を満たす解のなかから学習効率を改善する解の探索

第 1 段階では制約条件に関するペナルティだけを用いて評価値を計算することにより，まずは制約条件をすべて満たす個体を生成する．第 2 段階では制約条件をすべて満たす個体の報酬関数を用いて Q 学習を行い，式 (2.3.4) の学習効率を計算し，学習効率に比例した評価値を与える．とくに 2 段階に分けて個体を進化させることには次の利点がある．1 の制約条件を満たさない解は最適行動の獲得が保証されない報酬関数であるため，この報酬関数で学習した場合，学習が収束しないか，学習に多大な時間を要する．そのため，これらの報酬関数を用いた目的関数の計算を除外することにより計算時間の大幅な短縮が期待できる．GA と逆強化学習を組み合わせた本手法を以後

GAIRL[4] とよぶ.

GAIRL の疑似コードを図 2.3.2 に示す. 図 2.3.2 の (a) と (b) において計算された各個体の適応度を統合して個体選択の確率計算に用いる.

```
Start Given：最適行動
1. 逆強化学習の制約条件を求める
2. GA で報酬関数を更新
 (a) 報酬関数が制約条件を満たすとき：
  ・この報酬関数を用いて Q 学習し，総ステップ数を評価値にセット
 (b) 報酬関数が制約条件を満たしていないとき：
  ・制約条件を破った個数分のペナルティを評価値にセット
3. 終了条件を満たしていれば End へ，そうでなければ 2. へ
End
```

図 2.3.2 GAIRL の疑似コード

■ 逆強化学習の制約条件の緩和

Ng の逆強化学習の制約条件は状態と行動の数に比例して増加するため, 大規模な問題では膨大な制約条件を満たす解にいたるのは困難なことが多い. そこで制約条件の緩和法を考えてみる.

Ng の逆強化学習では, 各状態に対して唯一の最適行動を仮定し, 最適行動の期待報酬が, それ以外の行動の期待報酬の期待報酬よりも大きい値であることが制約条件となる. ここで紹介する制約緩和法[4] では, 各状態には複数の最適行動が存在しうるとの仮定によって制約条件を緩和する. たとえば, 以下の実験に用いる迷路問題のように一つの状態に最適行動が複数存在する場合, 一つの最適行動だけを選択するのではなく, どの最適行動を選択してもよいとすることによって制約条件が緩和できるという考え方に基づいている.

具体的には Ng の逆強化学習の制約条件を式 (2.3.5) に拡張する.

$$(P_{a_1} - P_a)(I - \gamma P_{a_1})^{-1} R \geq 0, \quad \forall a \in A \backslash a_{\text{opt}} \tag{2.3.5}$$

ここで a_{opt} は最適行動の集合を表し, 最適行動以外の行動だけ制約条件を守ればよいものとする. この設定によれば $a_{\text{opt}} \cap \bar{a_1}$ の数だけ制約条件を削減できる.

以下, 最適な報酬関数を推定するための評価関数, および, 制約条件の緩和法の導入の影響を観察するための実験を行った.

計算機実験

実験には図 2.3.3(a)(b) に示す 5×5-GridWorld と Two-Rooms とよぶスタートからゴールまでの最短経路を求める問題を用いる．5×5-GridWorld は，強化学習のベンチマークとしてよく用いられている問題であり，スタートを左下の座標 (0,0)，ゴールを右上の座標 (4,4) に設定する．さらに大規模複雑な問題として用いる Two-Rooms は，スタートとゴールのあいだに存在する壁によって，二つの部屋に分けられた環境で，有効なサブゴールの設定によって学習の高速化が期待できる問題であり，スタートを左下の座標 (1,7)，ゴールを右上の座標 (17,1) に設定する．各手法のパラメータは，Ng の逆強化学習と GAIRL では報酬関数の範囲を $-1 \leq R \leq 1$ とし，ペナルティ係数 $\lambda = 0$ に設定する．GA の染色体は 0 と 1 で表し，各状態の報酬は 4 bit で表現する．遺伝的操作は，トーナメント選択，一様交叉，突然変異に加え，エリート選択を用いる．GAIRL の世代数を 100，個体数を 100，変数 $epi = 100$ とする．Abbeel の逆強化学習の終了条件を $\tau = 0.2$ と設定する．これらのパラメータは予備実験から最も学習効率が良いものを選択した．

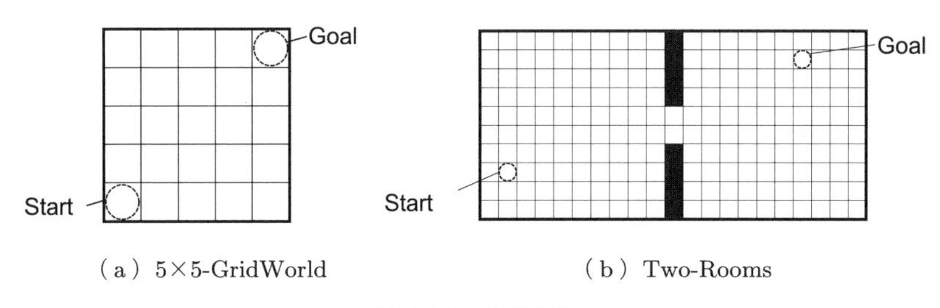

（a）5×5-GridWorld　　（b）Two-Rooms

図 2.3.3　実験環境

各手法で得られた報酬関数を用いて Q 学習を行い，その学習効率で，それぞれの手法を評価する．Q 学習の行動選択手法には ε-greedy 選択，各パラメータは学習率を 0.03，割引率を 0.9，エピソード数は 5×5-GridWorld では 2,000，Two-Rooms を 5,000 とし，最後の 100 エピソードまでは $\varepsilon = 0.3$ として，それ以降は $\varepsilon = 0$ とする．

実験結果

各手法の報酬関数に対して 100 回学習させたときの，各エピソードごとのステップ数の平均値を図 2.3.4 に示す．図 2.3.4 の縦軸は各エピソードの 100 回の学習に対する平均ステップ数，横軸はエピソード数である．

5×5-GridWorld に対しては，図 2.3.4(a) から，GAIRL，Abbeel，Ng の順に収束が速いことがわかる．また，制約条件の緩和を導入することによって GAIRL の学習の収束がさらに速くなることがわかる．統計的にも GAIRL とその他の手法に対して，対立仮説を二つの手法に有意差が存在するとし，有意水準 5%で t 検定を行った結

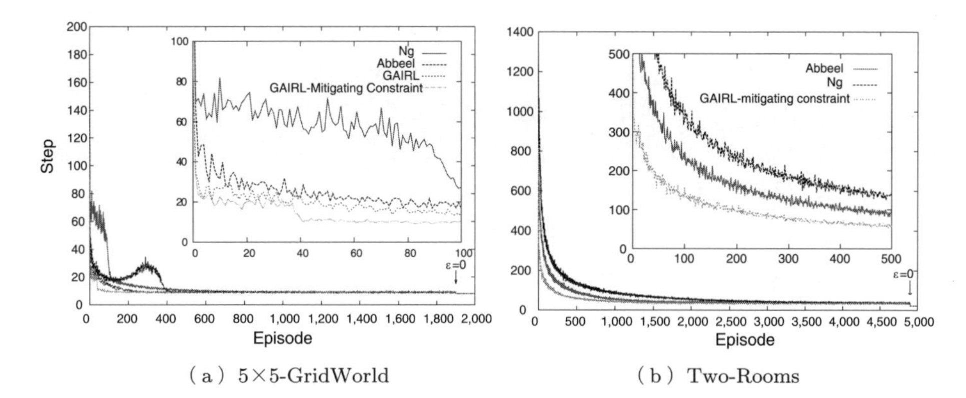

（a）5×5-GridWorld　　（b）Two-Rooms

図 2.3.4　最適な報酬関数抽出と制約緩和の効果：学習曲線の比較

果，帰無仮説が棄却された．同様に，制約条件の有無に対しても t 検定の結果，有意水準 5%で有意差があることを確認している．

一方，Two-Rooms に対しては制約条件の緩和を導入しなかった場合，GAIRL では実行可能解を獲得できなかった．しかし制約条件を緩和した場合，実行可能解を獲得できた．図 2.3.4 から，提案手法に制約条件の緩和を導入した手法が最も速く収束し，Abbeel が次に速く，Ng が遅いという結果になった．また，5×5-GridWorld と同様の t 検定の結果，有意水準 5%で有意差があることを確認している．

得られた報酬関数の考察

図 2.3.5 の矢印は，5×5-GridWorld の各状態で一つ先の状態に遷移するときに得られる即時報酬を最大化する行動を示している．また，色のついたマスは，即時報酬を最大化する行動と 2 番目に大きい報酬を獲得する行動の獲得報酬量の差が大きい状態を表している．ここで差が大きいとは，各手法で獲得した最大の報酬値の 10 分の 1 以上であることとした．この差が大きい状態が環境全体を多く占めるほど学習効率が

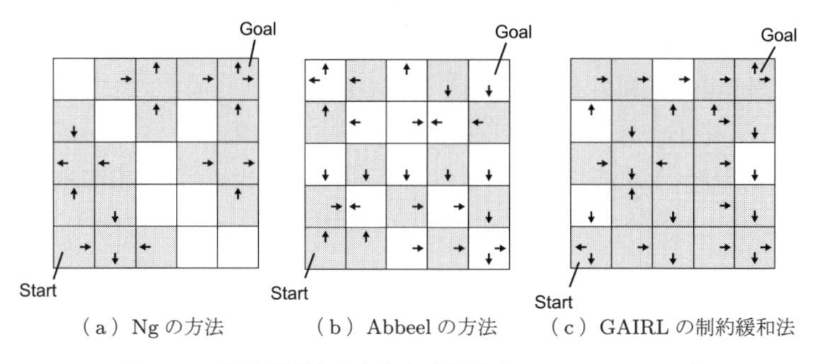

（a）Ng の方法　　（b）Abbeel の方法　　（c）GAIRL の制約緩和法

図 2.3.5　即時報酬を最大化する行動 (5×5-GridWorld)

高くなることがわかる．この理由として，差が大きい状態では小さい状態に比べ，即時報酬への誘因が大きく，差が大きい状態の即時報酬を最大化する行動と最適行動が一致していれば，さらに学習効率を改善できるためと考えられる．

2.3.5 計算量の考察

逆強化学習を大規模な問題に適用するうえで，それぞれの計算量を整理する．ここで紹介した Ng の逆強化学習を拡張したアルゴリズムを含め，一般に報酬関数を求めるまでに次の 3 ステップを要する．

(1) 状態遷移確率と最適行動を求める
(2) (1) を用いて目的関数と制約条件を求める
(3) 線形計画法（本文ではシンプレックス法）を用いて報酬関数を求める

GAIRL では (3) において強化学習と GA を用いた．上記の実験では (1) の状態遷移確率と最適行動は強化学習を用いて求めた．状態遷移確率は $\varepsilon = 1$ として実際に各状態において各行動を行った後，遷移した回数から算出し，最適行動はエピソードを十分に繰り返した後に獲得した方策から算出した．

したがって，(1) の強化学習の計算量は，状態数を n_s，行動数を n_a と定義すると，$O(n_s \times n_a)$ となる．(2) の目的関数と制約条件の計算は，逆行列の計算と行列の乗算を用いて算出し，計算量は $O(n_s^2)$ となる．(1) と (2) は提案手法と Ng の逆強化学習で同様の処理を行う．まず Ng の逆強化学習ではシンプレックス・タブローの表現のために，制約条件数 $n_s \times (n_a - 1)$ と，決定変数の数 n_s と制約条件数から導かれるスラック変数と人為変数の和の乗算から $O(n_s^2 \times n_a^2)$ となる．GAIRL では GA の個体数を n_p，ビット数を n_b と定義すると，個体の表現は $n_p \times n_s \times n_b$，制約条件は $n_s^2 \times (n_a - 1)$ となる．また強化学習の計算量は上に示した $O(n_s \times n_a)$ となる．決定変数に比べて個体数やビット数が小さい場合，これらは定数と考えることができるため，計算量は $O(n_s^2 \times n_a)$ となる．また Abbeel の逆強化学習では (1) の強化学習で獲得した方策から行動軌跡を用意し，特徴期待値を計算する．そして (2) は行わずに (3) では強化学習を用いるため，計算量は $O(n_s \times n_a)$ となる．したがって，ここで紹介した GAIRL では GA を用いたことにより，シンプレックス法を用いた場合よりも計算量を小さく抑えることができるため，問題の大規模化に対しても有効であると考えられる．

2.3.6 まとめ

本節では，大規模な計画問題解決への強化学習の適用に向けて，報酬設計の重要性を議論し，報酬設計法としての逆強化学習の代表的アルゴリズムを紹介した．また，従来の強化学習アルゴリズムの特徴を理解し，問題点を理解するための簡単な実験を示した．

参考文献

[1] A. Y. Ng, S. Russell. Algorithms for Inverse Reinforcement Learning, In *Proceedings of the Seventeenth International Conference on Machine Learning*, pp. 663–670, 2000.

[2] P. Abbeel, A. Y. Ng. Apprenticeship Learning via Inverse Reinforcement Learning, In *Proceedings of the 21st International Conference on Machine Learning*, 2004.

[3] S. Russell. Learning agents for uncertain environments (extended abstract), In *Proceedings of the 16th International Conference on Machine Learning*, pp. 278–287, 1998.

[4] 北里 勇樹，荒井 幸代．逆強化学習を用いた大規模計画問題に対するサブゴールの設計法．Joint Agent Workshops and Symposium 2015, JAWS-2015 講演論文集，2015.

2.4 試行錯誤回数の低減を指向した手法：経験強化型学習 XoL

宮崎和光

強化学習では，環境との相互作用を通じて学習を行う．そのため，一般に，学習に要する試行錯誤回数が膨大になるという欠点をもつ．これは，試行錯誤にコストがかからないケースでは問題とならないが，ロボットなどの試行錯誤回数が限定されるケースに適用しようとすると大きな問題となる．

強化学習の高速化，すなわち，学習に要する試行錯誤回数の低減を図る方法として，古くから**教示 (teaching)** が行われている．教示は，高速化に大きく寄与するものの，一般に，タスク（環境）に関する事前知識が必要となるため，そのような事前知識が存在しない場合や教示を行う教師を用意できない場合などでは利用できない．そこで一般には，より汎用的な手法，すなわち，現在，強化学習で主流となっている Q-learning に代表される動的計画法に基づく手法とは異なる立場で設計された，**試行錯誤回数を積極的に低減できる手法**が必要となる．

一般に，試行錯誤回数を低減するためには，得られた経験を貴重なものと考え，その貴重な経験に基づく学習を素早く（より少ない試行錯誤回数で）行うことが重要となる．著者らは，このような観点から，これまで**経験強化型学習** (Exploitation-oriented Learning: **XoL**)[3] を提唱し，各種の手法を提案してきた．

本節では，著者らがこれまでに提案してきた経験強化型学習 XoL に関する詳しい説明を行う．読者は，本節を通じて XoL に関する各種の手法を知ることできる．これにより，これまで学習速度の遅さゆえに，強化学習の利用がためらわれていたケースに対しても強化学習の応用可能性を広げることが期待できる．

なお，このような最適性と試行錯誤回数の低減との関係は，**環境同定と報酬獲得のトレードオフ**†として知られている問題とも深く関係する．すなわち，最適性を追求するならば環境を適切に同定する必要があり，そのためには学習途中での報酬獲得を犠牲にする必要がある．一方，学習途中での報酬獲得を重視すると，最適性の保証に要する試行錯誤回数の増加を招きかねない．この問題は，強化学習の利用者がどちらをどの程度重視するか決めることで解決するのが一般的である．そのため，実応用に際しては，両者をハイブリッドし，それらのあいだの任意のトレードオフ比を設計者自らが調整できる手法が，一般には有効であると言える．本節の最後では，そのような

† 探索と利用のトレードオフとも言う（1.1 節参照）．

ハイブリッド手法とともに，近年注目を集めている**深層学習** (deep learning) と組み合わせた手法についても述べる．

2.4.1 経験強化型学習 XoL

XoL では，第一に，最適性よりも，より少ない試行錯誤回数での合理性の保証を目指す．第二に，教師信号としては，目標達成時に与えられる報酬信号群，および，制約違反時に与えられる罰信号群のあいだの優先順位のみを考え，報酬および罰値の設定は，それが容易に行える場合以外は行わない†1．これら独自の観点を導入することにより，これまでの強化学習とは異なる視点に立つ手法が成立している（表 2.4.1 参照）．

表 2.4.1 試行錯誤に基づく目的指向学習に関する接近法

	経験強化型学習 XoL	DP ベース強化学習
試行錯誤回数	○（少ない）	×（多い）
報酬と罰の与え方	○（優先順位を与える）	×（値を設定）
MDPs 下の最適性	△（合理性の追求）	○（保証される）

これまでに著者らは，XoL 手法として，1 種類の報酬のみが存在する問題クラスを対象に **Profit Sharing (PS) の合理性定理**[14] を証明した後，**合理的政策形成アルゴリズム** (Rational Policy Making algorithm: **RPM**)[10]，**PS-r***[13] および **PS-r#**[3] を提案してきた．さらに，報酬と罰を同時に扱うことができる手法としては，**罰回避政策形成アルゴリズム** (Penalty Avoiding Rational Policy making algorithm: **PARP**)[9] を提案している．また，連続な状態空間や行動空間に対応した手法を文献[8] などにおいて提案している．

2.4.2 項から 2.4.4 項にかけてこれらの手法を概観した後，2.4.5 項において XoL の応用例を 2 例示す．また，2.4.6 項では，これらを踏まえた XoL の発展性について述べる．

2.4.2 1 種類の報酬に対応した XoL 手法

■ Profit Sharing の合理性定理

Profit Sharing (PS) とは，報酬を得たときに，**エピソード**†2単位でルールに付与された評価値を強化する手法である．報酬からどれだけ過去かを引数とし，強化値を返す関数を**強化関数**とよぶ．時点は離散なので f_i によって報酬から i ステップ前の強化値を参照する．長さ l のエピソード $(r_l, \ldots, r_i, \ldots, r_2, r_1)$ に対して，ルール r_i の評

†1 一般に，報酬および罰値の設定に失敗した場合，設計者が予期し得ない結果を招く恐れが指摘されている[9]．

†2 状態－行動ペアを**ルール**とよび，初期状態あるいは報酬（罰）を得た直後から次の報酬（罰）までのルール系列を**エピソード** (episode) とよぶ．

価値である ω_{r_i} は，$\omega_{r_i} = \omega_{r_i} + f_i$ によって強化される．

報酬の種類が1種類である**タイプ2の混同**[†1]が存在しないクラスにおいて，各状態で最も評価値の高いルールを選択し続ける政策が**合理的政策**[†2]となるための強化関数の必要十分条件は式 (2.4.1) で与えられる[14]（**PSの合理性定理**）．

$$\forall i = 1, 2, ..., W, \quad L\sum_{j=i}^{W} f_j < f_{i-1} \tag{2.4.1}$$

ここで，W はエピソードの最大長，L は同一状態下に存在する有効ルールの最大個数である．一般に，L の値は学習以前には知ることができないが，実装にあたっては，L を「可能な行動の種類 $-$ 1」とすれば十分である．定理を満たす最も簡単な強化関数としては，公比が $\frac{1}{\text{行動の種類}}$ の等比減少関数が考えられる（図 2.4.1 参照）．

なお，マルチエージェント環境下におけるPSの定理も存在する[11]．そこでは，直接報酬を得ていない学習器にどの程度まで報酬を分配してよいかが示されている．

■ 合理的政策形成アルゴリズムおよびその発展形

有効ルールの定義より，あるエピソードにおいて同一の状態に対する行動選択のな

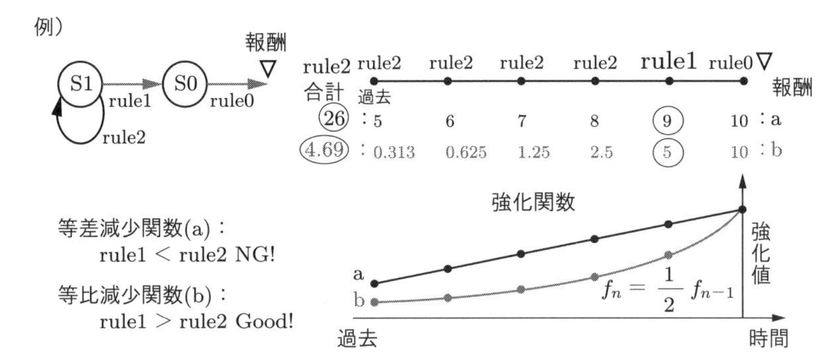

図 2.4.1　定理を満たす等比減少関数の例

行動の種類が2であるエージェントを例に示す環境に適用した場合，公比2の等比減少関数 (b) を用いれば，状態S1において，有効ルールであるrule1の評価値は5となり，無効ルールであるrule2の評価値 4.69(= 2.5 + 1.25 + 0.625 + 0.313) よりも大きくなる．一方，公差 -1 の等差減少関数 (a) を用いた場合は，rule2の評価値 (= 26) がrule1の評価値 (= 9) よりも大きくなり，有効ルールよりも無効ルールが強化されてしまう結果となる．

---

†1　あるエピソードで，同一の状態に対して異なるルールが選択されているとき，そのあいだのルール系列を**迂回系列**と言う．現在までのすべてのエピソードで，常に迂回系列上にあるルールを**無効ルール**，それ以外を**有効ルール**とよぶ．有効ルールと無効ルールが競合するならば，無効ルールの学習を抑制することが重要となる．**タイプ2の混同**とはあるとき有効ルールであると判定されたルールが，ある時点以降，常に迂回系列上に存在することを言う．

†2　各状態に対し，選択すべき行動を与える関数を**政策**とよび，単位行動当たりの期待獲得報酬量が正である政策を**合理的政策**とよぶ．

かで報酬に最も近い位置で選択された行動を含むルールは有効ルールである．この性質を利用して発見した有効ルールを選び続けることで，合理的政策の効率よい獲得を目指す手法が**合理的政策形成アルゴリズム (RPM)**[10] である．RPM には，**マルチスタート法**とよばれる政策を最初から形成し直す手法が組み込まれている．そのため，タイプ 2 の混同が存在している場合に対しても，決定的†1な合理的政策が存在していれば，それを獲得することができる．

さらに，RPM を一般のタイプ 2 の混同が存在するクラスに拡張した手法として **PS-r***[13] および **PS-r#**[3] が存在する．PS-r*では，統計的検定，PS-r# ではルールの選択回数に着目したタイプ 2 の混同の有無を判定する方法に従い学習が進行する．したがって，タイプ 2 の混同の正確な判定に関しては PS-r*が勝るが，より少ない試行錯誤回数での判定という意味では一般に PS-r# がすぐれる．なお，これらの手法では，タイプ 2 の混同が存在しない状態では有効ルール，タイプ 2 の混同が存在する状態ではランダムに一つの行動を選択する．

PS，RPM ともに政策の改善は，**マルチスタート法**に依存している．マルチスタート法にはいくつかのバリエーションが考えられるが，たとえば，既獲得の合理的政策のなかで最も良いものを記憶し，その政策に従った場合よりも多くの報酬が得られたときのみ学習を行う方法が一般には有効である．なお，この際，行動選択に関しては，新たな政策獲得のための探索的な行動を採用することが重要となる．

2.4.3 報酬および罰に対応した XoL 手法

■ 罰回避政策形成アルゴリズム

報酬と罰が高々 1 種類ずつ存在する問題クラスに対応した手法として，**罰回避政策形成アルゴリズム (PARP)**[9] がある．そこでは，それまでに経験したすべてのルール集合のなかから**罰ルール**†2を発見，除外したルール集合を作成し，その集合のなかで行動の選択を行う．ここで，罰ルールは，図 2.4.2 に示す**罰ルール判定法 (PRJ)**[9] により発見される．

PARP では，罰ルールを除外したルール集合のなかで，有効ルールが選択可能な場合はそれらのうちのいずれか一つを選択するが，選択可能でない場合は確率的な罰の回避を行う．罰ルールを除外した後の有効ルールの発見に関しては，2.4.2 項で述べた任意の手法を利用することができる．そのため PARP が対象とする問題のクラスは，有効ルールを得るために利用した手法に準ずることとなる．

---

†1 各状態に対し，確率 1 で一つの行動を選択する政策を**決定的政策**とよぶ．
†2 直接罰を得たことのあるルールを**罰ルール**とよぶ．選択可能なルールが罰ルールまたは無効ルールのみである状態を罰状態とよび，罰状態に遷移する可能性のあるルールも罰ルールとする．

```
procedure 罰ルール判定法 (PRJ)
begin
 これまで経験したエピソードのなかで直接罰を得たことのあるルールにマークする
 do
  以下の条件が成立する状態にマークする
   その状態で選択可能なルールが無効ルールまたはマークされたルールのみである
  以下の条件が成立するルールにマークする
   そのルールで遷移可能な状態のなかの少なくとも一つがマークされている
 while 新たにマークされた状態が存在する
end
```

図 2.4.2 罰ルール判定法 (PRJ)[9]

■ 改良型罰回避政策形成アルゴリズム

PARP で利用される PRJ は，それまでに経験したルールとそれらのルールを実行した後に遷移する可能性のある遷移先状態を記憶し続ける必要がある．これには状態数の 2 乗のオーダーの記憶を必要とする．また，PARP が確率的な罰の回避を行う際にも，同じオーダーの記憶を必要とする．それに対し，状態数のオーダーでの罰回避政策の形成を目指す手法として**改良型罰回避政策形成アルゴリズム（改良型 PARP）**[6] が提案されている．

改良型 PARP では，まず第一に，PRJ を罰を得たときのエピソードに限定し適用する．さらに，各罰ルールの罰状態への遷移確率を式 (2.4.2) で計算される**罰ルール度** $PL(xa)$ $(0 \leq PL(xa) \leq 1.0)$ によって推定する．これらの工夫により，状態数のオーダーでの罰ルールの発見および確率的な罰の回避を実現している．

$$PL(xa) = \frac{N_p(xa)}{N(xa)} \tag{2.4.2}$$

式 (2.4.2) において，$N_p(xa)$ は，ルール xa が罰ルールと判定された現在までの回数，$N(xa)$ は，ルール xa が現在までに選択された回数である．$PL(xa)$ が 1 に近いほど，ルール xa は，罰を受ける可能性が高いルールであると言える．そこで，罰ルール度に閾値 γ $(0.0 \leq \gamma \leq 1.0)$ を設けることで，罰ルールの数を減らすことが一般には行われている．具体的には，式 (2.4.2) の値が γ よりも大きいときのみ罰ルールとされる．これにより，罰状態に遷移しやすいルールだけを罰ルールと判定することが可能となる．

一般に，改良型 PARP は，PARP に比べ，罰が伝播しにくいという問題点をもつ．この問題点を解決する手法として，現在，予想失敗確率 (Expected Failure Probability: **EFP**) を用いた手法が提案されている[17]．

2.4.4　連続値で与えられる感覚入力への対応

連続値で与えられる感覚入力に対しては，タイプ 2 の混同が生じないように，感覚入力を離散化することが重要となる．XoL ではこれまでそのような離散化を基底関数を用いて実現してきた[8]．

時刻 t での感覚入力を $\mathbf{S}_t$，$\mathbf{S}_t$ で選択した行動を a_t，その結果遷移した先を $\mathbf{S}_{t+1}$ とすると，$\mathbf{S}_t$ から $\mathbf{S}_{t+1}$ に遷移した時点で，図 2.4.3 に示すような $\mathbf{S}_t$ を中心とする n 次元正規分布関数により基底関数を生成する（ここで，n は感覚入力の次元数）．n 次元空間内の各軸上の値が $\mathbf{d} = (d_1, d_2, \ldots, d_n)$ で与えられたとき，基底関数の値は式 (2.4.3) で与えられる．

$$f(\mathbf{d}) = e^{-\frac{1}{2}\sum_{i=1}^{n}\frac{(\mu_i - d_i)^2}{\sigma_i^2}} \tag{2.4.3}$$

式 (2.4.3) は，$\mathbf{d}$ が基底関数の中心の座標と一致したとき 1.0 となり，中心から離れれば離れるほど小さな値をとる．よって，任意の観測 $\mathbf{d}$ の各基底関数への近さをこの f の値をもとに比較することが可能となる．とくに f 値に f_para $(0.0 <$ f_para $\leq 1.0)$ とよばれる閾値を規定するパラメータを設定することで，各基底関数ごとに，その守備範囲を制御することができる．

学習器が行動を選択，実行するごとに，行動選択前後の感覚入力（$\mathbf{S}_t$ および $\mathbf{S}_{t+1}$）と，そのとき選択した行動 (a_t) から，上記の方法により基底関数を生成し記憶する．行動選択時には，現在の感覚入力に最も合致する基底関数に記憶されている行動を選択する．これにより，連続値で与えられる感覚入力に対応することができる．また，

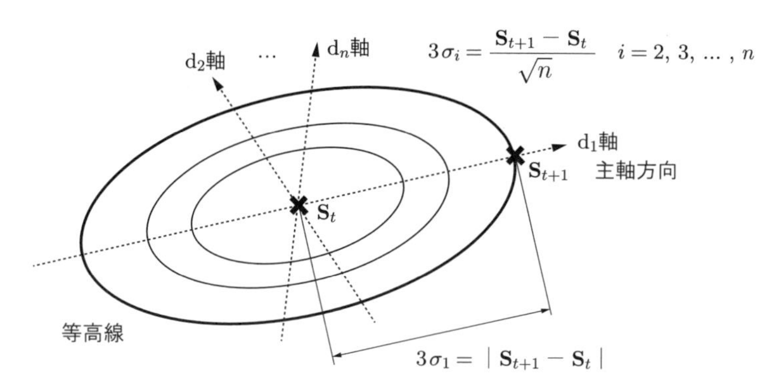

図 2.4.3　基底関数の形状

関数の主軸方向は $\mathbf{S}_{t+1} - \mathbf{S}_t$ で定義する（d_1 軸）．主軸以外の方向は，各々が直交するようにグラムシュミットの直交化法などを用いて生成する（$d_2, \ldots, d_n$ 軸）．主軸の裾野の広さは，$3\sigma_1 = |\mathbf{S}_{t+1} - \mathbf{S}_t|$，主軸以外の裾野の広さは，$3\sigma_i = \frac{|\mathbf{S}_{t+1} - \mathbf{S}_t|}{\sqrt{n}}$ $(i = 2, 3, \ldots, n)$ とする．ここで主軸以外の方向の裾野の広さに $\frac{1}{\sqrt{n}}$ を乗じているのは，経験した方向にバイアスをかけた関数を得るためである．なお，$\mathbf{S}_t = (\mu_1, \ldots, \mu_n)$ である．

f_para の値を適応的に変化させることで，罰およびタイプ 2 の混同を回避することもできる．

なお，連続値で与えられる感覚入力をニューラルネットワークで学習させ，強化学習器への入力とする方法が古くから知られている．そのようなニューラルネットワークの学習手法として，近年，深層学習が注目されている．深層学習と XoL との関係については 2.4.6 項において改めて述べる．

2.4.5 XoL の応用例

■ NIAD-QE における科目分類支援システムへの適用[12]

大学改革支援・学位授与機構 (NIAD-QE) では，短期大学・高等専門学校卒業者および専門学校修了者等を対象に，単位累積加算をもとにした学士の学位授与事業を行っている．この制度を利用し学士の学位授与を希望する者は，**専攻の区分**とよばれる各専門分野ごとに定められている所定の単位数を修得しなければならない．申請者は，自らの判断で修得した科目を NIAD-QE が定める**修得単位の審査の基準**（表 2.4.2 参照）に合致するように分類，整理し申告する．それに対し，NIAD-QE では，申請者による分類の正しさを，各専門分野の**専門委員**が，各科目区分ごとに設定されている「専門科目名のリスト」を手がかりに，申告された科目のシラバスを読むことで検討している．

そのような専門委員の分類作業を支援するシステムとして，**科目分類支援システム** (Course Classification Support system: **CCS**) および，その発展形として，**分類候補数の能動的調整を可能にした科目分類支援システム** (Active Course Classification Support system: **ACCS**) が提案されている．CCS，ACCS ともに，**各科目区分**（表 2.4.2 参照）に分類される可能性の高い科目から優先的に専門委員に提示することで審査業務の効率化を図る手法である．

ところで，現実の審査においては，通常は，先頭の科目区分 (科目区分 1) から順に審査されるが，理想的には，科目分類支援システムが，専攻の区分ごとに異なることが予想される科目区分の特性を学習し，その特性を考慮した形で審査すべき科目区分を決定することが望ましい．現在，そのような特性を，過去の実際の判定例から XoL

表 2.4.2 「情報工学」区分における専門科目に関する修得単位の審査の基準
専門科目に関する各科目区分の名称と最低必要単位数

番号	科目区分の内容	単位数
1	情報工学基礎に関する科目	4
2	計算機システムに関する科目	4
3	情報処理に関する科目	4
4	電気電子・通信・システムに関する科目	—

によってあらかじめ学習しておく手法として，**ACCS with XoL**（図 2.4.4 参照）が提案されている．さらに，ACCS with XoL における ACCS の利用形態を，より XoL の特性を考慮したものに変更した **ACCS with XoL/PN** も存在する．そこでは，過去の判定事例から，注目する科目区分に対する正例および負例の集合を作成することで，科目区分全体を考慮した ACCS の利用を実現している．

これらの手法の有効性を確認するために，平成 15 および 16 年度に情報工学区分に実際に申請のあった 4 名の申請者の各科目（48，28，56 および 30 科目）を学習データとして利用し，平成 17 年以降に申請のあった 7 名分 (A〜G) のデータを用いて評価した．科目数は，それぞれ 40，67，27，31，27，18，49 である．

各手法が，修得単位の審査の基準を満たすために要した平均科目審査数を表 2.4.3 に示す．実験は乱数の種を変え 100 回行った．参考までに表の一番下には，ランダムに科目区分を選択した場合の結果 (Random) も示した．表の値が少ないほど，科目審査に要する時間の短縮が期待できることを意味する．その意味で最も性能が悪いのは Q-learning である．ACCS with XoL も悪くはないが，ACCS with XoL/PN は提示する科目数が極端に多くなるケースを抑えるという意味で，専門委員への負担軽減に寄与する手法であると言える．

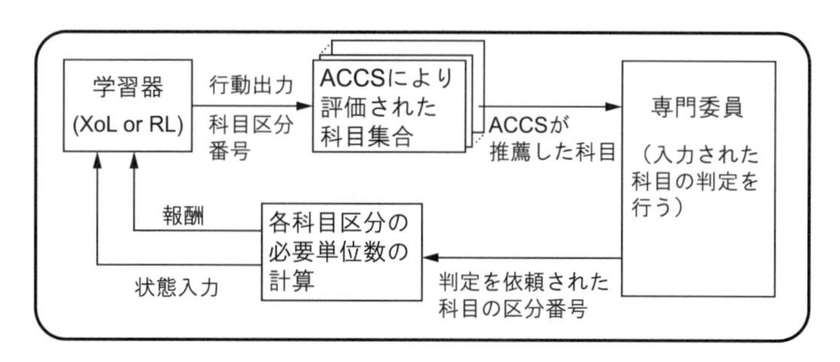

図 2.4.4　ACCS with XoL の構成図

学習器は，各科目区分に課せられている必要単位数の満たされ具合を状態入力，各状態において選択すべき科目区分番号を行動出力とする学習を行う．報酬は，各申請者ごとに最少の科目提示数で修得単位の審査の基準を満たした時点で与える．ACCS は，学習器から出力された科目区分に最も合致する科目を専門委員に提示する．専門委員は，ACCS から提示された科目の判定を行う．その判定結果に従い，各科目区分の必要単位数が更新され，学習器へ入力される．以上を修得単位の審査の基準が満たされるまで繰り返す．

表 2.4.3　各学習手法の結果

	A	B	C	D	E	F	G
Q-learning	6.9	22.6	5.2	10.2	16.4	15.0	7.3
ACCS with XoL	6.9	22.0	5.0	6.0	16.3	15.0	6.1
ACCS with XoL/PN	4.8	6.4	6.6	7.0	9.7	4.7	7.4
Random	10.0	24.2	8.9	15.9	17.1	17.2	14.2

腱駆動2足歩行ロボットの腰軌道学習への応用[2]

次に，図2.4.5左側に示す腱駆動2足歩行ロボットの腰軌道学習に適用した結果を紹介する．状態は全部で8次元であるが，そのうち，2次元は着地している足の状態を表す離散値であり，残りの6次元は腰の座標などの連続値である．なお，連続値については2.4.4項で述べた方法で離散化する．また，学習を高速化するために，K回報酬を受けた状態は**固定状態**とよばれる最大の評価値をもつ行動のみを選択する状態に移行するものとした．

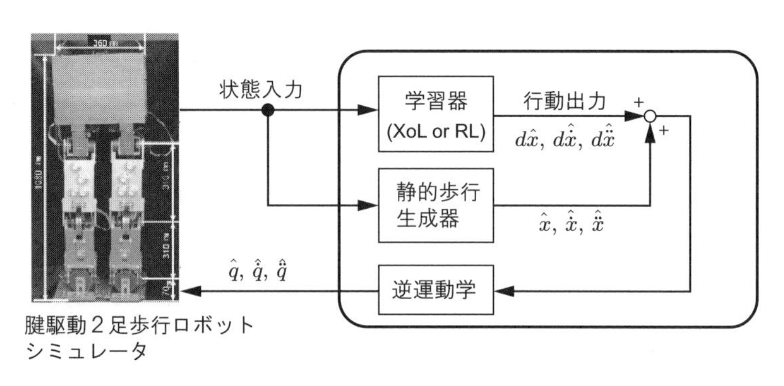

図 2.4.5 腱駆動2足歩行ロボットの腰軌道の学習
ロボットは，静的歩行生成器の出力に学習器の出力を加えることで動的歩行の実現を図る．その際，初期静止状態から半歩 (0.75秒) の学習を行い，その後，その学習が LT (= 15) 回成功するたびに，目標時間をさらに半歩延長し，全体として5歩進み停止することを目指す．

実ロボットのシミュレータを作成し，乱数の種を変えて15回シミュレーション実験を行った．学習の打ち切り時間を12時間とし，目標である5歩の歩容が得られた場合，成功と判定した．Kを1，3，5，10，15，20，∞（固定状態なし）と変化させたときの改良型PARPをもとにした手法の成功率はそれぞれ，60%，87%，80%，80%，93%，80%，73%であった．それに対し，Q-learningでは，一度も成功することができなかった．改良型PARPでは，全体でも6割以上，とくに，$K=1$と$K=\infty$以外では，8割以上の成功を収めており，効率よく学習できていることがわかる．

2.4.6 XoLの発展性

■ ハイブリッド手法

著者らは，これまでに複数の学習器をハイブリッドさせた手法として**MarcoPolo**を提案している[16]（図2.4.6）．そこでは，マルコフ決定過程を対象にした強化学習問題において，素早い学習を行うProfit Sharing (PS) と環境の同定を行う**k-確実探査法**[15]とを特別に設計された調停器によって切り替えることにより環境同定と報酬獲得のあいだの任意のトレードオフ比の実現を図っている．なお，ここでは，各時点で

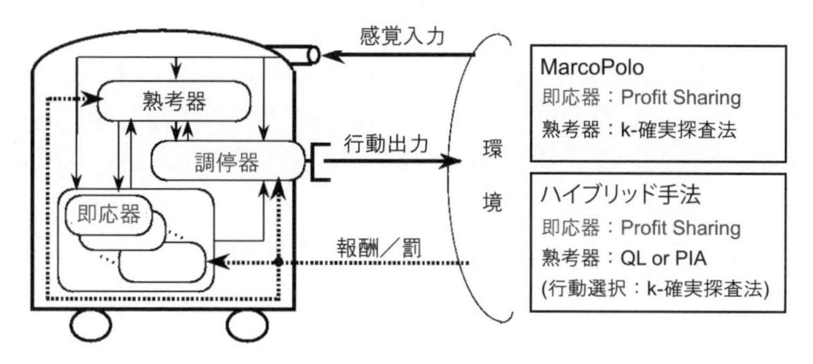

図 **2.4.6** ハイブリッド手法

どちらを重視するかは，設計者自らが決定することができる．

MarcoPolo の考えは，マルコフ決定過程に限らず利用可能である．とくに，近年は，意識的意思決定システムにも同様の考えを拡張している．また，Q-learning (QL) と PS を相補的に用いることも考えられる．たとえば，行動選択は k-確実探査法で行い，学習は，PS と QL（または Policy Iteration Algorithm: **PIA**[5]）により同時に実施し，合理的な政策が早急に必要な場合には PS の学習結果を，そうではなく，より最適な結果が必要な場合には QL や PIA の結果を利用することが考えられる．QL や PIA の結果で最適な行動を得るためには多くの試行錯誤が必要となるので，それにいたらない場合には PS の行動で合理性を確保する接近法となる．

これは，Daniel Kahneman の『ファスト&スロー』[1] の考えにも通じるものがある．Kahneman は人間の思考を「自動的」と「制御的」の二つに分ける考え方を示している．自動的な思考は，「熟考や計画性を伴わずに素早く効率的に行われる意識的認識の外にあるもの」，制御的な思考は，「比較的ゆっくり行われる意図的・意識的なもの」とし，2 種類の思考を区別している．前者が XoL，後者が QL や PIA に相当すると考えられる．

■ 深層学習の活用

ビッグデータに対するニューラルネットワークの学習手法として，近年，**深層学習**が注目されている．深層学習と強化学習を組み合わせた手法として，Google DeepMind の Deep Q-network (**DQN**)[4] がとくに有名である．DQN における深層学習の利用形態は，強化学習の観点からは，膨大な量の画像データを Q-learning に入力するための一種の前処理と捉えることができる．DQN では，ネットワークに対する教師信号は Q-learning により与えられるが，一般に，Q-learning の学習には多くの試行錯誤を要する．そのため，学習システム全体が要する試行錯誤回数は，ネットワークの学習と合わせて膨大なものとなる．

それに対し，XoL の学習結果をネットワークに対する教師信号として利用すれば，試行錯誤回数の低減が期待できる．具体的な組み合わせ方法にはさまざまなものが考えられるが，たとえば，DQN の設定に加え，報酬を得るたびに PS の学習結果を用いてネットワークを更新するだけでも十分である．これにより，Q-learning の学習が進んでいない学習初期に対しても，効果的なネットワークの学習が可能となり，試行錯誤回数の低減が期待できる．以下ではこの方法を **DQN with PS** とよぶ[7]．

一例として，Atari 2600 の Pong（ピンポン）というゲームに対し，DQN with PS を実行したところ，図 2.4.7 に示すように，オリジナルの DQN よりも圧倒的に少ない試行錯誤回数でスコアをあげることができた．文献[4] によれば人間のエキスパートの Pong のスコアは -3 である．DQN with PS は，約 100 万行動でこの値を上回るスコアに達しているが，DQN ではその倍の 200 万行動学習しても -3 に到達していない．PS の単純な追加のみで，このような試行錯誤回数の低減が実現された意義は大きく，今後の応用例の拡大が大いに期待される．

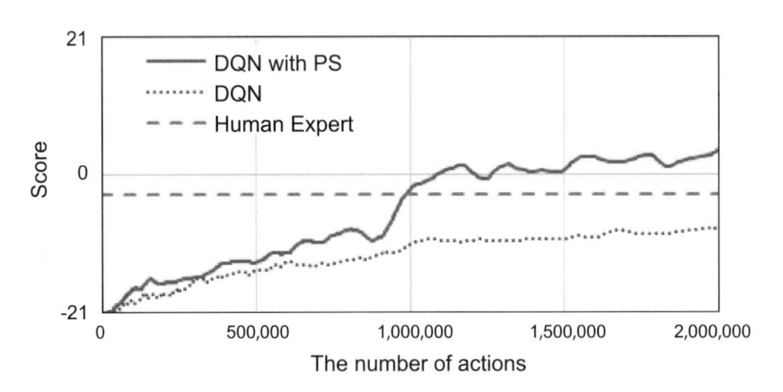

図 2.4.7　Pong における DQN と DQN with PS の比較
横軸は行動選択回数，縦軸はスコア（最大値 21，最小値 -21）である．なお，スコアには，10 回行った実験の平均値をプロットした．

2.4.7　おわりに

本節では，強化学習に対し，試行錯誤回数の低減を主目的とした学習手法である経験強化型学習 XoL の概要を述べた．実問題への適用例を示すとともに，深層学習との組み合わせ等の XoL の発展性について述べた．

XoL はそれ自身完結した学習手法であるが，相補的な関係を有する強化学習と組み合わせることで単なる足し算以上の威力を発揮する可能性がある．実問題への応用を考えた場合，最終的な最適性の保証のみならず，学習途中でもある程度の合理性の保証が要求されることがある．そのようなケースでは，このようなハイブリッド手法の必要性がますます増加するものと予想される．また，最後に述べたような深層学習と組み合わせた手法は，膨大な状態空間を有する実問題への応用を強く後押しするものであると考える．

今後は，経験強化型学習と強化学習がお互いの特徴を最大限に生かせるよう，それぞれの手法の発展のみならず，本節の最後に述べたようなハイブリッド的手法や深層学習と組み合わせた手法の進展が必要不可欠となろう．

参考文献

[1] Kahneman Daniel. *Thinking, Fast and Slow.* Penguin, 2012. 邦訳『ファスト&スロー（上，下）あなたの意思はどのように決まるか?』（村井 章（訳），早川書房，2014）.

[2] Seiya Kuroda, Kazuteru Miyazaki, and Hiroaki Kobayashi. Introduction of fixed mode states into online reinforcement learning with penalties and rewards and its application. *J. of Advanced Computational Intelligence and Intelligent Informatics*, Vol. 16, No. 6, pp. 758–768, 2012.

[3] Kazuteru Miyazaki and Shigenobu Kobayashi. Exploitation-oriented learning PS-r$^{\#}$. *J. of Advanced Computational Intelligence and Intelligent Informatics*, Vol. 13, No. 6, pp. 624–630, 2009.

[4] Volodymyr Mnih, Koray Kavukcuoglu, David Silver, Alex Graves, Ioannis Antonoglou, Daan Wierstra, and Martin Riedmiller. Playing atari with deep reinforcement learning. In *NIPS Deep Learning Workshop*, 2013.

[5] Howard Ronald A. *Dynamic Programming and Markov Processes.* Technology Press adn Wiley, 1960.

[6] Takuji Watanabe, Kazuteru Miyazaki, and Shigenobu Kobayashi. A new improved penalty avoiding rational policy making algorithm for keepaway with continuous state spaces. *J. of Advanced Computational Intelligence and Intelligent Informatics*, Vol. 13, No. 6, pp. 675–682, 2009.

[7] 宮崎 和光．深層学習を組み込んだ経験強化型学習 XoL ：deep Q-network との比較．電気学会資料 システム研究会 ST-16-030, 2016.

[8] 宮崎 和光，木村 元，小林 重信．合理的政策形成アルゴリズムの連続値入力への拡張．人工知能学会論文誌，Vol. 22, No. 3, pp. 332–341, 2007.

[9] 宮崎 和光，坪井 創吾，小林 重信．罰を回避する合理的政策の学習．人工知能学会論文誌，Vol. 16, No. 2, pp. 185–192, 2001.

[10] 宮崎 和光，荒井 幸代，小林 重信．POMDPs 環境下での決定的政策の学習．人工知能学会誌，Vol. 14, No. 1, pp. 148–156, 1999.

[11] 宮崎 和光，荒井 幸代，小林 重信．Profit Sharing を用いたマルチエージェント強化学習における報酬分配の理論的考察．人工知能学会誌，Vol. 14, No. 6, pp. 1156–1164, 1999.

[12] 宮崎 和光，井田 正明．正例および負例の集合を考慮した科目分類支援システムの提案と経験強化型学習との融合．大学評価・学位研究，Vol. 15, pp. 1–15, 2014.

[13] 宮崎 和光，小林 重信．Profit Sharing の不完全知覚環境下への拡張:PS-r*の提案と評価．人工知能学会論文誌，Vol. 18, No. 5, pp. 286–296, 2003.

[14] 宮崎 和光，山村 雅幸，小林 重信．強化学習における報酬割当ての理論的考察．人工知能学会誌，Vol. 9, No. 4, pp. 580–587, 1994.

[15] 宮崎 和光，山村 雅幸，小林 重信．k-確実探査法：強化学習における環境同定のための行動 選択戦略．人工知能学会誌，Vol. 10, No. 3, pp. 454–463, 1995.

[16] 宮崎 和光，山村 雅幸，小林 重信．MarcoPolo：報酬獲得と環境同定のトレードオフを考慮した強化学習システム．人工知能学会誌，Vol. 12, No. 1, pp. 78–89, 1997.

[17] 村岡 宏紀，宮崎 和光，小林 博明．失敗確率伝播アルゴリズム EFPA の提案とマルチエージェント環境下での有効性の検証．電気学会 論文誌 C, Vol. 136, No. 3, pp. 273–281, 2016.

2.5 群強化学習法

黒江康明，飯間等

強化学習は，タスクをもったエージェントが環境との相互作用を通じて得られる報酬を手がかりに，最適な方策を試行錯誤的に獲得していく学習法である[5]．この学習法は，未知で複雑な環境での問題が簡単な手続きで解くことができることにより非常に注目され，多くの研究がなされている．ところが基本的に試行錯誤的な行動獲得のスキームであるため学習に非常に時間がかかるという問題がある．また，状態数が多い問題や複雑な学習問題に対しては，最適な方策が得られないこともある．一方，最適化の分野では，遺伝アルゴリズムや Particle Swarm Optimization (PSO) のように，多数の個体を用いて同時並行に解を探索することによって最適解を得ようとする多点探索型の解法が注目を集めており，広い探索空間を有する多峰性関数に対してより短時間に最適解を発見できる能力を有していることが知られている．群強化学習法は，このような多点探索型の解法にヒントを得て提案された学習法で[9]，従来の強化学習法では最適な方策を得ることが困難な問題に対してより短時間によりすぐれた方策を得ようとする方法である．本節では，まず群強化学習法の基本的な考え方と方法，アルゴリズムを説明する．群強化学習法はもともとは，離散的な状態行動空間をもつ単一エージェントの学習問題に対して提案されたものであるが，その後，連続状態行動空間を有する学習問題，マルチエージェント学習問題へ拡張されている．そこで次にそれらの問題への展開について解説する．

2.5.1　基本的な考え方とアルゴリズム

群強化学習は，強化学習に多点探索型最適化法の考え方を導入したものである．強化学習問題は，エージェントとよばれる学習の主体が環境のなかで行動するとき，環境より得られる状態に応じてとるべき行動を学習により自律的に獲得していく問題として捉えられる．その枠組みは図 2.5.1 のように表され，次のように説明できる．エージェントが，環境から観測される状態 s に基づいて行動 a を決定し，その行動を実行する．この実行により環境の状態 s が変化し，同時にエージェントは環境より報酬 r を受け取る．エージェントはこの報酬を手がかりに行動をより良いものに修正，すなわちより大きな報酬が得られるような行動に修正する．強化学習はこの手順を繰り返すことにより報酬を最大とする方策，すなわち最適な方策を獲得しようとするもので

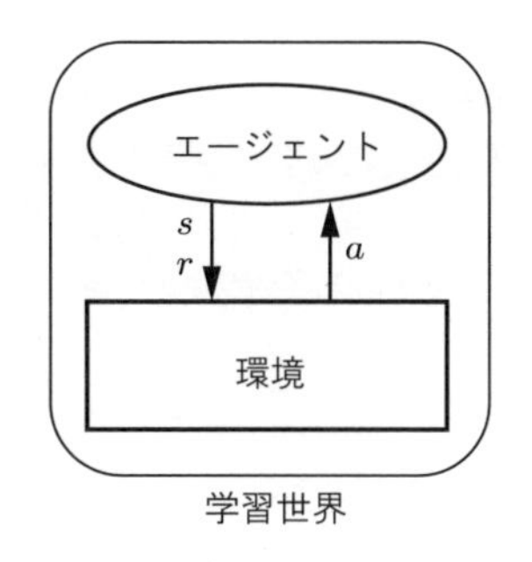

図 2.5.1 強化学習の一般的枠組み
群強化学習法では，強化学習におけるエージェントと環境の組を学習世界とよぶ．

ある．群強化学習法では，強化学習におけるエージェントと環境の組を学習世界とよび，この学習世界を図 2.5.2 に示すように複数用意し，次のように学習を進める．すなわち，各学習世界それぞれで各エージェントが通常の強化学習法で同時並列に学習するとともに，各学習世界の学習成果に関する何らかの情報を学習世界間でやりとりする，すなわち情報交換することでも学習を進める．これにより，多点探索型の最適化法と同様な効果により，従来の強化学習では最適な方策を得ることが困難な問題に対して，より短時間でよりすぐれた方策を得られることが期待できる．実際に，これまでの研究でこのことがいくつかの問題で実証されている．

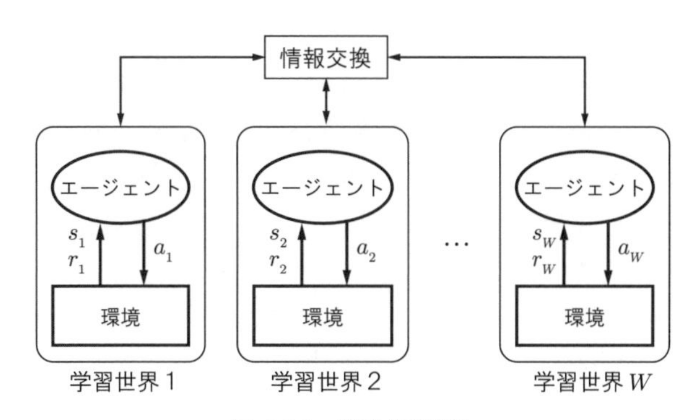

図 2.5.2 群強化学習法

以上のように群強化学習法には，2 種類の学習が含まれる．すなわち各学習世界内での学習と，学習世界間での情報交換による学習である．後者の情報交換による学習のためには，何らかの方法で前者の各学習世界の学習を評価する必要があり，群強化学習の基本的なアルゴリズムは次のようにまとめられる．

Algorithm 2.5.1 ：群強化学習の基本アルゴリズム

Step 0 エージェントと環境の組である学習世界を複数用意し，各学習世界の学習を初期化する．
Step 1 各学習世界が個別に，通常の強化学習法であらかじめ与えられたエピソード数だけ学習する．
Step 2 各学習世界の学習を何らかの方法で評価する．
Step 3 各学習世界の評価に基づいて，学習世界間で情報を交換することにより学習する．
Step 4 学習終了条件を満たせば終了し，そうでなければ Step 1 へ戻る．

次項以降で，各 Step における方法を具体的に説明する．

2.5.2 各学習世界の学習法

上記のアルゴリズムの Step 1 における各学習世界での学習は，どのような強化学習法でもよく，対象とする問題に合わせて適切に学習法を選ぶ，あるいは開発すればよい．ここでは文献[9] に従って，強化学習の代表的な方法である Q-learning を用いることにして説明する．

強化学習問題は多くの場合，次のように定式化される．環境における状態の集合を $\mathcal{S}$，その要素を s とし，エージェントのとる行動の集合を $\mathcal{A}$，その要素を a とする．また時刻 t における状態と行動をそれぞれ a_t，s_t とする．学習の主体であるエージェントは各時刻 t $(t = 0, 1, \ldots)$ で自身の状態 $s_t (\in \mathcal{S})$ を環境より観測し，状態 s_t で実行できる行動集合 $\mathcal{A}$ のなかからそのとき得られている方策 π に従って行動 $a_t (\in \mathcal{A})$ を選択し，実行する．実行の結果，エージェントは環境から報酬 r_{t+1} を受け取り，状態は次の状態 s_{t+1} に遷移する．

ここで方策 π は状態から行動を決める何らかの方針を表すものである．$\pi(s, a)$ の定義としてよく用いられるのは，状態 s のもとで行動 a を選択する確率を $\pi(s, a)$ とするものである．強化学習問題は，以上のことを繰り返すことにより収益 R_t とよばれる報酬の割引和（の期待値）を最大にする方策 π を求める問題である．収益 R_t は次のように定義される．

$$R_t = \sum_{k=t+1}^{t_f} \gamma^{k-t-1} r_k \tag{2.5.1}$$

ここで，γ $(0 \leq \gamma \leq 1)$ は将来の報酬の現時点での価値を決める割引率とよばれるパラメータである．t_f は最終時刻あるいは $t_f = \infty$ である．

Q-learning では，状態行動価値関数（あるいは Q 値）とよばれる期待収益 $Q(s, a)$

を定義し，最適方策を求める．方策 π のもとでの状態行動価値関数 $Q^{\pi}(s,a)$ を次式で定義する．

$$Q^{\pi}(s,a) = \mathbb{E}^{\pi}\left[R_t | s_t = s, a_t = a\right] \tag{2.5.2}$$

すなわち，$Q^{\pi}(s,a)$ は，状態 s において行動 a をとり，その後は方策 π に従ったときの期待収益である．エージェントの目標は，この状態行動価値関数が最大となる方策を見つけることで，最適状態行動価値関数は次のように定義できる．

$$Q^{*}(s,a) = \max_{\pi} Q^{\pi}(s,a) \quad (\forall a \in \mathcal{A}, \forall s \in \mathcal{S}) \tag{2.5.3}$$

最適状態行動価値関数 $Q^{*}(s,a)$ を求めることができれば，これを用いて各状態 $s \in \mathcal{S}$ において $a^{*} = \mathrm{argmax}_{a} Q^{*}(s,a)$ を求め，この行動をとることにより最適方策を実行できることになる．Q-learning ではこの最適状態行動価値関数 $Q^{*}(s,a)$ を求めるため，その推定値 $Q(s,a)$ を次のように更新することにより $Q^{*}(s,a)$ に収束させるように学習させる．すなわち，状態 $s_t(\in \mathcal{S})$ において a_t を選択し，その結果，状態が s_{t+1} に遷移したとして，最適性の原理から導ける次の式により $Q(s,a)$ を更新する．

$$Q(s_t,a_t) \leftarrow Q(s_t,a_t) + \alpha \left(r_{t+1} + \gamma \max_{a \in \mathcal{A}} Q(s_{t+1},a) - Q(s_t,a_t) \right) \tag{2.5.4}$$

ここで，α $(0 < \alpha < 1)$ は学習率とよばれるパラメータである．

群強化学習の Step 1 においては，各学習世界で以上の学習を独立に行う．

2.5.3 各学習世界の評価法

群強化学習法は，学習世界間の情報交換によっても学習を進める方法であり，そのため Step 2 では，各学習世界の学習を何らかの方法で評価する．この評価も対象とする問題に応じて適切に決める必要がある．たとえばロボットの自律歩行を学習により獲得するような問題においては，実現できた歩行時間の長さを評価の尺度にすることが考えられる．一方，問題ごとに考えるのは煩雑な場合もあり，ある程度どのような問題にも適用できる一般的な方法も考えておく必要がある．またこの評価のために多大な計算時間を要すると，群強化学習法全体の学習速度の低下を招くので，効率よく評価できる方法である必要がある．ここでは，このような観点から文献[9] で提案されている評価法を説明する．

強化学習の目的は収益の期待値を最大にすることなので，これを評価値とするのが最も望ましいと考えられる．ところがこれを正確に算出するには，各学習世界で得られた Q 値 $Q(s,a)$ を用いて方策を実行するシミュレーションをする必要があり，これには多大な時間を要するので現実的ではない．したがって，収益の期待値を十分近似でき，かつ効率よく求められるものを評価値とすることが考えられる．目的はアルゴリズムの Step 1 における学習の良し悪しを評価することであるので，Step 1 で最終的に得られた Q 値 $Q(s,a)$ を評価すればよい．したがって，その評価法としてこの Q 値 $Q(s,a)$ を得た学習のエピソードにおける報酬の割引和を評価値とすることが考えられる．具体的には，次の式で定義される E を各学習世界の評価値とする．

$$E = \sum_{t=1}^{L} d^{L-t} r_t \tag{2.5.5}$$

ここで，L は Q 値 $Q(s,a)$ を得た 1 エピソードにおける全行動回数である．また $d\,(0 < d < 1)$ は割引率であり，以下の考察により導入されたものである．Q 値 $Q(s,a)$ は 1 エピソード内で学習により，すなわち式 (2.5.4) の更新により変化する．そのため，t の値がより小さい時点での報酬 r_t は，エピソード終了時すなわち $t = L$ で最終的に得られた Q 値 $Q(s,a)$ との関係が小さいと考えられる．すなわち t が小さければ小さいほど $t = L$ での Q 値 $Q(s,a)$ への寄与が小さいと考えられるので，t の値がより小さい時点での報酬 r_t を割り引く必要がある．

以上のように定義した E の値が大きい Q 値を，評価が高い Q 値とする．

2.5.4 学習世界間の情報交換法

さきにも述べたように，Step 1 で各学習世界で得られるのは Q 値 $Q(s,a)$ なので，アルゴリズムの Step 3 ではこれを各学習世界がもつ情報として情報交換する．群強化学習法の性能はこの情報交換法に大きく依存するためこれを適切に設計する必要がある．ここでは，この情報交換法についてこれまで提案されている主なものを説明する．以下では，用意した学習世界の数を W として，i 番目の学習世界で Step 1 の学習で最終的に得られた Q 値を $Q_i(s,a)$, $(i = 1, 2, \ldots, W)$ とする．また，これらの評価値を E_i とする．

■ A. 最良値で更新する方法

各学習世界における Q 値 $Q_i(s,a)$ のなかで最も評価の高い（評価値 E_i の値が大きい）Q 値を最良 Q 値として $Q^{\mathrm{best}}(s,a)$ とする．各学習世界の Q 値をこの最良 Q 値に置き換えれば，Step 1 に戻って行う各学習世界での学習においてさらにすぐれた方策を獲得することが期待できる．この考え方に基づいて，すべての学習世界の Q 値を $Q^{\mathrm{best}}(s,a)$ とする情報交換法が考えられる．すなわち，各 i $(i = 1, 2, \ldots, W)$ に対して

$$Q_i(s,a) \leftarrow Q^{\mathrm{best}}(s,a), \quad (\forall s, a)$$

とする情報交換法である．

■ B. 最良値との平均をとる方法

さきに述べた方法は，すべての学習世界の Q 値を最良値とする方法である．ところが，評価が最良でなくても各学習世界で得られた Q 値は，それなりに意味のあるものであると考えられる．またさきの A の方法では，すべての学習世界で同一の Q 値をもつよう更新されるので，複数の学習世界で探索しているにもかかわらず，多様な探索が行えなくなる可能性がある．そこで，各学習世界の Q 値の情報も残すことにする．この最も簡単な方法は，各学習世界の Q 値を最良 Q 値と各学習世界の Q 値との平均値とすることで，次の情報交換法が考えられる．すなわち，各 i $(i = 1, 2, \ldots, W)$ に対して

$$Q_i(s,a) \leftarrow \frac{Q^{\text{best}}(s,a) + Q_i(s,a)}{2}, \quad (\forall s, a)$$

とする情報交換法である．

■ C. Particle Swarm Optimization に基づく方法

最適化の分野では，多数の探索点を用いて並列に解を探索する多点探索型の解法が非常に注目を集めている．そのなかでも PSO(Particle Swarm Optimization) は，簡単な更新式で大域的な最適解を効率よく求められる方法として盛んに研究されている[3]．そこで群強化学習法の情報交換法に，PSO の考え方を導入できれば最適な方策を短時間で得ることが期待でき，その方法が提案されている．ここでは PSO の考え方を導入した情報交換法を説明する．

PSO は群れ行動にヒントを得て J. Kennedy らによって提案された最適化問題の解法である．この方法は，群れの各個体がそれまでに探索した最もすぐれた解（自己最良解とよばれる）と，それらのなかで最もすぐれた解，すなわち群れ全体で最もすぐれた解（全体最良解とよばれる）を用いて，次の解候補を決定する方法である．群強化学習における情報交換の対象である Q 値を最適化問題における決定変数，またその評価値 E を最適化問題における目的関数値に対応させると，群強化学習の情報交換の問題は一種の最適化問題とみなすことができる．そこで情報交換に次のように PSO の考え方を導入することができる．各学習世界 i で，評価値 E_i に基づきこれまでのエピソードで得られた最良の Q 値を自己最良 Q 値 $P_i(s,a)$ とし，またそれらのなかで最もすぐれた Q 値，すなわちそれまでのエピソードですべての学習世界のなかで最もすぐれた Q 値を全体最良 Q 値 $G(s,a)$ とし，これらを選別，記憶しておく．これら自己最良 Q 値 $P_i(s,a)$ と全体最良 Q 値 $G(s,a)$ を用いて，次のような更新式により情報交換する．すなわち，各 i $(i = 1, 2, \ldots, W)$ に対して

$$\begin{aligned} V_i(s,a) \leftarrow\ & W_{\text{pso}} V_i(s,a) + C_1 R_1 (P_i(s,a) - Q_i(s,a)) \\ & + C_2 R_2 (G(s,a) - Q_i(s,a)), \quad (\forall s, a) \end{aligned} \tag{2.5.6}$$

$$Q_i(s,a) \leftarrow Q_i(s,a) + V_i(s,a), \quad (\forall s,a) \tag{2.5.7}$$

とする．ここで，W_{pso}，C_1，C_2 は適当な重みパラメータ，R_1，R_2 は 0 から 1 までの一様乱数である．最適化問題の解法である PSO においては，探索の主体である群れを構成する各個体の位置で解候補を表しており，その更新式は，まず個体の速度を自己最良解と全体最良解を用いて更新し，次に更新された速度を用いて位置を更新するという二つの更新式からなる．上式において式 (2.5.6) が前者に，式 (2.5.7) が後者に相当し，したがって $V_i(s,a)$ は，学習世界 i の Q 値 $Q_i(s,a)$ の変化量，すなわち速度を表していることになる．なお，上式の情報交換法を用いる場合，基本アルゴリズムの Step 0 における初期化においては，各学習世界の Q 値 $Q_i(s,a)$ だけでなく，その速度 $V_i(s,a)$ も初期化する必要がある．

更新式 (2.5.6)，(2.5.7) は，基本的に J. Kennedy らによって提案されたオリジナルな PSO の更新式に基づいている．その後，この更新式の改良に関する研究が多くなされており，本情報交換法においてもそれらの改良された更新式を用いることにより，より性能の高い情報交換法とすることが期待できる．

■ D. アントコロニー最適化に基づく方法

アントコロニー最適化法とは，アリの採餌行動をヒントに考案された最適化法で，アリがエサまでの道しるべとして地面におとすフェロモンとアリの行動をモデル化したものである[1]．文献[7] では，アントコロニー最適化に基づく情報交換法が提案されており，ここではこれを説明する．

アントコロニー最適化法の特徴は，アリの単純な行動ルールとフェロモンの仕組みによって複雑な問題に対応できることである．フェロモンに必要な要素としては，(A) フェロモンがアリの行動によって変化すること，(B) フェロモンは時間が経つと蒸発することの，2 点があげられる．そこで，学習世界間の情報交換にフェロモンのこれらの要素 (A)(B) をもたせた Q 値を，各学習世界 i のもつ Q 値すなわち $Q_i(s,a)$ とは別に用意し，それを各学習世界が共通に用いて情報交換する．この別に用意する Q 値をフェロモン Q 値とよび，$Q_p(s,a)$ とする．フェロモン Q 値は，(A) 各学習世界の学習によって変化し，(B) 時間が経つと蒸発するよう次のように構成し，これを用いて各学習世界で情報交換する．具体的には，各 i $(i = 1, 2, \ldots, W)$ に対して

$$Q_{\mathrm{p}}(s,a) \leftarrow (1-\rho)Q_{\mathrm{p}}(s,a) + \sum_{i=1}^{W} \frac{E_i}{\displaystyle\sum_{r=1}^{W} E_r} Q_i(s,a), \quad (\forall s,a) \tag{2.5.8}$$

$$Q_i(s,a) \leftarrow Q_{\mathrm{p}}(s,a), \quad (\forall s,a) \tag{2.5.9}$$

とする．ここで，$\rho\ (\leq 1)$ は蒸発率である．フェロモン Q 値は，最近のエピソードでの各エージェントの Q 値を評価値で重み付けした値で強化し（式 (2.5.8) の右辺第 2 項），蒸発率 ρ で蒸発する（式 (2.5.8) の右辺第 1 項）として構成されている．評価値で重み付けすることにより，より良い Q 値をもつ学習世界の Q 値がより大きな割合でフェロモン Q 値に反映され，よりすぐれた学習ができると考えられる．

2.5.5 連続状態行動空間学習問題への展開

文献[9] で提案された群強化学習法は，まず離散の状態行動空間を有する問題に適用され，その有効性が確認されている．一方，現実には連続の状態行動空間を有する問題が，ロボットの制御問題をはじめとして数多くあり，このような問題に対する群強化学習法を開発する必要がある．文献[11] では連続状態行動空間を有する問題に対する群強化学習法が提案されている．本項ではこの方法を説明する．

連続の状態行動空間を有する問題に対しても，群強化学習の基本的なアルゴリズムは，2.5.1 項で示した Algorithm 2.5.1 と同じである．ただし，アルゴリズムの Step 1 の各学習世界における通常の強化学習には，連続の状態行動空間をもつ問題を扱える方法を用いる必要がある．連続状態行動空間の問題に対する代表的な強化学習法として Actor-Critic 法が知られており，倒立振子やロボット制御への適用などこれまで多くの研究がなされている．文献[11] では，Algorithm 2.5.1 の Step 1 にこの方法を用いた場合の群強化学習法が提案されている．また Algorithm 2.5.1 の Step 2 の各学習世界の評価についても，2.5.3 項で説明した方法で評価すればよい．連続状態行動空間を有する問題に対してとくに問題となるのは Step 3 の学習世界間の情報交換法である．以下では文献[11] に従って，Step 1 で Actor-Critic 法を用いた場合を例として学習世界間の情報交換における問題点について述べたあと，それを解決した情報交換の方法を説明する．

Actor-Critic 法は現在推定している状態行動価値をもとに報酬をより多く得るように方策を更新する Actor と，現在の方策に対する状態行動価値を推定する Critic という二つの学習器で学習を進める強化学習法である．Actor-Critic 法では，Actor と Critic において，非線形関数の関数近似法を用いることにより連続空間を直接扱うことができる．この関数近似には，放射基底関数やガウス関数のような基底関数に基づく関数近似法がしばしば用いられる．このとき，群強化学習の基本アルゴリズムの Step 3 の各学習世界間の情報交換において次のような問題が生じる．

ガウス関数などを基底関数として連続関数を近似する際，近似関数のパラメータとして，基底関数自身の中心座標，分散，用意する基底関数の個数，その係数などがあり，これらをパラメータとしてパラメタライズされる．近似対象が比較的簡単な非線形関数の場合は，基底関数の個数，中心座標や分散はあらかじめ与えた値に固定し，係数のみをパラメータとして近似関数を求めることも可能である．この場合は係数を未知数とする線形方程式を解くことに帰着され比較的簡単に近似関数を求めることができる．またこのような近似法を Actor-Critic 法に用いた場合，群強化学習法における情報交換法は，2.5.4 項で説明した方法をすべてそのまま用いることができる．対象の非線形関数が大規模で非線形性が強い場合は，この方法では精度よく近似することができず，基底関数の個数，中心座標や分散を変化させて近似せざるを得ず，これらを適応的に変化させて近似関数を求めることが一般的になっている．ところがこの近似法を Actor-Critic 法に用いた場合，群強化学習法の基本アルゴリズムの Step 1 における各学習世界の個別学習の結果において，各学習世界で基底関数の個数，中心座標や分散が異なることになり，2.5.4 項で説明した学習世界間の情報交換法をそのまま用いることができない．そのため次のようにする．

基底関数に基づく関数近似法はこれまでいくつか提案されている．文献[11] の方法はそれらのどの方法を用いてもよいが，正規化ガウシアンネットワーク (NGnet) を例として説明されているのでここでもそれにならうことにする．

対象とする問題の状態空間における状態を実数ベクトル $\boldsymbol{s} = (s_1, s_2, \ldots, s_N)^{\mathrm{T}} \in \mathbf{R}^N$ とし (T は転置記号)，またエージェントの行動を実数ベクトル $\boldsymbol{a} = (a_1, a_2, \ldots, a_M)^{\mathrm{T}} \in \mathbf{R}^M$ とする．また状態 $\boldsymbol{s}$，行動 $\boldsymbol{a}$ における状態行動価値関数を $Q(\boldsymbol{p})$ (ただし $\boldsymbol{p} = (\boldsymbol{s}^{\mathrm{T}}, \boldsymbol{a}^{\mathrm{T}})^{\mathrm{T}}$) と表す．Actor-Critic 法における Critic においては現在の方策に対する状態行動価値関数 $Q(\boldsymbol{p})$ を推定する．このために NGnet を用いて状態行動価値関数を表すと次のようになる．

$$Q(\boldsymbol{p}, \boldsymbol{w}_{\mathrm{c}}) = \sum_{k=1}^{N^{\mathrm{C}}} v_k b_k \tag{2.5.10}$$

$$b_k = \frac{a_k}{\displaystyle\sum_{m=1}^{N^{\mathrm{C}}} a_m} \tag{2.5.11}$$

$$a_k = \exp\left\{-\frac{1}{2}(\boldsymbol{p} - \boldsymbol{\mu}_k)^{\mathrm{T}} \Sigma_k^{-1} (\boldsymbol{p} - \boldsymbol{\mu}_k)\right\} \tag{2.5.12}$$

$$\Sigma_k = \mathrm{diag}(\sigma_{k1}^2,\ \sigma_{k2}^2, \ldots,\ \sigma_{k,M+N}^2) \tag{2.5.13}$$

ここで，v_k，$\boldsymbol{\mu}_k$，Σ_k はそれぞれ k 番目の基底関数の係数，中心座標，分散であり，N^{C} は基底関数の個数である．これらのパラメータが，ここでの学習パラメータ $\boldsymbol{w}_{\mathrm{c}} = (v_k, \boldsymbol{\mu}_k^{\mathrm{T}}, \sigma_{kn}^2, N^{\mathrm{C}})$ $(k = 1, 2, \ldots, N^{\mathrm{C}};\ n = 1, 2, \ldots, M + N)$ となる．各学習世界の個別学習における Critic においては，状態行動価値関数をこのように表現し関数近似法を用いて推定する．このとき，さきに述べたように，基底関数の個数 N^{C}，中心座標 $\boldsymbol{\mu}_k$ や分散 Σ_k はあらかじめ与えこれらは固定したままで，係数のみを変化させる近似法を用いる場合は，学習パラメータは係数 $\{v_k\}$ だけとなり，この場合は各学習世界間の情報交換法は，2.5.4 項で説明した方法がそのまま使える．ところが，基底関数の個数，中心座標や分散も適応的に変化させる関数近似法に基づいて推定すると，Step 1 の個別学習を終えた後は各学習世界で，基底関数の個数，中心座標，分散の値が互いに異なることになる．この場合，2.5.4 項の A で説明した最良値で更新する方法は，各学習世界の状態行動価値関数を最もすぐれた状態行動価値関数で置き換えるだけなので，そのまま用いることができるが，他の B，C，D の情報交換法は各学習世界で，基底関数の個数，中心座標，分散が異なるためそのまま用いることができない．そのため次のようにする．

例として B の最良値との平均をとる方法に対して説明する．この方法は，各学習世界の状態行動価値関数が次式の関数となるよう情報交換する方法である．

$$Q_i(\boldsymbol{p}) = \frac{Q_i(\boldsymbol{p}, \boldsymbol{w}_{\mathrm{c}i}) + Q^{\mathrm{best}}(\boldsymbol{p}, \boldsymbol{w}_{\mathrm{c}}^{\mathrm{best}})}{2} \tag{2.5.14}$$

ここで，式 (2.5.14) の右辺の第 1 項は学習世界 i の状態行動価値関数，第 2 項は最も評価が高かった学習世界の状態行動価値関数で，さきほど述べたように，これらを表現する基底関数系はそれぞれ異なっている．すなわち基底関数の個数，位置，分散などが異なっている．したがってこれらの平均を学習世界 i の状態行動価値関数とするためには，平均した関数をある一つの基底関数系で表す必要がある．ところがこのことは式 (2.5.14) の関数の近似関数を求めることに相当し，実質的に最初から関数近似問題を解き直すことが必要で莫大な計算時間を必要とする．そのため文献[11] では，この近似関数を求める次のような簡便な方法を提案している．各学習世界における式 (2.5.14) の関数の近似に，自身の基底関数をそのまま用いることにし，各基底関数の中心座標における状態行動価値が，同じ座標における式 (2.5.14) の関数値に一致するように近似する．すなわち各学習世界 i の学習パラメータ v_{ik}，$\boldsymbol{\mu}_{ik}$，σ_{ikn}^2，N_i^{C} のなかで，$\boldsymbol{\mu}_{ik}$，σ_{ikn}^2，N_i^{C} は自身の値をそのまま用い，各基底関数の中心座標 $\boldsymbol{p} = \boldsymbol{\mu}_{ik}$ における $Q_i(\boldsymbol{p}, \boldsymbol{w}_{\mathrm{c}i})$ の値を同じ座標における式 (2.5.14) の関数値に一致するように，係数 v_{ik} のみを求める．この方法によって中心座標の近傍において状態行動価値関数と関数 (2.5.14) との差のノルムが減少し，全体のノルムも減少することが期待できる．具体的には，求めたい係数 v_{ik} の更新後の値を v_{ik}^{new} とし，v_{ik}^{new} をもつパラメータを $\boldsymbol{w}_{\mathrm{c}i}^{\mathrm{new}}$ とすると，

$$Q_i(\boldsymbol{\mu}_{ik}, \boldsymbol{w}_{\mathrm{c}i}^{\mathrm{new}}) = \frac{Q_i(\boldsymbol{\mu}_{ik}, \boldsymbol{w}_{\mathrm{c}i}) + Q^{\mathrm{best}}(\boldsymbol{\mu}_{ik}, \boldsymbol{w}_{\mathrm{c}}^{\mathrm{best}})}{2}, \quad (\forall k) \tag{2.5.15}$$

を満たすように $\boldsymbol{w}_{\mathrm{c}i}^{\mathrm{new}}$ を求める．式 (2.5.10) を式 (2.5.15) に代入すると次式が得られる．

$$\sum_{j=1}^{N^{\mathrm{C}}} v_{ij}^{\mathrm{new}} b_{ij}(\boldsymbol{\mu}_{ik}) = \frac{\displaystyle\sum_{j=1}^{N^{\mathrm{C}}} v_{ij} b_{ij}(\boldsymbol{\mu}_{ik}) + Q^{\mathrm{best}}(\boldsymbol{\mu}_{ik}, \boldsymbol{w}_{\mathrm{c}}^{\mathrm{best}})}{2} \quad (k = 1, 2, \ldots, N^{\mathrm{C}}) \tag{2.5.16}$$

この式は v_{ik}^{new} に関する線形連立方程式となっており，これは容易に解くことができる．

2.5.4 項の C で説明した Particle Swarm Optimization に基づく方法，また D で説明したアントコロニー最適化に基づく方法においても，近似すべき関数をそれぞれ式 (2.5.7)，式 (2.5.9) とすることにより同様の方法で近似関数を求めることができる．これより学習世界間で情報交換が効率よくできることになる．

文献[11] では，この情報交換法を用いた群強化学習を，図 2.5.3 に示す 5 リンクの二足歩行ロボットの自律歩行の制御問題に適用している．その結果の一例を図 2.5.4 に

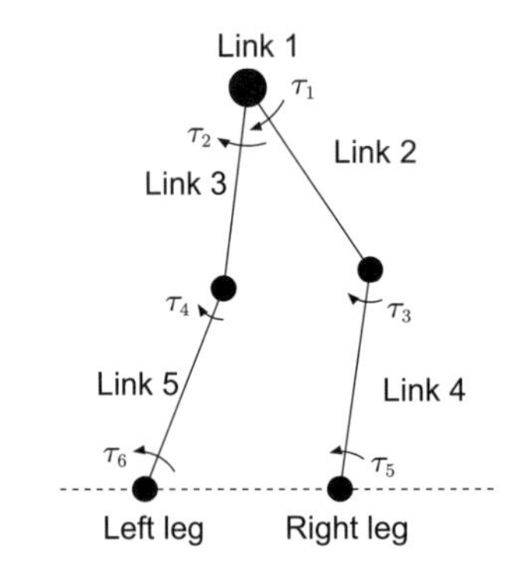

図 **2.5.3** 5 リンクの二足歩行ロボット

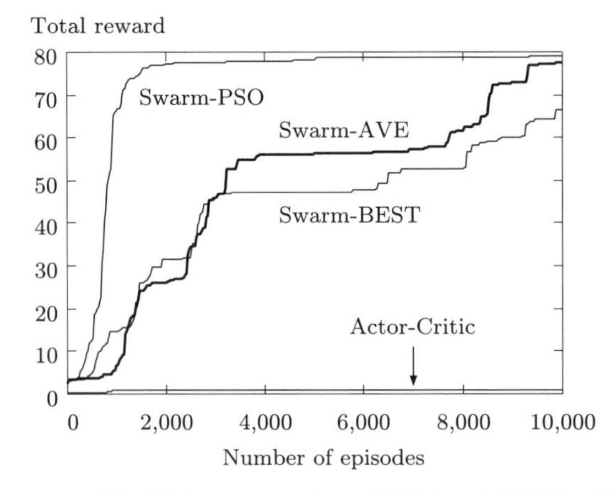

図 **2.5.4** 学習過程におけるエピソード数に対する総報酬の変化

示す．この図は，学習過程におけるエピソード数に対する得られた総報酬の変化をプロットしたもので，Swarm-BEST，Swarm-AVE，Swarm-PSO はそれぞれ，学習世界間の情報交換として 2.5.4 項の A，B，C の方法を用いた群強化学習法による結果である．また，Actor-Critic は学習世界が一つの通常の Actor-Critic 法による結果である．図より，通常の Actor-Critic 法では総報酬が変化せず学習を進めることができないが，群強化学習法ではどの情報交換法を用いても総報酬を大きくする方策を獲得できていることがわかる．とくに PSO に基づく情報交換法を用いた方法は最も速く学習できている．

2.5.6 マルチエージェント学習問題への展開

■ マルチエージェント群強化学習法

これまで説明してきた群強化学習法は基本的に環境に単一のエージェントしか存在しない 1 エージェントの学習問題を想定して説明してきた．ところが，環境に複数のエージェントが存在し，それぞれが個別に強化学習を行うことでエージェント全体の目的を達成しようとする，マルチエージェント強化学習[4] に関する研究も盛んになってきている．これは，実際の問題では，マルチエージェント環境となることが多いためである．マルチエージェント環境では，エージェントが相互に影響を与え合うため，学習が非常に困難となる．そのため研究すべき課題が多く残されており，これらを解決する手法の開発が強く望まれている．群強化学習法はこのようなマルチエージェント学習問題についても展開することができる．

マルチエージェント強化学習は図 2.5.5 に示すように，一つの環境に学習の主体であるエージェントが複数存在し，それらが個別に環境と相互作用しながら学習を行う．群強化学習法では図 2.5.6 に示すように，この環境と複数のエージェントの組を一つの学習世界として，この学習世界を複数用意し，次のように学習を進める．すなわち 2.5.1 項で説明したのと同様に，各学習世界でエージェントが通常の強化学習法で同時並行に学習するとともに，各学習世界の学習成果に関する何らかの情報を学習世界間で交換することでも学習する．したがって，群強化学習の基本アルゴリズムは 2.5.1 項で示した Algorithm 2.5.1 と同じとなる．

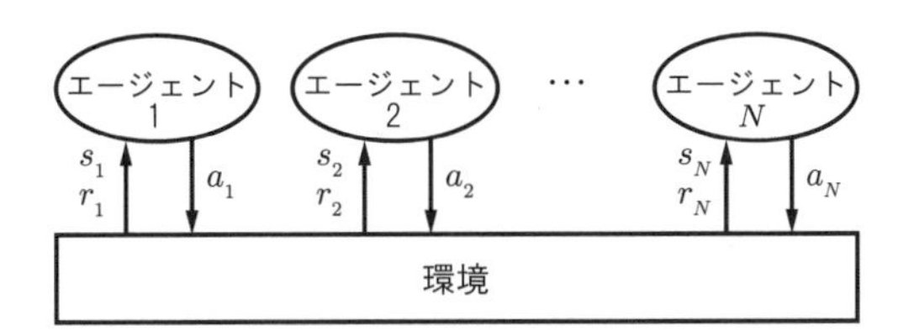

図 2.5.5 マルチエージェント強化学習

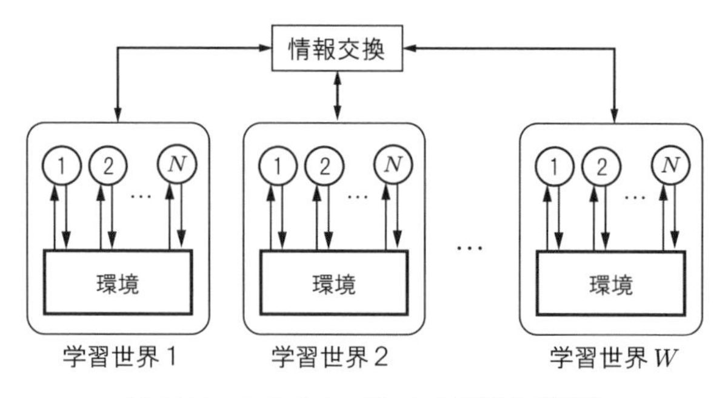

図 **2.5.6** マルチエージェント群強化学習法

マルチエージェント問題は，エージェント同士の関係や，報酬の与え方によりさまざまな種類の問題があるため[4]，これらすべてに対して有効な解法を開発することは非常に困難である．そのため，問題の種類をある程度区分して，問題の種類ごとに解法を開発する必要がある．このような背景のもといくつかのマルチエージェント問題に対して群強化学習法が開発されている[2, 6, 8, 10]．文献[8] では，マルチエージェント学習問題のベンチマーク問題として有名なハンター問題を対象として群強化学習の適用を提案している．この問題は複数のエージェントが協調して一つの獲物を追跡する問題で，完全協調問題となっている．文献[6] は，N 人囚人のジレンマ問題を例としたジレンマ問題に対する研究である．また文献[2, 10] は，近年，制御の分野でその研究が盛んになっている，複数ロボットを用いてそれらに何らかのフォーメーションを形成させる問題を取り扱っている．この問題はジレンマと協調の両方を併せもっている問題となっている．以下では，文献[6] と文献[2, 10] の方法を説明する．

■ ジレンマ問題の解法

ジレンマ問題は，エージェント自身の合理性と集団の合理性が対立している問題で，学習が非常に困難となる．文献[6] では，ジレンマ問題の典型的な問題である繰り返しN 人囚人のジレンマ問題（N-Persons Iterated Prisoner's Dilemma, NIPD）を例として，ジレンマ問題に対する群強化学習法を提案している．

囚人のジレンマ問題は，環境に 2 人のエージェントが存在し，それぞれのエージェントが協調か裏切るかの二つの行動を選択する問題で，2 人の選択の結果によって各エージェントには次のような報酬が与えられるため，ジレンマが生ずる．すなわち，相手の行動がどのようなものであっても，自分は裏切ったとき報酬が高くなり，またその一方でどちらも裏切るよりは，どちらも協調したほうが高い報酬を得られ，さらに 2 人の報酬合計は，どちらも協調したときに最大となるように与えられる．そのため，エージェント個人としては最良と思われる裏切り行動が，集団として見ると最悪の結果となってしまい，逆に，個人にとって最悪と思われる協調行動をとると，集団としては最良となる．すなわち，この状況において，集団の合理性と個人の合理性が対立しており，両者ともが個人の合理性を求めて裏切り行動を選択することになり，この場合，集団としては最悪の結果となる．NIPD は，囚人のジレンマにおいて，エージェントを N 人に拡張し，協調するか裏切るかの選択を 1 回の行動とし，これを繰り返すとした問題である．各エージェントが受け取る報酬は，さきほど述べたようなジレンマが生ずるように設定されている．文献[6] ではこの問題を学習問題として定式化し，すべてのエージェントが協調行動を獲得できることを学習の目的とした群強化学習法を提案している．

この問題に従来の強化学習を適用すると，各エージェントは個人にとって合理的な行動を学習するため，裏切り行動を学習する傾向があり，協調行動は学習できない．ただし，学習の進み方によっては，学習過程で協調の価値が高くなる情報を得ている場合があり，群強化学習を導入することによりこのことを有効に利用し，すべてのエージェントが協調行動を獲得するように学習させることができる．以下では，この方法を説明する．まず群強化学習法の考え方に沿って，複数の学習世界を用意する．すなわち，エージェントが N 人存在する学習世界を並列に W 個用意する．ただし，用意する学習世界は均一であり，各学習世界にいるエージェント i は同一エージェントである．ここで同一とは観測できる状態や選択できる行動は同じであることを指し，各エージェントが経験する状態や行動は学習世界ごとに異なる．各学習世界 w $(w = 1, 2, \ldots, W)$ の各エージェント i は Q 値 $Q_{w,i}$ をもつ．さらにこの Q 値とは別に，各エージェント i ごとに共有する Q 値 Q_i^{common} を用意する．この共有 Q 値は，後に述べるように各学習世界間の情報交換に用いる．共有 Q 値は，すべての学習世界の同じ番号のエージェント間で共有するものとする．学習は次のように進める．群強化学習の基本アルゴリズムの Step 1 の個別学習においては，各学習世界で各エージェントが個別にあらかじめ決められたステップ数マルチエージェント環境における通常の Q-learning を行う．また，それと同時に共有 Q 値 Q_i^{common} も次のように学習する．さきほど述べたように，各学習世界の各エージェントは，通常の Q-learning では個人にとって合理的な裏切り行動を学習する傾向がある．ここでの学習の目的は，エージェント全体が協調行動をとることであるので，協調行動の Q 値が高くなるように学習する必要があり，この役割を共有 Q 値に担わせる．詳細は文献[6] に譲るが，各エージェントの通常の Q-learning における各ステップにおいて，そのステップの学習が協調行動にとって有益な学習であるかどうかをそのステップまでに得られた報酬の割引和やそのステップの更新前後の Q 値から判断し，有益な学習であると判断できればそのステップで学習した Q 値を Q_i^{common} に蓄積する．この判断が，群強化学習の基本アルゴリズムの Step 2 における各学習世界の評価にあたる．なおこの蓄積は，各学習世界の同じエー

ジェント i で同じ共有 Q 値 Q_i^{common} に蓄積する．Step 1 の個別学習が終了すると，Step 3 で各学習世界の情報交換を次のように行う．すなわち，各学習世界のエージェント i の Q 値 $Q_{w,i}$ を以上のように得られた共有 Q 値 Q_i^{common} に置き換える．

文献[6] では，以上の方法を実際に NIPD と，NIPD を拡張した問題である共有地の悲劇問題に適用して数値実験することにより，従来提案されている方法よりすぐれた学習性能を示すことを実証している．

■ フォーメーション形成問題の解法

近年，マルチエージェントシステムのフォーメーション制御への関心が高まり，これに関する研究が盛んに行われている．これは，群ロボット，複数の飛行機，複数の人工衛星のフォーメーションなど，さまざまな応用が考えられるからである．文献[2, 10] ではこのような問題を解くことができる群強化学習法を提案している．この文献で取り扱っている問題は，図 2.5.7 に示されるような，複数台存在するロボットが各自の与えられた初期座標から移動して，ロボットの台数と同じ個数だけ存在する目標座標の一つに到達して何らかのフォーメーションを最短時間で形成する問題である．このような状況は人文字のように複数のロボットが文字や絵を描くような場合に現れる．以下に文献[2, 10] で扱っている問題を説明する．簡単のため 2 次元格子平面上に，複数のロボットの初期座標とそれと同数の目標座標が与えられているとし，また各ロボットは初期座標から出発し，上下左右への 1 マス分の移動および停止のなかから一つの行動を選択できるとする．ただし，他のロボットがいる座標にはその行動を選択しても移動できないとする．また各ロボットは自分の現在の位置座標は観測できるが，外乱などの影響を考慮するため，行動後の座標を行動前には知ることができないとする．また，各ロボットがどの目標座標の一つを目標とするかはあらかじめ与えられていな

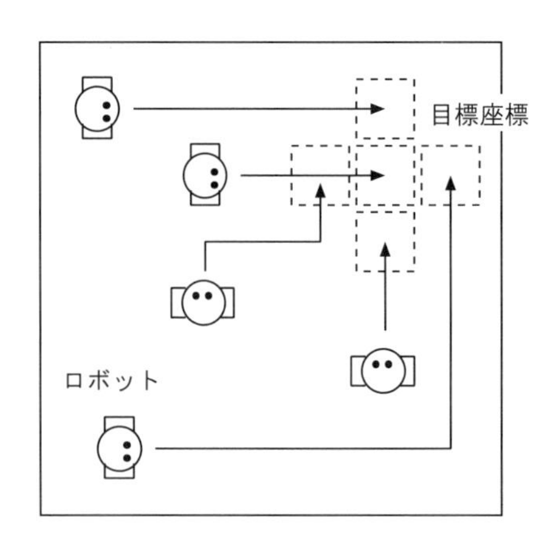

図 2.5.7 複数ロボットのフォーメーション形成問題

いとする．ここでの問題は，すべてのロボットが目標座標に到達するまでのすべてのロボットの行動回数の総和が最小となる各ロボットの移動経路を，各ロボットが学習することにより自律的に獲得できるようにする問題である．

この問題に対し，次のような群強化学習法が提案されている[2, 10]．まず，各ロボットを学習のエージェントとして学習する学習世界を複数用意し，基本アルゴリズムのStep 1では，各学習世界の各ロボットは通常の強化学習法，たとえばQ-learningで学習する．各ロボットが通常の強化学習法で学習を行うだけでは，次のような問題が生じる．この問題では，各ロボットは互いに異なる目標座標へ到達しなければならず，あるロボットが自分にとって最適な（最も近い）目標位置を選択すると，他のロボットにとっては最悪な（最も遠い）目標位置を選択せざるを得ない場合が生じる．このような場合，各ロボットの最適方策が，ロボット全体にとっての最適方策とはならない．そのため，ロボット全体が最少行動回数で目標座標に到達するためには，各ロボットが向かうべき目標座標をそれぞれ適切に学習する必要がある．そこで，Step 1の各学習世界の学習結果の評価を次のようにする．すべてのロボットが目標座標に到達し目標のフォーメーションを形成するためにかかる行動回数の総和が最少となる各ロボットの方策（行動経路），すなわち最適な方策が得られている場合は，各ロボットの初期座標から目標座標までの行動回数のバラつき，すなわち分散は小さいと考えられる．したがって，すべてのロボットの行動回数の総和が小さければ小さい学習世界ほど，また各ロボットの行動回数の分散が小さければ小さい学習世界ほどすぐれた学習を行っていると考えられる．文献[2, 10]では，この考えに基づいて基本アルゴリズムのStep 2においてすぐれた学習世界を選別し，その学習世界のQ値を用いたStep 3の情報交換法を提案している．具体的には，2.5.4項のA，BおよびCで説明した方法に基づく方法である．文献では以上のような群強化学習法を，いくつかのフォーメーション形成問題に適用した数値実験を行い，これらの方法が従来のQ-learningよりすぐれた方策が獲得できることを実証している．

2.5.7 おわりに

本節では，群強化学習法の基本的な考え方，方法を解説するとともに，その連続状態行動空間を有する問題への展開，およびマルチエージェント学習問題への展開を最近の研究に基づき紹介した．群強化学習法は，最適化におけるメタヒューリスティクスの代表例である遺伝アルゴリズムやPSOなどの多点探索型最適化法にヒントを得て開発された方法で，従来の方法では最適な方策を得ることが困難な問題に対してより短時間によりすぐれた方策を得ようとする方法である．

群強化学習法の基本的な枠組みは，(0) 従来の強化学習の環境とエージェントを一つの学習世界としてこれを複数用意する，(1) 各学習世界が同時並行に通常の強化学習法により学習する，(2) 各学習世界の学習を評価する，(3) 評価に基づき各学習世界間の情報交換により学習する，からなる．この枠組み自体は簡単であるがゆえ，群強化学習法はありとあらゆる学習問題に適用できると考えられるが，そのためには，枠組みにおける各方法は，それぞれ開発する必要がある．これらの開発については，ある程度一般的な方法として開発できるものもあるが，問題依存になる場合も多く，種々の問題に対応できる方法をどのように開発していくかが今後の課題となる．そのアプローチとして考えられるのは，群強化学習の枠組みにおける各方法を，強化学習そのものの考え方を用いて開発するアプローチであり，今後の研究の進展が期待される．

近年，最適化におけるメタヒューリスティクスは盛んに研究がなされ，長足の進歩を遂げている．また，強化学習と最適化は密接に関係しそれぞれ研究の歴史も長い．群強化学習のように，強化学習法と最適化におけるメタヒューリスティクスとを融合させることにより，この分野の新たなパラダイムが拓けると考えられ，この意味でも今後の展開が期待される．

参考文献

[1] M. Dorigo and T. Stützle. *Ant Colony Optimization.* MIT Press, 2004.

[2] Hitoshi Iima and Yasuaki Kuroe. Swarm reinforcement learning method for a multi-robot formation problem. *2013 IEEE International Conference on Systems, Man, and Cybernetics*, pp. 1165–1170, 2013.

[3] J. Kennedy and R.C. Eberhart. *Swarm Intelligence.* Morgan Kaufmann Publishers, 2001.

[4] Robert Babuska Lucian Busoniu and Bart De Schutter. Comprehensive survey of multiagent reinforcement learning. *IEEE Transactions on Systems, Man, and Cybernetics - PART C: Applications and Reviews*, 38(2):156–172, 2008.

[5] R.S. Sutton and A.G. Barto. *Reinforcement Learning.* MIT Press, 1998.

[6] 山分，黒江，飯間．マルチエージェントタスクに対する群強化学習法—ジレンマ問題の解法—．**計測自動制御学会論文集**, 49(3):1–8, 2013.

[7] 松田，黒江，飯間．アントコロニー最適化法に基づく群強化学習法とその性能評価．**計測自動制御学会システム・情報部門学術講演会** *2007* **講演論文集**, pp. 73–78, 2007.

[8] 野口，黒江，飯間．マルチエージェントタスクに対する群強化学習の適用．**計測自動制御学会第** *36* **回知能システムシンポジウム資料**, pp. 155–160, 2009.

[9] 飯間，黒江．エージェント間の情報交換に基づく群強化学習法．**計測自動制御学会論文集**, 42(11):1244–1251, 2006.

[10] 飯間，黒江．複数ロボットのフォーメーション形成問題に対する群強化学習法とその評価．**計測自動制御学会システム・情報部門学術講演会** *2012* **講演論文集**, pp. 304–308, 2012.

[11] 飯間，黒江．連続状態行動空間を有する問題に対する群強化学習法．**計測自動制御学会論文集**, 48(11):790–798, 2012.

2.6 リスク考慮型強化学習

森村哲郎

近年，強化学習が決定的な役割を果たす実問題がビジネスインテリジェンスや自然言語処理などの分野で次々に見出され，新しい注目が集まっている[2, 3, 8, 37]．ただ，一方で，一般的な強化学習の適用が困難な実例も数多く指摘されている[1, 23, 28]．とくに，従来の強化学習法はリターンとよばれる報酬和の“期待値”の最大化を目的としているが[33]，期待リターンの最大化もしくは最小化問題として定式化できない実例が多々ある[13, 23]．たとえば，起こる確率は小さいが，大きな損失が発生してしまうような可能性があり，ユーザがそのリスクをなるべく回避することに興味がある場合，期待リターンはこの目的を正しく反映する指標とは言えない．なぜなら，期待リターンの最大化は全体として発生するコストを軽減するが，高いコストの発生するリスクを積極的に回避することを目指していないからである．とくに，金融工学において，リスク回避は主要なテーマとなっており，たとえば，株式投資の場合には，小さな確率で起きる大きな損失を回避しながら収益を高めるようなポートフォリオを組むことが必要になる[21]．

このような背景などから，近年，期待リターン以外の指標を考慮する，いわゆる“リスク考慮型強化学習”の研究が盛んである[10, 11, 13, 15, 23, 30, 36]．とくに，リターンの確率分布がわかれば，分布から規定される任意の指標に基づく意思決定方策の設計が可能になるため，リターン分布推定はリスク考慮型強化学習において重要な技術となる[10, 24, 25]．

ここでは，2.6.1 項で強化学習を復習し，2.6.2 項でリスク考慮型強化学習法を，

(i) ある種の最悪ケース評価
(ii) 効用関数や時間差分 (TD) 誤差の非線形化
(iii) リターン以外のリスク指標の導入

の三つに分類して紹介する．2.6.3 項では，リスク考慮型強化学習の新たな一展開として，リスク考慮型強化学習のためのリターン分布推定を紹介する[24, 25, 39]．

2.6.1 強化学習の復習

まず強化学習の基礎となるマルコフ決定過程を復習し，次に強化学習を定式化する．

■ マルコフ決定過程

強化学習の標準的なモデルとして，以下の quadruplet $\{\mathcal{S}, \mathcal{A}, p_{\mathrm{T}}, P_{\mathrm{R}}\}$ で定義される離散時間のマルコフ決定過程（Markov Decision Process: MDP）を考える[6, 33]．

・有限状態集合: $\mathcal{S} \ni s$
・有限行動集合: $\mathcal{A} \ni a$
・状態遷移確率分布: $p_{\mathrm{T}}(s_{+1}|s, a) := \Pr(S_{+1} = s_{+1} \mid S = s, A = a)$,
・報酬観測累積分布:

$$P_{\mathrm{R}}(r_{+1}|s, a, s_{+1}) := \Pr(R_{+1} \leq r_{+1} \mid S = s, A = a, S_{+1} = s_{+1}).$$

ここで，S_{+t} は t 時刻先の状態変数のことである．報酬 r_{+1} は (s, a, s_{+1}) が与えられたもとでは決定的とされることもあるが，ここでは (s, a, s_{+1}) が与えられても報酬は確率変数 R_{+1} であると一般化し，その実現値を r_{+1} とする．また，エージェントの行動選択確率を規定する方策として，現在の観測状態 s のみに依存するような確率的な方策族 $\Pi \ni \pi$ を考える．

$$\pi(a|s) := \Pr(A = a \mid S = s)$$

具体的には，以下の繰り返しに基づく時間進展を想定していることになる．各時刻 t でエージェントは現在の状態 s_t と方策 $\pi(a_t|s_t)$ に基づき行動 a_t を選択し，状態遷移確率 $p_{\mathrm{T}}(s_{t+1}|s_t, a_t)$ に従って次状態 s_{t+1} に遷移し，報酬確率 $P_{\mathrm{R}}(r_{t+1}|s_t, a_t, s_{t+1})$ に従って報酬 r_{t+1} を観測する．

■ 強化学習の定式化

強化学習でエージェントが調整できるものは方策 π のみであり，MDP を規定する $\{\mathcal{S}, \mathcal{A}, p_{\mathrm{T}}, P_{\mathrm{R}}\}$ は強化学習を適応する課題によって定まるものであり，時間不変である．一般に状態遷移確率 p_{T} や報酬確率 P_{R} は未知であるため，従来の最適化問題†とは異なり，環境との試行錯誤もしくは大量のオフライン履歴データ $\{(s_n, a_n, r_{n+1})\}$ から，環境モデルや後述する目的関数などの推定を通じて，間接的に方策を最適化することになる．

はじめに，リターン $C \in \mathbb{R}$ とよばれる割引報酬和 (cummulative discounted reward) を定義する．

$$C := \lim_{K \to \infty} \sum_{k=1}^{K} \gamma^{k-1} R_{+k}$$

$\gamma \in [0, 1)$ は減衰率とよばれ，目的に応じてあらかじめ設定するパラメータである．リ

† 環境モデルが既知であれば，一般に，動的計画法などを用いて（直接的に）効率よく最適化問題を解くことができる[6]．

ターン C は方策や状態遷移，報酬観測の確率分布に従って定まるので確率変数である．なおリターンの実現値を c と書く．方策を固定とした場合，MDP はマルコフ連鎖 $\mathrm{M}(\pi) := \{\mathcal{S}, \mathcal{A}, p_{\mathrm{T}}, P_{\mathrm{R}}, \pi, \gamma\}$ とみなせ，リターンの条件付き累積分布関数を

$$P_{\mathrm{C}}^{\pi}(c|s) := \Pr(C \leq c \,|\, S = s, \mathrm{M}(\pi))$$

と定義し，リターン分布とよぶことにする．

強化学習問題は，多くの場合，リターンに関する何かしらの特徴量についての最大化問題と解釈できる．たとえば，方策 π で条件付けされるリターンの演算子 $\mathcal{F}[C \,|\, \pi]$ を用いた以下の最適化問題である．

$$\max_{\pi \in \Pi} \mathcal{F}[C \,|\, \pi] \tag{2.6.1}$$

つまり，強化学習問題とは最適方策

$$\pi^* := \operatorname*{argmax}_{\pi \in \Pi} \{\mathcal{F}[C \,|\, \pi]\}$$

の探索問題であり，$\mathcal{F}$ が目的関数となる†．

従来の強化学習では，目的関数 $\mathcal{F}$ に期待値演算が用いられ，以下が代表的である[33]．

$$\begin{aligned}\mathcal{F}[C \,|\, \pi] &\leftarrow \sum_{s \in \mathcal{S}} \int_{c \in \mathbb{R}} c \, dP_{\mathrm{C}}^{\pi}(c \,|\, s) \\ &= \sum_{s \in \mathcal{S}} \mathbb{E}^{\pi}[C \,|\, S = s]\end{aligned} \tag{2.6.2}$$

ここで，$\leftarrow$ は右辺から左辺への代入演算子であり，$\mathbb{E}^{\pi}$ は $\mathrm{M}(\pi)$ で条件付けされた期待値演算子である．

$$\mathbb{E}^{\pi}[\,\cdot\,] := \mathbb{E}[\,\cdot\,|\mathrm{M}(\pi)]$$

ここでは，$\mathbb{E}^{\pi}[C \,|\, S = s]$ を（条件付き）期待リターンとよぶことにする．また，方策勾配強化学習法[5, 35] においては，ある特定の初期状態 $s_0 \in \mathcal{S}$ についての以下や，

$$\mathcal{F}[C \,|\, \pi] \leftarrow \int_{c \in \mathbb{R}} c \, dP_{\mathrm{C}}^{\pi}(c \,|\, s_0) = \mathbb{E}^{\pi}[C \,|\, S = s_0] \tag{2.6.3}$$

マルコフ連鎖 $\mathrm{M}(\pi)$ は常にエルゴード性を満たすと仮定して，

$$\begin{aligned}\mathcal{F}[C \,|\, \pi] &\leftarrow \sum_{s \in \mathcal{S}} p_{\mathrm{S}}^{\pi}(s) \int_{c \in \mathbb{R}} c \, dP_{\mathrm{C}}^{\pi}(c \,|\, s) \\ &= \sum_{s \in \mathcal{S}} p_{\mathrm{S}}^{\pi}(s) \mathbb{E}^{\pi}[C \,|\, S = s] = \mathbb{E}^{\pi}[C]\end{aligned} \tag{2.6.4}$$

† 本書では目的関数を $J(\theta)$ で表している節もあるが，本節では $F[C|\pi]$ と書くことにする．

といった目的関数がしばしば用いられる[20, 33]．ここで，$p^{\pi}_{\mathrm{S}}(s)$ は状態の定常分布 $\Pr(S=s \mid \mathrm{M}(\pi))$ である†．

2.6.2 リスク考慮型強化学習

式 (2.6.2), (2.6.3), (2.6.4) などの期待リターンに基づく目的関数の最大化は総計のリターンを高めるが，高いコスト（負の報酬）が発生するリスクを積極的に回避することを目指していない[4]．そのため，ユーザが期待パフォーマンスよりリスクの制御に興味がある場合，期待リターンを方策の評価指標として用いるだけでは不十分である．

また，従来の強化学習法では式 (2.6.1) の最適方策を見つけるために，式 (2.6.2), 式 (2.6.3) または式 (2.6.4) 内の期待値 $\mathbb{E}^{\pi}[c|s]$ もしくはそれ相当の値を観測データから推定するが，外れ値が存在するような環境では，期待値の推定は頑健でなく，推定を大外しするリスクがあることが知られている[18]．強化学習における外れ値として，たとえば，状態観測や報酬観測の失敗時の異常値などがある[32]．

つまるところ，期待リターンに基づく従来の強化学習法の主たる問題として，リターンに関して期待値以外の情報を一切考慮していない点があげられる．そのため，期待値以外のリターンに関する特徴量等も考慮するアプローチである“リスク考慮型強化学習”が多数提案されている．以下，リスク考慮型強化学習法を

(i) ある種の最悪ケース評価
(ii) 効用関数や時間差分誤差の非線形化
(iii) リターン以外のリスク変数の導入

の三つのタイプに分類して紹介する．

■ (i) ある種の最悪ケースを評価するアプローチ

リスク考慮型強化学習の先駆的な研究として，Heger[15] によるリターンの最悪ケースを評価する Q 学習法の拡張がある．ここで，Heger の研究を紹介する前に，その基礎となる Q 学習を簡単に振り返る．

従来の Watkins らの Q 学習[33, 34] では，Q 値もしくは行動価値とよばれる状態 s と行動 a で条件付けられた期待リターン $Q^{\pi}(s,a) := \mathbb{E}^{\pi}[C \mid S=s, A=a]$ の関数を

† $\mathrm{M}(\pi)$ がエルゴード性を満たせば，初期状態に依存しない唯一の定常分布 $p^{\pi}_{\mathrm{S}}(s)$ が存在する．また，$\mathbb{E}^{\pi}[C]$ は平均報酬 $\mathbb{E}^{\pi}[R]$ をスケール化したものと等しい：

$$(1-\gamma)\mathbb{E}^{\pi}[C] = \mathbb{E}^{\pi}[R] = \lim_{K\to\infty} \frac{1}{K} \sum_{k=1}^{K} r_{+k}.$$

つまり，エルゴード性のもと，$\mathbb{E}^{\pi}[C]$ を目的関数とした最適方策は，減衰率 γ によらず，$\mathbb{E}^{\pi}[R]$ を最大にする方策と等しい．

最大にする方策を学習することで，式 (2.6.2) の目的関数を最大化している．具体的には，Q 値が最大となる最適な関数 Q* が満たす最適性ベルマン方程式

$$Q^*(s,a) = \mathbb{E}\Big[R_{+1} + \gamma \max_{b\in\mathcal{A}} Q^*(S_{+1},b) \,|\, S=s, A=a\Big] \tag{2.6.5}$$

の近似解法である時間差分 (temporal difference: TD) 学習則

$$Q(s_t,a_t) \leftarrow Q(s_t,a_t) + \alpha_t\delta_t \tag{2.6.6}$$

を各時刻 t で適用し，Q で Q^* を近似する．ここで，$\alpha_t \geq 0$ は学習率であり，δ_t は TD 誤差である．

$$\delta_t := r_{t+1} + \gamma \max_{b\in\mathcal{A}} Q(s_{t+1},b) - Q(s_t,a_t) \tag{2.6.7}$$

ある条件[34] のもとでは関数 Q が Q^* に収束し，収束後は

$$\pi(a\,|\,s) = \begin{cases} 1 & (\mathrm{a} = \operatorname*{argmax}_{b\in\mathcal{A}} Q(s,b)) \\ 0 & (\text{otherwise}) \end{cases}$$

とする貪欲な方策が最適方策となる．

Heger[15] は式 (2.6.5) の期待リターンについての最適性ベルマン方程を最小リターンについて

$$Q^*_{\text{worst}}(s,a) = \min\left[R_{+1} + \gamma \max_{b\in\mathcal{A}} Q^*_{\text{worst}}(S_{+1},b)\right]$$

に拡張し，最悪の想定状況から最大のリターンを得ようとする maximin 方策，つまり次の目的関数

$$\mathcal{F}[C\,|\,\pi] \leftarrow \sum_{s\in\mathcal{S}} \min[C\,|\,S=s, \mathrm{M}(\pi)] \tag{2.6.8}$$

を最大化する方策を求める $\hat{Q}$ 学習という手法を提案した．$\hat{Q}$ 学習法は Q 学習と類似しており，$\hat{Q}(s,a) \geq Q^*_{\text{worst}}(s,a)$ となるよう $\hat{Q}$ を楽観的に初期化し，従来の式 (2.6.6) の TD 学習則を

$$\hat{Q}(s_t,a_t) \leftarrow \min\left[\hat{Q}(s_t,a_t),\, r_{t+1} + \gamma \max_{b\in\mathcal{A}} \hat{Q}(s_{t+1},b)\right] \tag{2.6.9}$$

と変更する以外は Q 学習と同様である．

他の (i) のタイプのリスク考慮型強化学習として，リターンの分散を評価するアプローチが数多く研究されている[9, 12, 14, 31]．これらは Chebyshev の不等式の観点から，“ある種の最悪ケース評価” しているとみなせる．たとえば，状態 s からのリターンの期待値 μ_s と分散 σ_s^2 がわかれば，任意の実数 $k > 0$ に対して，

$$P_{\mathrm{C}}^{\pi}(|C-\mu_s| \geq k\sigma_s \,|\, s) \leq \frac{1}{k^2}$$

が成り立つため[27]，リターンが期待リターン μ_s より $k\sigma_s$ 以上小さくなる確率を $1/k^2$ 以内に抑えることが可能になる．Dearden ら[9] は，報酬 r_{+1} は状態行動対 (s,a) が決まれば決定論的に定まるとして，下式のリターンの 2 次モーメント $\mathbb{E}^{\pi}[C^2 \,|\, S, A]$ についての再帰式を

$$\begin{aligned}
&\mathbb{E}^{\pi}[C^2 \,|\, S=s, A=a] \\
&= \mathbb{E}^{\pi}[(r_{+1}+C_{+1})^2 \,|\, S=s, A=a] \\
&= r_{+1}^2 + 2\gamma r_{+1} \sum_{s_{+1}\in\mathcal{S}} p_{\mathrm{T}}(s_{+1} \,|\, s,a)\, \mathbb{E}^{\pi}[C \,|\, S=s_{+1}] \\
&\qquad + \gamma^2 \sum_{s_{+1}\in\mathcal{S}} \sum_{a_{+1}\in\mathcal{A}} p_{\mathrm{T}}(s_{+1} \,|\, s,a)\pi(a_{+1}|s_{+1})\, \mathbb{E}[C^2 \,|\, S=s_{+1}, A=a_{+1}]
\end{aligned}$$

のように導出し，リターン分布を normal-gamma 分布を用いてベイズ推定により近似する Bayesian Q 学習を提案した．Sato ら[30, 31] は，状態で条件付けられたリターンの分散の再帰式を導出し，分散ペナルティのある目的関数

$$\mathcal{F}[C|\pi,k] \leftarrow \sum_{s\in\mathcal{S}} \mathbb{E}^{\pi}[C - k(C-\mathbb{E}^{\pi}[C|S=s])^2 \,|\, S=s]$$

を最大化する方策反復型の強化学習法を提案した．パラメータ k は分散ペナルティの強さを調整するパラメータである．また，Engel ら[12] はガウス過程[22] を用いて，リターンをノンパラメトリックにガウス分布で近似するガウス過程 TD 学習法を提案している．

■ (ii) 効用関数や時間差分誤差を非線形化するアプローチ

線形な効用関数である期待リターン $\mathbb{E}^{\pi}[C \,|\, S{=}s, A{=}a]$ のかわりに，ファイナンスや制御理論ではリスク指標として，非線形な効用関数である指数効用関数

$$\beta^{-1} \log \mathbb{E}^{\pi}[\exp^{\beta C} \,|\, S=s]$$

がよく用いられる[17, 23, 29]．ここで β はリターンのリスクもしくは分散の選好度を調整するパラメータであり，たとえば，次のような指数効用関数に基づく目的関数

$$\mathcal{F}[C \,|\, \pi,\beta] \leftarrow \sum_{s\in\mathcal{S}} \beta^{-1} \log \mathbb{E}^{\pi}[\exp^{\beta C} \,|\, S=s] \tag{2.6.10}$$

を最大化する方策は，$\beta < 0$ の場合，リスクを回避しリターンの分散を抑える方策となり，$\beta > 0$ の場合，リスクやリターンの分散を好む方策となる[17, 23]．しかしながら，期待リターンのときのように，指数効用関数についての（最適性）ベルマン方程

式を導出して TD 学習法などを適用することはできず，式 (2.6.10) を最大化する Q 学習のようなモデルフリーの強化学習手法は著者の知る限りない．

上記の指数効用関数に基づくアプローチの実装面での難点を避ける手段として，式 (2.6.7) などの TD 誤差を偏重することでリスク考慮型の効用関数を算出する枠組みが Mihatsch らによって提案されている[23]．彼らは下式の変換関数 $\mathcal{X}^\kappa$ で TD 誤差 δ を非線形変換し，

$$\mathcal{X}^\kappa : \delta \mapsto \begin{cases} (1-\kappa)\delta & (\delta > 0) \\ (1+\kappa)\delta & (\text{otherwise}) \end{cases}$$

変換された TD 誤差 $\mathcal{X}^\kappa(\delta)$ を，δ のかわりに，従来の式 (2.6.6) などの TD 学習則に用いて，効用関数を推定，最適解することで，ユーザのリスク選好性を反映した方策を獲得することを目指している．ここでの $\kappa \in (-1, 1)$ がリスク選好性をコントロールするパラメータであり，κ が負に大きいほど，負の TD 誤差の重みを大きくし，正の TD 誤差の重みを小さくすることで，リスク回避性を高めている．極限 $\kappa \to 1$ では，その学習則は Heger[15] の更新則（式 (2.6.9)）と同等となり，式 (2.6.8) の目的関数を最大化するような maximini 戦略の方策を探索していることになる．逆の場合 $\kappa > 0$ もまた同様であり，また $\kappa = 0$ の場合は従来の TD 学習と等価になる．ただし κ を $|\kappa| \to \infty$ もしくは $\kappa = 0$ とする特別な場合を除いて，算出される効用関数の明示的な解釈は知られていない．

TD 誤差に着目する同様なアプローチとして，Sugiyama ら[32] は TD 誤差の二乗損失 δ^2 ではなく絶対値損失 $|\delta|$ を最小化することで，報酬 R の中央値の期待割引積算値を効用関数として推定することを提案している．

■ (iii) リターン以外のリスク指標を導入するアプローチ

リターン以外でのリスク因子に着目し，報酬やリターンとは直接的には関係しないリスク要因を考慮するアプローチがある．Geibel ら[13] は，エラー状態という望ましくない危険な状態が既知であるという問題設定のもと，各状態 s からエラー状態に到達する確率をリスク関数 $\rho^\pi(s)$ として導入している．そして次の目的関数

$$\mathcal{F}[C \mid \pi, \xi] \leftarrow \sum_{s \in \mathcal{S}} \left\{ \xi \mathbb{E}^\pi[C \mid S = s] - \rho^\pi(s) \right\}$$

を TD 学習などで最大化することで，エラー状態への到達リスクを抑えつつ，期待リターンを最適化することを可能にした．ここで，$\xi \geq 0$ は期待リターンを考慮する強さを定めるパラメータであり，$\xi = 0$ のときはエラー状態への到達リスクのみが考慮されることになる．

2.6.3 リスク考慮型強化学習のためのリターン分布推定

2.6.2 項で概説したリスク考慮型強化学習は，(iii) の “リターン以外のリスク指標” を除けば，いずれもリターンの分布から導出可能なリスク指標，もしくは特別なケース以外は明示的に解釈できないリスク指標を最適化する手法とみなすことができる．また，多くの手法はリターン分布がガウス分布であるという強い制約のもとリターン分布を推定していた．とくに，金融工学などにおいて一般的によく用いられる，実務家が直感的に解釈しやすい Value-at-Risk (VaR) や Conditional Value-at-Risk (CVaR) などのリスク指標[16, 21] の算出ができないという課題もあった．

一方で，リターンの確率分布を一度求めれば，リターン分布から規定される VaR や CVaR を含む任意の特徴量 $\mathcal{F}_0, \mathcal{F}_1, \ldots, \mathcal{F}_k$ 等を用いて，

$$
\begin{aligned}
\max_{\pi \in \Pi} \quad & \mathcal{F}_0[C|\pi], \\
\text{s.t.} \quad & \mathcal{F}_1[C|\pi] \geq \varepsilon_1, \ldots, \mathcal{F}_k[C|\pi] \geq \varepsilon_k
\end{aligned}
$$

といった最適化問題を考えることが可能になる†．たとえば，文献[25] では，リターンの q-分位点

$$
\mathcal{Q}_q^{\pi}\,[C|s] := \inf_{c \in \mathbb{R}} \{c \in \mathbb{R} | P_{\mathrm{C}}^{\pi}(c|s) \geq q\}
$$

に着目し，次の最適化問題を近似的に解いている．

$$
\max_{\pi \in \Pi} \quad \sum_{s \in \mathcal{S}} \mathcal{Q}_q^{\pi}[C|s] \tag{2.6.11}
$$

q-分位点は，金融工学における主要なリスク指標である Value-at-Risk (VaR) と同義であり，ある一定の確率 $1-q$ の範囲内で起こりうる最小リターン値（もしくは最大損失額）を表すリスク指標と解釈できる．また，分位点は頑健な統計量としても知られている[18, 19]．実際，数値実験より，式 (2.6.11) の最適化問題（の緩和問題）により得られた方策はリスク考慮型方策であり，その学習過程は頑健であったことが示されている[25]．また，目的は期待リターンの最大化のままであっても，リスク指標（たとえば CVaR）を利用して，積極的にリスクを負うことで，効果的な探索が達成できることも示されている[24]．以上より，リターンの分布推定はリスク考慮型強化学習の新たな展開へ向けて重要な要素になると考えられる．

リターン分布推定には大きく二つのアプローチがある．はじめに，Monte Carlo 法に基づくシミュレーション・アプローチとその問題点を簡単に紹介する．次に，リターン分布の再帰方程式である分布ベルマン方程式に基づいた解析的なアプローチを紹介する．

---

† 目的関数 $\mathcal{F}_0[C|\pi]$ に期待リターンや entropic risk measure，iterated risk measure などの時間整合性のある指標を用いないと時間不整合性（ある時点での最適計画が，その後の時点の最適計画と必ずしも一致しない）の問題が生じることが知られている[26]．また，制約 $\mathcal{F}_1, \ldots, \mathcal{F}_k$ は単調性を満たす必要がある．詳しくは, [26] を参考にされたい．

■ シミュレーション・アプローチ

最も直接的なリターン分布の推定法に，Monte Carlo 法による推定がある．リターンの標本として，各時刻 t からシミュレーション終了時刻 T までの累積報酬値

$$c_t := \sum_{k=t}^{T} \gamma^{k-t} r_{k+1}$$

や状態 s_t もしくは状態行動対 (s_t,a_t) を記憶して，T を十分に大きくすれば，各状態もしくは各状態行動対からのリターンの標本が多数集まるので，各状態もしくは各状態行動対で条件づけられたリターン分布推定が可能となる．

しかしながら，訪問確率の低い状態に関する標本を十分に観測するために非常に多数の繰り返しが必要であり，膨大な記憶領域も必要となる．また，リターン値の確定まで（無限）時間の遅れがあるため計算コストも問題になる．

■ 解析的アプローチ

リターン分布推定問題を（半）解析的に解くための基礎となる“リターン分布についての再帰式”をはじめに紹介する．これは通常の期待リターンについての再帰式（ベルマン方程式）をリターン分布用に拡張したものであり，分布ベルマン方程式とよばれる．次に，リターン分布を粒子を用いて近似し，分布ベルマン方程式を Particle Smoothing により解く，ノンパラメトリック・リターン分布推定アルゴリズムを紹介する．

分布ベルマン方程式

近年，期待リターンのベルマン方程式（再帰式）を拡張した分布ベルマン方程式 (distributional Bellman equation) とよばれるリターン分布の再帰式

$$P_{\mathrm{C}}^{\pi}(c|s) = \sum_{a,s_{+1}} p_{\mathrm{T}}(s_{+1}|s,a)\pi(a|s) \int_{r_{+1}} P_{\mathrm{C}}^{\pi}\left(\frac{c-r_{+1}}{\gamma}|s_{+1}\right) dP_{\mathrm{R}}(r_{+1}|s,a,s_{+1}) \tag{2.6.12}$$

が導出された[24, 38]．ただし，$\int_{r_{+1}} := \int_{r_{+1}\in\mathbb{R}}$，$\sum_{a,s_{+1}} := \sum_{a\in\mathcal{A}}\sum_{s_{+1}\in\mathcal{S}}$ である．また，簡便のため，式 (2.6.12) の分布ベルマン方程式の右辺を $\mathcal{D}_\pi[c;\, s, P_{\mathrm{C}}^{\pi}]$ と書く．$\mathcal{D}_\pi$ は（条件付き）累積分布 $F(c|s)$ に対する作用素

$$\mathcal{D}_\pi[c;\, s, F] := \sum_{a,s_{+1}} p_{\mathrm{T}}(s_{+1}|s,a)\pi(a|s) F\left(\frac{c-r_{+1}}{\gamma} \mid s_{+1}\right) dP_{\mathrm{R}}(r_{+1}|s,a,s_{+1})$$

とみなすことができ，式 (2.6.12) は $P_{\mathrm{C}}^{\pi}(c|s) = \mathcal{D}_\pi[c;\, s, P_{\mathrm{C}}^{\pi}]$ と書ける．

分布ベルマン方程式を解けば，その解がリターン分布である．具体的には，ある累積分布関数 $F(c|s)$ が，すべての状態 s で分布ベルマン方程式 $F(c|s) = \mathcal{D}_\pi[c;\, s, F]$,

${}^{\forall}c \in \mathbb{R}$ を満たせば，F は分布ベルマン方程式の解であり，$F = P_{\mathrm{C}}^{\pi}$ である[39]．

ノンパラメトリックなリターン分布推定法

分布ベルマン方程式を解くアルゴリズムを検討することで，リターン分布推定法を導出することを考える．ただし，分布ベルマン方程式は汎関数の自由度をもつため，一般に解くことは難しい．そのため，リターン分布についてある分布族 $\mathcal{G}$ を仮定して，近似的に分布ベルマン方程式を満たすような $G \in \mathcal{G}$ を求めるリターン分布推定法が提案されている[24, 25]．

ここでは文献[24] で提案された Particle Smoothing によるリターン分布推定法 (Return Distribution Particle Smoothing method: RDPS) を紹介する．これは各状態もしくは各状態行動対に N 個の粒子

$$\boldsymbol{v}_s = \{v_{s,1}, \ldots, v_{s,N}\},\ v_{s,n} \in \mathbb{R}$$

を割り当て，その粒子の値のバラつきでリターン分布を

$$\hat{P}(c|s) := \frac{1}{N} \sum_{n=1}^{N} I(v_{s,n} \leq c) \tag{2.6.13}$$

と近似するノンパラメトリックの分布推定方法である．$I(A)$ は A が真ならば 1，偽ならば 0 を返す指示関数である．推定リターン分布が真のリターン分布に等しい場合，分布ベルマン方程式の左辺 $\hat{P}(c|s)$ と右辺 $\mathcal{D}_{\pi}[c; s, \hat{P}]$ が一致することから，期待リターン推定方法である TD 学習[33] と同様に，分布ベルマン方程式の左辺 $\hat{P}(c|s)$ を右辺 $\mathcal{D}_{\pi}[c; s, \hat{P}]$ に近づけることを目指す．そこで $\mathcal{D}_{\pi}[c; s, \hat{P}]$ に従って標本を採取し，その標本値に $\hat{P}(c; s)$ のある粒子の値を更新することで上記を実現する[24]．具体的な RDPS アルゴリズムの粒子の更新手続きは，各時間ステップ t で，観測報酬値 r_{t+1} と一時刻先の状態 s_{t+1} の粒子 $\boldsymbol{v}_{s_{t+1}}$ を用いて，次の手順を学習率 $\alpha \in [0, 1]$ に比例した回数繰り返すだけである．

- $n \sim \mathrm{U}(N),\ n' \sim \mathrm{U}(N),$
- $v_{s_t,n} \leftarrow r_{t+1} + \gamma v_{s_{t+1},n'}$

ここで，$\mathrm{U}(N)$ は 1 から N までの自然数の一様分布である．以上のように RDPS アルゴリズムは実装が非常に簡単なアルゴリズムであるが，粒子数 N を増やせば，多峰性のあるような分布でも任意の分布に対して推定可能であることが示されている[24]．

さらにリターン分布推定を効率化するために，RDPS アルゴリズムにエリジビレティ・トレースを適用した RDPS(λ)（λ はエリジビレティ減衰率）[24] や，分布の中心を least square temporal difference 法[7] で調節する方法[39] も提案されている．ま

た，数値実験を通して，RDPS(λ) は Monte Carlo 法よりも効率よくリターン分布推定が可能であることが示されている[24].

2.6.4 おわりに

本節では，強化学習を概説し，リスク考慮型強化学習を (i) ある種の最悪ケース評価，(ii) 効用関数や TD 誤差の非線形化，(iii) リターン以外のリスク指標の導入，の三つのアプローチに分類して概観した．また，リスク考慮型意思決定や強化学習の新たな展開として，リターンの分布推定をリターン分布の再帰式である分布ベルマン方程式に基づくアプローチを中心に紹介した．

参考文献

[1] P. Abbeel and A. Y. Ng. Apprenticeship learning via inverse reinforcement learning. In *International conference on Machine learning*, 2004.

[2] N. Abe, P. Melville, C. Pendus, C. L. Reddy, D. L. Jensen, V. P. Thomas, J. J. Bennett, G. F. Anderson, B. R. Cooley, M. Kowalczyk, M. Domick, and T. Gardinier. Optimizing debt collections using constrained reinforcement learning. In *International Conference on Knowledge Discovery and Data Mining*, pp. 75–84, 2010.

[3] N. Abe, N. K. Verma, C. Apté, and R. Schroko. Cross channel optimized marketing by reinforcement learning. In *International Conference on Knowledge Discovery and Data Mining*, pp. 767–772, 2004.

[4] P. Artzner, F. Delbaen, J. M. Eber, and D. Heath. Coherent measures of risk. *Mathematical Finance*, 9:203–228, 1999.

[5] J. Baxter and P. Bartlett. Infinite-horizon policy-gradient estimation. *Journal of Artificial Intelligence Research*, 15:319–350, 2001.

[6] D. P. Bertsekas. *Dynamic Programming and Optimal Control, Volumes 1 and 2*. Athena Scientific, 1995.

[7] J. A. Boyan. Technical update: Least-squares temporal difference learning. *Machine Learning*, 49(2-3):233–246, 2002.

[8] S. R. K. Branavan, H. Chen, L. S. Zettlemoyer, and R. Barzilay. Reinforcement learning for mapping instructions to actions. In *Annual Meeting of the Association for Computational Linguistics*, 2009.

[9] R. Dearden, N. Friedman, and S. Russell. Bayesian Q-learning. In *National Conference on Artificial Intelligence*, pp. 761–768, 1998.

[10] B. Defourny, D. Ernst, and L. Wehenkel. Risk-aware decision making and dynamic programming. In *NIPS 2008 Workshop on Model Uncertainty and Risk in RL*, 2008.

[11] E. Delage and S. Mannor. Percentile optimization for markov decision processes with parameter uncertainty. *Operations Research*, 58(1):203–213, 2010.

[12] Y. Engel, S. Mannor, and R. Meir. Reinforcement learning with Gaussian processes. In *International Conference on Machine Learning*, pp. 201–208, 2005.

[13] P. Geibel and F. Wysotzki. Risk-sensitive reinforcement learning applied to control under constraints. *Journal of Artificial Intelligence Research*, 24:81–108, 2005.

[14] M. Ghavamzadeh and Y. Engel. Bayesian actor-critic algorithms. In *International Conference on Machine Learning*, pp. 297–304, 2007.

[15] M. Heger. Consideration of risk in reinforcement learning. In *International Conference on Machine Learning*, pp. 105–111, 1994.

[16] H. Kashima. Risk-sensitive learning via minimization of empirical conditional value-at-risk. *IEICE Transaction on Information and Systems*, E90-D(12):2043–2052, 2007.

[17] S. Koenig and R. G. Simmons. Risk-sensitive planning with probabilistic decision graphs. In *International Conference on Principles of Knowledge Representation and Reasoning*, pp. 363–373, 1994.

[18] R. Koenker. *Quantile Regression*. Cambridge University Press, 2005.

[19] A. N. Kolmogorov. The method of the median in the theory of errors. *Matermatichiskii Sbornik*, 38:47–50, 1931. Reprinted in English in *Selected Works of A.N. Kolmogorov*, vol. II, A.N. Shiryayev, (ed), Kluwer : Dordrecht.

[20] V. S. Konda and J. N. Tsitsiklis. On actor-critic algorithms. *SIAM Journal on Control and Optimization*, 42(4):1143–1166, 2003.

[21] D. G. Luenberger. *Investment Science*. Oxford University Press, 1998.

[22] D. MacKay. *Information theory, inference, and learning algorithms*. Cambridge University Press, 2003.

[23] O. Mihatsch and R. Neuneier. Risk-sensitive reinforcement learning. *Machine Learning*, 49(2-3):267–290, 2002.

[24] T. Morimura, M. Sugiyama, H. Kashima, H. Hachiya, and T. Tanaka. Nonparametric return distribution approximation for reinforcement learning. In *International Conference on Machine Learning*, 2010.

[25] T. Morimura, M. Sugiyama, H. Kashima, H. Hachiya, and T. Tanaka. Parametric return density estimation for reinforcement learning. In *Conference on Uncertainty in Artificial Intelligence*, 2010.

[26] T. Osogami and T. Morimura. Time-consistency of optimization problems. In *AAAI Conference on Artificial Intelligence*, 2012.

[27] A. Papoulis and S. U. Pillai. *Probability, Random Variables, and Stochastic Processes*. McGraw Hill Higher Education, 4th edition edition, 2002.

[28] T. Peak. Reinforcement learning for spoken dialogue systems: Comparing strengths and weaknesses for practical deployment. In *Interspeech-06 Workshop on Dialogue on Dialogues - Multidisciplinary Evaluation of Advanced Speech-based Interactive Systems*, 2006.

[29] J. W. Pratt. Risk aversion in the small and in the large. *Econometrica*, 32(1/2):122–136, 1964.

[30] M. Sato and S. Kobayashi. Variance-penalized reinforcement learning for risk-averse asset allocation. In *Intelligent Data Engineering Automated Learning*, 2000.

[31] M. Sato and S. Kobayashi. Average-reward reinforcement learning for variance-penalized markov decision problems. In *International Conference on Machine Learning*, pp. 473–480, 2001.

[32] M. Sugiyama, H. Hachiya, H. Kashima, and T. Morimura. Least absolute policy iteration—a robust approach to value function approximation. *IEICE Transaction on Information and Systems*, E93-D(9):2555–2565, 2010.

[33] R. S. Sutton and A. G. Barto. *Reinforcement Learning*. MIT Press, 1998. 邦訳『強化学習』(三上 貞芳，皆川 雅章（訳），森北出版, 2000).

[34] C. J. C. H. Watkins and P. Dayan. Technical note: Q-learning. *Machine Learning*, 8:279–292, 1992.

[35] R. J. Williams. Simple statistical gradient-following algorithms for connectionist reinforcement learning. *Machine Learning*, 8:229–256, 1992.

[36] H. Xu and S. Mannor. Distributionally robust markov decision processes. In *Advances in Neural Information Processing Systems*. MIT Press, 2010.

[37] S. Young, M. Gašić, F. Mairesse S. Keizer, J. Schatzmann, B. Thomsona, and K. Yu. The hidden information state model: A practical framework for pomdp-based spoken dialogue management. *Computer Speech and Language*, 24(2):150–174, 2009.

[38] 中田 浩之, 田中 利幸. マルコフ決定過程における収益分布の評価. In 情報論的学習理論ワークショップ *(IBIS)*, 2006.

[39] 森村 哲郎, 杉山 将, 八谷 大岳, 鹿島 久嗣, 田中 利幸. 動的計画法によるリターン分布推定. In 第 *13* 回情報論的学習理論ワークショップ, pp. 283–290, 東京, 2010.

2.7 複利型強化学習

松井藤五郎

従来の強化学習[9] は，期待割引収益を最大化する行動を学習する．すなわち，獲得した報酬に基づいて，現在から将来にわたって得られる報酬を割り引いたものの総和の期待値 $\mathbb{E}\left[\sum_{k=0}^{\infty} \gamma^{k+1} r_{t+k+1}\right]$ を最大化することを目的として学習を行う．ここで，γ は割引率を，r_t は時刻 t に受け取った報酬を表す．

ところが，タスクの目的が期待割引収益の最大化であるとは限らない．たとえば，金融の分野においては，報酬の大きさそのものよりも現在の保有資産に対する報酬の割合，すなわち，利益率 (rate of return) が重要である．このような場合には，従来の強化学習のように期待割引収益を最大化しても，最適な行動を学習したことにはならない．

これまでにも，期待割引収益ではなく，他のものを最大化または最小化するさまざまな強化学習の手法が提案されてきた．古くは，報酬を割り引かずに獲得報酬の平均を最大化する強化学習として，R 学習[8] など，平均報酬強化学習 (average reward RL) の手法が提案されている．最近では，リスクを考慮した安全な強化学習 (safe RL) のさまざまな手法が提案されている[2]．安全な強化学習の手法の一つとして，収益とリスクの重み付き和を最大化するリスク考慮型強化学習 (risk-sensitive RL) があり，そのなかには，金融の分野でも用いられている報酬の分散をリスクと定義している手法[15] がある．この手法では，収益の期待値と収益の分散の重み付き和を価値関数とし，収益の分散への重みを負にすることによって期待割引収益を最大化しつつリスクを最小化する．

本節では，エージェントが報酬のかわりに利益率を観測し，利益率の複利効果 (the effect of compound return) を最大化する強化学習について述べる．利益率の複利効果とは，投資して獲得した利益を再び投資することによって，獲得した利益が新たな利益を生んで資産が増えていく効果のことである．利益率の複利効果を最大化する行動を学習する強化学習であることから，この手法を**複利型強化学習** (compound RL) とよぶ．

2.7.1 利益率の複利効果と投資比率

利益率は，ある投資における投資金額に対する利益の割合のことである．時刻 t に

おける投資金額が p_t，その結果得られた利益が r_{t+1} のとき，時刻 $t+1$ における利益率 R_{t+1} は以下のように定義される．

$$R_{t+1} = \frac{r_{t+1}}{p_t} \tag{2.7.1}$$

利益率が R_{t+1} のとき，投資した資産は $1+R_t$ 倍になる．この，利益率に 1 を加えたものをグロス利益率 (gross rate of return) という．

たとえば，100 円の馬券を購入して 120 円の払い戻し金額を得たとき，利益は 120 円 − 100 円 = 20 円 であり，利益率は 20 円/100 円 = 0.2 となる．投資前の資産が 100 円だったとすると，この投資によって資産は 1.2 倍になったことになる．

利益率 R_{t+1} の金融商品（あるいはギャンブル）に全資産を投資すれば資産総額は $1+R_{t+1}$ 倍になるが，全資産を 1 として全資産のうち f だけを投資すると，資産総額は $1+R_{t+1}f$ 倍になる．この資産総額に対する投資金額の割合 f を投資比率 (bet fraction) という．

たとえば，資産総額が 100 万円のときに，投資比率を $f=0.5$ として利益率 $R_{t+1}=0.2$ の金融商品に投資すると，投資金額は 50 万円で利益は $50 \times 0.2 = 10$ 万円となり，資産総額は $1+0.2 \times 0.5 = 1.1$ 倍の 110 万円になる．

t 期の利益率が $R_1, R_2, \ldots, R_t$ である金融商品に対して，利益率の複利効果である複利利益率 (compound return) G_t は，グロス利益率の積として以下のように表される．

$$G_t = (1+R_1)(1+R_2)\cdots(1+R_t) = \prod_{k=1}^{t}(1+R_k) \tag{2.7.2}$$

投資比率 f を考慮すると，複利利益率は

$$G_t = \prod_{k=1}^{t}(1+R_k f) \tag{2.7.3}$$

と表される．すなわち，この金融商品に投資比率 f で投資し続けると，時刻 t に資産総額は初期資産の G_t 倍になる．

利益率の複利効果は，複利利益率の幾何平均によって評価される．この金融商品に投資比率 f で投資し続けたときの幾何平均利益率は以下のように表される．

$$\overline{G}_t = \sqrt[t]{G_t} - 1 \tag{2.7.4}$$

これは，平均的には，1 期ごとに資産が $1+\overline{G}_t$ 倍になることを意味する．

利益率の複利効果を理解するために，例として，従来の強化学習でも例題としてよく用いられる 3 本腕バンディット問題について考えてみよう．あるカジノに，図 2.7.1

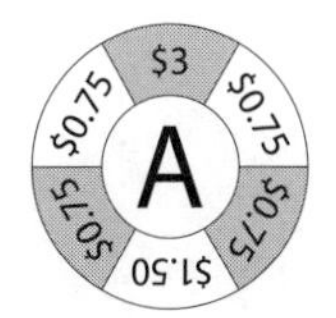

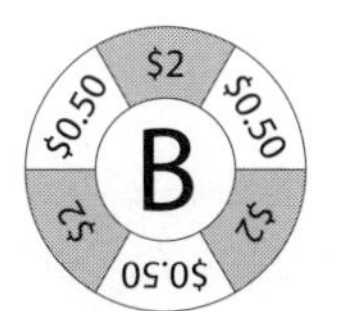

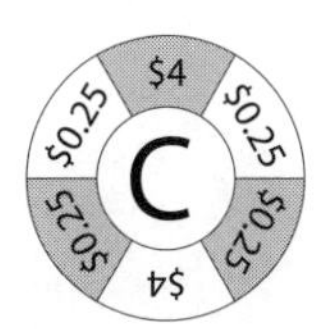

Ari. Avg.: $1.25
Std. Dev.: $0.91
Geo. Avg.: $1.06

Ari. Avg.: $1.25
Std. Dev.: $0.82
Geo. Avg.: $1.00

Ari. Avg.: $1.50
Std. Dev.: $1.94
Geo. Avg.: $0.63

図 **2.7.1** 3 本腕バンディット問題

に示すような 3 台の機械が置いてある．それぞれの機械には円盤を回転させるレバー（腕）がついており，プレイヤーであるあなたは賭け金を決めて投じた後にレバーを引いて円盤を回転させ，円盤が停止したときに上部の印が指し示す場所に書かれた払い戻し金を受け取る．円盤には賭け金 1 ドル当たりの払い戻し金額が示されていて，この値はグロス利益率の値に等しい．

さて，あなたが 100 ドルもっていて 100 回遊ぶとするとすると，どのマシンを選べばよいだろうか．払い戻し金額の平均 (Ari. Avg.) が最も高い C が良いように思うかもしれないが，答えは A である．なぜなら，A は幾何平均利益率 (Geo. Avg.) が最も高いからである．幾何平均利益率が約 6% である A に，獲得した利益を含めて全額を賭け続けると，100 回遊んだ後の資金の期待値は約 36,110 ドルにもなる．これに対し，幾何平均利益率が約 -37% である C に同じように全額を賭け続けると，10 回後には資金の期待値が 1 セント未満になってしまう．

この機械のように，利益率の確率分布が既知であるとき，利益率の複利効果を最大化する投資比率が解析的に求まることが明らかとなっており，これをケリー基準という[4]．A のケリー基準は約 0.69 である．これは，A に全資金の 69%ずつ賭け続けると利益率の複利効果が最大となることを意味し，このときの幾何平均利益率は約 7% となる．C でさえ，C のケリー基準に基づいて毎回の賭け金を全資金の 22%にすると，幾何平均利益率は約 5% となる．

このように，利益率の複利効果を最大化するためには，幾何平均利益率と投資比率の両方を考慮しなければならない．

2.7.2 複利型強化学習の枠組み

従来の強化学習が報酬 r を受け取る報酬型 MDP において割引収益

$$r_{t+1} + \gamma r_{t+2} + \gamma^2 r_{t+3} + \cdots = \sum_{k=0}^{\infty} \gamma^k r_{t+k+1} \tag{2.7.5}$$

の期待値を最大化する行動を学習するのに対し，複利型強化学習は報酬のかわりに利

益率 R を受け取る利益率型 MDP において割引複利利益率 (discounted compound rate of return)

$$(1 + R_{t+1}f)(1 + R_{t+2}f)^{\gamma}(1 + R_{t+3}f)^{\gamma^2} \cdots = \prod_{k=0}^{\infty}(1 + R_{t+k+1}f)^{\gamma^k} \qquad (2.7.6)$$

の対数期待値を最大化する行動を学習する．ここで，r_t は時刻 t に観測された報酬，γ は割引率，R_t は時刻 t に観測された利益率，f は投資比率を表す．

従来の強化学習では報酬を指数関数によって割り引くのに対し，複利型強化学習ではグロス利益率を二重指数関数によって割り引く．前者は行動経済学の分野で指数関数型割引 (exponential discounting) とよばれているので，後者を二重指数型割引 (double exponential discounting) とよぶ．二重指数関数型割引は，従来の強化学習における指数関数型割引と同様に，遠い将来ほど利益率の絶対値を小さく見積もる効果をもつ．例として，投資比率 $f = 1$ のときの利益率 $R = 1$ を割引率 $\gamma = 0.9$ で割り引いた場合の，利益率を指数関数型で割り引いたもの (Exp. disc.) $\gamma^k Rf = \gamma^k$ と，グロス利益率を二重指数関数で割り引いたものから 1 を引いた利益率 (Double exp. disc.) $(1 + Rf)^{\gamma^k} - 1 = 2^{\gamma^k} - 1$ の違いを図 2.7.2 に示す．二重指数関数型割引は，近い将来において指数関数型割引よりもやや強い割引となるが，全体的な傾向は指数関数型割引と同じで，遠い将来ほど利益率の見積もりを 0 に近づけていく．

（二重指数関数型の）割引複利利益率は，対数をとることで従来の強化学習と同じように再帰的な形で表すことができる．すなわち，行動規則 π のもとでの状態 s の価値 $V^{\pi}(s)$ と行動規則 π のもとでの状態 s における行動 a の価値 $Q^{\pi}(s, a)$ は次のように表される．

$$V^{\pi}(s) = \mathbb{E}_{\pi}\left[\log \prod_{k=0}^{\infty}(1 + R_{t+k+1}f)^{\gamma^k} \middle| s_t = s\right]$$

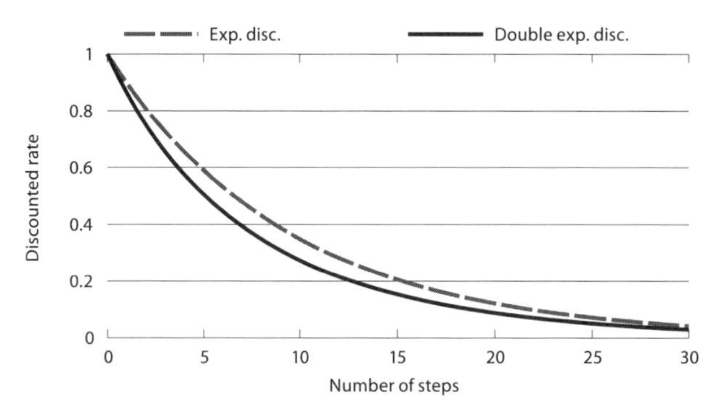

図 2.7.2 指数関数型割引と二重指数関数型割引の違い

$$= \sum_{a \in \mathcal{A}} \pi(s,a) \sum_{s' \in \mathcal{S}} \mathcal{P}^a_{ss'} \left(\mathcal{R}^a_{ss'} + \gamma V^\pi(s') \right) \tag{2.7.7}$$

$$Q^\pi(s,a) = \mathbb{E}_\pi \left[\log \prod_{k=0}^{\infty} (1 + R_{t+k+1} f)^{\gamma^k} \middle| s_t = s, a_t = a \right]$$

$$= \sum_{s' \in \mathcal{S}} \mathcal{P}^a_{ss'} \left(\mathcal{R}^a_{ss'} + \gamma V^\pi(s') \right) \tag{2.7.8}$$

ここで，$\pi(s,a)$ は行動規則 π のもとで状態 s において行動 a が選択される確率（行動選択確率），$\mathcal{P}^a_{ss'}$ は状態 s において行動 a を行ったときに次の状態が s' になる確率（状態遷移確率），$\mathcal{R}^a_{ss'}$ は状態 s において行動 a を行って次の状態が s' になったときに得られるグロス利益率 $1 + Rf$ の対数期待値

$$\mathcal{R}^a_{ss'} = \mathbb{E} \left[\log(1 + R_{t+1} f) \middle| s_t = s, a_t = a, s_{t+1} = s' \right] \tag{2.7.9}$$

を表す．式 (2.7.7) および式 (2.7.8) は，従来の強化学習の V^π および Q^π の式における報酬の期待値 $\mathcal{R}^a_{ss'}$ をグロス利益率の対数期待値 $\mathcal{R}^a_{ss'}$ に置き換えたものに等しい．複利型強化学習では，この $Q^\pi(s,a)$ を最大化するような行動規則 π を学習する．

2.7.3 複利型強化学習アルゴリズム

■ 複利型 Q 学習

前項で述べたように，複利型強化学習における行動の価値 $Q^\pi(s,a)$ は，従来の強化学習における報酬の期待値 $\mathcal{R}^a_{ss'}$ をグロス利益率の対数期待値 $\mathcal{R}^a_{ss'}$ に置き換えたものに等しい．

複利型 Q 学習[12] は，この性質を利用して，従来の Q 学習の報酬 r_{t+1} をグロス利益率の対数 $\log(1 + R_{t+1} f)$ に置き換えたものである．時刻 t の状態 s_t において行動 a_t を実行し，次の時刻 $t+1$ に利益率 R_{t+1} を受け取ると，状態行動対 s_t, a_t に対する Q 値を次のように更新する．

$$Q_{t+1}(s_t, a_t) = Q_t(s_t, a_t) + \alpha \delta_t \tag{2.7.10}$$

$$\delta_t = \log(1 + R_{t+1} f) + \gamma \max_{a \in \mathcal{A}} Q_t(s_{t+1}, a) - Q_t(s_t, a_t) \tag{2.7.11}$$

ここで，α は Q の学習率パラメータである．複利型 Q 学習のアルゴリズムを Algorithm 2.7.1 に示す．

Algorithm 2.7.1 ：複利型 Q 学習アルゴリズム

入力： 割引率 γ， Q の学習率 α，投資比率 f
$Q(s,a)$ を任意に初期化
loop[各エピソードに対して繰り返し]
　s を初期化
　repeat[エピソードの各ステップに対して繰り返し]
　　Q から導かれる行動規則に従って s での行動 a を選択
　　行動 a を実行し，利益率 R と次の状態 s' を観測
　　$\delta = \log(1+Rf) + \gamma \max_{a' \in \mathcal{A}} Q_t(s',a') - Q_t(s,a)$
　　$Q(s,a) \leftarrow Q(s,a) + \alpha\delta$
　　$s \leftarrow s'$
　until s が終端状態
end loop

Q 学習では，r_t が有界で，α が適切に設定されているとき，報酬型 MDP において最適な行動規則を学習できることが証明されている[10]．同様にして，複利型 Q 学習でも，$\log(1+R_t f)$ が有界で，α が適切に設定されているとき，リターン型 MDP において最適な行動規則を学習できることが証明できる[5]．

複利型 Sarsa も，複利型 Q 学習と同様に，従来の Sarsa の報酬 r_{t+1} をグロス利益率の対数 $\log(1+R_{t+1}f)$ に置き換えたものである．すなわち，次の状態における最大の Q 値のかわりに次の状態で実際に選択した行動の Q 値を用いて更新する．

$$\delta_t = \log(1+R_{t+1}f) + \gamma Q_t(s_{t+1},a_{t+1}) - Q_t(s_t,a_t) \tag{2.7.12}$$

このように，複利型強化学習は，従来の強化学習アルゴリズムを自然な形で拡張して用いることができる．

■ 複利型 OnPS

Q 学習のような行動価値を推定する TD 学習法だけでなく，profit sharing[11] のような行動優先度を学習するタイプの強化学習アルゴリズムも自然な形で複利型に拡張することができる．

profit sharing は，状態 s における行動 a の優先度を $P(s,a)$ とし，エピソードに含まれるすべての状態行動対 s_t, a_t に対する優先度をエピソード終了後に一括して次のように更新する．

$$P(s_t,a_t) \leftarrow P(s_t,a_t) + F(t,r_T,T) \tag{2.7.13}$$

ここで，T はエピソードの最終ステップ，F は信用割当関数である．信用割当関数には次の等比減少関数がよく用いられている．

$$F(t, r_T, T) = \gamma^{T-t-1} r_T \tag{2.7.14}$$

エピソードごとに一括更新を行う従来の profit sharing をステップごとの更新ができるように改良したものが OnPS[6] である．

OnPS は，信用トレースという技法を用いて，ステップごとに訪れた状態行動対の信用トレース c の値を 1 増やし，行動優先度と信用トレースを次のように更新する．

$$c(s_t, a_t) \leftarrow c(s_t, a_t) + 1 \tag{2.7.15}$$

$$P(s_t, a_t) \leftarrow P(s_t, a_t) + \alpha r_{t+1} c(s_t, a_t) \tag{2.7.16}$$

$$c(s_t, a_t) \leftarrow \gamma c(s_t, a_t) \tag{2.7.17}$$

複利型 OnPS は，r_{t+1} のかわりに $\log(1 + R_{t+1} f)$ を用いてすべての状態行動対の優先度 P を更新する．すなわち，複利型 OnPS は，OnPS の式 (2.7.16) を次の式に置き換えたものである．

$$P(s_t, a_t) \leftarrow P(s_t, a_t) + \alpha \log(1 + R_{t+1} f) c(s_t, a_t) \tag{2.7.18}$$

このアルゴリズムを以下に示す．

Algorithm 2.7.2 ：**複利型 OnPS アルゴリズム**

入力： 割引率 γ，学習率 α，投資比率 f，初期優先度 c
$P(s, a)$ を c に初期化
loop[各エピソードに対して繰り返し]
　$c(s, a) \leftarrow 0$　**for all** s, a
　s を初期化
　repeat[エピソードの各ステップに対して繰り返し]
　　P から導かれる行動規則に従って s での行動 a を選択
　　$c(s, a) \leftarrow c(s, a) + 1$
　　行動 a を実行し，利益率 R と次の状態 s' を観測
　　for all s, a **do**
　　　$P(s, a) \leftarrow P(s, a) + \alpha \log(1 + Rf) c(s, a)$
　　　$c(s, a) \leftarrow \gamma c(s, a)$
　　end for
　　$s \leftarrow s'$
　until s が終端状態
end loop

2.7.4 投資比率の最適化

複利型強化学習では，新たなパラメータとして投資比率 f が導入されている．Algorithm 2.7.1 の複利型 Q 学習は，与えられた投資比率 f のもとで利益率の複利効果を最大化する行動を学習するが，f をいくつに設定するかが問題となる．ここでは，複利型強化学習における投資比率をオンライン勾配法を用いて最適化する方法[14] について述べる．

この方法では，時刻 $t+1$ までの複利利益率

$$G_{t+1} = \prod_{k=1}^{t+1}(1 + R_k f) \tag{2.7.19}$$

を，f をパラメータとする関数とみなし，複利利益率 G_{t+1} を最大化するような投資比率 f をオンライン勾配法によって求める．

式 (2.7.19) の両辺の対数をとり，両辺を f で偏微分すると，次式が得られる．

$$\frac{\partial}{\partial f}\log G_{t+1} = \sum_{k=1}^{t+1}\frac{R_k}{1 + R_k f} \tag{2.7.20}$$

目的関数 $\log G_{t+1}$ は上に凸な関数であるから，式 (2.7.20) の値を 0 にする f が G_{t+1} を最大化する f である．

ここで，オンライン勾配法を用いて，各ステップにおいて f を次のように更新する．

$$f_{t+1} = f_t + \eta\frac{R_{t+1}}{1 + R_{t+1} f_t} \tag{2.7.21}$$

ここで，η は f の学習率パラメータである．最急降下法を用いると過去のリターンをすべて記憶しておかなければならないが，オンライン勾配法では新たに獲得したリターン R_{t+1} しか用いないので，過去のリターンをすべて記憶する必要がない．

複利利益率を最大化する投資比率は状態行動対ごとに異なるため，実際には，状態行動対ごとに投資比率 f を用意し，その時刻に訪れている状態行動対の f を次のように更新する．

$$f_{t+1}(s_t, a_t) = f_t(s_t, a_t) + \eta\frac{R_{t+1}}{1 + R_{t+1} f_t(s_t, a_t)} \tag{2.7.22}$$

2.7.5 ファイナンスへの応用例：国債銘柄選択

ファイナンスへの応用例として，国債銘柄選択に複利型強化学習を適用した例[5] を示す．

国債は無リスク資産と考えられることもあるが，実際にはその国の財務状況が悪くなると債務不履行（デフォルト）となることがある．デフォルトとなった場合には元本

の一部しか返金されない．ここでは，アメリカ (USA)，ドイツ (Germany)，イギリス (UK) の残存期間 5 年の国債を対象とし，どの国の国債を購入すればいいかを学習させている．2010 年 12 月 31 日の各国債の金利の終値を Wall Street Journal (WSJ.com) から，同日終値の金利に基づいて算出されたデフォルト確率を CMA global sovereign credit report[1] から取得した．この金利とデフォルト確率を表 2.7.1 に示す．

表 2.7.1 対象国の 5 年国債の利回りと 5 年以内にデフォルトが発生する確率

国名	利回り	デフォルト確率
アメリカ	1.929%	3.6%
ドイツ	2.222%	5.2%
イギリス	2.413%	6.4%

国債の金利は半年ごとに支払われるため，デフォルトが生じるタイミングによって金利を受け取る回数が異なる．利益率は，1 回も金利を受け取らずにデフォルトが生じるケースから，デフォルトが生じずに 10 回すべての金利を受け取って元本が払い戻されるケースまで，確率的に 11 通りの結果に分かれる．デフォルトが生じた場合に

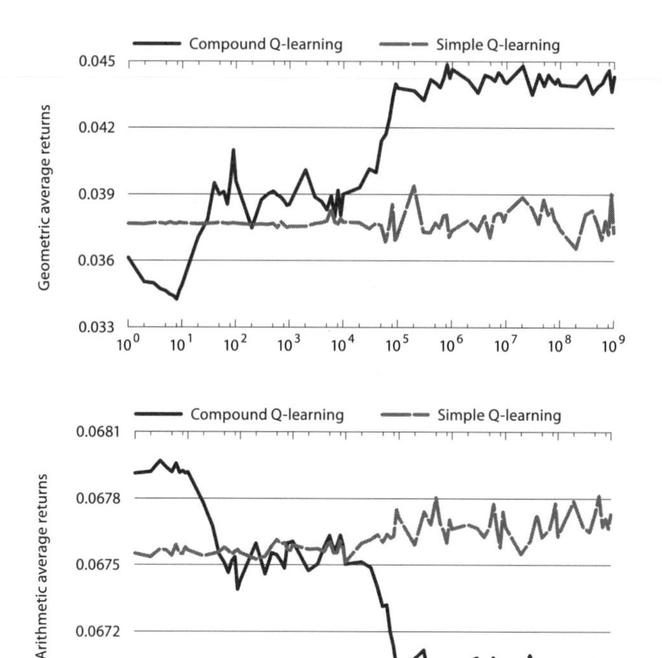

図 2.7.3 国債銘柄選択問題における実験結果
横軸は学習ステップ数，縦軸は幾何平均利益率（上）と算術平均利益率（下）．

は，75%の元本が削減されて残りの 25%が払い戻される．このようにすると，この国債銘柄選択問題は 3 本腕バンディット問題として定式化できる．

この問題において複利型 Q 学習 (compound Q-learning) と従来の Q 学習 (simple Q-learning) の比較を行った結果が図 2.7.3 である．ここでは，従来の Q 学習の報酬を複利型 Q 学習の利益率と同じにし，投資比率は $f = 1.0$ で固定している．その他強化学習パラメータの詳細は文献[13] を参照されたい．

従来の Q 学習は，算術平均利益率（下）を大きくすることはできても，幾何平均利益率（上）を大きくすることはできていない．これに対し，複利型 Q 学習は幾何平均利益率を大きくすることができている．すなわち，複利型 Q 学習によって利益率の複利効果を大きくする行動規則を学習できる．

2.7.6 おわりに

複利型強化学習は，エージェントが利益率を受け取るマルコフ決定過程において，利益率の複利効果を最大化する枠組みである．二重指数関数を用いた割引を導入し，これを対数変換することによって，従来の強化学習を複利型に拡張することを可能としている．複利型強化学習では，新たに投資比率とよばれるパラメータが導入されているが，これはオンライン勾配法によって最適化できる．

複利型強化学習は，ファイナンスやギャンブルなど，利益率の複利効果を大きくすることが求められる分野においては，従来の強化学習よりもすぐれている．ただし，これらの分野では，利益率の複利効果を大きくする一方で，利益率の分散を小さくすることも求められる．そこで，今後は，収益の期待値から収益の分散を引いたものを価値関数と定義するタイプのリスク回避型強化学習[3, 7] など，安全な強化学習[2] として提案されている技術を導入し，利益率の複利効果を大きくしつつ利益率の分散を小さくする強化学習へと拡張することが望まれる．

参考文献

[1] CMA. Global sovereign credit risk report, 4th quarter 2010. Technical report, Credit Market Analysis Ltd (CMA), http://www.cmavision.com/learning/sovereign-risk-reports/, 2011.

[2] Javier García and Fernando Fernández. A comprehensive survey on safe reinforcement learning. *Journal of Machine Learning Research*, 16:1437–1480, 2015.

[3] Matthias Heger. Consideration of risk in reinforcement learning. In *Proceedings of the 11th International Conference on Machine Learning (ICML 1994)*, pp. 105–111, 1994.

[4] John Larry Kelly, Jr. A new interpretation of information rate. *Bell System Technical Journal*, 35:917–926, 1956.

[5] Tohgoroh Matsui, Takashi Goto, Kiyoshi Izumi, and Yu Chen. Compound reinforcement learning: Theory and an application to finance. In Scott Sanner and Marcus Hutter, editors, *Recent Advanced in Reinforcement Learning: Revised and Selected Papers of the European Workshop on Reinforcement Learning 9 (EWRL 2011)*, volume 7188

of *Lecture Notes in Computer Science*, pp. 321–332, 2012.

[6] Tohgoroh Matsui, Nobuhiro Inuzuka, and Hirohisa Seki. On-line profit sharing works efficiently. In V. Palate, R. J. Howlett, and L. Jain, editors, *Proceedings of the 7th International Conference on Knowledge-Based Intelligent Information & Engineering Systems*, volume 2773 of *Lecture Notes in Artificial Intelligence*, pp. 317–324, 2003.

[7] Makoto Sato and Shigenobu Kobayashi. Average-reward reinforcement learning for variance penalized markov decision problems. In *Proceedings of the 18th International Conference on Machine Learning (ICML 2001)*, pp. 473–480, 2001.

[8] Anton Schwartz. A reinforcement learning method for maximizing undiscounted rewards. In *Proceedings of the 10th International Conference on Machine Learning (ICML 1993)*, pp. 298–305. Morgan Kaufmann Publishers, 1993.

[9] Richard S. Sutton and Andrew G. Barto. *Reinforcement Learning: An Introduction.* The MIT Press, 1998. 邦訳『強化学習』(三上貞芳, 皆川雅章(訳), 森北出版, 2000).

[10] Christopher J. C. H. Watkins and Peter Dayan. Technical note: Q-learning. *Machine Learning*, 8(3/4):279–292, 1992.

[11] 宮崎 和光, 山村 雅幸, 小林 重信. 強化学習における報酬割当ての理論的考察. **人工知能学会誌**, 9(4):580–587, 1994.

[12] 松井 藤五郎. 複利型強化学習. **人工知能学会論文誌**, 26(2):330–334, 2011.

[13] 松井 藤五郎, 後藤 卓, 和泉 潔, 陳 ユ. 複利型強化学習の枠組みと応用. **情報処理学会論文誌**, 52(12):3300–3308, 2011.

[14] 松井 藤五郎, 後藤 卓, 和泉 潔, 陳 ユ. 複利型強化学習における投資比率の最適化. **人工知能学会論文誌**, 28(3):267–272, 2013.

[15] 佐藤 誠, 木村 元, 小林 重信. 報酬の分散を推定する TD アルゴリズムと Mean-Variance 強化学習法の提案. **人工知能学会論文誌**, 16(3):353–362, 2002.

第 3 章

強化学習の工学応用

本章においては，さまざまな事例を通して，強化学習を実際の問題に応用する方法について述べる．第 1 章の内容を理解していれば，第 2 章を飛ばして，ここから読み始めても構わない（第 2 章と関連がある場合には適宜参照する）．さまざまな応用分野における具体例に触れることで，新たな分野に応用しようとする際にも参考になるだろう．

3.1 第 3 章　強化学習の工学応用
高次元・実環境における強化学習

森本淳，杉本徳和

ヒューマノイドロボットのような多自由度・高次元のシステムが，動的に変化する環境において自律的に学習し動作するための技術開発が，ロボット分野の一つの大きな目標である．そこで，報酬（コスト）信号に基づいてロボット自身が試行錯誤的に目的とする制御則を獲得するための仕組みをもつ強化学習は，適応的なロボット制御の実現に向けた有望なツールになると期待されてきた．実際，近年の機械学習アルゴリズムの発展および計算機能力の飛躍的な向上にともなって，学習に必要な膨大なサンプルを容易に収集できるコンピュータゲーム[1] や囲碁[2] に関しては熟練者を打ち負かすなどの事例が生み出され，強化学習アルゴリズムに大きな注目が集まっている．しかし一方で，実環境における高次元系の運動学習に用いるには，その学習に必要な大量のデータを取得することが極めて難しく，実応用への道筋は明らかではない．そのような困難さがあるなかで，強化学習をヒューマノイドロボットのような多自由度の実システムにいかに適用するかについて，そのとりうるアプローチを紹介する．

具体的には，軌道まわりの運動の最適化に着目し，制御対象のモデルを用いた時間逆方向の価値関数の伝搬に基づく方法と，制御対象のモデルがない場合に，実環境においてサンプルしたデータを効率的に用いながら時間順方向の内部シミュレーションを行う方法について，事例を含めながら概説する．

3.1.1　最適制御問題

次のようなシステムに対する制御問題を考える．

$$\boldsymbol{x}(k+1) = \mathbf{f}\left(\boldsymbol{x}(k), \boldsymbol{u}(k)\right) \tag{3.1.1}$$

ただし，$\boldsymbol{x}$ はシステムの状態変数を表し，$\boldsymbol{u}$ は制御入力を表す．ここでロボットが学習アルゴリズムを通じて次のような制御則を獲得する問題を扱う．

$$\boldsymbol{u}(k) = \boldsymbol{\pi}(\boldsymbol{x}(k), k) \tag{3.1.2}$$

ただし，制御則 $\boldsymbol{\pi}$ は次の目的関数 J を最小化するように学習される．

$$J = \Phi(N) + \sum_{k=0}^{N-1} r(\boldsymbol{x}(k), \boldsymbol{u}(k), k) \tag{3.1.3}$$

r はコスト関数，Φ は終端コストを表す．式 (3.1.1) の力学系の拘束条件下で上述の目的関数を最小化するための制御則 $\boldsymbol{\pi}$ を求める問題は最適制御問題として知られており，ロボットの分野においては，動的計画法[3] や強化学習法[4] を用いて制御則を導く研究が行われてきた．

ここで，式 (3.1.3) の目的関数を最小化するような制御入力系列を求める問題を考える．まず，ある状態 $\boldsymbol{x}$ において価値関数を次のように定義する．

$$V(\boldsymbol{x}(k), k) = \min_{\boldsymbol{u}(k \to N)} \left\{ \Phi(N) + \sum_{i=k}^{N-1} r(\boldsymbol{x}(i), \boldsymbol{u}(i), i) \right\} \tag{3.1.4}$$

ただし，$\boldsymbol{u}(k \to N)$ は時間ステップ k から終端時間ステップ N までの制御入力系列である．この価値関数は，次に示すベルマン方程式を満たすことが知られている[5]．

$$V(\boldsymbol{x}(k), k) = \min_{\boldsymbol{u}(k)} \{ r(\boldsymbol{x}(k), \boldsymbol{u}(k), k) + V(\boldsymbol{x}(k+1), k+1) \} \tag{3.1.5}$$

$$= \min_{\boldsymbol{u}(k)} \{ r(\boldsymbol{x}(k), \boldsymbol{u}(k), k) + V(\mathbf{f}(\boldsymbol{x}(k), \boldsymbol{u}(k)), k+1) \} \tag{3.1.6}$$

3.1.2 時間逆方向の価値関数の伝搬に基づく運動学習

たとえばここで，次のように対象のシステムが線形で，コスト関数が 2 次の場合を考える．

$$\boldsymbol{x}(k+1) = \boldsymbol{A}\boldsymbol{x}(k) + \boldsymbol{B}\boldsymbol{u}(k) \tag{3.1.7}$$

$$r(k) = \boldsymbol{x}(k)^{\mathrm{T}} \boldsymbol{\Gamma} \boldsymbol{x}(k) + \boldsymbol{u}(k)^{\mathrm{T}} \boldsymbol{R} \boldsymbol{u}(k) \tag{3.1.8}$$

$$\Phi(N) = \boldsymbol{x}(N)^{\mathrm{T}} \boldsymbol{S} \boldsymbol{x}(N) \tag{3.1.9}$$

このような場合，それぞれの時間ステップにおいて価値関数も $V(\boldsymbol{x}(k), k) = \boldsymbol{x}(k)^{\mathrm{T}} \boldsymbol{P}(k) \boldsymbol{x}(k)$ のように 2 次で表される．そこで，式 (3.1.6) のベルマン方程式は次のようになる．

$$\begin{aligned} \boldsymbol{x}(k)^{\mathrm{T}} \boldsymbol{P}(k) \boldsymbol{x}(k) = \min_{\boldsymbol{u}(k)} \Big\{ & \boldsymbol{x}(k)^{\mathrm{T}} \boldsymbol{\Gamma}(k) \boldsymbol{x}(k) + \boldsymbol{u}(k)^{\mathrm{T}} \boldsymbol{R} \boldsymbol{u}(k) \\ & + (\boldsymbol{A}\boldsymbol{x}(k) + \boldsymbol{B}\boldsymbol{u}(k))^{\mathrm{T}} \boldsymbol{P}(k+1) (\boldsymbol{A}\boldsymbol{x}(k) + \boldsymbol{B}\boldsymbol{u}(k)) \Big\} \end{aligned} \tag{3.1.10}$$

ここで制御入力 $\boldsymbol{u}(k)$ について，上式右辺について停留点を求めると最適制御則 $\boldsymbol{u}(k) = -\boldsymbol{K}(k)\boldsymbol{x}(k)$ が求まる．ただし，ゲイン $\boldsymbol{K}(k)$ は次のようになる．

$$\boldsymbol{K}(k) = (\boldsymbol{R} + \boldsymbol{B}^{\mathrm{T}} \boldsymbol{P}(k+1) \boldsymbol{B})^{-1} (\boldsymbol{B}^{\mathrm{T}} \boldsymbol{P}(k+1) \boldsymbol{A}) \tag{3.1.11}$$

上式の形で表される最適制御入力をもとのベルマン方程式に代入することで，価値関数のパラメータ P が次のような離散 Riccati 方程式を通じて順次求まることがわかる．

$$\begin{aligned}\boldsymbol{P}(k) =&(\boldsymbol{\Gamma} + \boldsymbol{A}^{\mathrm{T}}\boldsymbol{P}(k+1)\boldsymbol{A}) \\ &- (\boldsymbol{B}^{\mathrm{T}}\boldsymbol{P}(k+1)\boldsymbol{A})^{\mathrm{T}}(\boldsymbol{R} + \boldsymbol{B}^{\mathrm{T}}\boldsymbol{P}(k+1)\boldsymbol{B})^{-1}(\boldsymbol{B}^{\mathrm{T}}\boldsymbol{P}(k+1)\boldsymbol{A})\end{aligned} \tag{3.1.12}$$

ここで，終端条件は $\boldsymbol{P}(N) = \boldsymbol{S}$ である．

一方で，非線形の制御対象に対しては，価値関数を解析的に求めることが一般に困難である．そこで，近似的に価値関数を導出することになる．

■ 軌道まわりの価値関数モデルの学習

ところが，状態空間全域にわたって価値関数を近似的に求め制御則を導出することは，ヒューマノイドロボットなど多くの状態変数をもつシステムに対しては計算量が膨大になり困難な問題となる．そこで，目的とするタスク達成に関わる運動軌道まわりに注力して制御則を導出することが現実的なアプローチとして提案されている[6]．そこで，ある軌道まわりで価値関数の 2 次近似を導出し，その近似された価値関数を最小化するような制御則を求める方法[7] を用いることを考える．

この手法では，以下の計算により時間逆方向に価値関数の 2 次モデルを伝搬させる．

$$V_{\boldsymbol{x}}(k) = Q_{\boldsymbol{x}}(k) - Q_{\boldsymbol{u}}(k)Q_{\boldsymbol{uu}}^{-1}(k)Q_{\boldsymbol{ux}}(k) \tag{3.1.13}$$

$$V_{\boldsymbol{xx}}(k) = Q_{\boldsymbol{xx}}(k) - Q_{\boldsymbol{xu}}(k)Q_{\boldsymbol{uu}}^{-1}(k)Q_{\boldsymbol{ux}}(k) \tag{3.1.14}$$

ただし，添字はその変数に対する偏微分を表す．ここで，上式の右辺に現れる Q 関数（行動価値関数とよばれる）は次のように計算される．

$$Q_{\boldsymbol{x}}(k) = V_{\boldsymbol{x}}(k+1)\boldsymbol{f}_{\boldsymbol{x}} + r_{\boldsymbol{x}}(k) \tag{3.1.15}$$

$$Q_{\boldsymbol{u}}(k) = V_{\boldsymbol{x}}(k+1)\boldsymbol{f}_{\boldsymbol{u}} + r_{\boldsymbol{u}}(k) \tag{3.1.16}$$

$$Q_{\boldsymbol{xx}}(k) = \boldsymbol{f}_{\boldsymbol{x}}^{\mathrm{T}}V_{\boldsymbol{xx}}(k+1)\boldsymbol{f}_{\boldsymbol{x}} + V_{\boldsymbol{x}}(k+1)\boldsymbol{f}_{\boldsymbol{xx}} + r_{\boldsymbol{xx}}(k) \tag{3.1.17}$$

$$Q_{\boldsymbol{xu}}(k) = \boldsymbol{f}_{\boldsymbol{x}}^{\mathrm{T}}V_{\boldsymbol{xx}}(k+1)\boldsymbol{f}_{\boldsymbol{u}} + V_{\boldsymbol{x}}(k+1)\boldsymbol{f}_{\boldsymbol{xu}} + r_{\boldsymbol{xu}}(k) \tag{3.1.18}$$

$$Q_{\boldsymbol{ux}}(k) = \boldsymbol{f}_{\boldsymbol{u}}^{\mathrm{T}}V_{\boldsymbol{xx}}(k+1)\boldsymbol{f}_{\boldsymbol{x}} + V_{\boldsymbol{x}}(k+1)\boldsymbol{f}_{\boldsymbol{ux}} + r_{\boldsymbol{ux}}(k) \tag{3.1.19}$$

$$Q_{\boldsymbol{uu}}(k) = \boldsymbol{f}_{\boldsymbol{u}}^{\mathrm{T}}V_{\boldsymbol{xx}}(k+1)\boldsymbol{f}_{\boldsymbol{u}} + V_{\boldsymbol{x}}(k+1)\boldsymbol{f}_{\boldsymbol{uu}} + r_{\boldsymbol{uu}}(k) \tag{3.1.20}$$

ここで，$V_{\boldsymbol{x}}^i$ を $V_{\boldsymbol{x}}$ の，f^i を $\boldsymbol{f}$ のそれぞれ i 番目の要素とすると，たとえば $V_{\boldsymbol{x}}\boldsymbol{f}_{\boldsymbol{xx}}$ は，$V_{\boldsymbol{x}}\boldsymbol{f}_{\boldsymbol{xx}} = \sum_i V_{\boldsymbol{x}}^i f_{\boldsymbol{xx}}^i$ として計算される．また，上式によって導出される行動価値関数を用いて，現時点での制御出力に対する更新量 $\delta\boldsymbol{u}$ が次のように得られる．

$$\delta\boldsymbol{u}(t) = -Q_{\boldsymbol{uu}}^{-1}\left[Q_{\boldsymbol{ux}}\delta\boldsymbol{x}(t) + Q_{\boldsymbol{u}}\right] \tag{3.1.21}$$

ただし，$\delta\boldsymbol{x}$ は更新前の軌道からの状態 $\boldsymbol{x}$ のずれを表す．

これら式 (3.1.13)〜(3.1.21) の計算を収束するまで繰り返すことで制御則を導出する.

■ 実装事例

上述の軌道まわりの価値関数モデル学習の手法を歩行ロボット（図 3.1.1）の運動学習に適用した事例を紹介する．ところで，価値関数を時間逆方向に伝搬させるためには正確なモデルの情報を必要とする．一般に駆動系に減速機を用いると，摩擦の影響がモデルの同定を困難とするため，このロボットではアクチュエータ部分に減速機を用いないダイレクトドライブモータを使用した．これにより，実ロボットを用いた場合にでも，モデル情報に依存するアプローチが有効となる．一方で，適切なハードウェアデザインを行ったとしても，同定されるモデルと実システムの間にはモデル誤差が生じることが一般的である．そこで，ロバスト制御[8] の理論に基づいて，モデル誤差を陽に考慮した min-max 型目的関数の最適化を応用した学習手法に拡張し，それを 2 足歩行ロボットの歩行制御に適用した．その結果，図 3.1.2 に示すように，実ロボットにおいて歩行運動を生成することが可能となった．詳細については文献[9] を参照されたい.

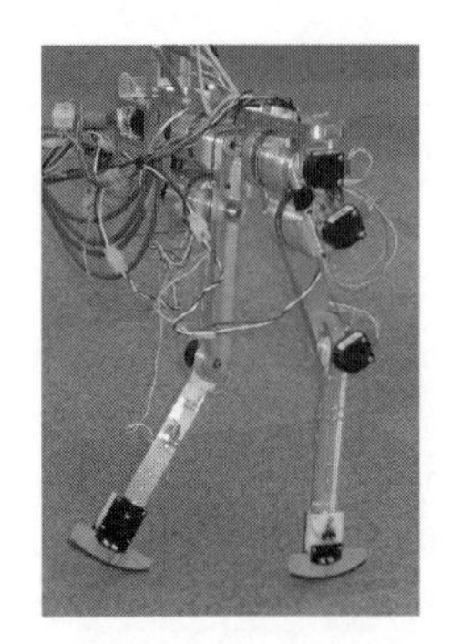
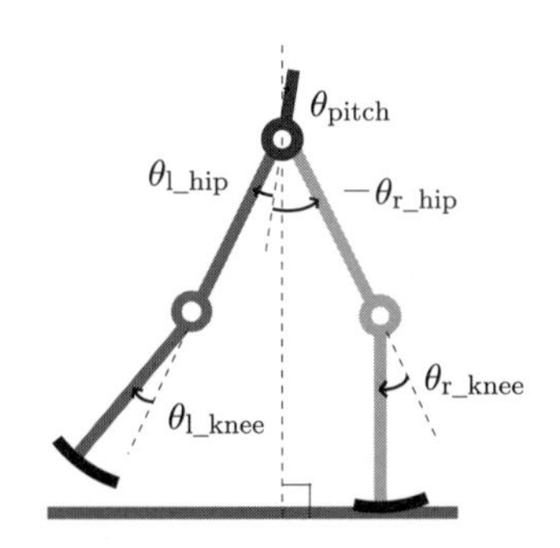

図 3.1.1 歩行ロボット．体幹の自由度を含め 5 自由度，（関節角度・角速度を考慮し）10 次元の状態空間における制御則を学習.

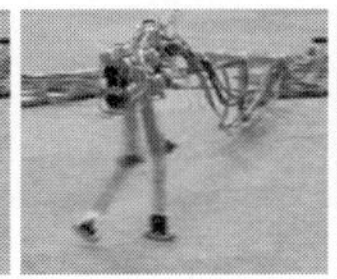

図 3.1.2 学習によって獲得された制御則によって実現されたロボットの歩行運動

3.1.3 時間順方向の内部シミュレーション計算を用いた運動学習

前項に示したアプローチでは，制御対象のモデルが既知でなければならない．一方で，制御対象に関する情報が十分にない場合には，実環境からデータをサンプルし，その情報から制御則を導出する必要がある．そのような場合に，ロボットが環境と相互作用する頻度，つまり実環境からのサンプル数を極力少なくすることが重要となる．なぜなら，そもそもロボットの耐久性の問題があるうえに，データをサンプルするために必要な時間は，シミュレーションよりも圧倒的に長くなるからである．そこでとりうるアプローチとして，ヒトがメンタルシミュレーションをするがごとくに，実環境から得られた限られたサンプルから内部シミュレーションモデルをつくり上げ，そのモデルから生成されるサンプルにもとづいて行動則を更新することを考える[10–12]．また，更新された行動則を用いて再び実環境からデータをサンプルするということを繰り返す．図 3.1.3 にその概念図を示した．

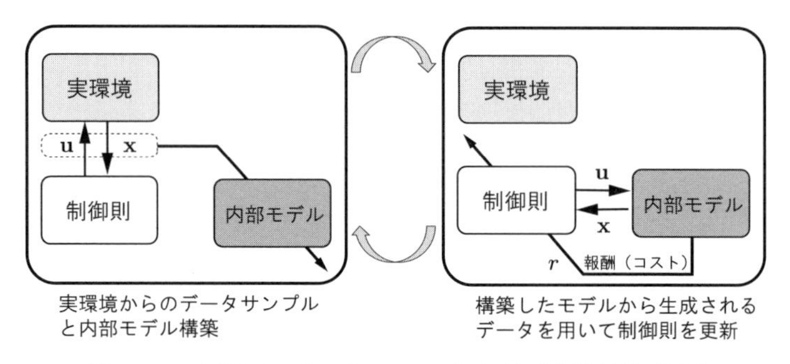

図 **3.1.3** 内部シミュレーションモデルに基づく制御則の更新

■ 内部シミュレーションモデルの学習

実環境から（センサを通じて）得られるデータを用いて内部シミュレーションモデルを構築する場合，観測ノイズや十分なサンプル点が得られていないことによるモデル誤差が生じる．そのような不確実性をモデルにも反映させたうえで制御則を獲得することが望ましい．そこで，ここで紹介するアプローチでは，ガウス過程回帰を用いてロボットの確率的なダイナミクスの近似を行う．しかしながら，サンプルしたデータをやみくもにすべて用いてガウス過程回帰により内部シミュレーションを構築すると，ダイナミクスの前向き計算（シミュレーション）に必要な時間が増加し本末転倒となる．そこで近似を行うために適切な少ない数の疑似サンプルをもとのサンプルデータから推定しつつ，ハイパーパラメータを同時に最適化することで，効率的なシミュレーションを可能にする Sparse Pseudo-inputs Gaussian Processes(SPGPs)[16] を用いる方法などが考えられる．

■ 実装事例

具体例として，実ヒューマノイドロボット[13] の双腕協調制御問題に適用した事例を紹介する[14]．図 3.1.4 に示すように，両手で把持した棒の先端をロボット前方二つのターゲットに順に到達させる課題である．左右の腕 (7×2) と腰のヨー軸 (1) の計 15 自由度を用いて棒の先端を制御した．学習される制御則は各軸に対する目標軌道を出力する．よってここで扱う状態の次元は 30（各軸の角度と角速度），行動の次元は 15（各軸の目標角度）となる．制御対象のシステムを状態空間全域にわたってその特性を明らかにする一般的なシステム同定の方法とは異なり，ここでは上述の SPGPs を用いてタスクに関わる軌道まわりについてのみ内部シミュレーションモデルを導き出すことを考える．制御則の導出には，構築される内部シミュレーションモデルを利用し，時間前向き計算によって効率的な運動学習を可能とする Policy Improvement with Path Integrals (PI^2) を用いた[15]．

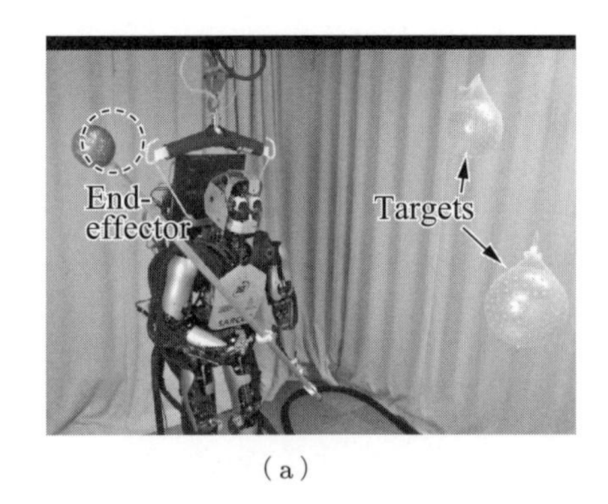

（a）

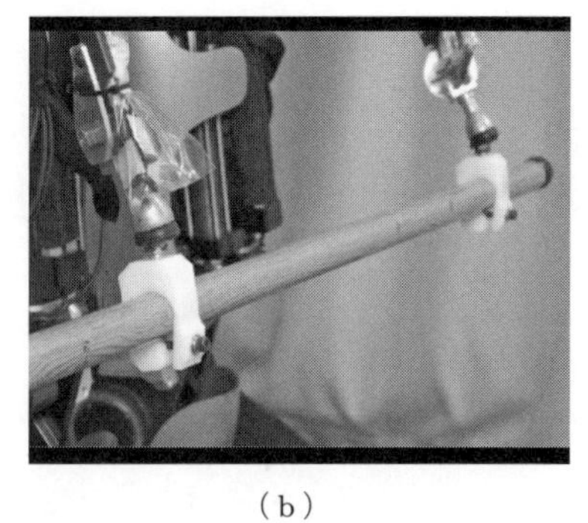

（b）

図 3.1.4　棒の尖端位置が二つの目標経由点に到達するように，両腕の制御則を学習する．

まずヒューマノイドロボットの動力学シミュレータを用いて，上述の手法に基づく学習の過程を検証した．図 3.1.5(a) に示すように，環境との相互作用を通じて制御則を更新する従来法（内部シミュレーションなし）と提案手法（内部シミュレーションあり）を用いた場合との比較を行った．その結果，学習試行回数にして 2 桁程度少ない試行回数（環境からのデータサンプル）で同等の制御則の獲得が可能であることがわかった．

以上，内部シミュレーションモデルを構築し，そのモデルからデータをサンプルするアプローチの有効性を確認したうえで，次に実ロボットを用いた双腕協調制御実験を行った．実環境においても，図 3.1.5(b) に示すように少ない試行回数で高次元・多

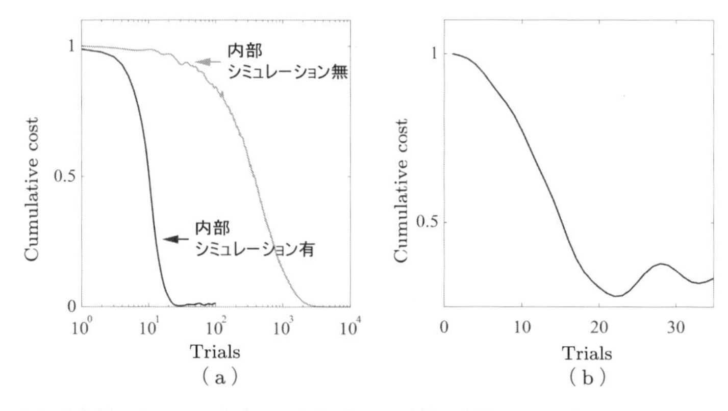

図 3.1.5 (a) 動力学シミュレータを用いた場合の双腕協調制御課題の学習過程．4回のシミュレーションにおける平均値を示している．提案手法を用いると2桁程度少ない試行回数で行動則の獲得が可能であることがわかる．(b) 実ロボットを用いた場合の学習過程．少ない試行回数（環境からのデータサンプル）で高次元・多自由度系における制御則が獲得できていることがわかる．((a)，(b) それぞれにおいて学習曲線は平滑化したものを示した．)

図 3.1.6 双腕協調による，棒の尖端位置の経由点到達課題において獲得された動作系列．

自由度系における制御則が獲得できた．また，獲得された制御則によって生成された動作を図 3.1.6 に示した．

3.1.4 おわりに

近年の機械学習アルゴリズムの発展および計算機の性能向上を背景に，高次元の状態空間における多自由度ロボットの実環境での運動学習が現実的となってきた．応用事例として，軌道まわりの価値関数モデルの学習手法を用いた歩行運動の獲得，および内部シミュレーションの構築とそこからのサンプルデータ生成による実ヒューマノイドロボットの双腕協調運動の学習について紹介した．

近年，計算機の能力を活用し 3.1.1 項において紹介したような軌道ベースの最適制御計算を毎制御周期で行うことで，柔軟な制御則の生成を実現するモデル予測制御 (Model Predictive Control: MPC) の手法が高い注目を集めている[17–19]．これらの方法を用いて，人間のようなダイナミックで軽快な動作生成[20] がヒューマノイドロボットにおいても実現されることが今後期待される．

本節では，強化学習を用いた制御則の最適化に焦点を当てた紹介を行ったが，ほかにも，見まね学習など多自由度システムにおいて効率的に運動学習を行うアプローチが提案されている．それらロボット学習の研究事例を集めた論文特集号として[21–23]を紹介しておく．

謝辞

本節の執筆においては，森本は，JSPS 科研費 JP16H06565 の助成および新エネルギー・産業技術総合開発機構 (NEDO) の委託業務としての支援を受けた．杉本は，JSPS 科研費 26730141 の支援を受けた．また，本稿を改善するにあたって，内部英治氏（(株) 国際電気通信基礎技術研究所）にアドバイスをいただいた．

参考文献

[1] V. Mnih, K. Kavukcuoglu, D. Silver, A. A. Rusu, J. Veness, M. G. Bellemare, A. Graves A, M. Riedmiller, A.K. Fidjeland, G. Ostrovski, S. Petersen, C. Beattie, A. Sadik, I. Antonoglou, H. King H, D. Kumaran, D. Wierstra, S. Legg, D. Hassabis. Human-level control through deep reinforcement learning. *Nature*, 518:529–533, 2015.

[2] D. Silver, A. Huang, C. J. Maddison, A. Guez, L. Sifre, G. van den Driessche, J. Schrittwieser, I. Antonoglou, V. Panneershelvam, M. Lanctot, S. Dieleman, D. Grewe, J. Nham, N. Kalchbrenner, I. Sutskever, T. Lillicrap, M. Leach, K. Kavukcuoglu, T. Graepel, D. Hassabis. Mastering the game of Go with deep neural networks and tree search. *Nature*, 529:484–489, 2016.

[3] D. P. Bertsekas. *Dynamic Programming and Optimal Control*. Athena Scientific, 2005.

[4] R. S. Sutton and A. G. Barto. *Reinforcement Learning: An Introduction*. The MIT Press, Cambridge, MA, 1998.

[5] P. Dorato, C. Abdallah, and V. Cerone. *Linear-Quadratic Control: An Introduction*. Krieger Pub. Co., 2000.

[6] C. G. Atkeson and J. Morimoto. Nonparametric representation of policies and value functions: A trajectory-based approach. *Advances in Neural Information Processing Systems 15*, 1643–1650. MIT Press, Cambridge, MA, 2003.

[7] D. H. Jacobson and D. Q. Mayne. *Differential Dynamic Programming*. Elsevier, New York, NY, 1970.

[8] K. Zhou, J. C. Doyle and K. Glover. *Robust and Optimal Control*, Prentice Hall, 1995.

[9] J. Morimoto and C. G. Atkeson. Minimax differential dynamic programming: An application to robust biped walking. *Advances in Neural Information Processing Systems 15*, 1563–1570. MIT Press, Cambridge, MA, 2003.

[10] J. Morimoto and C. G. Atkeson. Nonparametric representation of an approximated Poincare map for learning biped locomotion *Autonomous Robots* 27(2), 131–144, 2009.

[11] N. Sugimoto and J. Morimoto. Off-Line Path Integral Reinforcement Learning Using Stochastic Robot Dynamics Approximated by Sparse Pseudo-Input Gaussian Processes: Application to Humanoid Robot Motor Learning in the Real Environment. *Proceedings of the IEEE International Conference on Robotics and Automation (ICRA)*, 1303–1308, Karlsruhe, Germany, 2013.

[12] V. Tangkaratt, S. Mori, Tingting Zhao, J. Morimoto, M. Sugiyama. Model-based policy gradients with parameter-based exploration by least-squares conditional density estimation. *Neural Networks*, vol. 57, 128–140, 2014.

[13] G. Cheng, S. Hyon, J. Morimoto, A. Ude, J. G. Hale, G. Colvin, W. Scroggin, S. C. Jacobsen. CB: a humanoid research platform for exploring neuroscience *Advanced Robotics* 21(10), 1097–1114, 2007.

[14] N. Sugimoto and J. Morimoto. Trajectory-model-based reinforcement learning: Application to bimanual humanoid motor learning with a closed-chain constraint. In *Pro-*

ceedings of IEEE-RAS International Conference on Humanoid Robots, 429–434, Atlanta, GA, USA, 2013.

[15] E. Theodorou, J. Buchli, and S. Schaal. A generalized path integral control approach to reinforcement learning. *The Journal of Machine Learning Research*, 11, 3137–3181, 2010.

[16] E. Snelson and Z. Ghahramani Sparse Gaussian processes using pseudo-inputs. *Proceedings of Advances in Neural Information Processing Systems 18*, 1257–1264, 2006.

[17] 大塚 敏之. 『非線形最適制御入門』, コロナ社, 2011.

[18] Y. Tassa, T. Erez, and William Smart. Receding horizon differential dynamic programming *Advances in Neural Information Processing Systems 20*, 1465–1472. MIT Press, Cambridge, MA, 2008.

[19] K. Ishihara and J. Morimoto: Real-time Model Predictive Control with two-step optimization based on singularly perturbed system. In *Proceedings of IEEE-RAS International Conference on Humanoid Robots*, 173–180, Seoul, Korea, 2015.

[20] https://en.wikipedia.org/wiki/Parkour

[21] J. Morimoto, O. C. Jenkins, and M. Toussaint. From the guest editors: Robot learning in practice. *IEEE Robotics and Automation Magazine*, 17(2):17–18, 2010.

[22] 森本 淳. 「ロボットの運動学習」特集について. **日本ロボット学会誌**, 22(2):1, 2004.

[23] J. Peters and A. Y. Ng. Guest editorial: Special issue on robot learning. *Autonomous Robots*, 27(1,2):1–2, 2009.

3.2 連続的な状態・行動空間への拡張：マルチロボットシステムへの適用

保田俊行，大倉和博

ロボタイゼーションによる技術革新が進み，日常生活のさまざまな場面でロボットが活躍することが期待されている．日常のさまざまな場面で適切に作動できるロボットの実現には，システムのモデル化が困難な場合や環境が未知な場合での適応能力を付与することが必要になる．目標状態を示すのみでそこにいたる入出力関係を構築できるという実装の簡便さから，強化学習法はそのための方法論の一つとして有望視されている．

マニュピレータや移動ロボットなどさまざまなプラットフォームでの実現例が報告されているが，実機を運用する際には避けられない金銭・労力・時間的な問題があるだけでなく，ロボットに強化学習を従来の枠組みのまま適用しただけでは多くの場合で適切に動作しないために何らかの機能拡張が施されている．これには，以下のような要因がある．

- 本質的に状態・行動空間が連続で高次元なものとなることで次元の呪いが生じる．
- センサの数・性能など起因して不完全知覚や隠れ状態が発生する．
- 入出力にノイズや時間遅れが含まれる．また，摩擦，バッテリ消耗や本体の経年劣化のようなモデル化が困難である．すなわち，実環境はわずかながらも特性が常に変化していると言えるだけでなく，計算機実験で得た結果を実ロボットに移植する際にはギャップが少なからず存在する．
- 報酬という形で示されるゴール状態をどう定義するかについての一般的な指針がない．単にタスク達成時にのみ報酬を与えるものとすると，その状態にいたることすら難しく現実的な時間での学習はできない．

これらの影響はロボットの自由度が増すほど著しくなる．この問題に対する具体的な機能拡張のためのアプローチとして，関数近似[3] や設計者の知識の導入などがある．ここで，設計者の知識とは，教示[14]，階層構造[13] や漸進学習[1] の利用などである．とくに，高難度なタスクでは，環境のモデルを利用した手法[9] や政策探索型の手法[6] が主流になっている．

一方，システムの複雑化は，ロボット単体の多自由度化だけでなく，単体としては単純であってもそれらが複数で動作する場合にも問題となる．本節では，複数のロボットからなる系，すなわちマルチロボットシステム（Multi-Robot System: MRS）に対する強化学習アプローチの解説するとともに，筆者らの研究例を紹介する．

3.2.1 マルチロボット強化学習

■ 利点と課題

複数のロボットを用いることで，並列作業による効率化や，協調作業による高度化が期待される．その他，一部の個体に故障が生じても，他のロボットがそのかわりとなって作業するという頑健性などの利点がある．これらを実現するには，問題が複雑になるほど，高度なロボット間の関係性，すなわち役割分担の発現が求められる．

複数の強化学習主体が存在する系については，マルチエージェント強化学習の枠組みで研究が進んでいる[3, 29, 32]．MRS に適用した場合においても，単体のロボットと同様に次元の呪いに陥ることが問題となる．また，同時に学習する他エージェントの動きが一定でないために環境が動的になるという課題もある．他個体の学習が進まないと自身の学習が進行しないし，その逆もまた同様である．エージェントのセンシング能力が限定されており，系全体についての十分な情報が得られないという不完全知覚問題もより顕著になる．さらには，信頼度割り当ても設計もより困難である．これは，エージェントの各行動のどれがどれだけ良かったかという個体レベルのみならず，どのエージェントが系全体のパフォーマンスにどれだけ貢献したかというグループレベルのものに分類できる．

■ 研究例

ここでは，代表的なタスクとそれぞれに対するアプローチをいくつか紹介する．すべての論文で実機ロボットで実験を行っているわけではないので注意されたい．

変形可能なモジュール構造ロボットの移動において，個々のモジュールの意思決定に強化学習を適用した例がある．各モジュールは部分観測のみ可能な状況下で，組み替え時のモジュール間衝突を避けなければならない．Varshavskaya らは，政策をパラメータ化し，その価値を最大化するために山登り法を適用している[21]．

単体では扱えない箱を協調して押すタスクは典型的なベンチマークである．Sen らは情報共有を行わないエージェント間において，状態空間分割具合や学習率などが学習に与える影響について検証を行っている[16]．とくに，別環境に置かれた場合であっても，学習結果の再利用により行動獲得までに必要な探索回数を削減できることが示されている．Buffet らは，箱までの距離や押す距離を徐々に長くする漸進学習を適用している[2]．また，Wang らは，異種のロボットによる箱押しにおいて，強化学習と遺伝的アルゴリズムを統合した意思決定機構を提案している[22]．

被食者エージェントを捕食者エージェントが捕獲するハンター問題において，Tan は，捕食者エージェントが通信する情報の効果について議論している[10]．エージェント間で，入力・政策・エピソードに関する情報の共有を通して，効率的に被食者エージェントを捕獲できることを示している．Ishiwaka らは，被食者や他の捕食者の位置に関する予測機構を導入した[10]．そして，被食者間に役割分担が発現していることを示した．La らは，捕食者ロボットを回避するタスクにおいて，被食者ロボットの群れの移動先の決定を強化学習により実行し，そこへ群れを維持しながら移動するためにフォーメーション制御を用いるというハイブリッド機構を構築している[11]．上位レベルの意思決定には離散値，下位レベルの位置決めには連続値の入出力を用いている．また，類似タスクと言える，動く対象物の複数台ロボットによるトラッキングでは，価値関数の近似と最近傍法による状態空間分割を組み合わせた Q 学習を適用した Fernández らの研究がある[7]．

フィールドに置かれた餌を巣まで持ち帰る採餌行動を取り上げたタスクも良いベンチマークである．このタスクにおいて，Matarić は，複数の部分タスクに分割することで定義される状況・行動ごとに対する強化関数と，進行具合の推定機構を導入した[12]．Ulam と Balch は，ジェネラリスト型・スペシャリスト型の強化学習エージェント群の作業効率とコストについて行動生態学における最適採餌理論の観点から議論している[20]．Guo らは，自身と近傍ロボットの行動価値関数を考慮するための相関行列を導入した Q 学習を提案している[8]．

銅谷らのサイバーローデントプロジェクトでは，自己保存と自己複製という条件のもとで 生存し交配するロボットが開発された[25]．ここでは，メタ行動の導入[5] や内的動機に基づく適応のための報酬系の設計法[19] などが提案されている．階層構造強化学習法も提案しており，その構造を進化計算手法を用いて獲得するという点で特徴的である[5]．

サッカーをベンチマークとした研究も多くなされている．高橋らは，他者行為の観察を通した価値推定を導入することで，それを各ロボットが意思決定に反映して効率的な学習を行う手法を提案している[31]．また，高橋らは，さまざまな状況で適切に振る舞うことを可能とするために複数の学習モジュールを構成している[30]．Stone らはパス回しにおいて，タイルコーディングによる関数近似と可変な λ パラメータを導入した[17]．Riedmiller らは連続な状態空間を扱うために階層構造の知覚機構を導入したバッチ学習手法を適用している[15]．Duan らは，他エージェントの予測のために確率的人工神経回路網を用いている[4]．

3.2.2　頑健な MRS のための強化学習法

■ 自律的機能分化

現在のところ，MRS の統一的な設計論はなく，システムごと・問題ごとに特化したものとなっている．多くの研究では，ロボットは自律性をもつものの，システム特性をある程度理解したうえで，有効であろう役割分担やそれに必要な機能が各ロボットにあらかじめ与えられている．このようなシステムは異なる固定の役割をもつ非均質なロボットで構成され，効率的な協調が第一の目的であると言えるが，その性能は設計者の能力に大きく依存する．

それとは対極的なアプローチとして，均質なロボットで構成された MRS の研究がある．均質な MRS は，想定外の状況下などにおいても有効な役割分担を自律的に発現するとともにその役割を可塑的に変化しうるなど，問題・状況への依存度が小さい．すなわち，状況を特定した場合の効率性では非均質な MRS より劣るものの，自律的機能分化を発現することは適応的なシステム構築のために有効であると言える．この見地からの研究も行われ始めているものの，サブタスクの実行に必要な行動を与えて役割分担への方向性をあらかじめ与えている研究が多い．筆者らは MRS における**自律的機能分化**の概念を提案してきた[26]．自律的機能分化とは，アリやハチなどの社会性昆虫から着想を得た概念で，各ロボットが状況に応じた機能の適応的形成と動的割り当てを同時に行うことである．役割とそれに必要な行動の自律的な獲得を同時に実現する自律的機能分化のためには，より高い計算能力が求められる．そのための方法論の一つとして開発してきた連続な状態・行動空間を自律的に分割する強化学習法を以下で紹介する．

■ ベイズ判別法に基づく強化学習法・BRL

まず，筆者らが提案してきた強化学習法・Bayesian-discrimination-function-based Reinforcement Learning (BRL) の概要を示す．BRL は，とくに実用的な時間での学習，および，頑健性に着目して開発した手法であり，実例に基づく強化学習法[28] に分類される．

BRL では統計的にパターン分類を行うベイズ判別法を用いて入力 x がどの状態 C_k に分類されるかを識別する．ベイズ判別法は，識別対象のクラス $C = \{C_k\}_{k=1}^{K}$，各クラスの事前確率 $\Pr(C_k)$ と確率分布 $\Pr(\boldsymbol{x}|C_k)$ が既知の場合，入力 $\boldsymbol{x}$ が観測されたときの各クラス C_k の事後確率 $\Pr(C_k|\boldsymbol{x})$ を下に示すベイズの公式から求め，$\Pr(C_k|\boldsymbol{x})$ が最大となるクラスに入力を識別する方法である．

$$\Pr(C_k|x) = \frac{\Pr(C_k)\Pr(x|C_k)}{\sum_{k=1}^{K}\Pr(C_k)\Pr(x|C_k)} \tag{3.2.1}$$

ただし，$\sum_{k=1}^{K}\Pr(C_k|\boldsymbol{x}) = 1$，$\sum_{k=1}^{K}\Pr(C_k) = 1$ である．しかし，確率モデルが事前にわかっていることは稀であり，自律ロボットの行動学習では入出力の完全なデータセットを用意することは困難である．したがって，観測データから確率モデルを推定する必要があるため，BRL では，(1) クラスの追加と削除，(2) 確率分布モデルのパ

ラメータ更新によって観測データから環境の確率モデルをリアルタイムに更新し，状態空間の分割を行う．

ルール構成

各クラスをガウス分布によって表現し，各クラスの確率分布を表すパラメータとそのときの出力を if-then 形式で記述したルールとして学習器に記憶する．これ以降，クラスとルールを同義として扱う．ルール集合 R はルール $rl \in R$ により構成され，各ルールは次式で記述される．

$$rl := < \boldsymbol{v}, \boldsymbol{\Sigma}, f, u, \Phi, \boldsymbol{a} > \tag{3.2.2}$$

各ルール rl は状態ベクトル $\boldsymbol{v} = (v_1, \ldots, v_{n_d})^{\mathrm{T}}$，共分散行列 $\boldsymbol{\Sigma}$，クラスの事前確率 f，クラスの信頼性を表す有効度 u，各クラスで観測されたセンサ入力の集合 $\Phi = \{\phi, \ldots, \phi_{n_s}\}$，そして，動作 $\boldsymbol{a} = (a_1, \ldots, a_{n_a})^{\mathrm{T}}$ より構成されている．ただし，n_d は入力空間の次元数，n_a は出力空間の次元数，n_s は各クラスが記憶しているサンプル数を表す．学習初期では状態空間にはクラスは存在せず，ロボットが実際に観測した入出力をもとに状態空間にクラスを追加し，状態空間をガウス分布で覆っていく．

動作選択

入力に対する各ルールの事後確率をベイズの公式から求め，事後確率最大のルールに記述されている出力を実行する．ここでは，まず事後確率の負の対数である識別関数 g_i が最小となるルールを勝者ルール rl_w とする．

$$g_w = \min_i \{g_i\} \tag{3.2.3}$$

$$g_i = -\log\{f_i \cdot \Pr(\boldsymbol{x}|C_i)\} \tag{3.2.4}$$

このとき，事後確率の非常に小さいルールが選択されることは適切でないと考え，事後確率にしきい値 P_{th} を設ける．そして，それをもとに計算されるしきい値 $g_{th} = -\log\{f_0 \cdot P_{th}\}$ によって rl_w の動作を実行するかどうかを以下のように判断する．なお，f_0 および P_{th} は定数である．

・$g_w < g_{th}$ の場合，rl_w の動作 $\boldsymbol{a}_w$ を実行する．
・$g_w \geq g_{th}$ の場合，ランダム動作を実行する．

有効度の更新

Profit Sharing と Bucket Brigade 的戦略により報酬を過去に遡って伝播させる．その他，ループ行動を防ぐために選択されたルールに課すコスト，報酬獲得に寄与しないルールを削除してメモリ消費量を抑えるとともに探索領域を絞り込むためにタスク達成時に全ルールに作用させる消散がある．

パラメータの更新

各ルールは入力をもとに確率分布のパラメータをオンラインで更新していく．このように，リアルタイムに更新することで環境やシステム変動に対し，迅速に対応することが期待できる．その反面，ノイズや一時的な入力の偏りに影響を受けやすいため，何らかの対処が必要となる．BRL では，区間推定法を用いたパラメータ更新によりこの問題を解決する．区間推定法は，確率分布のパラメータがある区間に入る確率を設定した確率以上になるように保証する手法であり，サンプル数が増大するにつれて推定精度が上がる．そのため，観測データの増加に伴ってより信頼性の高いパラメータ推定が期待できる．

3.2.3 適用例：均質な MRS の協調行動獲得

ここでは，筆者らがこれまでに得た成果から，自律的機能分化に基づく MRS の例を示す．

■ アーム型ロボットの協調荷上げタスク

実験設定

アームロボット 3 台が荷物を規定の高さまで傾けずに持ち上げる問題を取り上げる[24]．各ロボットのアームは 3 関節をもち，それぞれに取り付けられたサーボモータの動作範囲は 0 ～ 90 度で 0.35 度の精度で制御できる．各関節角度 (p_1, p_2, p_3)，およびアーム先端における荷のピッチ角 (Pit) とロール角 (Rol) を測定するためにポテンショメータ（角度センサ）がそれぞれ取り付けられている．各ロボットの制御システムはロボットのサーボモータとセンサを管理する．各ロボットの意思決定はそれぞれの PC に実装された学習システムによって行われる．ロボットは床から約 130 mm の高さから荷を持ち上げ始める．荷の各頂点付近に取り付けた IR センサのすべての値がしきい値 θ_{IR} を越えた時点でゴールとする．そのときの床から荷までの高さは約 270 mm である．入力 $x = (Pit, Rol, p_1, p_2, p_3)$ は最小・最大値をもとに [0.0, 1.0] に正規化した連続値を用いる．出力 $y = (\theta_1, \theta_2, \theta_3)$ は関節の角度変化量であり，θ_i は $|\theta_i| < \theta_{\max}$ の範囲の実数として出力される $(\theta_{\max} = 9°)$．入出力の 1 サイクルを 1 ステップとし，ゴールに到達するか，あるいは 120 ステップまでにゴールできない場合にエピソードを終了・更新する．エピソードの開始は手動で行い，終了後は手動で初期状態に戻す．

正・負の強化信号として，ゴール到達時に報酬を，荷の傾きがしきい値 $(T_l \approx 27°)$ 以上になったときに罰をそれぞれ全ロボットに対して与える．

■ 大域的秩序獲得実験：実験 1

まずは全ロボットが一切知識をもたない状態から行った実験結果を示す．

なお，BRL の学習は経験に基づく実行可能解，すなわち局所解に収束するために，試行によって獲得する行動は異なる．十数回行った実験のすべてでタスク達成に成功している．ここで示す結果はそのうちの一例である．

学習履歴

図 3.2.1 に学習履歴を示す．図 3.2.1(a) は各エピソードにおいて終了までに要したステップ数と各ロボットが罰を受けた回数である．実験開始後，タスクを達成できず，多くの罰を受けるエピソードが続く．その後，荷を傾けずにゴールする行動を獲得している．図 3.2.1(b) は各エピソード終了時にロボットが保持しているルール数である．実験初期は未経験の領域が多いために多くのルールを生成し，保持するルールが徐々に増えている．学習収束後，保持しているルール数にはほぼ変化がみられない．

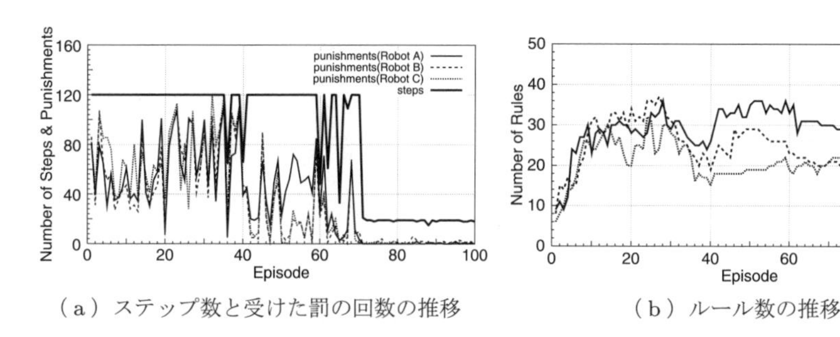

（a）ステップ数と受けた罰の回数の推移　　（b）ルール数の推移

図 3.2.1　学習履歴（実験 1）

状態空間の構成

各ロボットは自身の経験に基づいて状態・行動空間を自律的に分割し，その分割具合の違いにより異なる役割を果たすようになる．ここでは，状態空間を可視化するために，学習器が記憶しているルールの特徴ベクトルに関して相関行列による主成分分析を行い，第一・第二主成分からなる 2 次元状態空間を生成する各ルールの特徴ベクトルと分散共分散行列を新たに生成した状態空間に射影し，状態空間を観測する．

図 3.2.2 に 100 エピソードにおける各ロボットの状態空間を示す．各ルールが覆う領域は境界線で分割されており，四角は獲得されたルールの特徴ベクトル，矢印はルールの発火系列を表す．ロボットごとに異なる数，さまざまな粒度のルールで状態空間を分割していることがわかる．

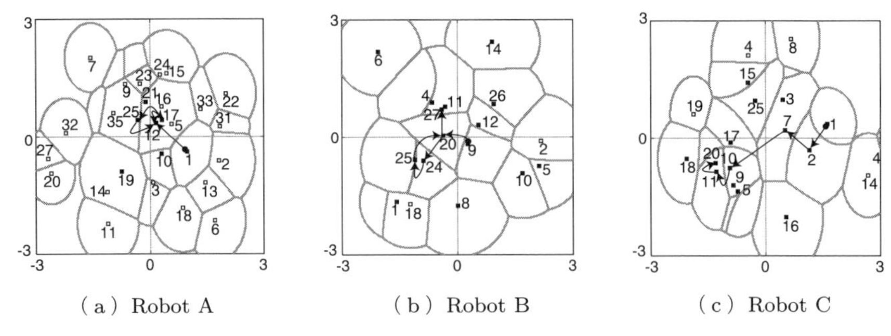

（a）Robot A　（b）Robot B　（c）Robot C

図 3.2.2　100 エピソードにおける状態空間の 2 次元写像（実験 1）

獲得した振る舞いの観測

前項に記述した状態空間の構成に基づいて機能分化が生じる．その結果，各ロボットは状況に応じて動作を切り替え，荷をしきい値以上に傾けずに持ち上げる協調行動を実現する．図 3.2.3 は，100 エピソードにおける各ステップで観測したセンサ値を用いてロボットの姿勢を再現したもの，および発火ルールの番号である．ただし，センサ値はノイズを含むために，厳密には実際の姿勢と一致しない．また，非同期であるために，横軸はロボットによって異なる．各ロボットの振る舞いは，以下のとおりである．

ロボット A：　まず，ロボット B に次ぐ早さで荷を持ち上げた後，いったん荷を下ろす．最終的に，ロボット C が高く持ち上げた後に持ち上げを再開してタスク達成にいたる．どちらかのロボットの傾きに応じて行動を変更する**調整役**を果たして

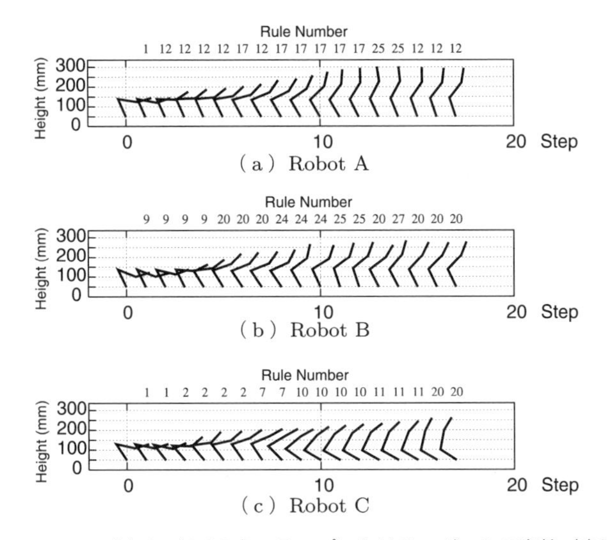

（a）Robot A

（b）Robot B

（c）Robot C

図 3.2.3　100 エピソードでの各ステップにおけるロボットの姿勢（実験 1）

いると言える．

ロボット B：　アームを大きく動かしながら持ち上げる．その後，持ち上げる速度を落とし，最終的には高さを維持する．常に持ち上げを先導し，**リーダ**役を果たしていると言える．

ロボット C：　後半まで少しずつ持ち上げ，ロボット A，ロボット B がある高さまで持ち上げた後に持ち上げる速度を上げる．**フォロワ**役を果たしていると言える．

■ システムの頑健性の検証実験：実験 2

環境変動に対する頑健性の向上を検証するため，安定な行動を獲得後に 1 台のロボットを初期化する．これは，1 台のロボットが故障した場合に新しいロボットを投入することと等価である．初期化の後，残りの 2 台と新たな荷上げ行動を実現しなければならない．ここでは，リーダ役のロボット B を初期化した実験について示す．

学習履歴

図 3.2.4 に学習履歴を示す．図 3.2.4(a) は各エピソードでエピソード終了までに要したステップ数と各ロボットが罰を受けた回数である．図が示すように，環境変化後にシステムの振る舞いは一時的に不安定になってタスクを達成できていない．しかし，その後は安定してタスクを達成している．また，図 3.2.4(b) は各ロボットの BRL におけるエピソード終了時の保持ルール数とエピソードごとの生成ルール数の推移である．ロボット A と C はロボット B のランダムな行動に合わせて新しい協調行動を獲得するためにルールを生成するが，ロボット B はそれまでの知識がないためにより多くのルールを生成する．再び安定な行動を獲得した後もノイズなどの影響によって若干のルール生成があるものの，ルール数の増減は小さい．

獲得した振る舞いの観測

図 3.2.5 に 150 エピソードにおけるシステムの振る舞いを示す．まずロボット A，ロ

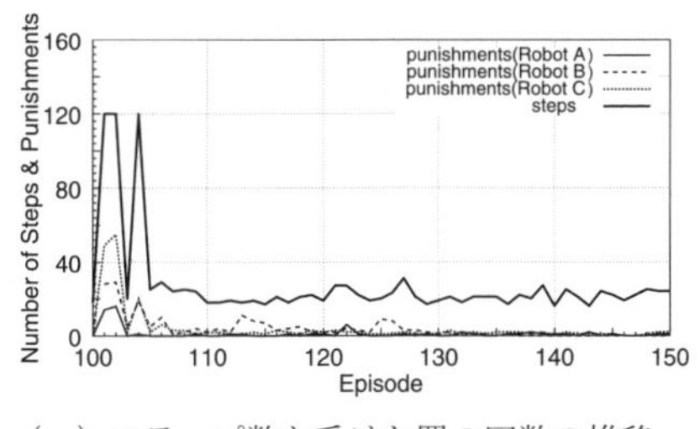

（a）ステップ数と受けた罰の回数の推移

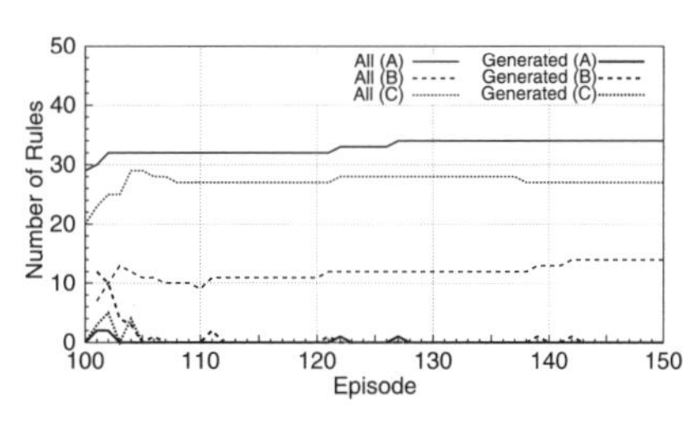

（b）ルール数の推移

図 3.2.4　学習履歴（実験 2）

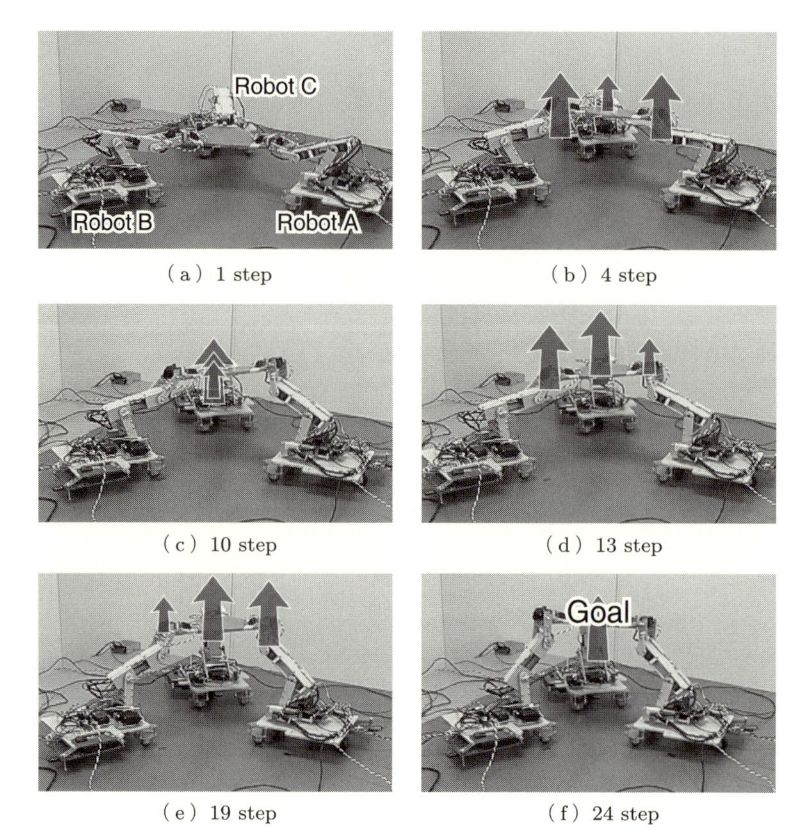

（a） 1 step
（b） 4 step
（c） 10 step
（d） 13 step
（e） 19 step
（f） 24 step

図 3.2.5　150 エピソードでのスナップショット（実験 2）

ボット B が持ち上げ（図 3.2.5(b)），ロボット A はさらに持ち上げ続ける（図 3.2.5(c)）．ロボット A が持ち上げの速度を落としている間に，ロボット B，ロボット C が持ち上げる（図 3.2.5(d)）．その後，ロボット A とロボット C がゴール位置まで持ち上げ（図 3.2.5(e)），ロボット B が最後に持ち上げを完了する（図 3.2.5(f)）．ロボット A がリーダ役を，ロボット B と C がフォロワ役を果たしている．これは，実験 1 とは異なる機能分化の形態である．

図 3.2.6 は，このときの各ロボットの姿勢と発火ルールの番号である．図中の括弧なし，中括弧付き，および大括弧付きのルールはそれぞれ 100 エピソードで発火していたルール，100 エピソードでは利用されていないものの保存されていたルール，新たに生成したルールを表す．ロボット A とロボット C は，保存ルールの利用と新ルールの生成によって 100 エピソードとは明らかに異なる行動をとっている．このことから，システム変動に合わせて適応的に行動を調整していることがわかる．

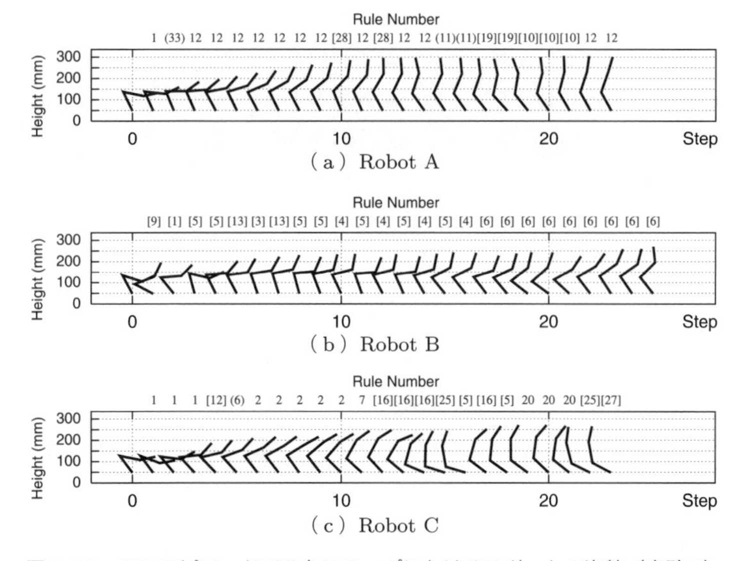

図 **3.2.6** 150 エピソードでの各ステップにおけるロボットの姿勢（実験 2）

■ 移動ロボットの協調搬送

次に，3 台の均質なロボットが荷に見立てた正三角形の板で回転自由に連結された状態でゴールまで到達するという協調搬送問題を取り上げる（図 3.2.7）．このタスクでは，連結部分を通して，他のロボットのモータ出力に伴う力が伝わるため，タスク達成のためにはロボットは向きと速度の調整を適切に行いながら協調的に振る舞わなければならない．

ロボットは独立の制御器で制御され，2 個の車輪をもち，壁との距離を測定する距離センサを 2 個，明るさを検出する光センサを 3 個，連結部分に各ロボットの角度を

図 **3.2.7** 連結された三台の移動ロボット

測定する角度センサを 1 個もつ．ロボットは自身のものだけでなく，両隣のロボットと連結部分に対する角度を知覚できる．前方に設置した光源にたどりつけばタスク達成として全ロボットに報酬を与え，壁に衝突したときに該当するロボットのみ罰を受ける．

このタスクでは，既存ルールに基づく行動生成機構をもつ BRL[23] を各ロボットの制御器として適用した．実験の結果，協調搬送行動の獲得に成功した（図 3.2.8(a)）．また，荷上げタスクと同様にロボット 1 台の学習結果を初期化しても，再学習を通して行動を調整して新たな協調行動を獲得できた（図 3.2.8(b)）．

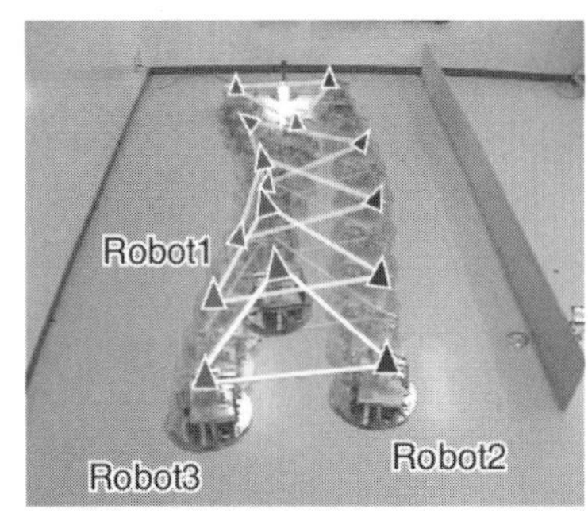

（a）学習成功時

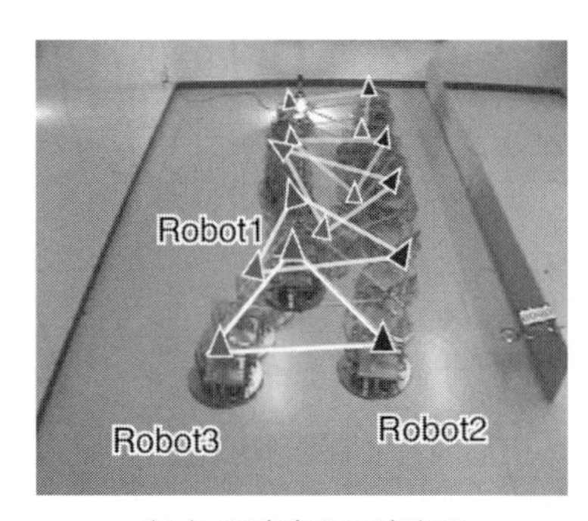

（b）環境変化に適応後

図 3.2.8　獲得した協調搬送行動

■ 人間機械協調系への応用

上述のいずれの MRS に対しても，BRL は推奨値のパラメータを用いており，入出力データもセンサ・モータ値を加工せずに利用している．また，ロボット間通信は用いておらず，センサ入力・モータ出力等について明示的な情報共有を行っていない．そのようなタスクそのものや他ロボットに関する情報が与えられていない状況でも学習ができたということから，BRL を搭載したロボットは，他ロボットの構造によらず，すなわち非均質な MRS であっても行動獲得が可能であると言える．さらには，協調する相手がロボットでなく人間であっても同様のことが期待できる．

図 3.2.9 は，人間とアーム型ロボットの荷上げタスクに BRL を搭載した際のスナップショットである[23]．被験者にリーダとして持ち上げを先導，もしくはフォロワとして持ち上げを追従するように指示して実験を進めた結果，MRS は被験者と対になるような行動を獲得した．行動獲得後に別の被験者に入れ替わったときにも，これまでのルールを利用したり新たにルールを生成しながら協調的に振る舞うことが確認できた．人間ごと，さらには同じ人間であっても身体・精神的状況で振る舞いが変化するであろうから，簡単な実験ではあるが状況に応じて行動を調整できる BRL の人間機械協調系への拡張の可能性が示せた．

（a）リーダの被験者　（b）フォロワの被験者

図 3.2.9 人間と協調する強化学習マルチロボットシステム

3.2.4 おわりに

本節では，強化学習を MRS に適用する場合の利点と課題の整理し，マルチロボット強化学習の課題解決のために提案されてきた従来手法について紹介した．そして，適応的な MRS のための概念である自律的機能分化に関して，筆者らの研究グループが行ったアプローチを紹介した．物理的身体をもつロボットは，Brooksが指摘する身体性・立脚性などを備えているという点で，単なる工学的応用のみならず知能の研究にもつながる．すなわち，ロボットと環境との相互作用を通した行動学習は，人間の認知発達過程を構成論的に知るためのツールとしても期待されている．認知科学の側面からの研究については4.2節を参照いただきたい．

2013年から，システム制御情報学会誌で「マルチエージェントシステムの制御」に関する記事が連載された（初回[27]）．これは，マルチエージェントシステムをシステム制御の観点から体系的に研究する手法に関するものである．今後，強化学習と制御理論に基づく手法は相補し合いながら互いに発展・進歩することが期待される．

参考文献

[1] Minoru Asada, Shoichi Noda, Sukoya Tawaratsumida, and Koh Hosoda. Purposive behavior acquisition for a real robot by vision-based reinforcement learning. *Machine Learning*, 23(2-3):279–303, 1996.

[2] Olivier Buffet, Alain Dutech, and François Charpillet. Shaping multi-agent systems with gradient reinforcement learning. *Autonomous Agents and Multi-Agent Systems*, 15(2):197–220, 2007.

[3] Lucian Busoniu, Robert Babuska, and Bart De Schutter. A comprehensive survey of multiagent reinforcement learning. *Systems, Man, and Cybernetics, Part C: Applications and Reviews, IEEE Transactions on*, 38(2):156–172, 2008.

[4] Yong Duan, Bao Xia Cui, and Xin He Xu. A multi-agent reinforcement learning approach to robot soccer. *Artificial Intelligence Review*, 38(3):193–211, 2012.

[5] Stefan Elfwing, Eiji Uchibe, Kenji Doya, and Henrik I. Christensen. Multi-agent reinforcement learning: Using macro actions to learn a mating task. Intelligent Robots and Systems, 2004.(IROS 2004). *Proceedings. 2004 IEEE/RSJ International Conference on*, 4, pp. 3164–3169, 2004.

[6] Gen Endo, Jun Morimoto, Takamitsu Matsubara, Jun Nakanishi, and Gordon Cheng. Learning cpg-based biped locomotion with a policy gradient method: Application to a humanoid robot. *The International Journal of Robotics Research*, 27(2):213–228, 2008.

[7] Fernando Fernández, Daniel Borrajo, and Lynne E Parker. A reinforcement learning algorithm in cooperative multi-robot domains. *Journal of Intelligent and Robotic Systems*, 43(2-4):161–174, 2005.

[8] Hongliang Guo and Yan Meng. Distributed reinforcement learning for coordinate multi-robot foraging. *Journal of intelligent & robotic systems*, 60(3-4):531–551, 2010.

[9] Todd Hester, Michael Quinlan, and Peter Stone. Generalized model learning for reinforcement learning on a humanoid robot. In *2010 IEEE International Conference on Robotics and Automation (ICRA)*, pp. 2369–2374. IEEE, 2010.

[10] Yuko Ishiwaka, Takamasa Sato, and Yukinori Kakazu. An approach to the pursuit problem on a heterogeneous multiagent system using reinforcement learning. *Robotics and Autonomous Systems*, 43(4), pp .245–256, 2003.

[11] Hung Manh La, R. Lim, and Weihua Sheng. Multirobot cooperative learning for predator avoidance. *IEEE Transactions on Control Systems Technology*, 23(1):52–63, Jan 2015.

[12] Maja J. Matarić. Reinforcement learning in the multi-robot domain. *Autonomous Robots*, 4(1):73–83, 1997.

[13] Jun Morimoto and Kenji Doya. Acquisition of stand-up behavior by a real robot using hierarchical reinforcement learning. *Robotics and Autonomous Systems*, 36(1):37–51,

2001.
[14] Jan Peters and Stefan Schaal. Natural actor-critic. *Neurocomputing*, 71(7):1180–1190, 2008.
[15] Martin Riedmiller, Thomas Gabel, Roland Hafner, and Sascha Lange. Reinforcement learning for robot soccer. *Autonomous Robots*, 27(1):55–73, 2009.
[16] Sandip Sen, Ip Sen, Mahendra Sekaran, and John Hale. Learning to coordinate without sharing information. In *In Proceedings of the Twelfth National Conference on Artificial Intelligence*, pp. 426–431, 1994.
[17] Peter Stone, Richard S Sutton, and Gregory Kuhlmann. Reinforcement learning for robocup soccer keepaway. *Adaptive Behavior*, 13(3):165–188, 2005.
[18] Min Tan. Multi-agent reinforcement learning: Independent vs. cooperative agents. In *Proceedings of the 10th International Conference on Machine Learning*, pp. 330–431, 1993.
[19] Eiji Uchibe and Kenji Doya. Constrained reinforcement learning from intrinsic and extrinsic rewards. In *Development and Learning, 2007. ICDL 2007. IEEE 6th International Conference on*, pp. 163–168. IEEE, 2007.
[20] Patrick Ulam and Tucker Balch. Using optimal foraging models to evaluate learned robotic foraging behavior. *Adaptive Behavior*, 12(3-4):213–222, 2004.
[21] Paulina Varshavskaya, Leslie Pack Kaelbling, and Daniela Rus. Automated design of adaptive controllers for modular robots using reinforcement learning. *The International Journal of Robotics Research*, 27(3-4):505–526, 2008.
[22] Ying Wang and Clarence W de Silva. A machine-learning approach to multi-robot coordination. *Engineering Applications of Artificial Intelligence*, 21(3):470–484, 2008.
[23] Toshiyuki Yasuda and Kazuhiro Ohkura. Self-organized task allocation between reinforcement learning robots and a human partner. *International Journal of Advancements in Computing Technology*, 4(22):230–238, 2012.
[24] 保田 俊行, 大倉 和博. 実例に基づく強化学習法の頑健性向上に関する一考察：マルチロボットシステムによる検証. **計測自動制御学会論文集**, 42(10):1150–1157, oct 2006.
[25] 内部 英治, 銅谷 賢治. サイバーローデントプロジェクト. **日本神経回路学会誌**, 14(4):293–304, 2007.
[26] 大倉 和博, 川上 賢一郎, 上田 完次. 均質な自律ロボット群による協調行動獲得問題：機能分化に基づくアプローチ. **システム制御情報学会論文誌**, 15(9):451–458, sep 2002.
[27] 東 俊一, 永原 正章. マルチエージェントシステムの制御：導入と準備. **システム/制御/情報：システム制御情報学会誌**, 57(5):207–210, may 2013.
[28] 畝見 達夫. 実例に基づく強化学習法. **人工知能学会誌**, 7(4):697–707, 1992.
[29] 荒井 幸代. マルチエージェント強化学習：実用化に向けての課題・理論・諸技術との融合. **人工知能学会誌**, 16(4):476–481, jul 2001.
[30] 高橋 泰岳, 枝澤 一寛, 野間 健太郎, 浅田 稔. モジュール型学習機構を用いたマルチエージェント環境における競合行動獲得. **日本ロボット学会誌**, 27(3):350–357, 2009.
[31] 高橋 泰岳, 田村 佳宏, 浅田 稔. 価値システムに基づく他者行為観察と自己行動学習の循環的発達. **知能と情報：日本知能情報ファジィ学会誌**, 21(5):640–652, oct 2009.
[32] 高玉 圭樹. 『マルチエージェント学習：相互作用の謎に迫る』, コロナ社, 2003.

3.3 対話処理における強化学習

南泰浩，目黒豊美

ここでは強化学習を使った対話処理，とくに，対話制御に焦点を当てて説明する．ここでは，システムの対話行為をアクションとよぶ．従来の対話処理では，あらかじめオートマトンを構成し，それに従ってアクションを実行する機構か，ルールとよばれるあらかじめ設定した条件に一致したときにシステムのアクションを実行する機構かのどちらかを利用することが多い．これらの機構と，強化学習で用いるモデルの関係を記述すると次のようになる．前者で用いているオートマトンに確率を導入すれば，Markov Chain となる．さらに，Markov Chain に統計的な制御機構を導入するとマルコフ決定過程 (Markov Decision Process: MDP)[7,9] となる．対話システムでは，オートマトンや Markov Chain は，比較的なじみ深い手法である．このためそれらを拡張した MDP の考え方を対話処理に導入することは，比較的理解しやすい．また，後者のルールによる手法は，複雑な処理を想定しなければ，オートマトンで近似できる．このためルールによる手法においても，MDP の考えは導入しやすい．このような状況に加え，対話処理を実行するためのオートマトンやルールをシステム開発者がすべて手で書くのには限界があるため，対話処理の手順を自動的に獲得できる強化学習には大きな期待がかかっている．以上のような理由により，強化学習による対話処理は，最近，とくに注目されつつある．

対話処理への最初の強化学習の応用は，AT&T によって行われたと思われる[2]．その後，MDP を用いた対話処理が Cambridge や NTT などで提案されている[1,13]．対話処理分野で強化学習が注目を集めるようになったのは，2005 年，当時 Cambridge に所属していた Williams が，部分観測マルコフ決定過程 (Partially Observable Markov Decision Process: POMDP)[7,10] を用いた対話処理を発表してからである[11,12]．対話処理に POMDP を使う理由は，対話処理では音声認識や言語処理といったフロントエンドの処理には誤りがつきものであり，ユーザの状態を直接知ることができないという POMDP の設定条件に，より合致するからである．ここでは，3.3.1 項において，簡単な対話タスクを例題として，POMDP を用いた方策決定の利点についてモデルベースドの手法を用いて説明する[14]．POMDP による対話のモデル化では，実際の対話タスクに合わせた状態を設定することが極めて重要である．この際，方策を求めるための計算量の増加を抑えるためには，状態数自体を少なくすること，かつ，構成された状態を使って効率的に方策を計算することの両方が必須となる．3.3.2 項では，状態設定の手法として，状態をいくつかの因子に分割する手法について説明する[11, 12]．しかし，たとえ効果的な状態を構築したとしても，現状では状態数の増加に伴い方策を求めるための計算量は爆発する．このため，POMDP の状態数を削減する手法が提案されている[16]．3.3.3 項では，この手法について述べる．これまでの対話システムでは切符を買うことや何かを検索することを目的とする，いわゆる，タスク指向型のシステムが多かった．筆者たちは，聞き役対話というあらかじめタスクを想定しない対話システムの作成に取り組んでいる[3, 18, 19]．3.3.4 項では，このような対話タスクを POMDP によりモデル化し，強化学習により方策を求める手法について述べる．

3.3.1 認識誤りに頑健な強化学習による対話制御

ここでは，POMDP を用いた音声対話処理の例を紹介する．音声認識を用いた対話処理では通常，音声認識誤りにより状態が直接観測できない．このような誤りに対して適切な制御を行う方策の生成方法について説明する．POMDP は 1.5 節で説明したように，$< \mathcal{S}, \mathcal{A}, T, R, \Omega, O >$ の組として定義する．$\mathcal{S}$ は状態の有限集合（要素は s），$\mathcal{A}$ はシステムのアクションの有限集合（要素は a），T は $T(s,a,s') = P(s'|s,a)$ で与えられる状態遷移確率，$R(s,a)$ は報酬関数である．Ω はシステムの観測値の有限集合（要素は o），$O(s',a,o') = P(o'|a,s')$ は観測確率である†．簡単な音声対話タスクとして，コンピュータのファイルを消去するタスクを考える．状態の集合 $\mathcal{S}$ には，ユーザのゴールである“ファイルを消去する”と“ファイルを消去しない”の二つの状態を設定する．これに伴って観測集合 Ω にも“ファイルを消去してください”と“ファイルを消去しないでください”の二つの要素を設定する．アクションの集合 $\mathcal{A}$ には，“ファイルを消去する”，“ファイル消去しない”と“ファイルを消去するか確認する”の 3 種類の要素を設定する．システムは最初，“ファイルを消去するか確認する”というアクションを実行する．これに対し，ユーザはユーザゴールに従い“ファイルを消去してください”と“ファイルを消去しないでください”の 2 種類を答える．音声認識には認識誤りがあり直接 s を観測できない．そこで，この認識率を設定するため，$P(o'|a,s')$ には表 3.3.1 に示す確率を設定する．ただし，この確率は a に依存しないと仮定し，$P(o'|a,s') = P(o'|s')$ とする．この設定では，正解が正しく観測される確率を 70 %とした．また括弧のなかにはこの確率が 90 %の場合も示す．この二つの設定により，方策がどのように変わるかを見ていく．

状態の遷移確率 $T(s,a,s') = P(s'|s,a)$ はアクション a が“ファイルを消去するか確認する”という場合だけ状態遷移を行わないように設定する．他のアクションでは初期確率に戻るように均等に設定する．また，報酬関数 R を表 3.3.2 のように設定す

† 1.5 節では o と表記したが，ここではこの分野の標準に合わせて o' と表記する．

表 3.3.1 $P(o'|s')$ の設定

	o' = ファイルを消去してください	o' = ファイルを消去しないでください
s' = ファイルを消去する	0.7 (0.9)	0.3 (0.1)
s' = ファイルを消去しない	0.3 (0.1)	0.7 (0.9)

表 3.3.2 報酬関数の設定

	a = ファイルを消去する	a = ファイル消去しない	a = ファイルを消去するか確認する
s' = ファイルを消去する	5	−10	−1
s' = ファイルを消去しない	−20	5	−1

る．ここでのポイントは，ユーザの状態が“ファイルを消去しない”のときに，“ファイルを消去する”というアクションを実行してしまった場合，−20 という極めて高い負の報酬を付加することである．これにより，このような状況が起こらないようにする．また，システムが確認するときには，何回も確認する煩わしさを考慮して，負の小さな報酬 −1 を設定する．

以上のような POMDP の設定のもと，Point-Based Value Iteration: PBVI[6, 17] を使って方策を計算した．POMDP の方策とは状態の確率分布から，次のシステムのアクションを決定する関数のことである．正解が正しく観測される確率が 70 %のときに得られる方策は図 3.3.1 のようになる．図中の個々の直線にはアクションが割り当てられている．縦軸は価値を示し，アクションを実行したときに将来獲得できる平均報酬を表している．価値を求める直線は，POMDP で定義された報酬および確率から動的計画法を用いて得られる（1.5 節）．このタスクでは，状態は二つ存在するが，総和が 1 になる条件から片方の状態の確率がわかれば，もう一方の状態の確率もわかる．そこで，“ファイルを消去する”の状態の確率だけを図示する．方策の選択は，与えられた状態の確率で，価値が最大となる直線を選択し，そのアクションを求めることで実現できる．すなわち，図は，与えられた状態確率に対する価値が最大になる直線を選択して，“ファイルを消去しない”，“ファイルを消去するか確認する”と“ファイル消去しない”の内からアクションを決定する関数（図中太線）を示している．初期の状態の確率が 0.5 だとすると，1 回目の音声認識によって，ユーザの発話“ファイルを消去してください”を観測すると，“ファイルを消去する”という状態の確率は 0.7 となる．この確率から次のアクションを決定する．図 3.3.1 の○印がこのときの価値最大の点である．この場合，システムは，“ファイルを消去するか確認する”というアクションを選択する．これは，認識結果の信頼性が十分ではなく，他のアクションを選択すると将来負の報酬を課される期待値が高いとシステムが判断したからである．

これに対して，正解が正しく観測される確率が 90 %の場合を図 3.3.2 に示す．この場合，最初の認識によって状態の確率は 0.9 となる．このとき，選択されるアクションは，“ファイルを消去する” となる．このように，POMDP を利用するとパラメータ設定だけで，認識率の違いによるアクションの選択を自動的に実現できる．これが音声認識などの誤りを含むフロントエンド処理をもつ対話処理で強化学習を使うメリットの一つである．

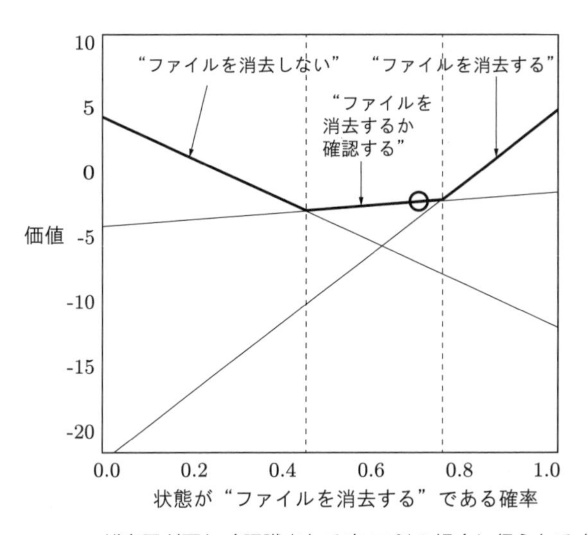

図 3.3.1 ユーザ意図が正しく認識される率 70%の場合に得られる方策

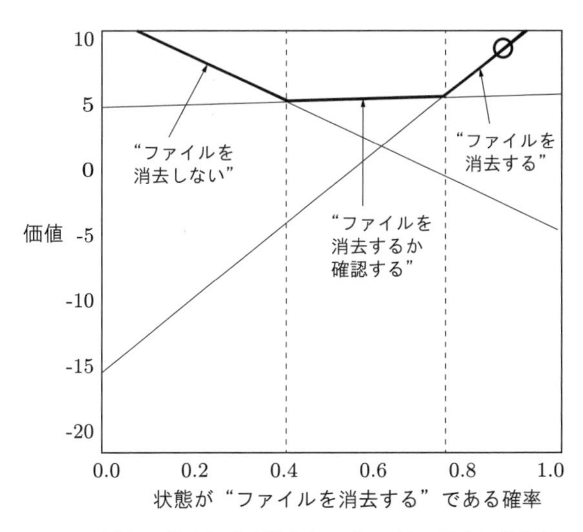

図 3.3.2 ユーザ意図が正しく認識される率 90%の場合に得られる方策

ここまでの議論において，読者のなかには，状態の確率がわかっているのならば，強化学習など使わず，その確率をもとに経験的に対話機構を設計すればよいと思う人がいるかもしれない．しかし，ここで重要なことは，POMDP や MDP では，これまで，パターン認識などで利用されている尤度最大化や識別率最大化とは違った客観的な評価関数を導入できることである．これにより，いままで経験的に実現してきた対話制御の構築が，より客観的に実現できるようになる．

3.3.2 状態設定

POMDP を対話システムのモデルとして利用する場合に重要なことは，状態をどう設定するかである．ここでは例として，注目を集めた論文の状態設定について説明する[11, 12, 16]．

文献[16] では，状態設定として図 3.3.3 の構成を提案している．文献[11, 12, 16] で提案するシステムはほぼ共通の構成を採用している．最初にユーザは自分の達成すべきユーザゴール s_u をもっている．このゴールに従って，ユーザは発話 a_u を行い，それが音声認識され，N 個の音声認識仮説となる．これがシステムの観測値 o となる．この観測値により，対話の状態 s_d が変化する．これらの状態の確率分布 $b(s_m)$ から方策に従って，次のアクション a_m が決定される．最終的にそれが音声 $\tilde{a}_m$ に変換される．この構成のなかで，状態 s_m は a_u，s_u，s_d に因子化される．すなわち，$s_m = < a_u, s_u, s_d >$ である．

文献[11, 12] では，具体的な対話タスクとして，簡単な鉄道の券売システムを取り上げている．このタスクでは三つの都市間でチケットを購買することを仮定している．DBN: Dynamic Bayesian Networks 形式で表すこの対話の POMDP によるモデルを図 3.3.4 に示す．システムの状態 $s_m = < a_u, s_u, s_d >$ の三つの因子間に図の楕円中に示す関係を定義し，状態数の削減を図っている．このタスクでは，ユーザのゴー

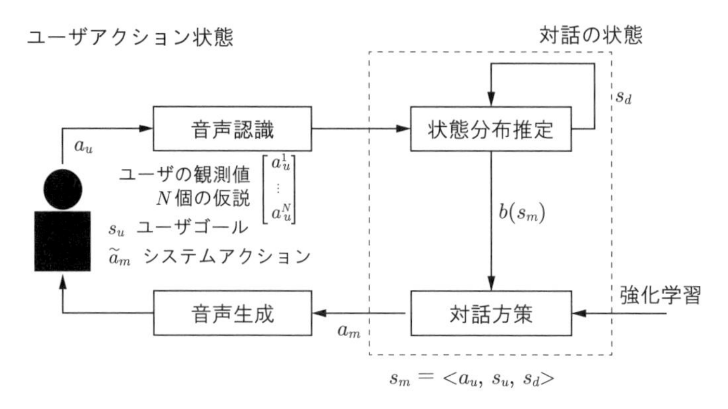

図 **3.3.3** POMDP に基づく対話処理概要

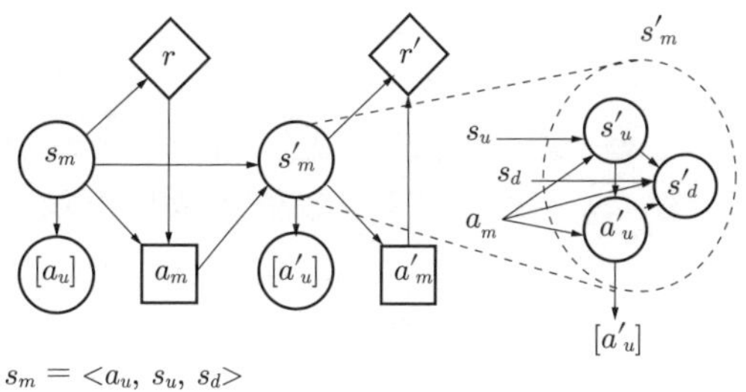

$s_m = <a_u,\ s_u,\ s_d>$

s_u:ユーザゴール
a_u:ユーザアクション状態
s_d:対話の状態

図 **3.3.4** 状態を因子分解した対話用 POMDP の DBN 表記

ル s_u には出発地と行き先の 6 種類の組み合わせが設定されている．a_u には，“都市名”(3 種類)，“都市名”から (3 種類)，“都市名”まで (3 種類)，“都市名” から “都市名”まで (6 種類)，はい，いいえ，入力なし，の 18 種類のユーザの発話が設定されている．s_d はシステムの状態であり，出発都市が未入力，未確認，確認済みの情報 (3 種類)，行き先都市が未入力，未確認，確認済みの情報 (3 種類)，および現在のターンが最初のターンかそうでないかの情報の組み合わせ 18 種類 ($3 \times 3 \times 2$) が設定されている．方策のソルバとして Perseus[8] を使っている．これは，PBVI[6, 17] を利用し，PBVI で保存する分布を乱数によって選択することにより，方策を高速に計算する手法である．PBVI に関する計算量の削減効果に関しては，1.5 節で説明している．乱数による状態の分布の選択により，標準的な POMDP 課題に対して，実験的に計算量がもともとの PBVI に比べ 10 分の 1 になることが確かめられている[8]．

3.3.3 増大する状態空間への対処

前項では，POMDP を利用した音声対話処理について述べた．POMDP での対話処理で一番問題となっていることは，状態空間の増加による計算量の増大である．文献[16] では，状態空間の増加を抑えるため，二つの状態空間を導入している．一つは Master 状態空間であり，もう一つはそれを簡単化した Summary 状態空間である．この様子を図 3.3.5 に示す．このシステムでの対象タスクは，ホテルやレストランを紹介するツーリストインフォメーションである．ホテルやレストランに対して，その特徴を記述したオントロジのルールが定義されている．たとえば，レストランのオントロジのルールでは type → restaurant(food, pricerange) のように記述され，レストランの情報には food, pricerange などの項目が必要であることを示している．このような情報が階層的に記述されている．ここでの，基本的な構成は，3.3.2 項で述べたものとほぼ同じである．しかし，ユーザゴール数は 3.3.2 項のものと比べて格段に多い．このシステムでは，最初にユーザの発声が認識され，N 個の候補が観測値となる．次に，オントロジのルールから，ユーザのゴール s_u を構成していく．このとき，N 個の音声認識結果をこのオントロジから構成されるユーザゴールの部分木にマッチさせる．つまり，これは，ユーザゴールを適応的に作成していることになる．このときシステムの状態 s_d も更新される．この結果，状態分布 b が計算される．$\tilde{b}$ はこの状態分布を Summary 空間に変換したものである．Summary 空間への変換は，ユーザゴール s_u を上位 1 個か 2 個だけもつこと，ユーザアクション a_u，s_d を簡略化することによって実行される．オントロジから生成されるユーザゴールの数は多いので上位二つに削減することで状態空間の大幅な削減を行っている．状態分布 $\tilde{b}$ から次のアクション $\tilde{a}_m$ を決定する方策はこの Summary 上で求められる．最終的にはこのアクションから a_m が生成される．例をあげると，a_m が "確認 [場所=中央]" であるときに，$\tilde{a}_m$ は "確認" と簡略化され，場所の情報は Master 空間から発見的な手法で抽出される[15]．このようにして，a_m を生成する．しかし，このような Summary 空間を使っても，T，O の確率を未知として方策を学習するためには，システムを利用して莫大な数の対話を集める必要がある．このシステムでは，実際の対話を使うかわりに，ユーザシミュレータというユーザの対話をシミュレートするモデルを作成し，これにより自動的に方策を学習している．

ここまで，Summary 空間を用いて，状態の空間の削減する手法を見てきた．このような手法のほかに，状態空間の効率的な設定法およびその方策を求める手法として，状態分布を入力とする非線形連続関数で方策を表現し，自然方策勾配法 (natural policy

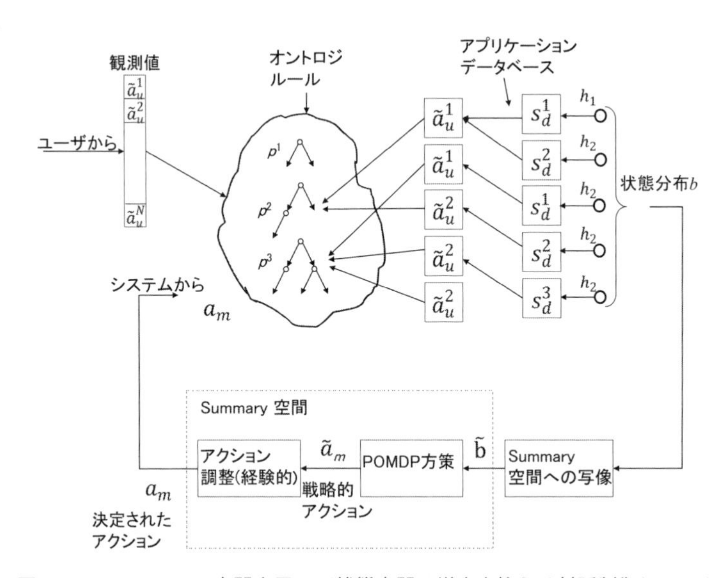

図 3.3.5　Summary 空間を用いて状態空間の増大を抑える対話制御システム

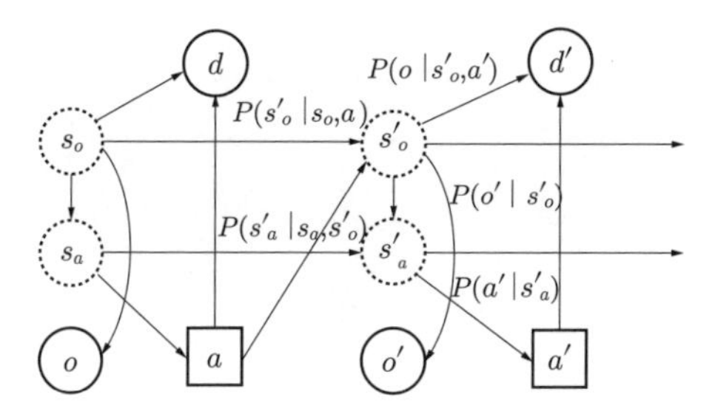

図 **3.3.6** 聞き役対話に関する構造学習用 DBN

gradient) により方策を求める手法が Misu らによって提案されている[4]．この手法では，Natural Actor Critic: NAC[5] を利用している．ただし，この手法でも実際のユーザのかわりにシミュレータを用いて方策を求めている．

3.3.4 非タスク指向型対話システム

ここまで，タスク指向型の対話を扱う対話システムを概説してきた．ここでは，著者たちが研究対象としている聞き役対話という決まりきったタスクを達成することが直接的な目的でない対話を，どう制御するかについて説明する（どんな対話でも，達成するタスクはあると思われる．しかし，ここではあえて，従来型の型にはまった対話以外の対話を非タスク指向型対話とよぶことにする）．著者らが実現しようとしている聞き役対話の例を表 3.3.3 に示す．ここで，L は聞き役，S は話し役である．ここでの目的は，L の役割をシステムに実行させることである．これを強化学習により実現する．ここでは，右側の対話行為の対話制御を対象とする．このタスクでの課題は状態と報酬をどう設定するかである．タスク指向型の対話に比べ，非タスク指向型の対話は，状態が明確ではない．そこで，状態を未知として，図 3.3.6 に示す DBN を用いて，人と人との対話データから対話の構造を学習した．このような構造は，通常の POMDP や MDP 環境であれば，既知であるか，あるいは，強化学習を通して学習していく．しかし，今回のようなタスクでは，構造や確率値が既知ではない．また，人を使った強化学習により，この構造や確率を学習することも，時間がかかり現実的ではない．そこで DBN モデルを利用し最初に対話モデルを構築した．このモデルは 1.5 節で述べたモデルフリーの手法の一つと考えられる．このモデルでは，獲得された $P(s'|s,a)$ や $P(o'|a,s')$ といった確率にユーザの行動がモデル化されている．このため，この方法は 3.3.3 項で述べたユーザモデルの一種とも考えられる．

DBN モデルを作成する際，二つの工夫を加えた．一つは，d という変数を導入したことである．これは，S と L との対話に対して，聞き役として良いかどうかを人が判断し点数化したものである．この値をもとに POMDP の報酬を決定した．報酬は，d

表 **3.3.3** 聞き役対話の例 (L: 聞き役, S: 話し役)

発話文	対話行為
L：夕飯は何を食べましたか？	質問：事実
S：今晩はとんかつでした.	自己開示：事実
L：このところとんかつたべてないんですよ〜	自己開示：事実
S：食べたのが1時間くらい前なので，まだちょっと胃に負担が来ています.	自己開示：経験
あまり数多く食べたいと思うものではないのですが，たまに食べたくなりますね.	自己開示：評価 −
Dさんはとんかつ好きですか？	質問：評価
L：大好きなんですが，子供がダイエット中なんであぶらものは最近食べてないんですよ〜	自己開示：評価＋
とんかつは手作りですか？	質問：情報提供要求
お店で買ったもの？	質問：情報提供要求
S：スーパーで買ったものです.	情報提供

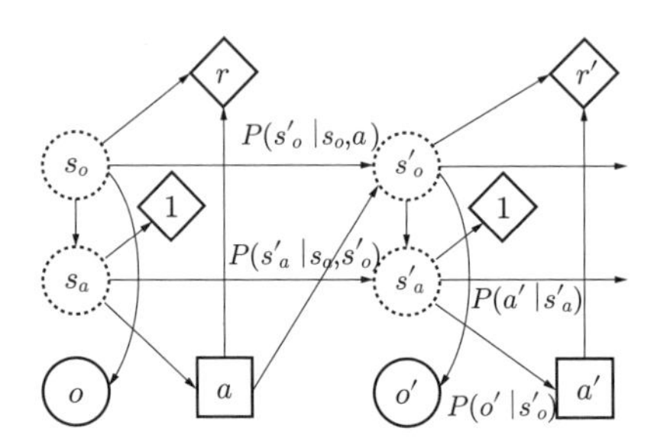

図 **3.3.7** 聞き役対話に対する POMDP

を d の出力確率で平均化して求めた．図 3.3.7 の r がこの報酬を表す．もう一つの工夫は，s_a という状態を導入したことである．これは，a と一対一に対応する隠れ状態をつくり，a の予測確率として $P\left(s_a|o_1,a_1,o_2,a_2,\ldots,o_t\right)$ を求めるためである．この設定により，アクションの予測確率を状態の確率に組み込むことができ，s_a に対する報酬を一定にすることで，アクションの予測確率が大きくなる対話行為を選択する方策を強化学習により求めることができる．すなわち，L 役のアクションの統計的な性質をアクション選択に反映させて，確率の高い自然なアクションを選択できる．以上の二つの工夫により，自然でかつ聞き役の振る舞いをするシステムを構築することができる．このような工夫を行い，図 3.3.7 の POMDP モデルを構成し PBVI を用いて方策を求めた．この方策に従って，実際のユーザとの対話を行い，対話行為を生成する実験を行った．ただし，対話行為の表示のみではユーザはシステムと対話することができないので，人がユーザの対話を対話行為に変換し，それをシステムに入力し，方策によってシステムから出力された対話行為を，人が文章に変換してユーザに提

示した．ここでは，人が関与していることをユーザには知らせておらず，ユーザはシステムが対話していると思っている．このようにして生成された対話行為列を表 3.3.4 に示す．生成された対話行為が，極めて自然な流れになっていることがわかる．実験では，「システムはユーザの言うことをよく聞いてくれましたか？」などの質問を行って，対話の満足度を 7 段階でスコアをつけてもらった．その結果，提案手法はデータから自動的に方策を学習したにもかかわらず，ルールベースのシステムと同等の評価を得た．このように，強化学習による対話制御は，非タスク指向型の対話にも適用可能なことがわかってきた．

表 3.3.4 聞き役対話の例 (L：聞き役，S：話し役)

発話文	対話行為
L：はじめまして．	挨拶
S：はじめまして，宜しくお願いします．	挨拶
L：インドカレーを食べてみたいですか？	質問：欲求
S：そうですね． 欧風カレーよりもインドカレーの方を食べてみたいですね．	共感・同意 自己開示：欲求
L：ナンはおいしいですね． 欧風カレーについて教えて下さい．	自己開示：評価＋ 質問:情報提供要求
S：欧風カレーの特徴は具が豪華なんですが，カレーのルーにインドカレー程のスパイスを使っていないところが私の考える特徴ですね．	情報提供
L：レストランで欧風カレーを食べたことがありますか．	質問：経験

3.3.5 おわりに

ここでは，対話処理での強化学習導入の取り組みについて述べてきた．POMDP による対話のモデル化が，認識誤りに対して適切な対話制御を実現できるということを見てきた．そして，対話処理で扱うタスクでの状態の設定方法および状態の削減方法について概観した．また，著者らが取り組んでいる非タスク指向型の対話に対する POMDP を用いたモデル化についても言及した．ここで述べてきたように，POMDP の状態数の増加による計算量の増大，学習データの増大は，対話処理において今後とも解決していかなければならない課題の一つである．また，ユーザシミュレータを用いる場合と実際のユーザを用いる場合との性能差なども，今後，考察していかなければならない重要な課題である．

参考文献

[1] Matthias Denecke, Kohji Dohsaka, and Mikio Nakano. Fast reinforcement learning of dialogue policies using stable function approximation. In *International Joint Conference on Artificial Intelligence (IJCAI)*, pp. 1–11. Springer, 2005.

[2] Esther Levin and Roberto Pieraccini. A stochastic model of computer-human interaction for learning dialogue strategies. In *Eurospeech*, volume 97, pp. 1883–1886, 1997.

[3] Toyomi Meguro, Yasuhiro Minami, Ryuichiro Higashinaka, and Kohji Dohsaka. Learning to control listening-oriented dialogue using partially observable Markov decision processes. *ACM Trans. Speech Lang. Process.*, 10(4):15:1–15:20, January 2014.

[4] Teruhisa Misu, Kallirroi Georgila, Anton Leuski, and David Traum. Reinforcement learning of question-answering dialogue policies for virtual museum guides. In *Annual Meeting of the Special Interest Group on Discourse and Dialogue*, pp. 84–93. Association for Computational Linguistics, 2012.

[5] Jan Peters and Stefan Schaal. Natural actor-critic. *Neurocomputing*, 71(7):1180–1190, 2008.

[6] Joelle Pineau, Geoff Gordon, Sebastian Thrun, et al. Point-based value iteration: An anytime algorithm for POMDPs. In *International Joint Conference on Artificial Intelligence (IJCAI)*, volume 3, pp. 1025–1032, 2003.

[7] Stuart Russell and Peter Norvig. *Artifcial Intelligence - A Modern Approach (Second Edition)*. Prentice Hall, 1992. 邦訳『エージェントアプローチ人工知能』(古川 康一 (訳), 共立出版, 2008).

[8] Matthijs TJ Spaan and Nikos Vlassis. Perseus: Randomized point-based value iteration for POMDPs. *Journal of Artificial Intelligence research*, pp. 195–220, 2005.

[9] Richard S. Sutton and Andrew G. Barto. *Reinforcement Learning: An Introduction*. MIT Press, Cambridge, MA, 1998. 邦訳『強化学習』(三上 貞芳, 皆川 雅章 (訳), 森北出版, 2000).

[10] Sebastian Thrun, Wolfram Burgard, and Dieter Fox. *Probabilistic robotics*. MIT press, 2005.

[11] Jason D. Williams, Pascal Poupart, and Steve Young. Factored partially observable Markov decision processes for dialogue management. In *Workshop on Knowledge and Reasoning in Practical Dialog Systems, International Joint Conference on Artificial Intelligence (IJCAI)*, pp. 76–82, 2005.

[12] Jason D. Williams, Pascal Poupart, and Steve Young. Partially observable Markov decision processes with continuous observations for dialogue management. In *SIGDIAL Workshop on Discourse and Dialogue*, pp. 25–34. Springer, 2005.

[13] Jason D. Williams and Steve Young. Using wizard-of-oz simulations to bootstrap reinforcement-learning-based dialog management systems. In *SIGDIAL Workshop on Discourse and Dialogue*, 2003.

[14] Jason D. Williams, Steve Young, and Blaise Thomson. Statistical approaches to dialogue systems. In *tutorial T-8, Interspeech*, 2009.

[15] Steve Young, Milica Gašić, Simon Keizer, François Mairesse, Jost Schatzmann, Blaise Thomson, and Kai Yu. The hidden information state model: A practical framework for POMDP-based spoken dialogue management. *Computer Speech & Language*, 24(2):150–174, 2010.

[16] Steve Young, Jost Schatzmann, Karl Weilhammer, and Hui Ye. The hidden information state approach to dialog management. In *IEEE International Conference on Acoustics, Speech and Signal Processing*, volume 4, pp. 149–152. IEEE, 2007.

[17] 南 泰浩. 対話制御. **日本音響学会誌**, 67(10):482–487, 2011.

[18] 目黒 豊美, 南 泰浩, 東中 竜一郎. POMDP を用いた聞き役対話制御部の wizard of oz 実験による評価 (人工知能学会全国大会 (第 26 回) 文化, 科学技術と未来) – (オーガナイズドセッション「os-18 知的対話システム」). **人工知能学会全国大会論文集**, 26:1–4, 2012.

[19] 目黒 豊美, 東中 竜一郎, 南 泰浩, 堂坂 浩二. POMDP を用いた聞き役対話システムの対話制御. **言語処理学会第 *17* 回年次大会**, pp. 912–915, 2011.

3.4 マルチエージェント系の報酬設計

荒井幸代

2.3 節において報酬設計の方法として逆強化学習を紹介した．しかし，逆強化学習は，行動する系の状態遷移確率，または模範とするエキスパートの行動を所与とすることから，「あらかじめ最適な行動が既知であれば，その行動を模倣させてしまえばよいではないか，なぜ報酬を設計する必要があるのか」という疑問をもつ人がいるかもしれない．

報酬の設計は，エージェントが**自律的** (autonomous) であることを仮定し，その学習によって最適な行動を獲得させるために必要な課題である．つまり，行動の誘因を求めない類の無機的なロボットのようなエージェントであれば報酬は不要である．しかし，何らかの評価尺度をもち，価値を求めて行動する自律エージェントであれば，単なる行動列がトップダウンにプログラムされることを許容しないであろう．その最たるものが人間であり，評価尺度のもとに納得できる誘因がなければ最適行動を示されてもそのとおりには動かない．本節では，これらの自律性をもつエージェントが複数存在するマルチエージェント系における報酬設計問題を対象とする．

自然エネルギー利用におけるスマートグリッド，計算機資源共有におけるグリッドコンピューティング，交通流を円滑にするための高度交通システム，そして情報を統合配信するセンサネットワークなど，複数の自律的なエージェントから構成されるシステムの知的振る舞いを実現する技術への要請は大きい．とくに，ネットワーク系全体の挙動を良好に維持する技術が重要視されている．

いずれもマルチエージェントによるモデリングが自然である一方，エージェントが自律的，利己的であるという前提，すなわち，「個々の目標をもち，自己の利益を優先する」状況下では，囚人のジレンマなどに代表されるパレート劣位な解に均衡してしまうことが知られている．そこで，系全体を最適にするための報酬設計は重要な課題となる．

3.4.1 関連研究

2.3 節において単一の学習エージェントを対象とした文献[1] と[2] の逆強化学習のアルゴリズムを紹介した．逆強化学習は，Russell[3] によって最適な行動系列や環境モデルを所与として報酬関数を求める問題として定義され，さまざまな手法が提案されている．Ng ら[1] は有限状態空間をもつ環境に対しては線形計画法，無限の状態空間をもつ環境に対してはモンテカルロ法を用いて報酬関数を推定する手法を示し，Abbeel ら[2] は報酬関数を推定する過程で最適な方策を獲得する “apprenticeship learning” (見習い学習) の手法を示した．これら文献[1], [2] では，報酬関数を特徴量の線形和で表現している．しかし，エキスパートの報酬関数が必ずしも線形に従うとは限らない．これに対して文献[6] では教師付き学習の回帰分析でよく用いられるガウシアンプロセス (Gaussian process) を導入し，報酬を非線形で表すことにより，良い報酬関数を推定する．

報酬関数の推定値の不確実性に着目した研究としては，それを解消するために Amir ら[4] が報酬関数に確率分布を適用した不確実性を表すモデリングを示し，ベイズの定理によって報酬関数を推定する方法を示した．また，Rothkopf ら[5] はベイズの定理を用いて，エキスパートが方策を決定する際の選好度を推定する方法を示し，エキスパートの軌跡から推定した方策よりもすぐれた方策を獲得できる手法を提案している．

マルチエージェント環境を対象とした逆強化学習の提案としては，Natarajan ら[7] による，文献[1] で推定する報酬関数を複数エージェントの報酬関数によって構成されたベクトルに置き換えて，報酬関数を推定して系全体の挙動を制御する手法，また，Waugh ら[8] は，ゲーム理論とマックスエントロピーを組み合わせて，逆強化学習をマルチエージェント環境へ拡張し，競合や協調を議論している．

3.4.2 マルチエージェント系への拡張

文献[1] の逆強化学習アルゴリズムをマルチエージェント系に拡張し，マルチエージェント逆強化学習として記述する．

$$
\begin{aligned}
\text{maximize}: &\sum_{i=1}^{N} \min_{\mathbf{a}\in\mathcal{A}\backslash\mathbf{a_1}} \{(\mathbf{P}_{\mathbf{a_1}}(i)-\mathbf{P}_{\mathbf{a}}(i))(\mathbf{I}-\gamma\mathbf{P}_{\mathbf{a_1}})^{-1}\theta\} - \lambda||\theta||_1 \\
\text{s.t.}: &(\mathbf{P}_{\mathbf{a_1}}-\mathbf{P}_{\mathbf{a}})(\mathbf{I}-\gamma\mathbf{P}_{\mathbf{a_1}})^{-1}\theta \succeq 0 \quad \forall\mathbf{a}\in\mathcal{A}\backslash\mathbf{a_1} \\
&|\theta_{S_i}| \le \theta_{\max} \quad i=1,\dots,N
\end{aligned}
$$

$$
\begin{aligned}
&\theta = (\theta_{S_1}, \theta_{S_2}, \dots, \theta_{S_N})^{\mathrm{T}}, \qquad (N\times 1\ \text{ベクトル}) \\
&\theta_{S_i} = \sum_{j=1}^{M} w_j r_j
\end{aligned}
\tag{3.4.1}
$$

ここで，N は状態数，M はエージェント数，r_j はエージェント j の報酬の値であり，行動 $\mathbf{a}$ は各エージェントの行動の組み合わせで表現する．また，行動 $\mathbf{a}_1$ はある状態における個々のエージェントの最適な行動組み合わせとする．

文献[1] との違いは，式 (3.4.1) によって得られる報酬関数を複数エージェントの報酬関数の総和としている点である．これは，既存研究の Natarajan ら[7] の考え方をもとにしている．この式で得られる報酬関数 θ は，複数エージェントの報酬関数 r_j によって構成されたベクトルであると考えることができる．したがって，状態 S_i における報酬値 θ_{S_i} をエージェントごとに配分することで，各エージェントの望ましい報酬関数を求めることができる．

さらにマルチエージェント系では，θ_{S_i} をエージェントごとに配分し個々の報酬関数を設計する必要がある．

3.4.3 複数の均衡点が存在するマルコフゲームへの応用

2.3 節で述べた[1] の方法を用いて，複数の均衡点が存在するスタグハントゲームをマルコフゲームとして定式化し，唯一の均衡に収束させるための報酬関数を求める例を紹介する．

スタグハントゲームでは「協力して Stag（鹿）を獲るか，単独で Rabbit（兎）を獲るか」の二つの選択肢がある．本節では，スタグハントゲームを図 3.4.1(a) に示す 1 次元格子状のモデルに拡張し，その行動を観測する．通常のスタグハントゲームでは，行動選択直後に報酬が得られるのに対し，本拡張モデルは，複数の行動系列後に報酬が得られることから，このゲームはマルコフゲーム†となる．環境は 0〜15 番地の計 16 番地からなる．初期配置は，Rabbit が 4 番地，Stag が 12 番地，エージェント i，j はエピソードごとにランダムに配置する

図 3.4.1(b) の利得行列が示すとおり，協力して Stag の捕獲が最適だが，それぞれ

（a） 環境（トーラス）

相手 ＼ 自分	S上	S付近	等距離	R付近	R上
S上	S_{18}	S_3	S_8	S_{13}	S_{23}
S付近	S_{15}	S_0	S_5	S_{10}	S_{20}
等距離	S_{16}	S_1	S_6	S_{11}	S_{21}
R付近	S_{17}	S_2	S_7	S_{12}	S_{22}
R上	S_{19}	S_4	S_9	S_{14}	S_{24}

（b） エージェントの状態集合

i ＼ j	Stag	Rabbit
Stag	100, 100	0, 10
Rabbit	10, 0	10, 10

（c） スタグハントゲームの利得表

図 3.4.1 スタグハントマルコフゲーム

† マルコフゲームは確率ゲーム（stochastic game）ともよばれる．

が Rabbit を選ぶ場合も均衡となる．経済学では，ある現象を説明する目的で，ゲームの利得を定義し，その均衡の存在や収束性が議論されてきた．マルチエージェント強化学習の研究もまた，ナッシュ均衡への収束性の可否が学習のアルゴリズムの性能評価指標として用いられている．しかし，3.4 節で述べた実世界の問題を解決する立場，すなわち，マルチエージェント系の最適性を実現する立場では，「パレート最適解に収束させるための利得のあり方」が重要である．ここでは，逆強化学習によってパレート最適への均衡収束を促す報酬関数を推定することを目的とする．

■ エージェントモデル

状態集合 $\mathcal{S} = \{s_0, s_1, \ldots, s_{24}\}$ は，図 3.4.1(b) に示すように Stag か Rabbit への相対距離を用いて定義する．

行動は，行動集合 $\mathcal{A} = \{a_{\mathrm{s}}, a_{\mathrm{r}}, a_{\mathrm{w}}\}$ のいずれかを選択する．ここで，a_{s} は Stag に，a_{r} は Rabbit に，それぞれ 1 マス近づき，a_{w} は，その場にとどまる行動である．**報酬**は，図 3.4.1(c) の利得行列で定義された値を報酬 r として与える．Rabbit，または，Stag の番地に次のステップもとどまっていた場合，獲得とみなして報酬が与えられる．次ステップで同番地から離れた場合は捕獲とはみなさない．Rabbit は単独で捕獲できるが，Stag は 2 エージェントが同時に Stag 捕獲行動を選択する必要がある．

■ Ng の逆強化学習の適用

Ng[1] の手法を適用するためには，全状態間の遷移確率が必要である．

状態遷移確率の推定

文献[1] の逆強化学習法では，状態遷移確率などの環境モデルが既知であることを前提とする．マルチエージェント系では状態遷移確率 $P^a_{ss'}$ が未知である場合が多く，逆強化学習を適用するためには状態遷移確率を観測によって推定する必要がある．以下に状態遷移確率を推定する計算方法を二つを紹介する．ここでは，状態遷移確率 $P^a_{ss'}$ の推定値を $\hat{P}^a_{ss'}$ と表すとする．

・ベイズ推定法に基づく方法[12]:

$$\hat{P}^a_{ss'} = \frac{C_{s'} + 1}{C_a + M_s} \tag{3.4.2}$$

式 (3.4.2) において，$C_{s'}$ は状態 s で行動 a をとって状態 s' に遷移した回数，C_a は状態 s で行動 a をとった回数，M_s は状態 s で遷移可能な状態数を表す．式 (3.4.2) は，C_a が小さいほど $\hat{P}^a_{ss'}$ はランダムに近づき，C_a が大きいほど状態 s で行動 a をとって状態 s' に遷移する真の状態遷移確率に近づくことを示している．

・観測データの割合によって求める方法:

$$\hat{P}^a_{ss'} = \begin{cases} \dfrac{C_{s'}}{C_a} & (C_a \neq 0) \\ 0 & (C_a = 0) \end{cases} \tag{3.4.3}$$

式 (3.4.3) において，観測データの割合によって求める方法では観測されない状態遷移の推定確率 $\hat{P}^a_{ss'}$ はすべてゼロになり，逆強化学習による報酬関数の推定に影響を与えない.

ここでは，以下の手順で状態遷移確率を近似する.

1. 一方のエージェント i を Stag 捕獲を選択するエキスパートとし，他方のエージェント j をエキスパートの行動を観測する弟子とする．エキスパートは最適な状態にいたるまでの行動として，S 番地上以外なら a_{s}，S 番地上のとき a_{w}，一方，弟子は，本項で示した行動集合に従う.
2. 初期状態は毎ステップ，ランダムに生成する．二つのエージェントが状態入力から行動を出力するまでを 1 ステップとし，両エージェントが Stag か Rabbit を捕獲するまでを 1 エピソードとする．ただし，一方が Rabbit を捕獲し，他方が Stag が追い続けて捕獲にいたらない場合は 100,000 ステップで打ち切る．新しいエピソードは，再び初期配置から開始し，1 試行はエピソードを 30,000 回繰り返しとする.
3. 2. のデータを用いて式 (3.4.3) を計算する.
4. 式 (3.4.4) に従って報酬関数 R' を推定する.

$$\begin{aligned} &\text{maximize} : \sum_{i=1}^{N} \min_{a \in \mathcal{A} \setminus a_1} \left\{ (\mathbf{P}_{a_1}(i) - \mathbf{P}_a(i))(\mathbf{I} - \gamma \mathbf{P}_{a_1})^{-1} \mathbf{R}' \right\} - \lambda \|\mathbf{R}'\|_1 \\ &\text{s.t.} \ : (\mathbf{P}_{a_1} - \mathbf{P}_a)(\mathbf{I} - \gamma \mathbf{P}_{a_1})^{-1} \mathbf{R}' \succeq 0 \\ &\qquad\qquad \forall a \in A \setminus a_1, \quad |R_{s_i}| \leq R_{\max}, \quad i = 1, \ldots, N \end{aligned} \tag{3.4.4}$$

式 (3.4.4) は 2.3 節で示した Ng[1] の有限状態空間を仮定した場合の逆強化学習法である．ある状態 s_m $(m = 1, 2, \ldots, M)$ における最適な行動を a_1 とし，式 (3.4.4) の線形計画問題を解くことによって報酬関数 $\mathbf{R}'$ を推定する．式 (3.4.4) において，報酬関数 $\mathbf{R}'$ は状態 s_m における報酬 r'_{s_m} を構成要素とする $\mathbf{R}' = (\mathbf{r}_{s_1}, \ldots, \mathbf{r}_{s_m}, \ldots, \mathbf{r}_{s_M})^{\mathrm{T}}$ の $M \times 1$ ベクトルである．状態遷移行列 $\mathbf{P}_a$ は行動 a の状態遷移確率で与えられる $M \times M$ 行列であり，状態 s_m から行動 a をとり $s_{m'}$ に遷移する確率 $P^a_{ss'}$ を構成要素とする.

ここで，$\mathbf{P}_a(m)$ は，$\mathbf{P}_a$ の第 m 行ベクトルを表し，λ はペナルティ係数である．λ を大きくすると高い価値をもつ状態を抽出できる．また，$R'_{\max}$ (> 0) は報酬の制約として設定する値である．

実験と考察

推定した報酬関数は，式 (3.4.4) のペナルティ関数 λ の値の変更によって目的関数が修正されるため，制約条件式を満足させる解も異なる．λ の値を大きくすると，状態遷移確率の値が大きい上位の状態に対して推定報酬値が得られる．表 3.4.1 は，いくつかの λ のもとで非負の報酬値が付与された状態集合と，この報酬を用いて TD 学習 (temporal difference learning) をした場合の Stag 獲得に成功した割合を示している．

たとえば，$\lambda = 39.0$ のとき，報酬は s_{19}，すなわち「自分は Stag の番地の上，相手は Rabbit の番地の上」で与えられる．しかしこの値を用いて TD 学習すると，全試行で Rabbit 獲得を学習し，この報酬関数では Stag 獲得にはいたらない．つまり，状態 s_{19} における報酬値だけでは均衡収束に誘導するには不十分であることを示しており，λ 値の調整が必要である．逆強化学習では，報酬関数の候補集合が得られるが，このなかでどれを選ぶかについて何らかの制約条件を導入して絞り込むことが考えられる．

表 3.4.1 獲得した報酬関数を適用した場合の最適解への収束性

λ	報酬値が付与された状態 ID 図 3.4.1(b) の ID 参照	Stag 獲得戦略への 収束率 %
39.0	s_{19}	0.0
34.0	s_{19}, s_{18}	100.0
23.0	s_{19}, s_{18}, s_{15}	100.0
10.0	$s_{19}, s_{18}, s_{15}\ s_{17}$	100.0
7.05	$s_{19}, s_{18}, s_{15}\ s_{17}, s_{16}$	100.0
2.05	$s_{19}, s_{18}, s_{15}\ s_{17}, s_{16}$ $s_4, s_3, s_2\ s_1, s_0$	99.0
1.05	$s_{19}, s_{18}, s_{15}\ s_{17}, s_{16}$ $s_4, s_3, s_2\ s_1, s_0, s_7, s_{12}$	97.0
0.00	$s_{19}\ \sim s_0$	94.0

m 人エージェントへの拡張

前項は 2 人のゲームを対象としたが，m 人への拡張は，式 (3.4.4) を式 (3.4.1) と表すことによって実現できる．N は状態数，M はエージェント数，r_i はエージェント i の報酬の値であり，行動 $\mathbf{a}$，行動 $\mathbf{a}_1$ は，それぞれ各エージェントの行動の組み合わせ，および，ある状態における個々のエージェントの最適な行動組み合わせとする．

導かれる報酬関数 θ は複数エージェントの報酬関数 r_i によって構成されたベクトルとし，重みベクトル $\mathbf{w}$ を決定することによって各エージェントの報酬関数が求められる．

3.4.4 タスク割当問題への応用

2.3 節で述べた[2] の方法を用いて，マルチエージェント内での最適なタスク割当を実現するための報酬関数を求める例を紹介する．

エージェントが共通の目標状態を実現するためのマルチエージェント系計画問題に対して，強化学習を適用する場合，全エージェントに共通の報酬 r を与えても，最適な行動が獲得できない[9]．これは，マルチエージェント系特有の他エージェントの行動に対する知覚の不完全性，同時学習に起因して，全体で共通の報酬だけでは，報酬獲得と無関係な行動が強化されるためである．たとえば，目標状態到達に直接関与したエージェントだけが報酬を得る場合が生じ，その結果，報酬獲得を補助したエージェントの行動が評価されないまま強化が進む．

宮崎ら[10] は profit sharing を用いた学習において単位行動当たりの報酬期待値が正となるような政策を獲得するための報酬配分指針を示している．また，保知ら[11] は完全知覚エージェント集団についてベイジアンネットワークにより状態遷移確率を同定し報酬配分を行う機構を集団の外部に設置する手法を提案している．

本項では，文献[11] のマルチエージェント倉庫番の問題設定に基づき，報酬関数を推定する．

■ マルチエージェント倉庫番

実験環境は 5×6 の 2 次元の格子状の周囲が壁に囲まれた環境に 3 人のエージェントと二つの荷物およびゴールが存在する．図 3.4.2 は実験タスクの初期状態を表しており，a0，a1，a2 はエージェントを，b0，b1 は荷物，G はゴールをそれぞれ表す．エージェントは，自身，他のエージェント，荷物，ゴールおよび壁の位置を知覚する．また，隣接する上下左右のいずれかのマスに移動できる．ただし，各エージェントは他のエージェントが選択した行動を知覚できない．また，エージェントは荷物と隣接しているときに荷物を押すことができるが，荷物を引くことはできない．各離散時間ステップにおいて全エージェントが同時に行動を行うものとする．同一のマスに複数の物体やエージェントが存在することはできないため，その状況では，エージェントや荷物はその場にとどまる．タスクの目標状態は，すべての荷物がゴール位置 G に移動した状態である．

目標達成 (goal)，デッドロック (deadlock) または 200 ステップを超える (timeover)

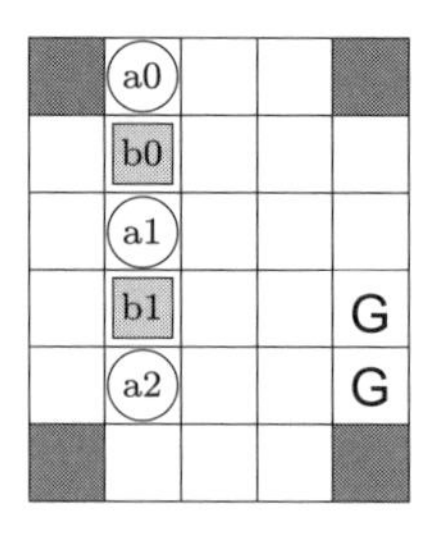

図 **3.4.2** マルチエージェント倉庫番（初期状態）

と 1 エピソードが終了し，初期状態へ戻る．この問題では，荷物が壁の隣に移動したとき deadlock に陥ったと判断する．これは，荷物がゴール位置に到達していないにもかかわらず，それ以上押すことができずにタスク遂行は望めない状態となるからである．

■ 予備実験

強化学習では目標状態に到達したときの報酬 r_g の設定だけで学習できることがその長所であるが，マルチエージェント系や不完全知覚が生じている場合，さらに大規模な状態空間では goal 以外の状態で設定する必要がある．

文献[11] における強化学習では goal 時の報酬 $r_g = 1$ のほかに三つのタイミングで報酬を設定している．

timeover では報酬 $r_t = -1$，deadlock では報酬 $r_d = -4$，その他の場合は報酬 $r_{\mathrm{else}} = 0$ である．本節では，文献[11]の報酬設定，および $r_g = 1$ 以外の deadlock 時，および各ステップでエージェントに与えられる報酬の影響を観察する予備実験を行った．

各実験は 1 試行 100 万エピソードを繰り返し，各エージェントの学習には Q 学習を用いた．行動選択は ε-greedy 選択とし，ε は 90 万エピソードまでを $\varepsilon = 0.3$，それ以降は 0 とした．学習率と割引率はそれぞれ 0.01，0.9 とし，報酬の与え方は，得られた全報酬量を全エージェントに均等配分する．

ここで，deadlock では報酬 r_d，その他の場合は報酬 r_{else} の値の影響を観察する実験を行った．図 3.4.3 は r_d の値を -100，-4，0 とした場合，図 3.4.3 はステップごとに与える値として $r_{\mathrm{else}} = 0$ と $r_{\mathrm{else}} = -0.1$ とした場合の実験結果を示している．

それぞれのグラフは 100 試行の実験結果を平均した値をプロットしており，図の横軸はエピソード数，縦軸は 1 エピソードが終了するまでのステップ数を 1,000 エピソードごとに平均した値である．各図中の表は，100 試行中 goal 到達までに要したステップ数とそれぞれの出現回数である．

r_d の影響：

図 3.4.3(a) より，目標到達までに要した平均ステップ数は，$r_d = -100$ では 9.70, $r_d = -4$ では 8.38, $r_d = 0$ では 6.93 となっており，この実験の範囲からは，与える負の報酬が大きければよいというわけではなさそうである．これは，deadlock での負の報酬が大きいほど，その状態を避けようとエージェントが動くため，最短手数で目標状態に到達するという視点からは一見無駄な行動を，各エージェントが学んだ結果であると考える．

r_{else} の影響：

図 3.4.3(b) より，$r_{\mathrm{else}} = -0.1$ では，100 試行中 92 回の試行で最短手数である 5 ステップに収束していることがわかる．毎ステップ負の報酬を与えることによって学習の高速化が図れることは既存の研究でも示されている．しかし，$r_{\mathrm{else}} = 0$ の場合でもマルコフ決定過程であれば最終的には最短ステップに収束してもよいはずである．これらの実験結果は，各エージェントに等しく与える報酬値をアドホックに設定した場合には，最短手数（ここでは 5 ステップ）で目標状態に到達できるとは限らないことを示している．

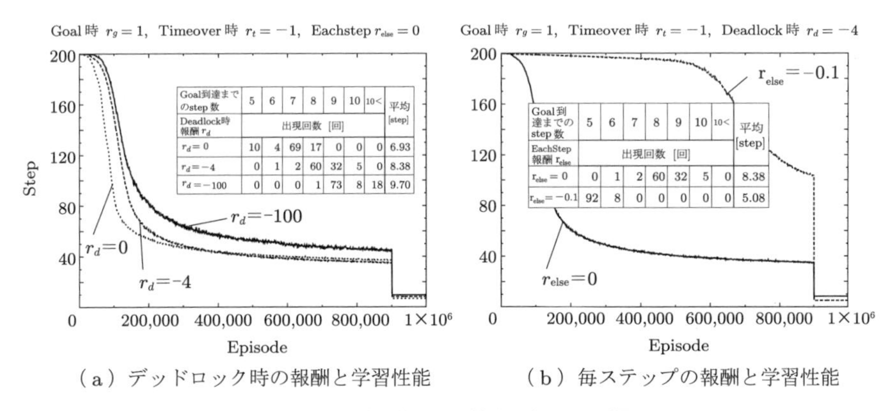

Goal到達までのstep数	5	6	7	8	9	10	10<	平均 [step]
Deadlock時報酬 r_d	出現回数 [回]							
$r_d = 0$	10	4	69	17	0	0	0	6.93
$r_d = -4$	0	1	2	60	32	5	0	8.38
$r_d = -100$	0	0	0	1	73	8	18	9.70

Goal到達までのstep数	5	6	7	8	9	10	10<	平均 [step]
EachStep報酬 r_{else}	出現回数 [回]							
$r_{\mathrm{else}} = 0$	0	1	2	60	32	5	0	8.38
$r_{\mathrm{else}} = -0.1$	92	8	0	0	0	0	0	5.08

（a）デッドロック時の報酬と学習性能　（b）毎ステップの報酬と学習性能

図 3.4.3　報酬が学習性能に与える影響

■ Abbeel の逆強化学習の適用

ここでは，文献[2] に示されている逆強化学習法をマルチエージェント環境に適用し，得られた報酬関数に基づいて学習した結果，最適なタスク配分が実現できることを示す．

マルチエージェント強化学習において goal 時（所望の状態）だけに報酬を設定しても最適（所望な）方策が得られるとは限らない．マルコフ決定過程を仮定できない以上，得られる方策は初期乱数や行動選択法に依存し，報酬によって制御することは難しいことを予備実験の結果が示している．

倉庫番問題では，「最適な行動」は既知であり，各行動をエージェントらが自律的に獲得するための報酬関数を求めたい．所望の行動がわかっていれば，それらを各エージェントに組み込めばよいのではないかという考え方もあるが，一般に「所望の行動」が既知であるのは状態空間の一部である．それ以外の状態に陥った場合の行動は与えられない．これらを学習させるためには，いったん報酬を設定し，状態空間全体の行動を学習させておけば頑健性も期待できる．

最適な（所望の）行動系列を知るエージェントをエキスパートとよぶ．

■ 実験と考察

逆強化学習におけるエキスパートの行動を図 3.4.4 に示す．これは，最短手数で目標状態に到達する方策のうち，timeover となる回数や deadlock に陥る回数が少ないものを採用した．

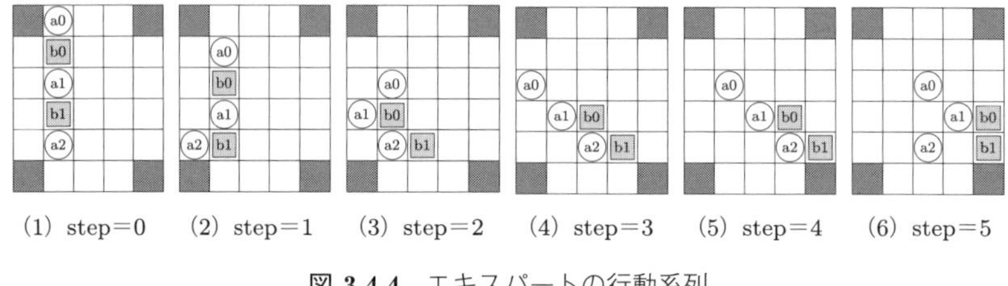

図 3.4.4 エキスパートの行動系列

各エージェントの学習には Q 学習を用い，行動選択は ε-greedy 選択とした．また，初期の方策 $\pi^{(0)}$ はランダムな行動をとるものとし，終了条件は $t^{(i)} = ||\mu_E - \bar{\mu}^{(i-1)}||_2$ が 0.000001 以下とした．

実験結果

図 3.4.5 に逆強化学習により得られた報酬関数のうち，各特徴量の重み w が 0 より大きくなった上位 5 状態を示す．各状態ともエキスパートと同じ状態の報酬が大きくなっており，とくに目標に到達した状態の報酬が最も大きい．この 5 状態以外のいずれの状態も報酬値は 0 か負の値であった．

次に，逆強化学習によって求められた報酬関数を用いて強化学習を行った．実験結果を図 3.4.6 に示す．また表 3.4.2 に，それぞれの収束後の目標到達までのステップ数，1 試行 100 万エピソード中に goal に到達した回数，timeover となった回数，deadlock となった回数を 100 試行平均した値を示す．RL($r_{\mathrm{else}} = 0$) では最適方策は

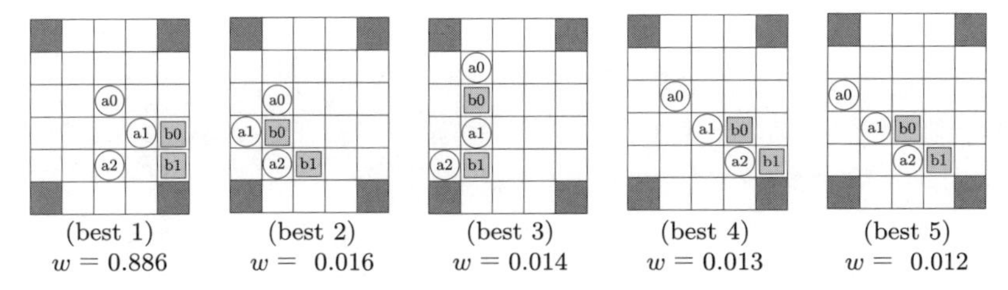

図 3.4.5 逆強化学習により得られた報酬関数のうち，w の値が大きかった上位 5 状態

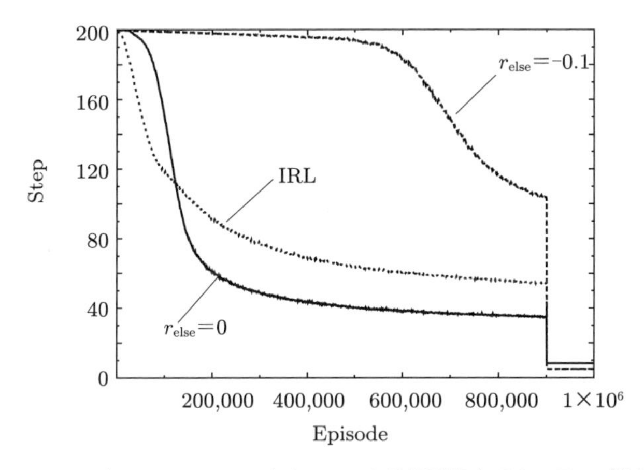

図 3.4.6 RL($r_{\rm else} = 0$, -0.1) と IRL の目標到達までのステップ数比較

得られなかったが，RL($r_{\rm else} = -0.1$)，IRL では最適方策を得ることができた．また，RL($r_{\rm else} = -0.1$) では deadlock に陥る回数が多く，学習途中のステップ数が他の二つのグラフに比べ多くなっている．さらに，収束後のステップ数は 100 試行中 8 試行は最短手数になっていない．一方 IRL は，全試行でエキスパートと同じ行動を学習し，5 ステップで目標状態に到達することができ，timeover となった回数や deadlock に陥った回数も RL($r_{\rm else} = -0.1$) より少ないことがわかる．

表 3.4.2 収束後のステップ数と 100 万エピソード中に goal，timeover，deadlock となった回数（100 試行平均）

Reward	step	goal	timeover	deadlock
$r_{\rm else} = 0$	8.38	788,214	24,730	187,056
$r_{\rm else} = -0.1$	5.08	228,796	21,750	749,453
IRL	5.00	686,664	1,586	311,750

3.4.5 おわりに

マルチエージェント強化学習の報酬設計に対する逆強化学習の適用において，状態遷移行列を所与とすることは難しいが，最適な行動系列が既知であることは不自然ではないことから Abbeel の方法は有望である．マルチエージェント系における不完全知覚は状態の認識だけではなく，他エージェントの選択行動，さらに，他エージェントが獲得した報酬について共有が難しいことから，不完全性に対するアプローチが重要になる．

参考文献

[1] A. Y. Ng, S. Russell. Algorithms for Inverse Reinforcement Learning, In *Proceedings of the Seventeenth International Conference on Machine Learning*, pp.663–670, 2000.

[2] P. Abbeel, A. Y. Ng. Apprenticeship Learning via Inverse Reinforcement Learning, In *Proceedings of the 21st International Conference on Machine Learning*, 2004.

[3] S. Russell. Learning agents for uncertain environments (extended abstract), In *Proceedings of the 16th International Conference on Machine Learning*, pp.278–287, 1998.

[4] D. Ramachandran and E. Amir. Bayesian inverse reinforcement learning, In *Proceedings of 20th International Joint Conference of Artificial Intelligence*, pp. 2586–2591, 2007.

[5] C. Rothkopf and C. Dimitrakakis. Preference elicitation and inverse reinforcement learning, *Machine Learning and Knowledge Discovery in Databases, Lecture Notes in Computer Science*, pp.34–48, 2011.

[6] Sergey Levine, Zoran Popovic, VladlenKoltun. Nonlinear Inverse Reinforcement Learning with Gaussian Processes, In *Proc. NIPS*, pp.1–9, 2011.

[7] S. Natarajan, G. Kunapuli, K. Judah, P. Tadepalli, K. Kersting, and J. Shavlik. Multi-agent inverse reinforcement learning, in *ICMLA 2010*, pp.395–400, IEEE 2010.

[8] Kevin Waugh, Brian D. Ziebart, J. Andrew Bagnell. Computational Rationalization: The Inverse Equilibrium Problem, In *Proceedings of International Conference on Machine Learning*, 2011.

[9] 荒井 幸代，宮崎 和光，小林 重信．マルチエージェント強化学習の方法論–Q-learning と Profit Sharing による接近–，**人工知能学会誌**，Vol. 13, No. 5, pp.609–618, 1998.

[10] 宮崎 和光，荒井 幸代，小林 重信．Profit Sharing を用いたマルチエージェント強化学習における報酬配分の理論的考察，**人工知能学会誌**，Vol. 14, No. 6, pp.1156–1164, 1999.

[11] 保知 良暢，新谷 虎松，伊藤 孝行，大囿 忠親．外部評価機構を導入したマルチエージェント強化学習における過去の事象に基づく報酬配分，**電子情報通信学会論文誌**，vol.J87-D-1, no.12, pp.1119–1127, 2004.

[12] 石井 信．神経情報科学サマースクール，NISS2001 講義録，強化学習におけるランダムさの自己調節，**日本神経回路学会誌**，Vol.9, No.4, pp.254–262, 2002.

3.5 自然言語処理における逆強化学習・模倣学習の適用

坪井祐太，牧野貴樹

自然言語処理 (Natural Language Processing: NLP) は，人間が日常的に使っている自然言語をコンピュータで処理する技術の総称である．とくに，インターネットの発展により膨大なテキストデータが利用可能になったことで産業界からも注目を集めており，企業の研究活動も活発である．また，2011 年にクイズ番組でコンピュータが人間のチャンピオン 2 人を負かすこととなったのは，NLP の一つの応用である質問応答技術の発展によるものである[23]．

複雑な自然言語を扱うために，NLP はいくつもの処理をつなげたパイプライン処理として構成されることが一般的である．多くの NLP 応用で共通して利用される基盤処理として単語分割・品詞タグ付け・固有表現抽出・構文解析などがあり，機械翻訳・自動要約・質問応答などの応用ではこれらの解析結果を入力として用いてより高度な処理を行う．本節では，NLP の基盤処理の実現においてどのように強化学習，とくに逆強化学習 (inverse reinforcement learning)・模倣学習 (imitation learning) が活用されているかについて紹介する．これらは，いわば人間が読む作業を模倣する決定過程を設計・学習する手法である．

タスクを理解するための例として，英文 “Fruit flies like a banana.”（訳：果物バエ——ショウジョウバエ——はバナナを好む）に対する品詞タグ付けと構文解析（係り受け構造解析および句構造解析）の出力を図 3.5.1 に示す．品詞タグ付けは各単語の品詞を予測するタスク，係り受け構造解析は単語間の係り受け関係を示す木構造を予測するタスク，句構造解析は名詞句 (NP) や動詞句 (VP) などの再帰構造を予測するタスクである．品詞によって文の内容を示す単語（名詞や動詞など）と機能語（冠詞など）を区別することができ，また構文解析によって長文でも述語項の関係（A が B を C する）などを抽出することが容易になる．

これらのタスクでは，コーパスとよばれる正解付きのテキストデータを用いて予測モデルを学習する統計的なアプローチが主流である．初期には教師付き学習が適用されてきた[13]．教師付き学習では説明変数の値 (周囲の単語など) から目的変数の値 (品詞など) を予測する分類器を構成するために，正解となる目的変数の値が付与されたデータ (正解データ) を使って分類器のパラメータを推定する．ただし，教師付き学習では問題設定としては事例間は独立で分布は一定であることを仮定していた (independently

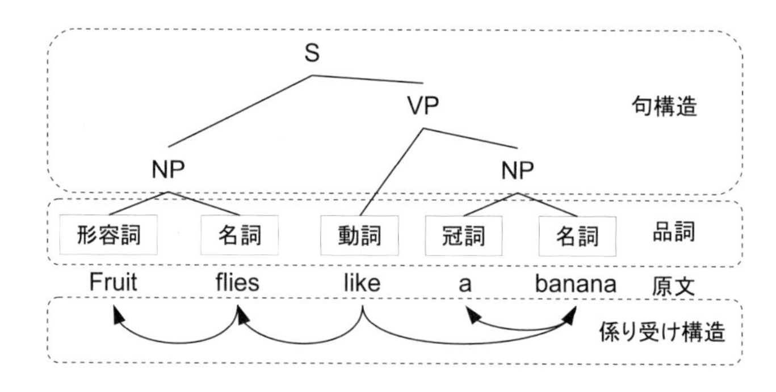

図 3.5.1 自然言語処理における構造化予測の例
"Fruit flies like a banana." を入力とした場合の，品詞タグ付けと構文解析（係り受け構造解析および句構造解析）の出力．品詞タグ付けは品詞（配列構造），係り受け構造解析は係り受け関係（各単語がノードとなる木構造），句構造解析では句構造（句の文法的役割をノードとする木構造）を出力とする．

identically distributed: i.i.d.)．自然言語を解析する際には文や文書全体の整合性が重要になることが多いため，目的変数間の依存関係を考慮した構造化予測 (structured prediction) とよばれる問題として定式化されることが多い．図 3.5.1 の例文では Fruit が形容詞であることと flies が名詞であること，flies が名詞であることと like が動詞であることは密接に関係しており，一方で文脈が変われば flies は動詞である可能性もある．図 3.5.1 と同様に単語列 flies like が出現する文 "Time flies like an arrow."（訳：光陰矢のごとし）を例にとると，Time が名詞，flies が動詞，like は前置詞である．このように，たとえば品詞タグ付けでは各単語の品詞間に依存関係がある．また，構文解析も局所的な判断だけではなく全体的な最適化が必要なタスクである．なお，依存関係を表現するために単純に目的変数も特徴量として既存の教師付き学習を適用してしまうと，ある点（事例）での目的変数の予測が他の点（事例）での特徴量に影響を及ぼすため i.i.d. の仮定が崩れてしまうことに注意が必要である．

変数の依存関係がある構造化予測問題ではとくに，与えられたスコア関数のもとで，入力に対して大域的に最適となる構造を決定することの難しさが問題となる．この困難を解決するアプローチとして，構造を逐次的に構築する遷移システムを設計し，構造操作を分類器で予測する手法がある（図 3.5.2）．こうすることで，個々の遷移の決定時に他の変数の値を参照することが自然に実現できる．さらに，構造操作を行動と考え，スコアを報酬とみなして強化学習を適用して行動選択させることで，逐次的な構築であるにもかかわらず，大域的最適となるような（強化学習で言えば，報酬和の期待値が最大化される）決定が実現できる．

NLP の代表的な構造化予測問題には，以下のような強化学習としての特徴がある．

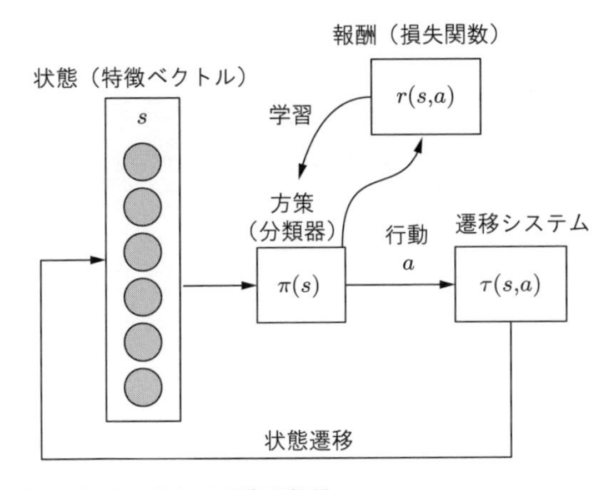

図 3.5.2 構造化予測に用いられる反復分類器
分類器によって状態遷移を繰り返すことで構造を構築する．各状態を特徴ベクトルとして表し，構造を構築するための次の行動を選択する．訓練時には，分類器は環境が与える報酬に基づいて更新する．

1. コーパス上で正解構造は観測できるが，それを出力するための行動列は観測できない
2. 人工的な遷移システムであるため，環境は既知で状態遷移は決定的だが，報酬（スコア関数）は設計が必要
3. 文や文書の単位で分割されたエピソード的な決定過程
4. 単語やその連接を特徴とした広大な状態空間（数十万から数億の特徴次元）
5. 状態ごとに許容行動集合が異なる（図 3.5.3 に例を掲載）

これらの特徴のなかでも特徴 1 が既存の正解データを活用するためには重要であり，また正解構造から方策を学習するには適切な遷移システムを設計する必要がある．なお遷移システムによって仮定できる正解情報が異なる．文献[12] では仮定する正解情報を最適訓練行動列 (optimal learning trajectory) と最適訓練方策 (optimal learning policy) の二つに分類している．最適訓練行動列はある入力に対して正解構造を出力することのできる行動列である．一般的には正解出力が得られるように遷移システムを設計するため，既存の遷移システムに関しては正解データに対する最適訓練行動列を仮定できることが多い．ただし，最適訓練行動列が複数存在することがある．一方，最適訓練方策を仮定する場合はあらゆる状態において最適行動を知ることができる．最適訓練行動列と対比すると，正解データを出力するときには観測されない状態に対しても最適行動を知ることができるということである．とくに，誤った行動をとった後には正解データを出力する行動列では観測されない状態に到達することがある．その状態であってもその後の誤りを最小限にする行動を正解情報として最適訓練方策から受け取ることができることを仮定する．これはより強い仮定であり，タスクや遷移シ

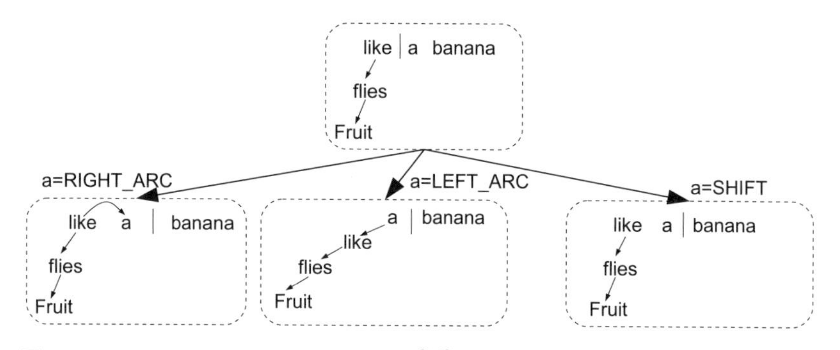

図 3.5.3 係り受け構造解析（Arc-eager 法[16]）における決定過程の例
縦棒は判断点を示す．図上部は “like” まで部分的に解析したときの状態，図下部は矢印上のラベルが示す行動によって遷移した状態．各行動による状態遷移は次のとおり：(RIGHT_ARC) “like” から “a” の向きに依存関係を張り判断点を進める，(LEFT_ARC) “a” から “like” の向きに依存関係を張り判断点を進める，(SHIFT) “a” と “like” のあいだに依存関係を張らずに判断点を進める，(REDUCE) “like” を判断点から外し，“like” の親を判断点におく．図 3.5.1 の係り受け構造をつくるには SHIFT を選ぶのが正解．なお，図上部の状態では “like” の親が存在せず REDUCE 行動は選択できない．

ステムによっては現実的な時間では最適訓練行動を得ることができない．

最適訓練行動列が得られる場合はエキスパートの行動列から報酬関数を推定する逆強化学習を用いることが可能になり，最適訓練方策が得られるタスクではエキスパートの行動列の近傍のみを効率的に探索する模倣学習を用いることが可能になる．次項以降では，逆強化学習と模倣学習の NLP への適用事例を紹介する．3.5.1 項では NLP の代表的な構造化予測タスクに対して提案されている遷移システムを紹介する．3.5.2 項では逆強化学習，3.5.3 項では模倣学習アルゴリズムを解説する．最後に，3.5.4 項でまとめと今後の展望を議論する．

3.5.1 自然言語処理タスクでの決定過程

本項では NLP タスクに状態・行動を割り当てて決定過程として扱う代表的な手法を例とともに示す．なお，以下のタスクはすべて文の単位でのエピソード的決定過程となる．

言語は表面上は 1 次元の構造をしており，基本的には一方向に読み進むように書かれている．そのため，長さ T の入力列 $\boldsymbol{x} = (\boldsymbol{x}_1, \boldsymbol{x}_2, \ldots, \boldsymbol{x}_T)$ に対してラベル列 $(y_1, y_2, \ldots, y_T)$ を予測する系列ラベリング問題として定式化されるタスクが多い．たとえば，品詞タグ付けや固有表現抽出などは，文の各単語に対応する品詞，固有表現の種類（人名・地名など）といったラベルの列を予測する系列ラベリング問題として定式化される．文頭から順に決定的に予測する場合には，点 t における行動 a_t は時刻 t の単語に対応するラベルそのものとなり，状態 s_t は入力と $t-1$ までの予測ラベル

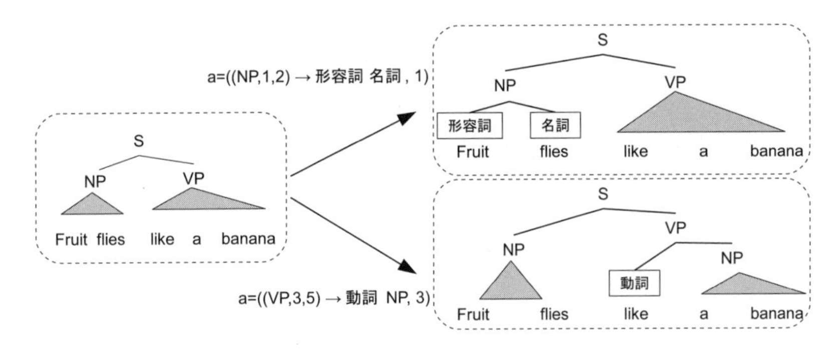

図 3.5.4 句構造解析における最適行動の疑似曖昧性

左図はもとの状態，右は二つの状態遷移後の状態を示す．どちらの行動を先に行っても図 3.5.1 の正しい句構造を構成することができる．なお，$((O, b, e) \to P\ Q, s)$ は位置 b から e までの非終端記号 O を位置 s で P と Q に分割する文脈自由文法の生成ルール．

列，$(\boldsymbol{x}, \hat{\boldsymbol{y}}_{1:t-1})$ を特徴ベクトルで表現する．ただし，$\boldsymbol{y}_{1:t-1} = (y_1, y_2, \ldots, y_{t-1})$ かつ $\hat{y}_t$ は点 t での方策が予測したラベルである．行動は各単語のラベルそのものであるから，系列ラベリング問題では最適訓練行動列は正解データのラベル列を直接利用できる．また，最適訓練方策は状態とは独立に正解データだけを参照して点 t の正解ラベルを返すルールとして構成できる[4]．

一方，構文解析は言語の再帰的な構造を解析する．構文解析の正解データは木構造であり，木を構築する行動列は陽に記述されていない点が大きく異なる．図 3.5.3 は係り受け構造解析における代表的な遷移システム（Arc-eager 法[16]）の例である．部分的に構築された木構造および係り受け関係を判断する点以降の単語列を状態とし，行動によって判断点の前後の単語の係り受け関係と次に判断点に置くべき単語を同時に決定する．文頭から状態遷移を繰り返すことで一文の単語数 W に対して高々 $2W-1$ 回の状態遷移で係り受け構造木をつくることができ，高速な構文解析器となる．最適訓練行動列は正解の木構造から構成できる．また，Arc-eager 法に限り最適訓練方策が線形時間のアルゴリズムとして得られることが示されている[5]．Arc-standard 法などその他の遷移システムについては動的計画法による多項式時間アルゴリズムが提案されている[6, 7]．なお，系列ラベリング問題と異なり，複数の行動列が同じ木構造を構築しうるため最適行動は一意に定まらない（疑似曖昧性）．

また，句構造解析では部分的に構築された木構造および単語列が状態となり，行動は文法規則の選択である[15]†．最適訓練行動列は正解の木構造から多項式時間で構成できるが，最適訓練方策については筆者らが知る限りでは提案されたものはない．また，係り受け構造解析と同様に最適行動は一意に定まらない．図 3.5.4 に句構造解析において異なる行動列が同じ句構造を構成する例を示す．図左の状態において，NP の展開（行動

† 係り受け構造解析と同様に文頭から順次決定する遷移システムも提案されている[14, 21]．

$a = ((\mathrm{NP}, 1, 2) \rightarrow$ 形容詞 名詞$, 1))$ と VP の展開 $(a = ((\mathrm{VP}, 3, 5) \rightarrow$ 動詞 $\mathrm{NP}, 3))$ のどちらを先にしても最終的には図 3.5.1 の句構造を構成することができる．

なお，疑似曖昧性への対処方法としては，行動に順序付けをして最適行動を一意に正規化する方法[15]，ランダム選択[4]，訓練中の方策で選択する方法[5] などが使われている．

3.5.2 逆強化学習による自然言語処理

以上のように，決定過程で構造化予測問題を記述できることはわかったが，強化学習の手法を適用するためには，この決定過程に対して報酬関数を設計する必要がある．しかし，この報酬関数の設計は自明ではない．単純には，各判断点での最適訓練行動との違いを報酬に対応づけることが考えられるが，部分構造のあいだの依存性が表現できないため，構造全体の最適性が表現できない．そこで，正解データから得られる最適訓練行動列をもとにして，逆強化学習によって報酬関数を設計する手法が研究されている．

方策を現在の状態 $s \in \mathcal{S}$ から次の行動 $a \in \mathcal{A}$ への写像 $\pi : \mathcal{S} \rightarrow \mathcal{A}$ と定義する．また，長さ T の状態列・行動列をそれぞれ $\boldsymbol{s}$，$\boldsymbol{a}$ と書き，NLP への適用では環境が既知のため決定的な遷移システム $\tau(s, a) : \mathcal{S} \times \mathcal{A} \rightarrow \mathcal{S}$ を仮定する．多くの逆強化学習アルゴリズムでは報酬関数を線形関数 $r_{\boldsymbol{\theta}}(s, a)$ で近似する．

$$r_{\boldsymbol{\theta}}(s, a) = \boldsymbol{\theta}^{\mathrm{T}} \boldsymbol{\phi}(s, a)$$

ただし，$\boldsymbol{\phi}(s, a) : \mathcal{S} \times \mathcal{A} \rightarrow \mathbb{R}^d$ は d 次元特徴ベクトルへの写像，$\boldsymbol{\theta} : \mathbb{R}^d$ は d 次元パラメータである†1．本来は，報酬関数と方策は独立であるが，逆強化学習の NLP への適用では報酬関数を用いて $\pi_{\boldsymbol{\theta}}(s) = \mathrm{argmax}_{a \in \mathcal{A}}\, r_{\boldsymbol{\theta}}(s, a)$，または報酬が最も大きくなる行動列 $\mathrm{argmax}_{\boldsymbol{a}} \sum_t r_{\boldsymbol{\theta}}(s_t, a_t)$ を予測することが多い[15]．

逆強化学習手法は，最適訓練行動列が与えられていることを仮定し，報酬関数 $r_{\boldsymbol{\theta}}(s, a)$ のもとでの行動列と最適訓練行動列とで定義される目的関数を最小化する．以下では，逆強化学習手法の代表的なものとして Maximum Margin Planning (MMP)[17] と最大エントロピー逆強化学習 (ME-IRL)[22] を紹介する†2．エピソード i に対する最適訓練行動列 $(\boldsymbol{s}^{(i)}, \boldsymbol{a}^{(i)})$ が与えられているとき，MMP は以下の目的関数を最小化する報酬関数を推定する．

$$\sum_i \left(\sum_{(\hat{s}, \hat{a}) \in (\hat{\boldsymbol{s}}^{(i)}, \hat{\boldsymbol{a}}^{(i)})} r_{\boldsymbol{\theta}}(\hat{s}, \hat{a}) + l(\boldsymbol{a}, \boldsymbol{a}^{(i)}) - \sum_{(s, a) \in (\boldsymbol{s}^{(i)}, \boldsymbol{a}^{(i)})} r_{\boldsymbol{\theta}}(s, a) \right)$$

†1 ここでは文献[15] にならい s, a を入力とする報酬関数を想定するが，τ の逆写像 $\tau^{-1}(s) : \mathcal{S} \rightarrow \mathcal{S} \times \mathcal{A}$ が存在することを仮定すると，$r(s_t, a_t)$ は時刻 $t+1$ の状態 s_{t+1} への即時報酬と等価である．

†2 説明では目的関数から省いているが，バリアンスを減らすために L2 正則化などを併用する．

ただし，$(\hat{\boldsymbol{s}}^{(i)}, \hat{\boldsymbol{a}}^{(i)})$ はエピソード i に対する報酬の総和 $\sum_{t=1}^{T} r_{\boldsymbol{\theta}}(s_t, a_t) + l(\boldsymbol{a}, \boldsymbol{a}^{(i)})$ を最大化する状態列と行動列である．直感的には MMP では最適訓練行動列の報酬と他の行動列の報酬の差（マージン）が最大になるような報酬関数を求めていることになる．なお，$l(\boldsymbol{a}, \tilde{\boldsymbol{a}}) : A^T \times A^{\tilde{T}} \to \mathbb{R}_+$ は行動列と行動列の距離を返す関数で，$l(\boldsymbol{a}, \tilde{\boldsymbol{a}})$ に合わせてマージンは調整される．

また，最大エントロピー逆強化学習 (ME-IRL) では対数線形モデルに報酬関数を使用したモデルを提案している．

$$P(\boldsymbol{a}|\boldsymbol{\theta}) = \frac{\exp\left(\boldsymbol{\theta}^{\mathrm{T}} \sum_{t=1}^{T} \boldsymbol{\phi}(s_t, a_t)\right)}{Z(\boldsymbol{\theta})}$$

ただし，$Z(\boldsymbol{\theta})$ は分配関数である．ME-IRL は最適訓練行動列に対する次式の負の対数尤度を最小化する．

$$-\sum_{i} \log P(\boldsymbol{a}^{(i)}|\boldsymbol{\theta}) \tag{3.5.1}$$

式 (3.5.1) の勾配は最適訓練行動列と報酬関数下での特徴ベクトルの差であるが，凸関数であるので最小化時にはその差（勾配）はゼロとなるため，以下の定理により逆強化学習として望ましい性質をもつ．

◆ **定理 1** 方策 π のもとでの特徴ベクトルの期待頻度を $\mu_\pi = \mathbb{E}[\sum_t^T \boldsymbol{\phi}(s, a)|\pi]$ とし，π と π^* の特徴ベクトルの期待頻度の異なりが ε 以下，つまり $||\mu_\pi - \mu_{\pi^*}||_2 \leq \varepsilon$ であるならば，線形の報酬関数を想定すると次式の報酬の期待値の差も ε 以下である[1]．

$$\left| \mathbb{E}\left[\sum_t^H r(s,a)|\pi\right] - \mathbb{E}\left[\sum_t^H r(s,a)|\pi^*\right] \right| \leq \varepsilon$$

MMP も ME-IRL も最適訓練行動列の報酬和が最大になるような報酬関数，つまり構造全体の整合性を重視した報酬関数になっており構造化予測問題に適している．文献[15] も指摘するように，実はこれらの逆強化学習手法は，NLP で扱う問題設定では以前から適用されてきた構造化予測のためのアルゴリズムとほぼ同じである．たとえば，（指数個の候補のなかから）最大報酬行動列 $\hat{\boldsymbol{a}}$ や分配関数 Z を効率的に計算できる遷移システムの場合には，MMP はマージン最大化構造化予測[19] と，ME-IRL は条件付き確率場[11] と同等である．NLP では，変数間の依存関係が分解可能であることを仮定して動的計画法を用いる，組み合わせ最適化問題を線形計画問題に緩和して解く，などの近似を用いて最大報酬行動列や分配関数を計算することでマージン最大化構造化予測や条件付き確率場が用いられてきた．なお，文全体の整合性を考慮した構造化予測を実現するために，学習時だけでなく解析時（テスト時）も報酬和が最大になる行動列を予測することが一般的である.

これらの方法は文全体の整合性を満たす方策が得られるが，変数群の局所的な条件付き独立性を仮定する必要があり，また多項式時間であっても計算量が非常に大きいなどの課題点があった．次項では最適訓練方策を仮定することで局所的な条件付き独立性を仮定する必要のない手法を紹介する.

3.5.3 模倣学習による自然言語処理

模倣学習†はエキスパートの行動列を参照して方策を学習する手法の総称であり，前項で述べた逆強化学習もその意味では模倣学習の一種と言える．本項ではとくに報酬関数の推定は行わずに，エキスパートの行動列を参照して状態・行動空間を効率的に探索する手法の一つである Dataset Aggregation（DAGGER）アルゴリズム[18] を紹介する.

DAGGER は各反復で最適訓練方策とそれまでに学習済みのすべての方策が訪れた状態を訓練データとして方策を学習する．DAGGER の最初の反復では，既存の教師付き学習と同じように最適訓練行動列によって観測された状態を訓練データとして方策を学習する．次の反復以降では，最適訓練行動列によって観測された状態に加えて学習した方策が訪れた状態も訓練データに加えて学習する．その際，方策は最適訓練行動列とは違う行動をとりうるので，最適訓練行動列によっては観測されない未知の状態に対しても正しい行動を示すことができる最適訓練方策が必要になる．DAGGER をアルゴリズム 3.5.1 に示す．ただし，β_i は状態遷移を行う際に使用する最適訓練方策と訓練している方策との混合方策の混合率で $N \to \infty$ のとき $\frac{1}{N}\sum_k \beta_k \to 0$ を満たす数列である．混合率は $\beta_1 = 1, \beta_k = 0 (k > 1)$，つまり初回は最適訓練方策 π^* を用い，2 回目以降は現在の方策を用いる方法が経験的に良いことが報告されている[18, 20].

Algorithm 3.5.1 ： DAGGER

初期化: $D \leftarrow \emptyset, \pi_1$ は任意の方策
for $k = 1, 2, \ldots, K$ **do**
　$\pi_k \leftarrow \beta_k \pi^* + (1 - \beta_k)\hat{\pi}_k$
　π_k を実行し $D_k = \{(\boldsymbol{\phi}(s_{\pi_k}), \pi^*(s_{\pi_k}))\}$ を収集
　データを集約: $D \leftarrow D \cup D_k$
　D を用いて $\hat{\pi}_{k+1}$ を学習
end for
検証用データで性能の良い $\hat{\pi}_k$ を選択

最適訓練行動列だけを使って方策を学習してしまうと誤った行動の後に行動を選択

† 徒弟学習 (apprenticeship learning) ともよばれる.

することを想定していない方策が得られる．そのため，一か所の行動の誤りがそのあとの行動に影響し続けて間違ってしまう**誤り伝搬**の問題が指摘されていた．“Fruit flies like a banana.”（図 3.5.1）の品詞タグ付けを例にとると，Fruit の品詞を名詞と誤って予測した場合には，英語の正解データ上では名詞–動詞の並びが多く次の flies の品詞を動詞として予測するのが自然なため，予測履歴の特徴を重視したモデルでは誤りが連続してしまい，続く “like/動詞 a/冠詞 banana/名詞” と整合性をとることができない．一方，DAGGER は方策が実際に訪れるであろう状態をサンプリングしそのもとでの経験誤差を最小化するため，方策が選ぶ行動が最適訓練行動列と異なる，つまり過去の行動に誤りがあった場合にもそれ以降の行動は誤らないことが期待できる．さきの例では，方策が Fruit の品詞を名詞として誤ったときであっても flies の品詞は名詞であることを最適訓練方策により教示することになり，誤りに影響されにくいように名詞–動詞の並びの特徴を重視しない方策が得られる．理論的にも，決定数（予測数）を T としたとき，最適訓練行動列だけを使って方策を教師付き学習したとき誤差の上界は $O(T^2)$ であるが，DAGGER の誤差は $O(T)$ で抑えられることが示されている[18]．

文献[24] では NLP タスクにおいて逆強化学習に基づく手法と比較を行っており，DAGGER の実用上の利点として次の 2 点を確認している．

1. 決定的解析では DAGGER のほうが逆強化学習に基づく手法よりも構造予測精度が高い
2. 現実的な計算時間で局所的でない構造情報を特徴として使用できる

利点 1 における決定的解析とは各判断点で最もスコアの高い行動を選ぶことによって最大報酬行動列を近似する高速な解析方法（貪欲法）である．Web 規模のテキストデータを処理するには解析が速いことは実応用で重要であるため，決定的解析手法は好まれて用いられている．文献[24] では英語係り受け構造解析の実験において，逆強化学習に基づく手法では解析速度を上げるために決定的解析を採用すると構造予測精度が大きく下がってしまい，DAGGER による決定的解析のほうが構造予測精度が高いことを示している．また，利点 2 に関しては，逆強化学習に基づく手法では計算量の問題から 1, 2 単語前の局所的な予測ラベルだけを特徴量に用いるのが系列ラベリング問題においては一般的であった．しかし，DAGGER による決定的解析では現実的な処理時間でより長い 4 単語前までの予測ラベル列を使うことができることを示している．このように，逆強化学習に基づく手法と比較すると，模倣学習は NLP タスクでの決定的解析において優位性をもっていることが示されている．

3.5.4 おわりに

本節では自然言語処理タスクと強化学習の関連性，および既存の訓練データを活用する方法として逆強化学習と模倣学習を紹介した．逆強化学習はこれまでNLPに適用されてきた構造化予測アルゴリズムと同様に文全体の整合性を満たす行動を選択する方策を学習でき，模倣学習手法として紹介したDAggerは決定的な解析であっても誤りの連鎖を引き起こしにくい方策を学習できることを解説した．近年研究が盛んな深層学習を用いた言語生成モデルの学習にもDAggerの一種が用いられている[25]．最後に今後の研究の方向性について議論したい．

最初に，機械翻訳・自動要約・質問応答・対話システムのような自然言語を出力するNLPタスクへの応用は興味深い．たとえば，模倣学習の言語生成への適用対象の一つとして同時通訳がある．同時通訳は発話とほぼ同時に翻訳を行う形態であり，翻訳文全体を聞く前にできる限り翻訳する必要がある．早く翻訳することが望まれる一方で一語ごとに翻訳するのでは全体の整合性がとれないため，翻訳のタイミングが難しく，発言内容をある程度予測する必要もある．文献[8]では，a)翻訳，b)次の単語予測，c)動詞予測，d)(次の単語を）待つ，の四つの行動を選択する強化学習の問題として同時通訳を定式化し，動詞が文の最後にくる（SOV型）ドイツ語から動詞が途中にくる（SVO型）英語への同時通訳でその有効性を確認している．文献[8]は独英翻訳が対象であるが，同じSOV型の日本語"果物バエはバナナを好む"を英語に同時通訳する例を図3.5.5に示す．同時通訳は人にとってもかなり困難なタスクであり，このようなタスクにおいて人間の言語生成を模倣するシステムを設計・学習することはとくに興味深い研究課題である．

第二に，多くのNLPタスクでは最適訓練行動列または最適訓練方策を得ることができる遷移システムを設計することは自明ではない．また，文献[9, 10]ではタスクを解くための決定過程ではなく解析速度と精度のトレードオフや動的に特徴選択を行うための決定過程を模倣学習を用いて学習している．これらのように解析システムのさ

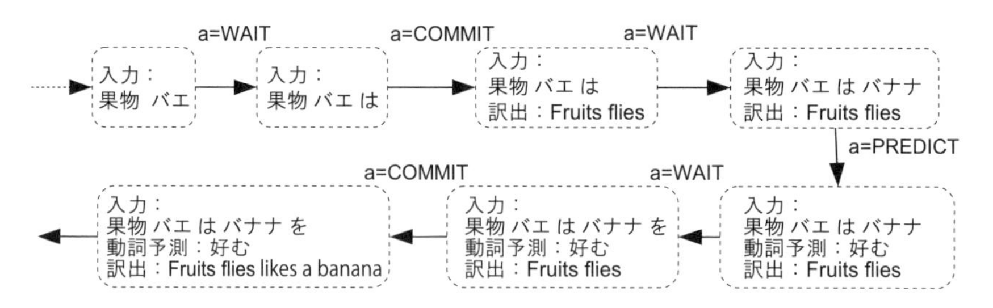

図 3.5.5 同時通訳例

翻訳 (COMMIT)/動詞予測 (PREDICT)/待つ (WAIT) の行動を選択することで例文"果物バエはバナナを好む"を同時通訳している例．状態は入力単語・中間訳出・動詞予測結果を表す．

まざまな面において逐次決定過程としての定式化の可能性があるが，遷移システムの設計が課題になる．[2] では最適とは限らない方策を模倣学習で参照する場合に，価値の推定に参照方策と学習中の方策の混合を使うことで参照方策より性能が向上する可能性を示した．最適訓練方策が容易に実装できない遷移システムであっても，模倣学習が使える可能性が広がったと言える．

最後に，本節では正解データがあるタスクのみを紹介したが，興味深い発展として教師なし構造化予測問題に方策反復を用いた研究がある[3]．教師なし学習では正解データが与えられていないことを想定し，オートエンコーダのように予測した構造（隠れ状態）を経由してもとの文を再構成したときの誤差 (reconstruction error) が小さくなるように方策を学習する．文献[3] では教師なし係り受け構造解析に適用し，他の教師なし手法に比べて少ない反復で収束することを示している．NLP においても教師なし学習は長年の課題であり，教師なし構造化予測問題へのアプローチとして今後の発展が期待される．

参考文献

[1] Pieter Abbeel and Andrew Y. Ng. Apprenticeship learning via inverse reinforcement learning. In *Proceedings of the 21st international conference on Machine learning*, pp. 1–8, New York, NY, USA, 2004. ACM.

[2] Kai-Wei Chang, Akshay Krishnamurthy, Alekh Agarwal, Hal Daumé III, and John Langford. Learning to search better than your teacher. In *Proceedings of the International Conference on Machine Learning*, 2015.

[3] Hal Daumé III. Unsupervised search-based structured prediction. In *Proceedings of the International Conference on Machine Learning*, pp. 209–216, 2009.

[4] Hal Daumé III, John Langford, and Daniel Marcu. Searn in practice. Unpublished (available at `http://pub.hal3.name/`), 2006.

[5] Yoav Goldberg and Joakim Nivre. A dynamic oracle for arc-eager dependency parsing. In *Proceedings of the 24th International Conference on Computational Linguistics*, pp. 959–976, 2012.

[6] Yoav Goldberg, Francesco Sartorio, and Giorgio Satta. A tabular method for dynamic oracles in transition-based parsing. *Transactions of the Association of Computational Linguistics*, 2(1):119–130, 2014.

[7] Carlos Gómez-Rodríguez, Francesco Sartorio, and Giorgio Satta. A polynomial-time dynamic oracle for non-projective dependency parsing. In *Proceedings of the 2014 Conference on Empirical Methods in Natural Language Processing*, pp. 917–927. Association for Computational Linguistics, 2014.

[8] Alvin Grissom II, He He, Jordan Boyd-Graber, John Morgan, and Hal Daumé III. Don't until the final verb wait: Reinforcement learning for simultaneous machine translation. In *Proceedings of the 2014 Conference on Empirical Methods in Natural Language Processing*, pp. 1342–1352. Association for Computational Linguistics, 2014.

[9] He He, Hal Daumé III, and Jason Eisner. Imitation learning by coaching. In *Advances in Neural Information Processing Systems 25*, pp. 3158–3166, 2012.

[10] Jiarong Jiang, Adam Teichert, Hal Daumé III, and Jason Eisner. Learned prioritization for trading off accuracy and speed. In *Advances in Neural Information Processing Systems 25*, pp. 1340–1348, 2012.

[11] John Lafferty, Andrew McCallum, and Fernando Pereira. Conditional random fields:

Probabilistic models for segmenting and labeling sequence data. In *Proceedings of the 18th International Conference on Machine Learning*, pp. 282–289, 2001.

[12] Francis Maes, Ludovic Denoyer, and Patrick Gallinari. Structured prediction with reinforcement learning. *Machine Learning Journal*, 77(2-3):271–301, 2009.

[13] Andrew McCallum, Dayne Freitag, and Fernando Pereira. Maximum entropy Markov models for information extraction and segmentation. In *Proceedings of the 17th International Conference on Machine Learning*, pp. 591–598, 2000.

[14] Haitao Mi and Liang Huang. Shift-reduce constituency parsing with dynamic programming and pos tag lattice. In *Proceedings of the Conference of the North American Chapter of the Association for Computational Linguistics*, 2015.

[15] Gergely Neu and Csaba Szepesvári. Training parsers by inverse reinforcement learning. *Machine learning*, 77(2-3):303–337, 2009.

[16] Joakim Nivre. An efficient algorithm for projective dependency parsing. In *Proceedings of the 8th International Workshop on Parsing Technologies*, pp. 149–160, 2003.

[17] Nathan Ratliff, J. Andrew (Drew) Bagnell, and Martin Zinkevich. Maximum margin planning. In *Proceedings of the 23rd International Conference on Machine Learning*, pp. 729–736, July 2006.

[18] Stéphane Ross, Geoffrey J. Gordon, and Drew Bagnell. A reduction of imitation learning and structured prediction to no-regret online learning. In *Proceedings of the 14th International Conference on Artificial Intelligence and Statistics*, pp. 627–635, 2011.

[19] Ben Taskar, Vassil Chatalbashev, Daphne Koller, and Carlos Guestrin. Learning structured prediction models: a large margin approach. In *Proceedings of the 22nd international conference on Machine learning*, pp. 896–903, 2005.

[20] Andreas Vlachos. An investigation of imitation learning algorithms for structured prediction. In *Proceedings of the 10th European Workshop on Reinforcement Learning*, 2012.

[21] Yue Zhang and Stephen Clark. Transition-based parsing of the chinese treebank using a global discriminative model. In *Proceedings of the International Conference on Parsing Technologies*, pp. 162–171, 2009.

[22] Brian D. Ziebart, Andrew Maas, J. Andrew Bagnell, and Anind K. Dey. Maximum entropy inverse reinforcement learning. In *Proceedings of the 23rd national conference on Artificial intelligence*, pp. 1433–1438. AAAI Press, 2008.

[23] スティーヴン・ベイカー.『IBM 奇跡のワトソンプロジェクト：人工知能はクイズ王の夢をみる』. 早川書房, 2011.

[24] 坪井 祐太. 模倣学習による決定的解析での誤り伝播の回避. In **言語処理学会第 19 回年次大会**, 2013.

[25] Samy Bengio, Oriol Vinyals, Navdeep Jaitly and Noam Shazeer. Scheduled Sampling for Sequence Prediction with Recurrent Neural Networks. In *Advances in Neural Information Processing Systems*, pp. 1171–1179, 2015.

3.6 医療臨床データ分析への応用

麻生英樹

時間をかけて進行する慢性的な病気のように，患者の状態を長期的にコントロールすることが求められる病気の治療過程は，医師と患者のあいだの継続的なインタラクションとみなすことができる．そこにおいて，医師は，不確実性のある状態下で，さまざまな情報を考慮しつつ，患者の状態を推定し，長期的な視点から繰り返し意思決定することを求められるが，医療の情報化や医療技術の高度化とともに，考慮すべき情報も増加し，患者の長期的な利益を考慮した意思決定は複雑で難しい課題になっている．

この課題に対処するために，医師と患者のインタラクションのプロセスを，マルコフ決定過程 (Markov Decision Process: MDP) や部分観測マルコフ決定過程 (Partially Observable Markov Decision Process: POMDP) などの意思決定過程を含む確率モデルでモデル化し，期待累積報酬に関して最適な方策を求めることで，医師の意思決定を支援し，患者をより良い状態に維持することが検討されてきた．

こうしたアプローチは，いまのところ，あまり多くの問題に適用されてはいない．その背景には，患者の状態や医師の行動の種類が増えるにつれて，MDP や POMDP の安定な推定に大量のデータが必要となり，最適化の計算も困難になるという問題があったと考えられる．しかしながら，情報化の進展により，臨床医療の現場にも多くの情報機器が導入され，電子カルテ等の治療記録や各種の検査値，センサからの情報など多様な情報が，電子的に日々大量に蓄積されるようになるにつれて，従来のランダム割付による介入研究に加えて，こうした日常診療から得られる大量の時系列データを，MDP などの確率的な意思決定モデルで分析して治療過程の改善に有効な知識を得ることへの期待が高まっている．

本節では，強化学習の少し異色な応用として，医療臨床過程で得られる時系列データを MDP や POMDP によってモデル化することによって治療過程を改善し，患者の長期的な生活の質 (Quality of Life: QoL) の向上を目指す研究を紹介する．

以下ではまず，MDP や POMDP 等の確率モデルによる医療臨床データの分析について概説した後，MDP の応用事例として，生体肝移植患者の意思決定の最適化に関する研究を，POMDP の応用事例として，虚血性心疾患の治療過程をモデル化し，最適治療方策を求めた研究を紹介する．さらに，我々が試みた糖尿病の投薬治療過程データの分析を簡単に紹介するとともに，そこで得られた課題についてまとめる．

なお，以下で紹介する研究はいずれも，エージェントがオンラインの試行錯誤をしながら環境の構造と最適方策を同時に学習するタイプの強化学習ではなく，医療過程から得られた観察データを事後的に分析するものである．すなわち，強化学習の学習課題としての特性のうち，未知環境中を試行錯誤しながら学習する（モデルフリー強化学習）という側面ではなく，基本的にはデータからあらかじめ推定された環境における遅延報酬を伴う課題に対して，期待累積報酬を最大化する方策を求めるという側面（モデルベース強化学習）に関するものである．

3.6.1 確率モデルの医療過程への適用

人間の身体は非常に複雑である．そうした複雑なシステムを相手とする医療分野では，不確実性の高い状況での判断が必要になることが多いことから，伝統的に統計学が幅広く用いられてきた．とくに，投薬や手術など特定の処置の有効性の検定はその大きな部分を占めている．そうした研究においては，患者の集団をランダムに処置群と対照群に分割し，何らかのエンドポイントを設定してそれぞれの群のあいだの差を評価することで，処置の効果の検証を行う介入研究が行われている．

一方，電子的な診療記録の蓄積に伴い，日常的な治療過程から得られる観察データや病院運営のデータから，医療サービスの改善に役立つ情報を得ることへの期待が高まっている．治療過程から得られるデータのマイニングの代表例としては，決定木やラフ集合などによる診断支援があげられる．決定木でモデル化しているのは，ある時点での患者の状態とその原因となる病気との関係性であるが，慢性的な疾患のように，長期間にわたって患者の状態をコントロールする必要があるようなケースでは，患者の状態の長期にわたる時間変化を考慮してモデル化することが求められる．患者の状態の推移をマルコフ過程としてモデルすることも行われているが，最初に設定した条件の差を評価するだけで，医師による継続的な治療過程の情報は含まれないことが多い．このほかに，治療過程の時系列データに対しては，頻出パターンのマイニングなども適用されている．

これに対して，MDP や POMDP を用いることにより，医師が検査等で患者の状態を観測し，それに対する処置を決めて実行することを繰り返す治療過程全体をモデル化することができる．その結果として，シミュレーションによって今後の治療過程の進行を予測したり，長期にわたる累積的な期待報酬を最大化するような意思決定方策を求めて，医師の意思決定を支援することができるようになると期待される．

こうしたアプローチでの研究事例はまだ多くはないが，たとえば，Schaefer ら[18] や Algagoz ら[2] によるレビューでは，MDP の応用として，感染症の伝染過程への介入の最適化[15]，臓器移植における待機患者や医師の意思決定支援[1, 3]，遺伝性球状赤血球症に対する予防的手術適用方策の最適化[16]，C 型肝炎に対する検査と治療の実施方策の最適化[10]，HIV の治療開始時期の最適化[19]，肺炎由来の敗血症の患者の退院方策の最適化[13]，乳がん検診における生体組織検査実施方策の最適化[7]，糖尿病患者に対するスタチン（高脂血症薬）処方の開始時期最適化[8, 14]，などが紹介されている．これらの研究の多くでは，患者の状態遷移過程を MDP によってモデル化し，患者の生存年数，質調整生存年（Quality-Adjusted Life Year: QALY），治療コスト等を考慮した報酬を設定して，医学的介入を実施するタイミングや方策の最適解を求めている．

また，POMDP の応用としては，虚血性心疾患の治療過程のモデル化と最適方策計算[11]，薬物の血中濃度の変化のモデル化と制御[12]，乳がん検診におけるマンモグラフィ実施頻度と診断の最適化[6, 17] などが紹介されている．以下では，これらのなかから生体肝移植のタイミング最適化と，虚血性心疾患の治療過程のモデル化の事例を紹介する．

3.6.2 生体肝移植のタイミング最適化

Alagoz らは，生体肝移植患者の状態の推移を MDP でモデル化し，移植を受けるタイミングを判断するための最適方策を求めた[3]．生体肝移植では，肝臓の再生機能を利用して，健康な人の肝臓の一部を切り取り，患者への移植用臓器として用いる．通常，親などの親近者がドナーとなることが多く，脳死肝移植よりも件数は多く実施されている．

基本的にドナーは確保されているため，移植のタイミングの選択が問題になることはなさそうに思われるが，患者の肝臓の状態と移植される肝臓の状態によっては，移植時期を遅らせたほうが，移植前と移植後の患者の QoL をトータルで見た場合の評価値が向上する可能性がある．したがって，患者の肝機能の悪化に合わせて，いつ移植に踏み切るかの判断が重要になるという．

MDP の状態変数としては，移植を受ける患者の肝機能の状態を表すスコアとして広く用いられている Model for End-stage Liver Disease (MELD) スコアを使用している．MELD スコアは，複数の検査値から計算される関数で，6 から 40 のあいだの整数値をとる．患者は毎日，移植を受けるか待機するかを選択する．これがとりうる行動の集合である．患者の状態は日々変化するが，移植を受けた状態か死亡した状態に入ると以後は状態変化しない．報酬としては，患者の生存日数が用いられている．したがって，待機して生存した場合には，患者は状態遷移に伴い報酬 1 を受け取る．一方，移植を受けた場合には，患者は，そのときの自分の状態や移植された臓器の状態に応じた報酬を受け取る．この移植時の報酬値は，手術のリスクとその後の期待生存日数を考慮した値になっている．患者が待機している間にドナーの健康状態，臓器の状態などは変化しないと仮定している．

MDP の状態遷移確率の推定には，全米臓器配分ネットワーク (United Network for Organ Sharing: UNOS) の 28,717 名の患者のデータと，ピッツバーグ大学医療センター (University of Pittsburg Medical Center: UPMC) の 3,009 名の患者のデータが用いられた．前者のデータには詳しい検査値や血液型などの情報が欠落しているため，両方のデータを補完的に用いたとしている．患者は肝機能障害の原因によって五つのクラスに分類され，それぞれのクラスごとに MDP のパラメータが推定された．

移植時の報酬関数の計算には，別の研究で構成された確率モデルが用いられた．このモデルは，年齢，性別等の患者の属性，提供者の属性を入力として，期待生存日数の推定結果を返すものである．

得られた最適方策の多くは，MELD スコアがあるしきい値になるまでは待機し，その値になったら移植を行うというタイプのものであった．しきい値となる値は，患者や提供者の属性によって異なる．たとえば，60 歳で血液型 A 型の女性の患者で，病名が原発性胆汁性肝硬変である場合には，提供される臓器の状態がよい場合には MELD スコアが 14 になったら移植するが，臓器の状態が悪い場合にはより高いスコアまで待機するほうがよい，といった結果が得られている．さらに，得られる最適方策が，上記のような，MELD スコアをしきい値とした単純な意思決定方式になるために MDP のパラメータが満たすべき条件なども理論的に解析されている．

3.6.3 虚血性心疾患の治療過程モデル

Hauskrecht らは，虚血性心臓疾患の治療過程を POMDP によってモデル化し，期待報酬に関して最適な治療方策を計算した[11]．虚血性心疾患は，狭心症や心筋梗塞など，心臓の冠動脈の閉塞や狭窄により心臓の筋肉への血流が阻害され，心臓に障害が起こる疾患の総称である．死亡原因の上位に位置づけられ，手術などを行った場合でも，再発の可能性があるため，長期的な治療が必要になることが多い．

Hauskrecht らのモデルでは，虚血性心疾患の患者の状態は以下のように階層化された変数群によって表現されている：

- 死亡
- 生存
  - 冠動脈疾患 (normal/mild-moderate/severe)
  - 虚血レベル (no-ischemia/mild-moderate/severe)
  - 急性心筋梗塞 (true/false)
  - 心機能低下 (true/false)
  - 冠動脈バイパス術履歴 (true/false)
  - 経皮的冠動脈形成術履歴 (true/false)

- 胸痛 (no pain/mild-moderate/severe)
- 安静時心電図での虚血所見 (positive/negative)
- カテーテル冠動脈造影検査の結果
  (not available/normal/mild-moderate/severe)
- 運動負荷検査の結果 (not available/non-diagnostic/negative/positive)

これらのうち，冠動脈疾患および虚血レベルは隠れ変数であり，その他の変数は観測可能変数（検査結果）である．

医師のとる措置（行動集合）としては，待機（措置なし），投薬，経皮的冠動脈形成術，冠動脈バイパス術，運動負荷検査，冠動脈造影検査，の 6 種類が設定された．

POMDP の状態遷移確率は，病院などの患者データから直接推定するのではなく，文献情報や専門家の意見などから決定している．また，報酬関数についても，上記の状態と医師のとりうる行動を階層的に整理して，患者の状態の良さと行動のコストの二つの観点から専門家によって系統的に報酬値（コスト値）を付与している．

構築された POMDP は状態数が大きいため，最適方策を求めるためには状態空間を階層化するなどの方法を用いて効率の良い最適化を行う必要がある．そうした方法で最適方策を求めたところ，たとえば，胸痛：mild-moderate，急性心筋梗塞：false，安静時心電図での虚血所見：negative，心機能低下：false，カテーテル冠動脈造影検査の結果：not available，運動負荷検査の結果：not available，冠動脈バイパス術履歴：false，経皮的冠動脈形成術履歴：false の場合には，運動負荷検査を実施することが最も良い行動になるが，すでに運動負荷検査を実施していて，結果が positive な場合には，経皮的冠動脈形成術の実施が最適となる，といった方策が得られた．こうした方策は医師から妥当なものと評価されたという．

3.6.4 分析における課題

我々は虚血的心疾患の代表的な治療法である経皮的冠動脈形成術 (Percutaneous Coronary Intervention: PCI) のために東京大学医学部附属病院において入院治療を受けたことのある患者約 3,000 名分の通院時のデータを対象として，虚血性心疾患の増悪因子の一つである血糖値の投薬による管理に関連するデータを MDP を用いて分析することを試みた[5]．

患者の状態変数としては，血糖値を表す血液中のヘモグロビン A1c (HbA1c) の値を離散化して用いた．行動集合は処方された薬の組み合わせであり，血糖値をコントロールするための薬品を 7 種類に中分類し，投与量を無視してそれらの組み合わせだけを考慮した．今回のデータ中には 38 通りの組み合わせが出現していた．報酬値はデータに含まれないため，仮に，血糖値が正常値を取った場合にのみ報酬 $+1$ が得られるとしてモデル化と分析を行った．

その結果として，MDP のパラメータをデータから推定し，医師の処方を方策とした場合の，患者の状態ごとの状態価値，すなわちその状態にある患者の累積期待報酬値やある状態である投薬パターンを処方することの行動価値を推定することができた．また，推定した MDP を用いた方策の最適化も行われたが，データが疎であることから，十分な安定的な結果は得られなかった．

以下に，我々の経験に基づき，通院治療データなどの医療臨床データに強化学習を適用する際の検討課題についてまとめておく．

- **単位時間の設定**　肝移植の事例では，単位時間は1日と固定されていたが，一般には，処置の時間間隔や患者の通院間隔は一定ではないため，離散時間 MDP/POMDP の単位時間をどのように設定するかが課題となる．近似的には患者の通院間隔がおおむね一定である部分のデータを利用するなどが考えられるが，より厳密には，時間間隔を可変としたモデルを用いる必要があるだろう．また，データには通院時と入院時の情報が混在していることが多いが，通院時と入院時では，観測・行動の単位時間が異なるため，一緒にモデル化することは難しい．

- **状態変数の設定**　検査結果の多くは連続値や整数の数値で与えられており，また，検査の種類も多いため，それらをそのまま状態変数として使用することは難しい．分析目的に沿って，医学的知識に基づいて適切な状態推定関数を設定し，情報を圧縮する必要がある．また，マルコフ性が成り立つように，患者の状態を表現するための適切な要約変数（過去の履歴の有無など）や隠れ変数を導入することが必要である場合も多い．このために，深層学習のような特徴表現の学習手法と強化学習を組み合わせることも考えられる．

- **行動集合の設定**　投薬治療に関しても，薬の種類が多岐にわたり，かつ具体的な薬剤名で与えられているため，そのまま行動集合として使用することは現実的ではない．医学的知識に基づいて，投薬の目的ごとに薬および分量を適切な粒度で分類するなど，必要な抽象化を行って行動集合を設定する必要がある．

- **報酬関数の設定**　与えられたデータには報酬関数は設定されていないため，分析の目的に沿って，適切な報酬関数を設定する必要がある．たとえば，生存日数や質調整生存年，検査や行動のコスト，再入院や退院などのイベント，患者からのフィードバック，などが考慮対象と考えられる．この問題に対しては，逆強化学習（2.3節を参照）を適用して報酬関数を推定することも試みた[4]．

- **患者・医師の層別，モデルの階層化**　一般に，患者ごとの差異は非常に大きいと考えられる．また，病気の種類によっては，医師の方策も，医師ごとに異なる可能性がある．そうした場合には，すでに少し述べたように，患者や医師をクラスタリングしたり，モデルを階層化するなどして，非均一性を適切に考慮する必要がある．

・**データの不足・欠如・バイアスへの対処** ランダム割付による介入実験ではなく診療過程から得られる観察データであるため，データには行動選択に関するバイアスが存在する．その結果として，たとえば得られる最適方策は十分に探索を行っていない場合の局所解になっている可能性がある．また，医師の方策は，医師が予測する未来に依存する可能性があり，因果関係が逆転していることも考えられる．したがって，結果の解釈には十分な注意が必要である．また，データ中に頻度が高くない（状態，行動）のペアがあり，その結果がたまたま良いような場合に，その遷移が最適方策に反映されてしまうという問題もある．データの頻度や信頼度を考慮しつつ，ロバストな最適方策を求める手法を検討する必要があるだろう．

3.6.5 おわりに

この節では，強化学習の医療臨床データへの応用として，MDP や POMDP を用いた医療臨床時系列データの分析に関する研究を紹介した．とくに，MDP による生体肝移植のタイミング最適化，POMDP による虚血性心疾患の治療過程のモデル化を紹介するとともに，投薬による糖尿病治療過程のデータの分析の経験から得られた，医療臨床データに強化学習を適用する場合の課題についても解説した．

はじめにも述べたように，今回紹介した事例は事後的な解析であり，強化学習の特色のうち，試行錯誤しながら環境と最適方策を並行して推定するという側面は扱われていない．しかし，医療の現場では，医師が，個人差のある患者を未知環境として，試行錯誤しながら個人ごとの最適な方策を求めていると考えられる．治療過程のこうした側面のモデル化や支援も興味深い課題である．

同様の解析手法は，医療臨床データ以外のデータにも適用できる可能性がある．近年，ビッグデータの活用の一例として，強化学習を公的な社会サービスの効率化のために活用する事例が現れている．たとえば，安倍らは，税金の徴収過程に強化学習を適用している[9]．こうした，強化学習による社会的組織やシステムの改善はアイディアとしては以前から提案されているが，今後成功事例が増えてゆくことを望みたい．

参考文献

[1] J. H. Ahn and J. C. Hornberger. Involving patients in the cadaveric kidney transplant allocation process: A decision-theoretic perspective. *Management Science*, 42:629–641, 1996.

[2] O. Alagoz, H. Hsu, A. J. Schaefer, and M. S. Roberts. Markov decision processes: a tool for sequential decision making under uncertainty. *Medical Decision Making*, 30:474–483, 2010.

[3] O. Alagoz, L. M. Millart, A. J. Schaefer, and M. S. Roberts. The optimal timing of living-donor liver transplantation. *Management Science*, 50(10):1420–1430, 2004.

[4] H. Asoh, M. Shiro, S. Akaho, T. Kamishima, K. Hasida, E. Aramaki, and T. Kohro. Applying inverse reinforcement learning to medical records of diabetes. In *Proceedings of ECML-PKDD2013 Workshop on Reinforcement Learning with Generalized Feedback*,

2013.

[5] H. Asoh, M. Shiro, S. Akaho, T. Kamishima, K. Hasida, E. Aramaki, and T. Kohro. Modeling medical records of diabetes using markov decision processes. In *Proceedings of ICML2013 Workshop on Role of Machine Learning in Transforming Healthcare*, 2013.

[6] T. Ayer, O. Alagoz, and N. K. Stout. A pomdp approach to personalized mammography screening decisions. *Operations Research*, 56:1577–1591, 2012.

[7] J. Chhatwal, O. Alagoz, and S. Bumaside. Optimal breast biopsy decision-making based on mammographic features and demographic features. *Operations Research*, 56:1577–1591, 2010.

[8] B. T. Denton, M. Kurt, N. D. Shah, S. C. Bryant, and S. A. Smith. Optimizing the start time of statin therapy for patients with diabetes. *Medical Decisision Making*, 29:351–367, 2009.

[9] N. Abe et al. Optimizing debt collections using constrained reinforcement learning. In *Proceedings of KDD'10*, 2010.

[10] D. Faissol, P. Griffin, E. Kirkizlar, and J. Swann. Timing of testing and treatment of hepatitis c and other diseases. Technical report, Georgia Institute of Technology, 2007.

[11] M. Hauskrecht and H. Fraser. Planning treatment of ischemic heart disease with partially observable markov decision processes. *Artificial Intelligence in Medicine*, 18:221–244, 2000.

[12] C. Hu, W. S. Lovejoy, and S. L. Shafer. Comparison of some suboptimal control policies in medical drug therapy. *Operations Research*, 44:696–709, 1993.

[13] J. E. Kreke, M. D. Bailey, A. J. Schaefer, M. S. Roberts, and D. C. Angus. Modeling hospital discharge policies for patients with pneumonia-related sepsis. *IIE Transactions*, 40:853–860, 2008.

[14] M. Kurt, B. T. Denton, A. J. Schaefer, N. D. Shah, and S. A. Smith. The structure of optimal statin initiation policies for patients with type 2 diabetes. *IIE Transactions on Healthcare Systems Engineering*, 1:49–65, 2011.

[15] C. Lefevre. Optimal control of a birth and death epidemic process. *Operations Research*, 29:971–982, 1981.

[16] P. Magni, S. Quaglini, M. Marchetti, and G. Barosi. Deciding when to intervene: a markov decision process approach. *International Journal of Medical Informatics*, 60:237–253, 2000.

[17] L. Maillar, J. Ivy, S. Ransom, and K. M. Diehl. Assessing dynamic breast cancer screening policies. *Operations Research*, 56:1411–1427, 2008.

[18] A. J. Schaefer, M. D. Bailey, S. M. Shechter, and M. S. Roberts. Modeling medical treatment using markov decision processes. In *Operations Research and Healthcare*, pp. 593–612. Springer-Verlag, 2005.

[19] S. M. Shechter, M. D. Bailey, A. J. Schaefer, and M. S. Roberts. The optimal time to initiate hiv therapy under ordered health states. *Operations Research*, 56:20–33, 2008.

3.7 深層学習を用いたQ関数の学習：Atari 2600と囲碁への応用

前田新一

本節では，関数近似器として deep neural network を用いて Q 関数を学習させたことでこれまでにない性能を発揮させることに成功した研究について紹介する．

ニューラルネットワークなど非線形関数を用いた強化学習アルゴリズムで，収束性を保証できるアルゴリズムは限られている．しかし，応用においては，収束の保証されない強化学習アルゴリズムであっても成功を収めている例（バックギャモン[30, 31]，エレベータ運行計画問題[10]，ジョブショップスケジューリング問題[39]）が存在する．

とくに近年，非線形関数近似器である多層ニューラルネットワークの表現能力の高さを，大量のデータによる学習とアーキテクチャと学習則の工夫によって引き出すことが可能であることが示されるようになり，大規模な状態行動空間をもつ問題に対して行動価値関数の学習が成功を収めることが示された．ここでは，昔の家庭用ゲーム機 Atari 2600 の多くのゲームを人間のプレイヤー以上の成績で解けるような学習に成功したことで注目された研究と，囲碁のプロ棋士の Fan Hui 氏に 5 戦全勝し，後にプロの中でもトップ棋士の一人と目される Lee Sedol 氏に 5 戦中 4 勝したことで注目された研究について紹介する．

3.7.1 Deep Q-Network (DQN) による Atari 2600 のゲームの学習

これまでバックギャモン[30, 31] やオセロ[18]，チェス[2] などのゲームの学習に強化学習が利用され成果を上げてきたが，人手で構築された特徴を用いることで，性能が向上することが示されることが多かった．しかし，Deep Q-Network (DQN) は，入力として画面のデータそのものを用いて，同じ学習アルゴリズムを適用するだけで，さまざまなゲームにおいて人間並みあるいは人間以上の高得点が達成できるようになったことで注目を集めた[20, 21]．ただし，恣意的な特徴抽出を行わない手法も古くから試されてはきていた．バックギャモン[31] やオセロ[7, 16]，将棋[3, 41] では，単純な盤面上のパターンを入力とした機械学習が行われている．とくに将棋では，機械学習による盤面の状態価値の学習がうまくはたらき，プロ棋士に劣らない実力を得るまでにいたっている．このように機械学習はゲームの学習に利用されてきていたが，それでも DQN は，既存研究が扱ってきたボードゲームのとりうる状態数より大きな状態数を表現可能な画面の画素情報を入力とし，ゲームによらずほぼ同じ構造をもつニューラルネットワークでさまざまなゲームの状態価値の学習ができることを示したことは，注目に値する．DQN の論文は，NIPS という機械学習の国際会議のなかの深層学習ワークショップで 2013 年 12 月に発表された論文[20] と，2015 年 2 月の Nature 誌に掲載された論文[21] の二つが存在する．これらを区別する際には，それぞれ NIPS 版 DQN と Nature 版 DQN とよぶこととする．

3.7.2 DQN のネットワーク構造

DQN は，その名が示すように，Q 関数とよばれる行動価値関数を推定するための多層ニューラルネットワークである．多層ニューラルネットワークは，入力変数を $n^{(0)}$ 次元のベクトル $\mathbf{x}$，入力層から直接入力を受ける 1 層目の中間層のユニットを $n^{(1)}$ 次元のベクトル $\mathbf{h}^{(1)}$ で，2 層目以降の中間層のユニットを $n^{(l)}$ 次元のベクトル $\mathbf{h}^{(l)}$ $(2 \leq l \leq L-1)$, 出力を $n^{(L)}$ 次元ベクトル $\mathbf{y}$ で表すと，

$$\mathbf{h}^{(1)} = \mathrm{sig}(\mathbf{W}^{(1)}\mathbf{x} + \mathbf{b}^{(1)}) \tag{3.7.1}$$

$$\mathbf{h}^{(l+1)} = \mathrm{sig}(\mathbf{W}^{(l)}\mathbf{h}^{(l)} + \mathbf{b}^{(l)}) \tag{3.7.2}$$

$$\mathbf{y} = o(\mathbf{W}^{(l)}\mathbf{h}^{(L)} + \mathbf{b}^{(L)}) \tag{3.7.3}$$

と書けるような関数を指す．ここで，関数 $\mathrm{sig}(x)$，$o(x)$ はそれぞれシグモイド関数 $1/(1+\exp(-x))$ などの活性化関数を表し，入力変数がベクトル $\mathbf{x}$ の場合，各要素それぞれに活性化関数を作用させるものとする．関数 $o(x)$ には非線形関数が使われない場合があったり，出力の総和が 1 となるように制約されたりすることがあるため，それ以外の活性化関数 $\mathrm{sig}(x)$ と区別した．$\mathbf{W}^{(l)}$，$\mathbf{b}^{(l)}$ はそれぞれ $n^{(l+1)} \times n^{(l)}$ 行列，$n^{(l+1)}$ 次元ベクトルのパラメータであり，これらをまとめてパラメータ θ と表記する．また，関数 $Q(s,a)$ がパラメータ θ で特徴づけられることを明示する際には $Q(s,a;\theta)$ と表記する．多層ニューラルネットワークの層の数 L が多いことをもって深層ニューラルネットワーク (deep neural network) とかその学習を深層学習 (deep learning)† などとよぶ．

深層ニューラルネットワークは，表現できる関数の自由度が高い一方で，過学習が問題になるため，その関数を適切に学習させることは困難であった．DQN もその例外ではなく，過度な自由度の高さを抑える工夫が施されている．一つ目は，畳み込みニューラルネットワークの利用，二つ目は，中間層のユニットの共有，である．

■ 畳み込みニューラルネットワーク

畳み込みニューラルネットワークは，画像認識などの画像処理でよく用いられる構

† 最近の深層学習に関しては，簡単な理論から実践的な内容は[42] で，広範な理論や技術内容は[40]，個別の技術的な詳細は[43] でそれぞれ述べられている．

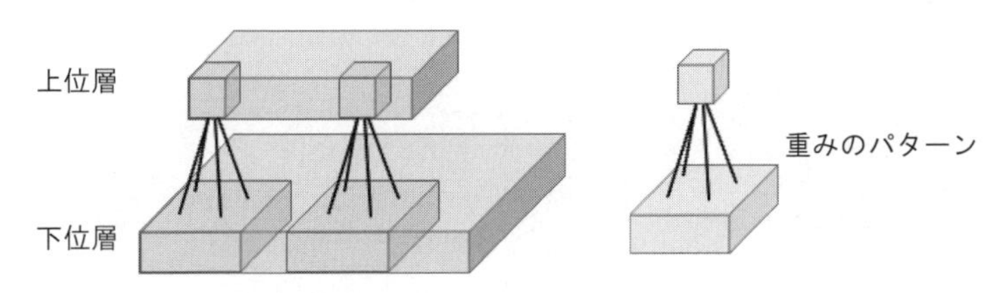

図 3.7.1 畳み込みニューラルネットワークの構造
上位層のユニットが受け取る下位層のユニットからの入力は空間的に近いユニットからの入力に限られ，またその重みのパターンは上位層の位置によらず，同じパターンをとる．こういった重みパターン（フィルタ）が複数，利用される．

造であり，入力される画像の画素の幾何的な位置情報を利用した構造をもつ．本来のニューラルネットワークは，隣接する層間のユニットの間の結合を全結合とするが，畳み込みニューラルネットワークでは，図 3.7.1 に示すように上位層の隠れユニットは，空間的に近いユニットからの結合しかもたないように制約される．さらに，その重みのパターンは空間的な位置によらないよう制約される．この場合，重み行列 $\mathbf{W}$ と下位層のユニットの入力 $\mathbf{h}$ との間の行列演算 $\mathbf{Wh}$ は，下位層のユニットの入力に対するフィルタによる畳み込み演算と同じ演算となるため，重み行列 $\mathbf{W}$ を構成する重みのパターンはしばしばフィルタとよばれ，こういった構造をもつネットワークは畳み込みネットワークとよばれる．通常，複数のフィルタが学習される．この畳み込みネットワークは，もともとの全結合するニューラルネットワークからみれば大幅に自由度が制限されているものの，空間的な位置に依存しない特徴や，空間的に近い状態間に強い相関をもつ入力データの学習は可能であり，そういった性質をもつ画像などの入力データを学習するのに適した構造となっている．

■ 中間層のユニットの共有

DQN は，状態 s，行動 a に対する行動価値関数 $Q(s,a)$ を学習する．これは，状態行動対を入力とし，スカラーの行動価値を出力する関数と考えることができるが，DQN ではその関数の複雑さを限定するために，多値関数として扱う．

いま，行動 a のとりうる種類が $a \in \{a_1, \ldots, a_N\}$ の N 通り[†]であったとすると，DQN は N 通りの出力をもつ多値関数を一つのニューラルネットワークで表現する．すなわち，DQN の i 番目の出力を $f_i(s)$ とすると，関数 $f_i(s)$ が表すものは i 番目の行動をとったときの Q 関数 $f_i(s) = Q(s, a_i)$ となる．この N 通りの関数を，独立な別のニューラルネットワークとして学習させると，ニューラルネットワークの自由度は高くなってしまうが，DQN では入力や中間層を共通なものとし，中間層の最終段から出力層への重みのみを行動ごとに異なるものとすることで，ニューラルネットワー

† とりうる行動の種類 N はゲームごとに異なり，4 から 18 の間の値をとる．

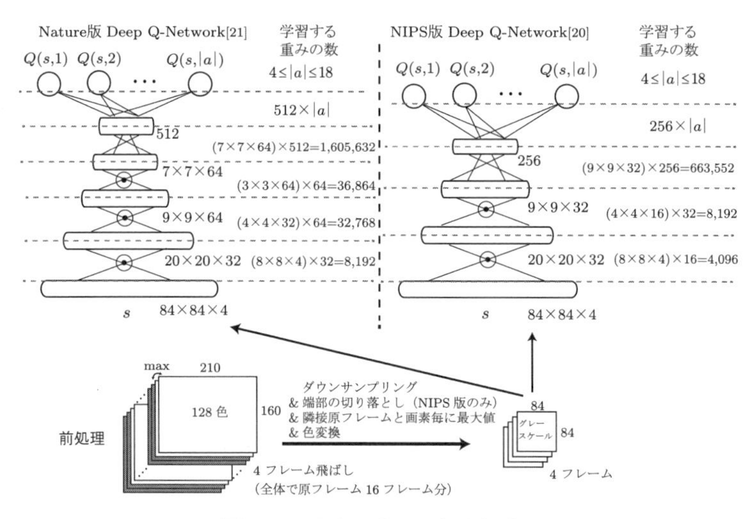

図 **3.7.2** DQN のアーキテクチャ

クの自由度を抑制し，過学習を防いでいる．また，このような構造をとると，行動ごとに関数を評価し直す必要がないため，高速に Q 関数を評価するのに役立つ．このネットワーク構造を図 3.7.2 に示す．

図 3.7.2 にあるとおり，DQN には四つのフレームの画面の情報が入力されている．ただし，実際の画面のフレームレートは 60 Hz であり，Nature 版 DQN ではそのうち連続する 4 フレームのうち 3 フレーム目と 4 フレーム目のピクセルの最大値をとって一つのフレームとしている†．また，その 4 フレームの間，行動は同じものを選択し続けるものとする．また，既存の深層学習フレームワークにおいて GPU 計算機が効率的に畳み込み演算できるのが正方形の入力であったため，前処理において 210×160 の画面サイズをダウンサンプリングし，84×84 正方形の画面に整形している．RGB のカラーは，グレースケールの輝度値に変換される．

3.7.3 **DQN の学習アルゴリズム**

DQN の学習は，基本的に以下の目的関数 $J(\theta)$ の最小化を意図してパラメータ更新がなされる．

$$J(\theta) = \mathbb{E}[(y_t - Q(s_t, a_t; \theta))^2] \tag{3.7.4}$$

ここで，y_t は，$Q(s_t, a_t; \theta)$ が出力するべきターゲットを表す．この目的関数のパラメータ θ に関する微分は，

† NIPS 版 DQN では 4 フレームおきのフレームをとっている．ただし，スペースインベーダーの場合，見えない弾が生じてしまうため 3 フレームおきのフレームとしている．

$$\partial_{\boldsymbol{\theta}} J(\theta) \propto \mathbb{E}[(y_t - Q(s_t, a_t; \theta))\partial_{\boldsymbol{\theta}} Q(s_t, a_t; \theta)] \tag{3.7.5}$$

となる．

基本的には，DQN はこのパラメータ勾配に従って RMSProp[24] という確率近似法によってパラメータ更新を行う．ただし，下記の強化学習ならではの工夫がなされている．

1. 学習則の安定化のためのターゲットの固定化（neural fitted Q）
2. 学習に用いるサンプルの偏りの抑制（体験再生）

以下，それらについて述べる．

■ 学習則の安定化のためのターゲットの固定化 (neural fitted Q)

Q 関数が近似するべきターゲットは，最適 Q 関数 $Q^*(s,a)$ であるが，強化学習の場合，最適 Q 関数の値は不明であり，明確なターゲット y が得られるわけではない．そこで，誤差 $Q^*(s_t, a_t) - Q(s_t, a_t; \theta_t)$ のかわりに，しばしば TD 誤差 $r_{t+1} + \max_{a_{t+1}} Q(s_{t+1}, a_{t+1}; \theta_t) - Q(s_t, a_t; \theta_t)$ が用いられる．しかし，TD 誤差はパラメータ θ に依存するターゲットとなり，収束が安定しない†1．そこで，fitted Q というターゲットを固定して回帰問題を解く手法[13] を用いる．neural fitted Q[23] というのは，fitted Q で用いる回帰関数にニューラルネットワークを用いるものを指す．この場合，TD 誤差のターゲット $r_{t+1} + \gamma \max_{a_{t+1}} Q(s_{t+1}, a_{t+1}; \theta)$ におけるパラメータ θ は，ある時点でのパラメータ θ^- で固定した $r_{t+1} + \gamma \max_{a_{t+1}} Q(s_{t+1}, a_{t+1}; \theta^-)$ とする．ただし，時刻 $t+1$ がエピソードの終了時点ならば，ターゲットは単に r_{t+1} とする．ある程度，この TD 誤差に基づいた教師付き学習による回帰関数の学習を繰り返した後に，ターゲットとする Q 関数のパラメータ θ_- を更新する†2．

■ 学習に用いるサンプルの偏りの抑制（体験再生）

ゲームをプレイしているエージェントが得る画面入力は互いに強い相関をもつ．とくに関数近似器によって価値関数を近似する際には，この強い相関をもつ入力系列に対して学習を行うと，直近の入力に引きずられたパラメータの修正が行われ，過去の入力に対する推定が悪化し，収束性が悪い．学習に用いるサンプルの偏りを抑制するために，体験再生 (experience replay) とよばれる技術[17] が用いられている．この体験再生では，直近の過去の体験 s_t, r_t, s_{t+1} が保管され，その保管された体験から一様乱数を用いてランダムに体験を選び出して，学習用の入力と TD 誤差の経験に利用さ

---

†1 この問題については，p.89 の「TD 残差の二乗の最小化」でも説明されているので参照のこと．
†2 fitted Q のコスト関数，関連文献については，2.1 節を参照のこと．

れる．これによって，一度の体験を繰り返し利用することができ，サンプル（体験）の利用効率も高まる．

■ その他の実装

DQNが学習するゲームは，得点の範囲がゲームごとにバラバラであるが，これを正規化するために報酬は$+1, 0, -1$の3通りに規格化されている．ゲームをプレイするエージェントの行動方策にはε-greedy方策が利用された．Nature版DQNは，TD誤差$r_{t+1} - \max_{a_{t+1}} Q(s_{t+1}, a_{t+1}; \theta^-)$に対して，$\max\{r_{t+1} - \max_{a_{t+1}} Q(s_{t+1}, a_{t+1}; \theta^-), -1\}$と$\min\{r_{t+1} - \max_{a_{t+1}} Q(s_{t+1}, a_{t+1}; \theta^-), +1\}$の切り捨て，切り上げ処理を行い，TD誤差が$[-1, 1]$の範囲を超えないように設定している．これは，式(3.7.4)のx^2の形式となる二乗誤差をxが$[-1, 1]$の範囲を超えたところではより目的関数の増加が緩やかな絶対値誤差$|x|$に切り替えるような効果を与え，学習を安定化させる結果を生んでいる．

■ 学習結果

Atari 2600の49種のゲームにおいて学習後のDQNのゲームのプレイ結果と，従来手法や約2時間，そのゲームの練習を行った人間によるプレイ結果の比較がなされた．図3.7.3は，その一例である．DQNは，人手でつくりこんだ特徴量をもとに線形関数近似器で学習する従来手法[4, 5]に対して，ほとんどのゲーム（49種のうち43種のゲーム）においてゲーム特有の知識を使うことのないまま優越する結果を得た．さらに，およそ2時間ゲームをやりこんだ人間によるプレイに対してもおよそ半分のゲーム（49種のうち29種のゲーム）において75%以上のスコアを獲得し，通常の人間の

ゲームタイトル		Beam Rider	Breakout	Enduro	Q*Bert	Seaquest	Space Invaders
ランダムプレイ	NIPS[20]	354	1.2	0	157	110	179
	Nature[21]	363.9	1.7	0	163.9	68.4	148
最適線形関数近似器		929.4	5.2	129.1	614	664.8	250.1
Contingency (SARSA)		1,743	6.1	159.4	960.3	675.5	267.9
Human	NIPS[20]	7,456	31	368	18,900	28,010	3,690
	Nature[21]	5,775	31.8	309.6	13,455	20,182	1,652
DQN	NIPS[20]	4,092	168	470	1,952	1,705	581
	Nature[21]	6,846(±1,619)	401.2(±26.9)	301.8(±24.6)	10,596(±3,294)	5,286(±310)	1,976(±893)

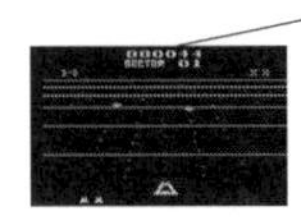
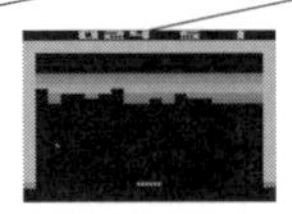
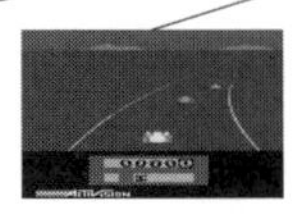

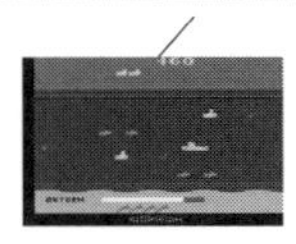
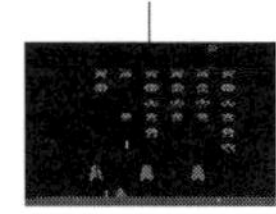

図 3.7.3 DQNによるAtari 2600のゲーム学習の結果の一例

ゲーマー並みのプレイが獲得できたことが示された.

DQNでは，収束性の保証のないQ学習を成功に導くために，体験再生とneural fitted Qを利用し，安定性の向上が図られた．図3.7.4は，DQNで用いられた体験再生とneural fitted Qの効果を調べたものである．図からわかるように，体験再生のあり，なしを比べてみると，neural fitted Qによるターゲットの固定化の有無によらず，比較に用いた五つのゲームのいずれにおいても性能が大きく向上していることがわかる．さらにターゲットとなるQ関数を固定化することで，向上の度合いにバラつきはあるものの，性能が向上することがわかる.

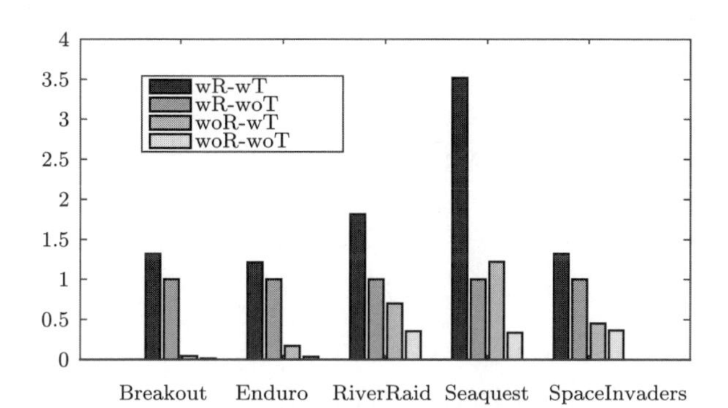

図 **3.7.4** 各ゲームにおけるNature版DQNにおける体験再生とターゲットQの固定化の効果
wR, woRはそれぞれ体験再生あり，なしを意味し，wT, woTはそれぞれターゲットQの固定化あり，なしを意味する．スコアは，各ゲームにおいて体験再生あり，ターゲットQの固定化なしのとき(wR-woT)のスコアを1に正規化したものをとっている.

■ その後の進展

DQNは同じ強化学習アルゴリズムによってさまざまなゲームを解けるようになることを示したが，その後も改良が続けられている．ここでは，**double Q-learning**と**優先順位付き体験再生(prioritized experience replay)**を紹介する.

double Q-learning

関数近似を用いたときの価値関数の学習には，バイアスが生じることが知られているが，このバイアスを減らすことを意図した手法がdouble Q-learningである.

学習された状態価値関数$\hat{V}(s)$や行動価値関数$\hat{Q}(s,a)$が最適状態価値関数$V^*(s)$や最適行動価値関数$Q^*(s,a)$をよく近似していると考えて最適と思われる行動選択を行うことを考える．選択される行動$\hat{a}$は，以下のような最大化によって求められる.

$$\hat{a} = \arg\max_{a\in\mathcal{A}(s)} \mathbb{E}[\hat{V}(s')|s,a] \tag{3.7.6}$$

$$\hat{a} = \arg \max_{a \in \mathcal{A}(s)} \hat{Q}(s, a) \tag{3.7.7}$$

ここで，式 (3.7.6) における期待値 $\mathbb{E}[\cdot|s, a]$ は状態 s で行動 a をとった後に遷移する状態 s' に関する期待値を意味する．後に述べる囲碁のようなゲームの場合，どの行動（手）をとればどのように状態（盤面）が変化するかは決定論的かつ既知であるので，この期待値は容易に計算できることに注意する．$\mathcal{A}(s)$ は状態 s において，とりうる行動の集合で，囲碁の場合，盤面 s における合法手の集合を表す．

一方で，最適状態価値関数 $V^*(s)$ や最適行動価値関数 $Q^*(s, a)$ から最適行動 a^* は以下のように求められる．

$$a^* = \arg \max_{a \in \mathcal{A}(s)} \mathbb{E}[V^*(s')|s, a] \tag{3.7.8}$$

$$a^* = \arg \max_{a \in \mathcal{A}(s)} Q^*(s, a) \tag{3.7.9}$$

関数近似された状態価値関数 $\hat{V}(s)$ や行動価値関数 $\hat{Q}(s, a)$ は，完全に最適状態価値関数 $V^*(s)$ や最適行動価値関数 $Q^*(s, a)$ に一致するわけではなく近似誤差 ε が載る．

$$\hat{V}(s) = V^*(s) + \varepsilon \tag{3.7.10}$$

$$\hat{Q}(s, a) = Q^*(s, a) + \varepsilon \tag{3.7.11}$$

いま，この近似誤差 ε が平均値ゼロの確率変数であったとし，確率的に得られた訓練データに基づいて関数近似された状態価値関数 $\hat{V}(s)$ や行動価値関数 $\hat{Q}(s, a)$ も確率変数のサンプルとみなせるものとする．このとき，近似誤差は平均的にはゼロであっても，式 (3.7.6)，(3.7.7) ではとりうる行動 a に関して最大となるものを選択するため，確率的なバラつきによってたまたま大きくなったものを選択しがちになることがわかる．すなわち，

$$\mathbb{E}_\varepsilon[\mathbb{E}[\hat{V}(s')|s, a^*]] = \mathbb{E}[V^*(s')|s, a^*] \tag{3.7.12}$$

$$\mathbb{E}_\varepsilon[\hat{Q}(s, a^*)] = Q^*(s, a^*) \tag{3.7.13}$$

ではあっても，関数近似された状態価値関数 $\hat{V}(s)$ や行動価値関数 $\hat{Q}(s, a)$ に基づいて選択された行動 $\hat{a}$ によって評価された状態価値関数 $\mathbb{E}[\hat{V}(s')|s, \hat{a}]$ や行動価値関数 $\hat{Q}(s, \hat{a})$ は，平均的に一致するわけではない．

$$\mathbb{E}_\varepsilon[\mathbb{E}[\hat{V}(s')|s, \hat{a}]] \geq \mathbb{E}[V^*(s')|s, a^*] \tag{3.7.14}$$

$$\mathbb{E}_\varepsilon[\hat{Q}(s, \hat{a})] \geq Q^*(s, a^*) \tag{3.7.15}$$

ここで，$\mathbb{E}_\varepsilon[\cdot]$ は，関数近似誤差 ε に関する期待値を表す．

このようなバイアスについては文献[32] で詳しく論じられている．また，こういったバイアスを除くことを目的に，行動価値関数（状態遷移確率がわかっているなら状態価値関数でもよい）を二つ学習し，最適行動 $\hat{a}$ の決定に用いる行動価値関数と，行動 $\hat{a}$ を選択したときの行動価値の評価に用いる行動価値関数とを分けることも提案されている[14, 36]．すなわち，一方の行動価値関数 $Q_1(s,a)$ を用いて求めた最適行動

$$\hat{a}_{t+1} = \arg \max_{a_{t+1} \in \mathcal{A}(s_{t+1})} \hat{Q}_1(s_{t+1}, a_{t+1}) \tag{3.7.16}$$

に対して，Q 学習の誤差 $r(z_{t+1}) + \gamma \max_{a_{t+1}} Q(s_{t+1}, a_{t+1}) - Q(s_t, a_t)$ は以下のように他方の行動価値関数 $Q_2(s,a)$ を利用して求める．

$$r(z_{t+1}) + \gamma \hat{Q}_2(s_{t+1}, \hat{a}_{t+1}) - \hat{Q}_1(s_t, a_t) \tag{3.7.17}$$

こういった学習法で，DQN の性能が改善されることが報告されている[36, 37]．

優先順位付き体験再生 (prioritized experience replay)

体験再生という手法が，状態遷移確率のマルコフ性に依存したサンプル取得から脱却し，多様なサンプルに基づいた，ある意味，偏りの小さな学習を可能にしたことを述べた．しかし，この再利用される過去のサンプルは一様分布からランダムに選ばれ，各サンプルの重要性は考慮されない．サンプルごとの重要性を考慮して，重み付けして再利用することが文献[26] で提案されている．具体的には，サンプル i の重要性 p_i の指標として，TD 誤差の絶対値 $|\delta_i|$ を用いた $p_i = |\delta_i| + \varepsilon$（ただし ε はある正の定数）を用い，確率 $P(i) = \frac{p_i^\alpha}{\sum_k p_k^\alpha}$（ただし，$\alpha$ は正の定数）に従ってサンプル i を選択することが提案されている．TD 誤差の絶対値は，パラメータの更新幅を大きなものとするため，重要性の指標として利用されている．理想的には，TD 誤差の期待値によってパラメータの更新幅が決まるため，TD 誤差の各サンプルを用いると問題が生じるはずだが，Atari 2600 のような（ほぼ）決定論的なダイナミクスをもつゲームの場合，TD 誤差の各サンプルの大きさを用いても問題は生じない．この prioritized experience replay の利用によって 49 のゲームのうち 41 のゲームでもとの DQN の性能を超えるパフォーマンスが得られたことが報告されている．

3.7.4 AlphaGo による囲碁の学習

多層の畳み込みニューラルネットワークが強化学習に用いられ，大きな成果を上げたものとして AlphaGo による囲碁の学習があげられる．

囲碁は，白石を配置するプレイヤーと黒石を配置するプレイヤーの 2 人が交互に碁石を盤面に配置し，領地を争奪するゲームである．ルールは単純であるものの，囲碁

は 19×19 のマス目で構成される盤面をもち，各マス目には｛白石,黒石,石なし｝の3通りの状態が考えられ，全体では $3^{19 \times 19} \approx 10^{172}$ もの膨大な状態数をもつ．状態数が膨大すぎるため先読みが困難であり，また，将棋やチェスのように重要度の異なる駒が存在しないため盤面評価が容易ではなく，計算機で最適手を探索させるのが困難なゲームである．その一方で，人間のエキスパートは，膨大な手筋を網羅的に探索することなく，比較的，短い思考時間でも適切な候補手に絞り込むことができる．そのため，囲碁は人工知能の分野における未解決な問題の一種として認識されていた．

■ AlphaGo が出現するまでのコンピュータ囲碁の歴史

人工知能エージェントが指す囲碁をコンピュータ囲碁とよぶが，このコンピュータ囲碁の分野に対して，これまでさまざまなアプローチが試されてきた．なかでも 2000 年代後半から最近まではモンテカルロ木探索法 (Monte Carlo Tree Search: MCTS) が注目されてきた．$\alpha - \beta$ 法などによるゲーム木探索では，あらかじめ定めた範囲を探索してそのなかで最適な盤面に到達する手を選択することが行われるが，あらかじめ定められた計算時間内に探索できなかった場合，大きく推定精度が悪化する場合があった．しかし，モンテカルロ木探索法はさまざまな候補手をランダムにまんべんなく探索することで計算時間に応じて滑らかに推定精度が改善する性質をもつ．ただし，推定精度の改善には膨大な計算時間がかかってしまうことが問題であった．

このモンテカルロ木探索を効率化するために，探索と利用のバランスを考え，あまり探索されていないノードであったり，評価の高い盤面にいたる確率が高いと思われる見込みのあるノードを優先的に探索する手法（UCT 探索）が考案された[15]．このUCT 探索を用いたモンテカルロ木探索法は，2006 年のコンピュータ囲碁の大会で優勝し，2008 年には 9×9 という本来の盤面より大幅に小さくした 9 路盤での囲碁でハンデなしでプロ棋士に 3 戦中 1 勝するなどし，大きな注目を集め，いまでは多くのコンピュータ囲碁がモンテカルロ木探索を利用するにいたっている．近年では，モンテカルロ木探索に教師付き学習による状態評価を組み込む試みもなされている[34]．モンテカルロ木探索法の囲碁への応用に関してはサーベイ論文[6, 25] に詳しい．

その一方で，ニューラルネットワークを用いた盤面評価も行われてきた[8,11,19,22,27,29,33]．これらの研究において，盤面の状態を入力とし，その盤面以降の進行による勝敗や，次の一手を予測する教師付き学習として解かれたり，あるいは TD 誤差を最小化する強化学習の問題として定式化されている．なかでも比較的，最近の研究[8, 19, 33] では，19×19 の盤面の状態を入力にもつ，5 層以上の多層の畳み込みニューラルネットワークによる盤面評価やその手番での着手予測が行われている．勝敗や次の一手は正解がわからないため，過去の棋譜での勝敗や実際に指された手を教師ラベルとし，大量の棋譜データを用いた教師付き学習が行われる．しかし，モンテカルロ木探索をベースとしたトップレベルの手法には実力は及ばない状況であった．

■ AlphaGo の登場

プロ棋士とのハンデなしの試合でコンピュータ囲碁が勝てるようになるのは，まだ先のことと考えられていたが，AlphaGo の登場はそういった思い込みを覆した．2016 年 1 月†1 に Nature で発表された論文[28] では，ヨーロッパチャンピオンである Fan Hui 氏に対して中国ルール（コミ 7 目半），持ち時間 1 時間・秒読み 30 秒 3 回†2 というルールの公式戦で AlphaGo が 5 戦中 5 勝†3 したことが報告され，人々を驚かせた．その後，2016 年 3 月に世界でもトップレベルに位置するとされる Lee Sedol 氏に対して中国ルール（コミ 7 目半），持ち時間 2 時間，秒読み 60 秒 3 回というルールの公式戦が行われた．試合はインターネット中継され，世界中の関心を集めたなかで行われたが，AlphaGo は 5 戦中 4 勝する結果を残し，世界中の人々に強烈なインパクトを与えた．

AlphaGo の棋力は，Nature の AlphaGo 論文[28]（以降，単に AlphaGo 論文とよぶ）以降の学習や工夫によって大きく向上したことが AlphaGo の中心的な開発者である Silver 氏の UCL での 2016 年 3 月の特別講義において述べられており，AlphaGo 論文時の AlphaGo バージョン 13 では，Elo レーティング†4 3,168 だった棋力が Lee Sedol 氏との対戦時の AlphaGo バージョン 18 では，Elo レーティングが約 4,500 程度まで大幅に向上したとされる[1]．

しかし，Lee Sedol 氏との対戦後，開発者の DeepMind のメンバーはどのような工夫が行われたかについて述べた論文などを未だに出版していない．そのため，ここでは Nature の AlphaGo 論文の内容について述べる．

以下では，AlphaGo がどのようなものであるか，概要を述べる．AlphaGo では，教師付き学習，強化学習，モンテカルロ木探索法の三つの技術が利用される．教師付き学習では，過去の棋士の膨大な量の対戦結果をもとに適切な手や盤面評価を学習する．しかし，教師付き学習単体では，過去の棋譜を生成してきたプロ棋士以上の強さになることは見込めない．そこで，プロ棋士以上の強さを獲得することを目指して，強化学習が行われる．強化学習では，人工知能エージェント同士の勝負の結果を用いて学習をさらに進行させる．

---

†1 論文の発表は 2016 年 1 月であるが，Fan Hui 氏との対戦は 2015 年 10 月に行われている．

†2 秒読み 30 秒とは持ち時間を使い切ったあとも，自分の手番になるたびに 30 秒の持ち時間が与えられることを意味し，秒読み 30 秒 3 回とは，持ち時間を使い切って秒読みに入った後，30 秒の持ち時間を使い切るのが 3 回まで許されることを意味する．

†3 ただし，非公式には持ち時間なし・秒読み 30 秒 3 回というルールでも対戦しており，そちらの対戦結果は AlphaGo が 5 戦中 3 勝という結果であった．

†4 Elo レーティングは，各プレイヤーが強さというスカラーパラメータをもち，対戦結果が両者の強さパラメータの差に応じて確率的に定まるという統計モデル[9] をもとに推定されている．

いったん，関数近似器を学習してしまえば，いかなる盤面においても学習後の関数近似器を評価するだけで，即座に最適手の推定ができることになる．一方で，関数近似器を用いた学習には，近似誤差がつきまとう．いくら膨大な量の対戦結果を学習するといっても，囲碁の表現できる状態数に比べるとごくごく一部の状態でしか学習を行っていないため，どうしても判断が不正確になる領域ができてしまう．実際，AlphaGo が学習に利用したデータは，16 万の対局から得たおよそ 3,000 万，対称性を考慮したとしても約 2.4 億の盤面の情報であるが，これは囲碁の状態数の 10^{170} に比べると，ごくごく一部の 10^9 に満たない数でしかない．

3.7.3 項で述べたように，こういった近似誤差はバイアスを生むため，近似誤差を含んだままの状態や行動に関する最大化を行い，最適手を推定すると，状態や行動の候補が多い問題では，不適切な判断をしてしまう確率が高まる．こういった不適切な判断が勝敗を大きく左右する可能性があるため，現在の状態からそれぞれの着手がどのような結果をもたらすかをモンテカルロ木探索によって精査する．

モンテカルロ木探索法は，膨大な状態行動空間内を隈なく近似誤差を小さくするような大局的な関数近似器の構築は行わず，現在の盤面から始まる局所的な状態行動空間のみに探索を絞る．実際に現在の盤面から始まるシミュレーションを行って良否を確かめるため，シミュレーション回数を増やすことで信頼のおける最適手の判断ができるようになる．AlphaGo は，関数近似器によって良さそうな手と判断された手を重点的にモンテカルロ探索することで適切な着手の推定を可能にしている．

■ AlphaGo による着手の選択

学習には，教師付き学習と強化学習が利用されることを述べたが，教師付き学習では，探索展開用方策 $p_\pi(a|s)$，教師付き学習方策ネットワーク $p_\sigma(a|s)$ と状態価値ネットワーク $v(s)$ の学習が行われ，強化学習では，強化学習用方策ネットワーク $p_\rho(a|s)$ の学習が行われる．探索展開用方策 $p_\pi(a|s)$，教師付き学習方策ネットワーク $p_\sigma(a|s)$，強化学習用方策ネットワーク $p_\rho(a|s)$ は，それぞれ，盤面の状態 s を入力としてそのときの合法手 a のそれぞれを選択する確率を出力する多値出力の関数であるのに対して，状態価値ネットワーク $v(s)$ は盤面の状態 s において（最適に近い方策に従って行動したとして）勝ちそうか負けそうかを表すスカラーを出力する関数である．これらの関数うち，教師付き学習方策ネットワーク $p_\sigma(a|s)$，強化学習用方策ネットワーク $p_\rho(a|s)$，状態価値ネットワーク $v(s)$ は多層のニューラルネットワークで構成され，出力の評価に計算時間がかかるものの精度の高い推定を得るのに利用されている．一方，探索展開用方策 $p_\pi(a|s)$ は，線形のソフトマックス関数（ロジスティック回帰の多値版）で構成され，精度は低いものの高速に出力を得ることができる．それらの学習の詳細については後に述べるとして，まず，それらの学習が終わった状況において，

AlphaGo がこれらの関数近似器をどのようにモンテカルロ木探索に組み込み，どのように着手選択するかについて述べる．

モンテカルロ木探索では，盤面（状態）をノードとし，盤面（ノード）から合法手によって遷移する次の盤面（ノード）をエッジで繋いだ探索木を構築する．探索木のルートノードは現在の盤面であり，現在の盤面以降の展開のみが探索対象となる．探索木は，探索を行っていくにつれ子ノードが追加され，深い探索木へと成長していく．探索木は，手番になるたびに構築し直すが，前回の手番で構築した探索木に現在の手番のノードが存在すれば，そのノード以降の前回の探索木は現在の手番の探索木の初期値として再利用される．許された計算時間内で探索を繰り返し，計算時間を使い切ったときにルートノードにつながるノードのうち最も探索されたノードに遷移する行動を着手として選択する†1.

以下，探索の詳細について述べる．現在の手番での盤面の状態を表すルートノードを s_1 と表し，親ノード s_t において合法手 $a_t \in \mathcal{A}(s_t)$ を選択することで遷移する子ノードを s_{t+1} と表す†2．ここで，$A(s_t)$ は盤面 s_t における合法手の集合を表す．モンテカルロ木探索は以下に述べる四つのステージ **Selection**, **Expansion**, **Evaluation**, **Backup** から構成される．

Selection

Selection では，探索木の末端のノードにいたるまで下記の基準に従って行動 a_t を選択し，子ノード s_{t+1} に遷移する．

$$a_t = \arg\max_{a \in \mathcal{A}(s_t)} \{Q(s_t, a) + u(s_t, a)\} \tag{3.7.18}$$

ただし，$Q(s_t, a)$ は **Evaluation** ステージにて計算される行動価値関数，$u(s_t, a)$ は未探索の手を選択しやすくするための項であり，$u(s, a) = c_{\mathrm{puct}} P(s, a) \frac{\sqrt{\sum_b N_r(s,b)}}{1+N_r(s,a)}$ と定義される．ここで，c_{puct} は定数であり，AlphaGo 論文では $c_{\mathrm{puct}} = 5$ と設定された．$P(s, a)$ は，状態 s で行動 a を選択することがどれだけ好ましいか（選択するべきか）を表す事前分布，$N_r(s, a)$ は，探索展開用方策 $p_\pi(a|s)$ に従った探索展開（シミュレーション）によって，状態 s，行動 a が何度選択されたかの回数を表す．したがって，探索回数が大きくなると $u(s, a)$ はゼロに近づく．

---

†1 AlphaGo では行動価値関数の推定も行っているが，先行研究[12] ですでに行われているように探索された回数が最大の手を選ぶほうが頑健であるため，行動価値関数を最大にする手ではなく，探索回数が最大の手を選ぶ.

†2 ここでの添字 t は，時間を表すものではなく，探索木の深さに対応することに注意する.

Expansion

シミュレーションによる訪問回数 $N_r(s,a)$ が閾値 n_{thr} を超えたとき，すなわち $N_r(s,a) > n_{\mathrm{thr}}$ となったとき，その状態 s にて行動 a を選択して遷移する子ノード s' を探索木に加える．新たに加えられたノード s' に対して定義される変数の値を

$$
\begin{cases}
N_v(s',a') = N_r(s',a') = 0 \\
W_v(s',a') = W_r(s',a') = 0 \\
P(s',a') \propto (p_\sigma(a'|s'))^\beta
\end{cases}
\tag{3.7.19}
$$

と設定する．ここで，$N_v(s,a)$ は状態 s，行動 a 以降の状態を状態価値ネットワークによって評価した回数，$W_v(s,a)$，$W_r(s,a)$ はそれぞれ $N_v(s,a)$ と $N_r(s,a)$ のうち価値関数とシミュレーションによって勝ちと判断された回数（期待値）に対応する変数である．a' は盤面 s' において選択可能な任意の合法手 $a' \in \mathcal{A}(s')$ を表し，β は統計物理学で用いられるモデルとの対応から逆温度とよばれるソフトマックス関数のパラメータであり，AlphaGo 論文では $\beta = 0.67$ と設定された．1 より小さな β の値は，教師付き学習方策ネットワーク $p_\sigma(a|s)$ が選択する手の確率より幅広い手に確率を割り振り，探索されるチャンスを増やしたことを意味する．

教師付き学習方策ネットワーク $p_\sigma(a|s)$ は，多層の畳み込みニューラルネットワークで構成されており，その評価には GPU 計算機を用いるが，それでも計算時間がかかる．そこで，$p_\sigma(a'|s')$ の評価が終わるまでに，暫定的に高速に評価可能な方策ネットワーク $p_\tau(a'|s')$ を利用するという工夫がなされている．$p_\tau(a'|s')$ は，探索展開用方策 $p_\pi(a|s)$ と同様，線形ソフトマックス関数で構成される†．

閾値 n_{thr} のデフォルト値は，AlphaGo 論文では $n_{\mathrm{thr}} = 40$ と定められているが，この値は GPU 計算機が出力を返すのにかかる時間に合わせて動的に調節される．

Evaluation

探索木の末端のノード s_L に到達したとき，もしそのノードにおいて状態価値ネットワーク $v(s)$ の値が未評価であれば，その値を評価する．他方で，$t \geq L$ において探索展開用方策 $a_t \sim p_\pi(a|s_t)$ に従って行動 a_t を選択するというシミュレーションを終局にいたるまで自分と相手の手番の両方で行う．終局での勝敗に基づき勝ちであれば（累積）報酬 $r = +1$，負けであれば $r = -1$ とし，s_L にいたるまでの探索木の各ノードにおいて，$z_t = r$(ただし，$t \leq L$) と設定する．

† ただし，$p_\tau(a'|s')$ は，探索展開用方策 $p_\pi(a|s)$ が入力に用いた特徴量数の 109,747 個より多い 141,989 個の特徴量を入力に用いている．

Backup

状態価値ネットワーク $v(s)$ の値の評価が終わったとき，各 $t \leq L$ に対して

$$\begin{cases} N_v(s_t, a_t) & \leftarrow N_v(s_t, a_t) + 1 \\ W_v(s_t, a_t) & \leftarrow W_v(s_t, a_t) + v(s_L) \end{cases} \tag{3.7.20}$$

と更新を行い，その一方で，シミュレーションが終了した後，上記の更新とは非同期的に各 $t \leq L$ に対して

$$\begin{cases} N_r(s_t, a_t) & \leftarrow N_r(s_t, a_t) + 1 \\ W_r(s_t, a_t) & \leftarrow W_r(s_t, a_t) + z_t \end{cases} \tag{3.7.21}$$

と更新を行う．行動価値関数 $Q(s_t, a_t)$ は，これらを用いて

$$Q(s_t, a_t) = (1 - \lambda)\frac{W_v(s_t, a_t)}{N_v(s_t, a_t)} + \lambda\frac{W_r(s_t, a_t)}{N_r(s_t, a_t)} \tag{3.7.22}$$

と計算される．このように $Q(s, a)$ は状態価値ネットワークによる評価と探索展開用方策 $p_\pi(a|s)$ によるシミュレーションによる評価の重み付け和で計算されるが，この重み λ は AlphaGo 論文では $\lambda = 0.5$ と設定された．

また，**Selection** において探索木内のノードを選択していくなかで，すでに選択されたノードに対して一時的に

$$\begin{cases} N_r(s_t, a_t) & \leftarrow N_r(s_t, a_t) + n_{\mathrm{vl}} \\ W_r(s_t, a_t) & \leftarrow W_r(s_t, a_t) - n_{\mathrm{vl}} \end{cases} \tag{3.7.23}$$

とし，あたかも n_{vl} 回対局を行って n_{vl} 回負けたかのような更新を行う．これは，並列的にほかで走っているスレッドにおいて，同一のノードが選択されにくくするための工夫であり，シミュレーション後に，

$$\begin{cases} N_r(s_t, a_t) & \leftarrow N_r(s_t, a_t) - n_{\mathrm{vl}} \\ W_r(s_t, a_t) & \leftarrow W_r(s_t, a_t) + n_{\mathrm{vl}} \end{cases} \tag{3.7.24}$$

ともとの値に戻される．AlphaGo 論文では，式 (3.7.21)，(3.7.24) の更新は同時に行われるように書かれている．

これらの着手選択を概観してみると，AlphaGo が限られた計算時間のなかで計算資源を有効に利用できるよう，工夫を凝らして多層ニューラルネットワークとモンテカルロ探索を組み合わせていることがよくわかる．

■ AlphaGo の学習法

ここでは，AlphaGo で用いられる探索展開用方策 $p_\pi(a|s)$, 教師付き学習方策ネットワーク $p_\sigma(a|s)$, 状態価値ネットワーク $v(s)$ と強化学習用方策ネットワーク $p_\rho(a|s)$ のモデル構造と学習について述べる.

教師付き学習方策ネットワーク $p_\sigma(a|s)$，強化学習用方策ネットワーク $p_\rho(a|s)$，状態価値ネットワーク $v(s)$ にはいずれも多層ニューラルネットワークが用いられる．とくに教師付き学習方策ネットワーク $p_\sigma(a|s)$ と強化学習用方策ネットワーク $p_\rho(a|s)$ は同一の構造をもっており，強化学習用方策ネットワーク $p_\rho(a|s)$ の初期値は教師付き学習方策ネットワーク $p_\sigma(a|s)$ とされ，自己対戦による強化学習で方策ネットワーク $p_\rho(a|s)$ を強化する.

これら多層ニューラルネットワークの入力にはいずれも 19×19 盤面の情報が入力されるが，現在の盤面の情報だけでなく，現在の盤面にいたるまでの経過に関する情報も入力され，全体として $19 \times 19 \times 48$ の情報が入力される．多層ニューラルネットワークの不必要な自由度を抑えるために，DQN と同様，畳み込みニューラルネットワークが利用される．入力を $19 \times 19 \times 48$ と表現したのは，19×19 の 2 次元盤面の幾何的な位置情報と盤面上の碁石の相関関係を畳み込みニューラルネットワークで利用するためである．また，方策 $p_\pi(a|s)$，$p_\sigma(a|s)$，$p_\rho(a|s)$ は，いずれも入力の盤面 s に対して選択可能な各合法手を選択すべき確率を表す多値関数となるが，この多値関数をニューラルネットワークで表現するにあたって，DQN のときと同様に中間層を共通化することで自由度を抑えたニューラルネットワークが利用される．すなわち，着手ごとに独立な複数のニューラルネットワークが用意されるわけではなく，中間層を出力によらず共通のものとしたニューラルネットワークが利用される．$p_\sigma(a|s)$，$p_\rho(a|s)$ には，入力を受ける中間層から最終段の出力層までが 13 層ある畳み込みニューラルネットワークが利用され，$v(s)$ には入力を受ける中間層から最終段の出力層までが 15 層ある畳み込みニューラルネットワークが利用された.

一方で，探索展開用方策 $p_\pi(a|s)$ は，多数回のシミュレーションで繰り返しよばれる関数であり，高速に動作することを目指して，入力には局所的な盤面のパターンなどを表す特徴量を入力にもつ，線形ソフトマックス関数で表現された.

探索展開用方策 $p_\pi(a|s)$ の教師付き学習方策ネットワーク $p_\sigma(a|s)$ の学習

探索展開用方策 $p_\pi(a|s)$ と教師付き学習方策ネットワーク $p_\sigma(a|s)$ の学習にはいずれも過去の棋譜が利用された．探索展開用方策 $p_\pi(a|s)$ の学習には，Tygem サーバーから得られた 800 万もの盤面が学習に利用され，教師付き学習方策ネットワーク $p_\sigma(a|s)$ の学習には，KGS サーバーで 6 段から 9 段の人間の 16 万の対局から得られた 2,940

万の盤面が利用された．これらのうち 2,840 万の盤面が訓練データとして利用され，残りの 100 万の盤面はテストデータとして利用された．また，回転や鏡像対称な 8 通りの対称な盤面も訓練データに加えられた．探索展開用方策 $p_\pi(a|s)$ と教師付き学習方策ネットワーク $p_\sigma(a|s)$ は，確率近似法によって，これらの学習データで計算される尤度が最大化されるようパラメータ学習が行われた．教師付き学習方策ネットワーク $p_\sigma(a|s)$ の学習には，3.4 億回の更新†に 50 個の GPU 計算機でおよそ 3 週間の計算時間を要したことが述べられている．

学習後の方策は，期待されるとおり探索展開用方策 $p_\pi(a|s)$ は，教師付き学習方策ネットワーク $p_\sigma(a|s)$ に比べて高速に動作し，一つの着手の評価に教師付き学習方策ネットワーク $p_\sigma(a|s)$ が 3 ms 要してしまうところ探索展開用方策 $p_\pi(a|s)$ はわずか 2 μs しか要しない．その一方で，着手の正解率は，探索展開用方策 $p_\pi(a|s)$ が 24.2%であるのに対して，教師付き学習方策ネットワーク $p_\sigma(a|s)$ は 57.0%と高い正解率を獲得している．

強化学習用方策ネットワーク $p_\rho(a|s)$ の学習

教師付き学習には教師ラベルが必要となるが，これには人間の指し手が利用されている．学習は，人間の指し手が再現できるように行われるため，この教師付き学習では人間の強さを超えるような人工知能エージェントは得られない．人間の強さを超える人工知能エージェントをつくり出すために，人工知能エージェント同士の自己対戦に基づく強化学習が行われている．

強化学習用方策ネットワーク $p_\rho(a|s)$ は，教師付き学習方策ネットワーク $p_\sigma(a|s)$ と同一の構造をもち，$p_\rho(a|s)$ の初期値として学習済みの教師付き学習方策ネットワーク $p_\sigma(a|s)$ が利用された．学習法には，方策勾配法の一種である Reinforce[38] が用いられた．

自己対戦は，対戦相手が絞られてしまうと，その対戦相手に特化した学習が行われてしまい，幅広い相手に有効な戦略が学習されるとは限らない．そこで，なるべく多様な相手との対戦が行われることを志向して，過去の強化学習用方策ネットワーク $p_\rho(a|s)$ をランダムに選んで対戦相手に利用している．$p_\rho(a|s)$ は，500 回のパラメータ更新ごとに過去の強化学習用方策として利用される．また，対戦は終局にいたるまで行われ，1 エピソードの累積報酬として終局での対戦結果が用いられている．方策勾配の勾配計算にもバッチが用いられ，これは 128 個のゲームから得た 1 万個のバッチで構成された．この学習には，50 個の GPU 計算機で丸 1 日の計算時間を要したと述べられている．

† バッチサイズが 16 のミニバッチが利用されているため，16 個のパラメータ勾配の平均を用いて 1 回の更新が行われる．

状態価値ネットワーク $v(s)$ の学習

状態価値ネットワークは，強化学習用方策ネットワーク $p_\rho(a|s)$ 同士による対戦結果を予想するように学習が行われた．この学習にも確率近似法を用いた教師付き学習が利用されている．ただし，この教師付き学習の教師信号となる勝敗をエピソードタスクの累積報酬と考えると，$p_\rho(a|s)$ を方策 π とする状態価値関数 V^π に対して TD(1) の学習が行われたとみなすことができる．TD(1) とすることでターゲットのバイアスが消され，不偏性が保証できる†.

各入力に対するターゲットには，バイアスは存在しないものの，対局に含まれる棋譜は一つの碁石分の違いしかない入力の系列に対して同一の教師ラベルが与えられた強い相関をもつデータであり，i.i.d.（独立同一分布）からのサンプルとはほど遠いものとなる．この入力間の強い相関をなくすために，AlphaGo では一つの対局からたっ

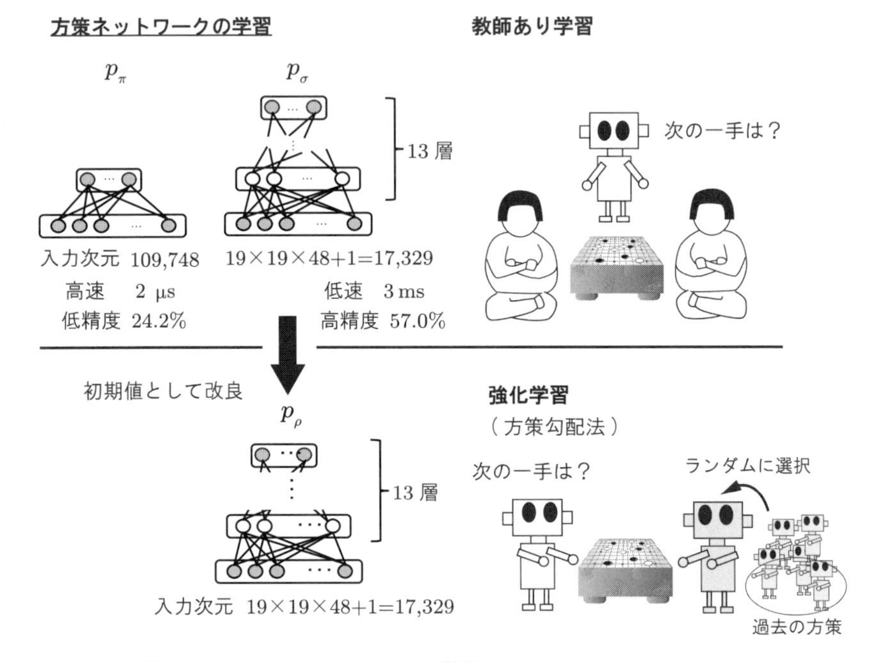

図 3.7.5　方策 $p_\pi(a|s), p_\sigma(a|s), p_\rho(a|s)$ の学習

探索展開用方策 $p_\pi(a|s)$ の教師付き学習方策ネットワーク $p_\sigma(a|s)$ は，人間の対局した棋譜から人間の指し手を模倣するように学習が行われる一方，強化学習用方策ネットワーク $p_\rho(a|s)$ は，過去の強化学習用方策ネットワーク $p_\rho(a|s)$ との自己対戦をもとに方策勾配法によって学習が行われた．また，多数回のシミュレーションにおいて頻繁に呼び出される探索展開用方策 $p_\pi(a|s)$ には線形ソフトマックス関数が，教師付き学習方策ネットワーク $p_\sigma(a|s)$・強化学習用方策ネットワーク $p_\rho(a|s)$ には多層の畳み込みニューラルネットワークが利用された．

† さらに真の価値関数と推定した価値関数の二乗誤差の漸近解析から，線形関数近似器を用いるなど限定された状況では TD(1) が最適な推定法となることを議論した研究[35] も存在する．

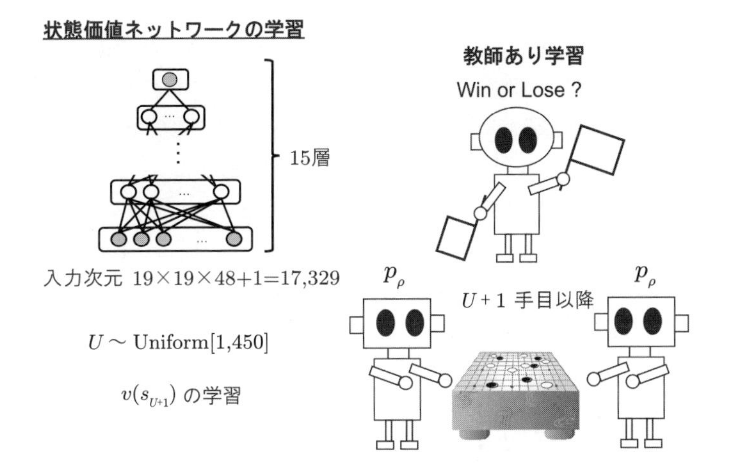

図 3.7.6 状態価値ネットワーク $v(s)$ の学習
$U+1$ 手目の盤面を入力，$U+1$ 手目以降を強化学習用方策ネットワーク $p_\rho(a|s)$ 同士で対戦させたときの勝敗を教師ラベルとした訓練データをもとに多層の畳み込みニューラルネットワークを訓練することで価値ネットワーク $v(s)$ の学習が行われた．

た一つの盤面しか訓練データとして用いないという工夫が行われた．具体的には，以下の四つの手順で学習に用いる入力の盤面と教師ラベルのペアが生成された．

1. 1 から 450 までの整数から一様ランダムに整数 U を得る．
2. 初手から $U-1$ 手目までの着手を，いずれも教師付き学習方策ネットワーク $p_\sigma(a|s)$ に従って選択する．
3. U 手目において合法手のなかから一様ランダムに着手を選択する．
4. $U+1$ 手目から終局にいたるまでの着手を，両者とも強化学習用方策ネットワーク $p_\rho(a|s)$ に従って選択する．終局における勝敗を教師ラベルとする．

$U-1$ 手目までの対戦にも教師付き学習方策ネットワーク $p_\sigma(a|s)$ を利用したのは，こちらのほうが強化学習用方策ネットワーク $p_\rho(a|s)$ を用いるより，多様な盤面が生成できるためである．

学習は，$U+1$ 手目の盤面を入力としたネットワークの予測 $v(s_{U+1})$ と教師ラベルとの二乗誤差が最小化されるよう確率近似法によるパラメータ更新が行われ，50 個の GPU 計算機で 1 週間，学習が行われたと述べられている．

以上の方策 $p_\pi(a|s)$，$p_\sigma(a|s)$，$p_\rho(a|s)$ の学習と価値関数 $v(s)$ の学習をそれぞれ図解したものを，図 3.7.5 と図 3.7.6 に示す．

■ AlphaGoの学習後の性能比較

学習後のAlphaGoがヨーロッパチャンピオンであるFan Hui氏を破り，その後も改良が続けられたAlphaGoが世界でもトップ棋士の一人に数えられるLee Sedol氏に勝利するという目覚ましい活躍をみせたことはすでに述べた．ここでは，AlphaGoに利用されている複数の技術がどれだけ性能向上に貢献しているかについてみる．AlphaGoには，教師付き学習，強化学習，モンテカルロ木探索法の三つの技術が利用され，教師付き学習と強化学習をもとに状態価値ネットワーク$v(s)$が，教師付き学習によって方策ネットワーク$p_\sigma(a|s)$が，それぞれ多層の畳み込みニューラルネットワークとして得られている．これら状態価値ネットワーク$v(s)$と方策ネットワーク$p_\sigma(a|s)$と教師付き学習によって得られた探索展開用方策$p_\pi(a|s)$を用いたモンテカルロ木探索法がそれぞれ単体でどの程度の棋力をもち，またそれらを組み合わせることでどれだけ棋力が向上するかについて述べる．

図3.7.7は，状態価値ネットワーク$v(s)$と方策ネットワーク$p_\sigma(a|s)$，$p_\pi(a|s)$を用いたモンテカルロ木探索法を，それぞれ単体で用いたときと組み合わせで用いたとき，さらに複数の既存のコンピュータ囲碁ソフト（ただし，ここではCrazyStone（2015バージョン）のみ掲載）とで互いに対局を行わせ，その対戦結果から求められたEloレーティングを示したものである．対戦は，いずれも1手5秒の条件で行われている．ただし，計算に用いた計算機はまったく同じではなく，AlphaGoには48個のCPUが用いられている一方で，CrazyStone（2015バージョン）には32個のCPUが用いられている．また，AlphaGoにおいて計算時間のかかる多層ニューラルネットワーク$v(s)$と$p_\sigma(a|s)$の評価にはさらにGPU計算機が8個，追加利用されている．ただし，$p_\sigma(a|s)$単体の評価のときのみ，理由は不明であるがGPU計算機は利用されていない．

図からわかるように，単体より二つの技術の組み合わせ，二つの組み合わせよりは三つの技術の組み合わせが強い，という結果になっている．

単体の棋力ではモンテカルロ木探索法$p_\pi(a|s)$ < 方策ネットワーク$p_\sigma(a|s)$ < 状態価値ネットワーク$v(s)$の順で棋力が向上している．通常，モンテカルロ木探索法は何らかの囲碁の知識に基づいて，手の絞り込みがなされたうえでモンテカルロ探索が行われるが，ここでの探索方策$p_\pi(a|s)$を用いたモンテカルロ木探索法ではそういった絞り込みが行われていないため，棋力が最も低かったことが考えられる．状態価値ネットワーク$v(s)$は，教師付き学習された方策ネットワーク$p_\sigma(a|s)$をさらに自己対戦の強化学習によって強化した方策ネットワーク$p_\rho(a|s)$を模倣したものであるため，方策ネットワーク$p_\sigma(a|s)$より性能が向上しているのは，ある意味，合理的と考えられる．ただし，前述のように$p_\sigma(a|s)$の計算にGPU計算機が利用されていないこと

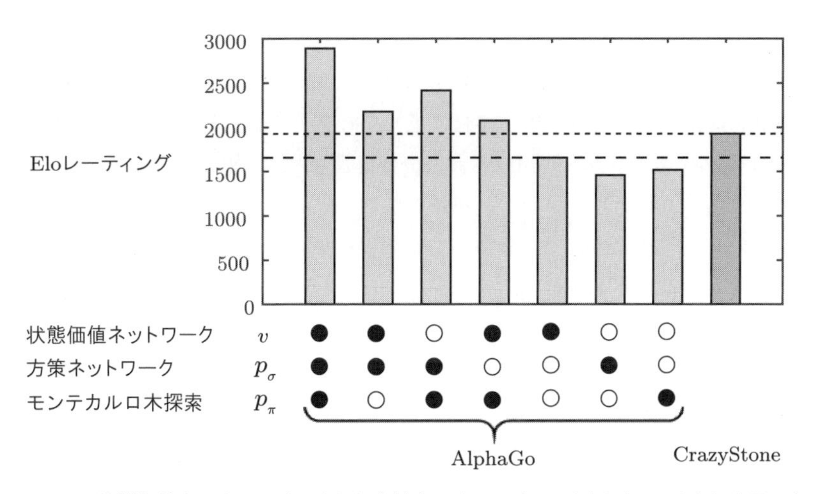

図 3.7.7 状態価値ネットワーク $v(s)$ と方策ネットワーク $p_\sigma(a|s)$ と $p_\pi(a|s)$ を用いたモンテカルロ木探索法を単体で用いたときと，組み合わせて用いたときでの対戦を行わせて推定した性能（Elo レーティング）の比較

既存のトップレベルのコンピュータ囲碁ソフトである CrazyStone（2015 バージョン）との対戦も行われ，その Elo レーティングが参考として示されている．それぞれのアルゴリズムの計算に利用した計算機環境については本文を参照のこと．

が原因である可能性も考えられる．また，これら深層学習を利用した方策ネットワーク $p_\sigma(a|s)$ や価値ネットワーク $v(s)$ は，いずれも既存のトップレベルのコンピュータ囲碁ソフトである CrazyStone（2015 バージョン）には及ばない実力であった．これは，これまでの深層ニューラルネットワークを用いた研究[8, 19, 33] と符合する結果である．

一方で，状態価値ネットワーク $v(s)$ と方策ネットワーク $p_\sigma(a|s)$，モンテカルロ木探索法 $p_\pi(a|s)$ を組み合わせると，いずれも単体で用いたときより大きく棋力が向上する．モンテカルロ木探索法と状態価値ネットワーク $v(s)$，方策ネットワーク $p_\sigma(a|s)$ をそれぞれ組み合わせたときには方策ネットワーク $p_\sigma(a|s)$ との組み合わせのほうがより高い棋力を示しているが，これはモンテカルロ木探索法と状態価値ネットワーク $v(s)$ との組み合わせのときには，方策ネットワークに基づいた $P(s, a)$ による実質的な候補手の絞り込みが行われていないため，モンテカルロ木探索法の性能が十分に発揮できない状況であったことに起因する可能性がある．いずれにせよ AlphaGo は，三つの技術を組み合わせたときに最大の性能を発揮するよう，パラメータが決められているであろうから，二つの組み合わせでの結果は参考程度と考えるべきであろう．CrazyStone による棋力は，これら二つを組み合わせたときの棋力に若干劣るものとなっているが，CrazyStone が利用した計算機資源が劣ることを考えると，ほぼ同程度と考えてよいかもしれない．

三つの技術を組み合わせたときは，最大の性能を発揮しており，従来手法を明らかに上回る棋力を得ている．Fan Hui 氏との対戦に用いた AlphaGo には，さらに大掛かりな計算機が利用されている．これには 1,920 個の CPU と 280 個の GPU が用いられ，64 個の探索スレッドが用いられた分散処理が利用されており，Elo レーティングは 3,168 にまで向上していることが報告されている．三つの技術を組み合わせなければ，この棋力向上は達成できなかったであろうが，計算機資源の投入による棋力向上もかなりのものである．

深層学習は強力なツールではあるが，万能ではない．計算機資源を 10 倍，100 倍投入しても囲碁の広大な状態空間に比べれば，学習可能なのはごくごく一部でしかない．そのため不確実性, 曖昧さをどのように扱うかは重要なテーマとなると思われる．実際，Lee Sedol 氏に敗れた第四戦では，Lee Sedol 氏のはなった 78 手目のワリコミの後，AlphaGo が混乱したかのような手を打ったと言われているが，この Lee Sedol 氏のはなった鬼手は DeepMind 社 CEO のハサビス氏によれば，AlphaGo は打たれることをほとんど予想しておらず，その確率を 1 万分の 1 と見積もっていた．すなわち，多層ニューラルネットワークでも適切な学習が行われておらず，またモンテカルロ木探索ではその先がほとんど探索されていなかったであろうことが推察される．

3.7.5 おわりに

教師付き学習と異なり，強化学習を困難にする問題として，1) 価値関数が出力するべきターゲットが未知であること，2) 生成されるサンプルが独立同一分布 (i.i.d.) に従わないこと, の二つがある．この問題によって，とくに関数近似器を用いた際の強化学習アルゴリズムの収束性を保証することが難しくなっている．これまでこの収束性の問題を解消するために，さまざまな目的関数が提案され，またアルゴリズムが導出されてきたことを述べた．

その一方で，方策を固定した MRP に限った条件においては，価値関数推定の問題はセミパラメトリック統計学の問題として定式化され，見通しの良い議論が可能であることを述べた．実際，セミパラメトリック統計で用いられる推定関数の理論を用いると，有効な推定関数から既存の状態価値関数の推定アルゴリズムをあらかた導出できる．また，収束性や収束速度, 漸近的な汎化誤差についての議論もでき，汎化誤差の議論からは最適な推定関数が求められることを述べた．このように，統計学における漸近解析に基づく理論は強力である一方で，その適用には強い制約が課されていることに注意するべきである．

本節では，深層ニューラルネットワークの自由度の高さを生かした関数近似器を用いることでこれまで困難とされたタスクが解けるようになった事例として，DQN と AlphaGo を紹介した．DQN では，Q 学習を修正し，教師付き学習に近づけた形の学習がなされるような工夫（fitted Q によるターゲットの固定や体験再生など）がなされている．AlphaGo では，方策勾配法による自己対戦によって人間のレベルを超える方策の獲得が意図されているが，そこではエピソードタスクの学習として定式化され，ターゲットの安定しない TD 誤差は利用されていない．それ以外の部分では教師付き学習が大きく貢献している．この流れを見ると，関数近似器を用いた際の TD 誤差に基づく学習は，いくつかの問題において高速な学習を可能にするものの，収束性の無さは単なる理論上の問題でなく，応用上も何らかの工夫によって解決する必要のある問題であることが示唆される．

今後も多層ニューラルネットワークの自由度の高さを利用した強化学習は応用面でよりいっそう，求められるであろう．この学習を成功に導くためには，実際上，うまくはたらく工夫だけでなく，収束性などの理論基盤が明確になった学習アルゴリズムの開発が期待される．

参考文献

[1] Estimated Elo rating. In http://lifein19x19.com/forum/viewtopic.php?f=18&t=12922, 2016.

[2] Jonathan Baxter, Andrew Tridgell, and Lex Weaver. Learning to play Chess using temporal differences. *Machine learning*, 40(3):243–263, 2000.

[3] Donald F Beal and Martin C Smith. Temporal difference learning applied to game playing and the results of application to shogi. *Theoretical Computer Science*, 252(1):105–119, 2001.

[4] Marc G Bellemare, Yavar Naddaf, Joel Veness, and Michael Bowling. The arcade learning environment: An evaluation platform for general agents. *Journal of Artificial Intelligence Research*, 2012.

[5] Marc G Bellemare, Joel Veness, and Michael Bowling. Investigating contingency awareness using Atari 2600 games. In *AAAI*, 2012.

[6] Cameron B Browne, Edward Powley, Daniel Whitehouse, Simon M Lucas, Peter I Cowling, Philipp Rohlfshagen, Stephen Tavener, Diego Perez, Spyridon Samothrakis, and Simon Colton. A survey of monte carlo tree search methods. *Computational Intelligence and AI in Games, IEEE Transactions on*, 4(1):1–43, 2012.

[7] Michael Buro. Logistello: A strong learning Othello program. In *19th Annual Conference Gesellschaft für Klassifikation eV*, pages 1–3. Citeseer, 1995.

[8] Christopher Clark and Amos Storkey. Training deep convolutional neural networks to play go. In *Proceedings of the 32nd International Conference on Machine Learning*, pages 1766–1774, 2015.

[9] Rémi Coulom. Whole-history rating: A Bayesian rating system for players of time-varying strength. In *Computers and games*, pages 113–124. Springer, 2008.

[10] Robert Crites and Andrew Barto. Improving elevator performance using reinforcement learning. In *Advances in Neural Information Processing Systems 8*, 1996.

[11] Markus Enzenberger. The integration of a priori knowledge into a go playing neural network. http://www. markus-enzenberger. de/neurogo. html, 1996.

[12] Markus Enzenberger, Martin Müller, Broderick Arneson, and Richard Segal. Fuego—an open-source framework for board games and go engine based on monte carlo tree search. *Computational Intelligence and AI in Games, IEEE Transactions on*, 2(4):259–270, 2010.

[13] Damien Ernst, Pierre Geurts, and Louis Wehenkel. Tree-based batch mode reinforce-

ment learning. *Journal of Machine Learning Research*, 6:503–556, 2005.

[14] Hado V Hasselt. Double Q-learning. In *Advances in Neural Information Processing Systems*, pp. 2613–2621, 2010.

[15] Levente Kocsis and Csaba Szepesvári. Bandit based monte-carlo planning. In *17th European Conference on Machine Learning*, pp. 282–293, 2006.

[16] Kai-Fu Lee and Sanjoy Mahajan. A pattern classification approach to evaluation function learning. *Artificial Intelligence*, 36(1):1–25, 1988.

[17] Long-Ji Lin. Reinforcement learning for robots using neural networks. Technical report, DTIC Document, 1993.

[18] Simon M Lucas and Thomas P Runarsson. Temporal difference learning versus co-evolution for acquiring othello position evaluation. In *Computational Intelligence and Games, 2006 IEEE Symposium on*, pp. 52–59. IEEE, 2006.

[19] Chris J Maddison, Aja Huang, Ilya Sutskever, and David Silver. Move evaluation in Go using deep convolutional neural networks. In *3rd International Conference on Learning Representations*, 2015.

[20] Volodymyr Mnih, Koray Kavukcuoglu, David Silver, Alex Graves, Ioannis Antonoglou, Daan Wierstra, and Martin Riedmiller. Playing Atari with deep reinforcement learning. In *NIPS Deep Learning Workshop*. 2013.

[21] Volodymyr Mnih, Koray Kavukcuoglu, David Silver, Andrei A. Rusu, Joel Veness, Marc G. Bellemare, Alex Graves, Martin Riedmiller, Andreas K. Fidjeland, Georg Ostrovski, Stig Petersen, Charles Beattie, Amir Sadik, Ioannis Antonoglou, Helen King, Dharshan Kumaran, Daan Wierstra, Shane Legg, and Demis Hassabis. Human-level control through deep reinforcement learning. *Nature*, 518(7540):529–533, 02 2015.

[22] Norman Richards, David E Moriarty, and Risto Miikkulainen. Evolving neural networks to play go. *Applied Intelligence*, 8(1):85–96, 1998.

[23] Martin Riedmiller. Neural fitted Q iteration—first experiences with a data efficient neural reinforcement learning method. In *16th European Conference on Machine Learning*, pp. 317–328. Springer, 2005.

[24] Martin Riedmiller and Heinrich Braun. A direct adaptive method for faster backpropagation learning: The RPROP algorithm. In *Neural Networks, 1993., IEEE International Conference on*, pp. 586–591. IEEE, 1993.

[25] Arpad Rimmel, Olivier Teytaud, Chang-Shing Lee, Shi-Jim Yen, Mei-Hui Wang, and Shang-Rong Tsai. Current frontiers in computer go. *Computational Intelligence and AI in Games, IEEE Transactions on*, 2(4):229–238, 2010.

[26] Tom Schaul, John Quan, Ioannis Antonoglou, and David Silver. Prioritized experience replay. In *4th International Conference on Learning Representations*, 2016.

[27] Nicol N Schraudolph, Peter Dayan, and Terrence J Sejnowski. Temporal difference learning of position evaluation in the game of Go. *Advances in Neural Information Processing Systems*, pp. 817–817, 1994.

[28] David Silver, Aja Huang, Chris J Maddison, Arthur Guez, Laurent Sifre, George van den Driessche, Julian Schrittwieser, Ioannis Antonoglou, Veda Panneershelvam, and Marc Lanctot. Mastering the game of go with deep neural networks and tree search. *Nature*, 529(7587):484–489, 2016.

[29] Ilya Sutskever and Vinod Nair. Mimicking go experts with convolutional neural networks. In *International Conference on Artificial Neural Networks*, pp. 101–110, 2008.

[30] G. Tesauro. Temporal difference learning and TD-Gammon. *Communications of the ACM*, 38(3):58 – 68, 3 1995.

[31] Gerald Tesauro. Practical issues in temporal difference learning. In *Advances in Neural Information Processing Systems*, volume 4, pp. 259–266, 1992.

[32] Sebastian Thrun and Anton Schwartz. Issues in using function approximation for reinforcement learning. In *Proceedings of the 1993 Connectionist Models Summer School Hillsdale, NJ. Lawrence Erlbaum*, 1993.

[33] Hiroki Tomizawa, Shin-ichi Maeda, and Shin Ishii. Learning of Go board state evalu-

ation function by artificial neural network. In *Neural Information Processing*, volume 5863, pp. 598–605. Springer, 2009.

[34] Brendan Tracey, David Wolpert, and Juan J Alonso. Using supervised learning to improve Monte Carlo integral estimation. *AIAA journal*, 51(8):2015–2023, 2013.

[35] Tsuyoshi Ueno, Shin-ichi Maeda, and Shin Ishii. Asymptotic analysis of value prediction by well-specified and misspecified models. *Neural Networks*, 31:88–92, 2012.

[36] Hado Van Hasselt, Arthur Guez, and David Silver. Deep reinforcement learning with double Q-learning. In *Proceedings of the Thirtieth AAAI Conference on Artificial Intelligence*, 2016.

[37] Ziyu Wang, Nando de Freitas, and Marc Lanctot. Dueling network architectures for deep reinforcement learning. *Proceedings of the 33rd International Conference on Machine Learning*, 2016.

[38] Ronald J Williams. Simple statistical gradient-following algorithms for connectionist reinforcement learning. *Machine learning*, 8(3-4):229–256, 1992.

[39] Wei Zhang and Thomas G Dietterich. A reinforcement learning approach to job-shop scheduling. In *Proceedings of the Fourteenth International Joint Conference on Artificial Intelligence*, volume 95, pp. 1114–1120, 1995.

[40] 岡谷 貴之.『深層学習（機械学習プロフェッショナルシリーズ）』, 講談社, 2015.

[41] 保木 邦仁. 局面評価の学習を目指した探索結果の最適制御. In ゲームプログラミングワークショップ *2006* 論文集, volume 2006, pp. 78–83, 11 月 2006.

[42] 山下 隆義.『イラストで学ぶ ディープラーニング』, 講談社, 2016.

[43] 神嶌 敏弘（編集）麻生 英樹ほか（著）, 人工知能学会（監修）.『深層学習 Deep Learning』, 近代科学社, 2015.

第4章 知能のモデルとしての強化学習

本章では，知能のモデルとしての強化学習として，認知科学と工学のあいだをつなぐ研究を紹介したい．さまざまに変化する環境のなかで適応する能力を高度に発達させた生物としてヒトを捉えることで，強化学習は脳における未解明の謎を解く手がかりとなりうる．**1.3** 節までの知識があれば本章を理解するには十分である．

4.1 脳の意思決定機構と強化学習

吉本潤一郎，伊藤真，銅谷賢治

我々は，日常生活のさまざまな場面において意思決定が求められる場面に遭遇するが，これは強化学習が対象としている問題と非常によく類似している．たとえば，翌朝に大切なプレゼンテーションを控えているにもかかわらず，同僚に宴会に誘われるようなことはよくあるだろう．このとき，我々は，「誘いを受け入れて宴会に参加する」，もしくは，「誘いを断って翌朝のプレゼンテーションの予習をする」という二つの可能な行動のなかから一つを選択する意思決定をしなければならない．もし，前者を選んで宴会に参加すれば，数時間後には，楽しい気分になり，ちょっとした「正の報酬」を得ることができる．しかしながら，翌朝のプレゼンテーションでは準備不足がたたり，上司（あるいは取引先）からお叱りや処分を受けて，多大な「負の報酬」を受けるかもしれない．一方で，後者を選んでプレゼンテーションの予習に時間をかければ，一時的には心身的に疲れて，ちょっとした「負の報酬」を受けることになるが，そのおかげで，翌朝のプレゼンテーションは成功し，上司や取引先から褒められるばかりか，ときには，臨時ボーナスを得る（大口契約が成立する）といった，大きな「正の報酬」を得ることもある．人生経験が豊富な方々は，「損して得取る」後者の行動を選択するよう勧めるであろうが，実際にどちらを選択するかとなると個人の経験に依存する部分が多い．すなわち，宴会に参加したとしても負の報酬を受けた経験がほとんどない，あるいは，どれだけ頑張って予習に時間をかけたとしても何の報いも受けたことがない人たちは，どうしても，目先の得に目がくらみ，宴会への参加を選んでしまいがちである．

ここであげた例は少し極端かもしれないが，我々の意思決定は他人から教示されたことをそのまま受け入れる「教師あり学習」では説明がつかず，過去の良し悪しといった経験に基づく「強化学習」で説明付けられる状況が非常に多い．では，このような状況において，我々の意思決定を司っている脳のなかではどのようなことが生じているのであろうか．残念ながら，現代の科学でさえもその全貌が明らかになったわけではないが，本節では，これまでの研究によって得られた代表的な知見を紹介する．

4.1.1 行動生理学と強化学習

多くの読者は，「パブロフの犬 (Pavlov's dog)」という条件反射の実験[12] をご存知だろう．これは，犬に餌を与える前に必ずベルを鳴らすということを繰り返していると，ベルを鳴らしただけで（餌が与えられなくても）犬が唾液を垂らすようになったというものである．心理学では，唾液の分泌反射をもたらす餌のように特定の反射をもたらす刺激のことを無条件刺激 (Unconditioned Stimulus: US) とよんでいる．ベル音のように最初は何の反応も引き起こさない刺激であったとしても，その直後に US が繰り返し与えられると，二つの刺激のあいだの心理的結び付き（連合）が強化 (reinforcement) され，先行する刺激だけでも後に続く US が想起されるようになり，US がもたらす不随意反応が引き起こされるというのが心理学上の解釈である．このとき，ベル音のような先行する刺激のことを条件刺激 (Conditioned Stimulus: CS) と言い，パブロフの犬のような実験パラダイムは，古典的条件付け (classical conditioning) とよばれている†1.

古典的条件付けでは，CS と US という二つの刺激間の連合に注目したものであるが，同じような文脈で自発的な行動と刺激の連合に注目したものがオペラント条件付け (operant conditioning) または道具的条件付け (instrumental conditioning) とよばれるものである．その代表例として「スキナーの箱 (Skinner box)」という実験[20]がある．スキナーの箱とは，たとえばブザー音のような CS の後に†2，レバーを押すという自発行動が伴ったときにのみ餌が出るように仕掛けられた実験箱である．この箱に入れられたラットは，最初はほぼランダムなような振る舞いを示すが，あるとき偶然にレバーを押して餌が獲得できると，徐々に CS 後のレバー押し頻度が増加するようになる．このように生物には，ある行動によって好ましい結果（報酬）がもたらされると，同じ状況下でその行動を選択する頻度が高くなるという現象がたびたび観察される．時代は遡ってしまうが，この規則性をソーンダイク (Thorndike) は「効果の法則 (law of effect)」とよんだ[23]．彼の解釈によると，提示された CS に対して選択した行動が好ましい結果を導くと，CS と選択された行動間の連合が強化される．これによって，後に同じ CS が提示されると連合が強化された行動ほど誘発されやすくなるとされている．

すでにお気づきかもしれないが，効果の法則は，まさに強化学習の基本的な仕組みを自然言語で表現したものであり，このなかで登場する「強化」という言葉が強化学習の語源となっている．ちなみに，報酬のことを「強化信号 (reinforcement signal)」とよぶこともあるが，これもオペラント条件付けにおける報酬刺激が連合の強化をもたらすものという意味で「強化子 (reinforcer)」とよばれていることに由来する．

---

†1 英語では，パブロフの功績から Pavlovian conditioning という名でよばれることもある．
†2 明示的な CS が与えられない場合もあるが，その場合は箱内の環境自体が CS に相当すると解釈できる．

4.1.2 報酬予測とドーパミン

これまでに，報酬に対する行動の変容から生物の意思決定の様式が強化学習によってよく説明づけられることを述べた．では，このときに脳ではどのようなことが起こっているのであろうか？ その謎に対して一つのヒントを与えるきっかけになったのが，Olds と Milner による実験である[11]．彼らは，脳内に電極を埋め込んだラットをスキナーの箱に入れて，ラットがレバーを押すと埋め込んだ電極に電気刺激を与えるような実験を行った．すると，いくつかの電極位置ではラットは繰り返しレバーを押し続けるようになった．このような行動は脳内自己刺激 (intracranial self-stimulation) 行動と現在ではよばれている．つまり，脳への直接的な電気刺激が餌や水のような報酬と同じ行動変容を引き起こしうることを突き止め，その効果は内側前脳束 (medial forebrain bundle) とよばれる腹側被蓋野と側坐核を結ぶ神経線維を電気刺激したときに最大になることを報告した．腹側被蓋野はドーパミン作動性ニューロン（ドーパミンを神経伝達物質として放出する神経細胞）を豊富に含んでおり，その主要な投射先が側坐核であることからドーパミンが報酬に深く関与するのではないかと考えられるようになってきた．また，ラットがスキナーの箱でレバーを押すと，内側前脳束への電気刺激のかわりにコカインが静脈注入されるような実験を行っても同じような強化が生じることもわかってきた[13]．コカインは，放出されたドーパミンを取り込んで定常状態を保とうとするタンパク質（ドーパミントランスポーター）に直接結合して，その機能を阻害してしまい，恒常的にドーパミン濃度を高くする作用がある．やはり，ここでもドーパミンが報酬と深く関与しているという仮説が支持されるわけである．

では，ドーパミンはいわゆる直接報酬そのものを表現しているのであろうか？ 強化学習理論と神経生理実験を結びつけてその疑問の解決に挑んだのが Schultz らの研究[16, 17]である．彼らは，光刺激を CS として与えた後にレバーが押されると，ジュースが報酬として与えられる行動学習課題（オペラント条件付け）中のサルから，腹側被蓋野 (ventral tegmental area: VTA) や黒質緻密部 (substantia nigra compacta: SNc) にあるドーパミン作動性ニューロンの活動を電極記録した．その結果，学習前（強化が不十分な段階）では，ドーパミン作動性ニューロンは報酬が与えられた直後に活性化するが，学習後（強化が十分に認められた段階）になると，活性化のタイミングは CS 提示直後へと移行し，報酬直後の活性化がなくなった．さらに，学習後でもレバー押しに失敗し報酬が与えられないと，報酬が与えられていた時点におけるドーパミン作動性ニューロンの活動が通常時よりも抑制されることを発見した．ここで，状態 s_t を CS 提示からの経過時間，r_t を報酬の有無を 0 または 1 で表す変数として，この実験を TD(0) アルゴリズムでシミュレートしてみよう．図 4.1.1 はその結果を表したものである．すると，TD 誤差 δ_t の挙動はこのサルから計測されたドーパミン作

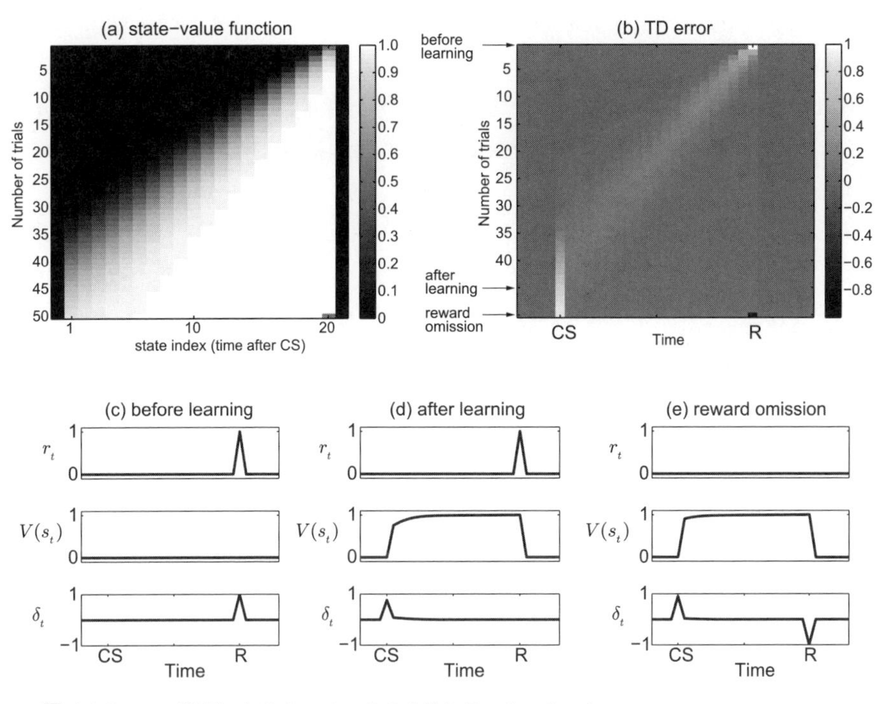

図 4.1.1 TD 学習による Schultz らの実験シミュレーション
(a) 推定された状態価値関数の値．縦軸と横軸は，それぞれ，状態のインデックスと試行回数を表している．便宜上，状態 0 と状態 21 は，それぞれ，CS 提示前と報酬後に対応する特別な状態を表すものとしている．このシミュレーションでは，基本的には各時刻で次の番号の状態へと決定論的に遷移するが，いつ CS が提示されるかがエージェントにとっては不明であることを想定して，状態 0 では 1%の確率で状態 1 へ遷移し，99%の確率でその状態にとどまるものとしている．また，状態 21 はエピソード終了後の吸収状態（absorbing state; 報酬を受け取ることなく常にその場にとどまる特別な状態）である．なお，状態価値関数は各試行が終了した時点のものを表している．(b) 各時点で計算された TD 誤差の値．横軸と縦軸は，それぞれ，CS 提示後の経過時間と試行回数を表しており，縦軸における矢印は，(c-e) で示される試行を表している．(c-e) それぞれ，学習前，学習後，および，学習後報酬獲得に失敗した試行における報酬，状態価値関数，TD 誤差の時系列．なおこのシミュレーションは文献[17] をもとに著者らが独自に行ったものである．

動性ニューロンの活動特性を非常によく再現できることがわかる．この発見を契機に，ドーパミンは報酬そのものではなく，TD 誤差の情報をコードしているという説が広く受け入れられるようになった．

4.1.3 価値関数と線条体ニューロン

VTA や SNc のドーパミン作動性ニューロンは，大脳基底核の入力部にあたる線条体を主要な投射先にしている†．線条体は感覚野や運動野などの大脳皮質からの投射も

† 側坐核は腹側線条体の一部に該当するため，ここでは簡単さのために，まとめて線条体とよぶことにする．

受けており，ドーパミンレベルがこの皮質–線条体間のシナプス可塑性の増強や減弱を修飾していることが電気生理学的に示されている[14]．したがって，ドーパミンが強化学習法でいうところの TD 誤差情報を伝搬しているのだとすると，その投射先である線条体の神経活動が状態価値関数や行動価値関数の推定に関与していることが類推されるが，これを支持する知見も得られている．

たとえば Shidara らは，三段階の明るさをもつ視覚刺激を提示し，視覚刺激が最も明るいときにレバーを放すと報酬としてジュースを与える行動学習課題中のサルから，腹側線条体ニューロンの活動を記録した[18]．この際，視覚刺激の明るさをジュースが与えられるまでの刺激提示回数に対応づけると，腹側線条体ニューロンは視覚刺激の明るさの情報を保持した活動パターンを示すのに対して，視覚刺激の明るさをランダムな順で提示した場合には，その活動パターンから視覚刺激の情報がほぼ見出されなかった．つまり，この腹側線条体ニューロンの活動は，視覚刺激の明るさそのものではなく，報酬が得られるまでの時間的な近さを表現しており，状態価値関数 V の挙動（図 4.1.1(a)）とも整合する．

また，Samejima らは，レバーを左右のどちらに倒すかという行動に応じて，一方の行動は高い確率で，他方は低い確率でジュースの報酬が与えられるという行動学習課題中のサルから，背側線条体（被殻と尾状核）の神経活動を記録した[15]．その結果，同じ行動を選択する場合でも，その行動選択に対応づけられた報酬の確率が異なると，異なる反応を示すニューロンが多数見つかった．さらに，これらのニューロンのうち約 60%の神経活動は，一方の行動に対する報酬確率にのみ相関をもち，他方の行動に対する報酬確率とは有意な相関をもたなかった．つまり，行動ごとに異なる情報が表現されていること，および，この課題における報酬確率は期待報酬量と比例することに注意すると，これらのニューロンは行動価値関数 Q を表現しているように見える．そこで，彼らはさらに，サルが学習過程において実際に選択した行動系列が，Sarsa(0) アルゴリズムによってシミュレートされる方策とよく整合していることを示したうえで，行動直前の背側線条体ニューロンの活動が，Sarsa(0) アルゴリズムをシミュレートした際の行動価値関数 Q と高い相関をもつことを明らかにした．

さて，これまでは「生物の意思決定＝強化学習」を前提に考えてきたが，その前提は本当に正しいのだろうか？　もしかすると，過去の経験（たとえば，ある時間窓で観測された刺激と報酬の時系列）を直接的に行動へと変換する機構を先天的にもっており，その変換機構が状態価値関数や行動価値関数とは無関係に利用されているにすぎないかもしれない．その検証のために，Ito らは，Samejima らが実施した行動学習課題と類似した二者択一課題をラットに課し，そこで選択された行動系列を Sarsa 法に基づく強化学習モデルと多重マルコフモデルの双方でフィッティングし，その予測精度を比較した[6]．その結果，強化学習モデルが多重マルコフモデルよりも予測性能の意味で有意に上回ることを示した．また，この実験では，腹側線条体と腹側淡蒼球における神経活動の電極記録も行っており，これらのなかには行動価値関数 Q の情報をコードしているものが見つかった．

4.1.4 大脳基底核の強化学習モデル

以上の知見や神経解剖学的結合性から，図 4.1.2 のような大脳基底核回路の機能モデルが提案されてきた．まず，大脳基底核回路の神経解剖学的結合性について説明しておこう[21]．

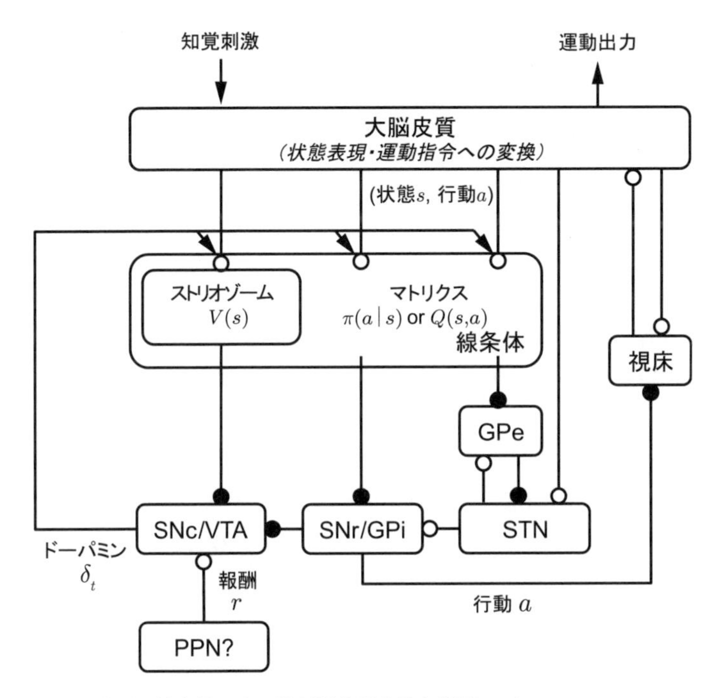

図 4.1.2 大脳皮質－基底核回路の解剖学的結合性と機能モデル
各略称は，それぞれ以下のとおりである．GPe：淡蒼球外節，GPi：淡蒼球内節，SNr：黒質網様部，SNc：黒質緻密部，VTA：腹側被蓋野，STN：視床下核．各矢印の先端の形は，○ は興奮性結合，● は抑制性結合，三角はドーパミンによる修飾をそれぞれ表している．

大脳基底核は，大脳皮質からの入力を受けて，視床を経て大脳皮質に出力を送るという大脳皮質－基底核ループを構成している．大脳基底核の入力部にあたる線条体は，淡蒼球 (grobus pallidus: GP)，黒質 (substantia nigra: SN)，および，VTA などに投射している．黒質は網様部 (pars reticulata: SNr) と緻密部 (pars compacta: SNc) に，淡蒼球は外節 (external segment: GPe) と内節 (internal segment: GPi) に，それぞれ二分され，大脳基底核の出力部を構成する GPi と SNr，および，ドーパミン作動性ニューロンが多く集まる SNc と VTA は，それぞれ，機能的に等価な領域とみなせる．線条体にはストリオゾームとマトリクスという二つの解剖学的領域が存在する．ストリオゾームは SNc や VTA のドーパミン作動性ニューロンに投射しており，SNc や VTA は線条体へ広く投射している．線条体から大脳基底核の出力部（GPi と SNr）にいたる投射は二つの経路があり，線条体から直接 GPi と SNc に投射する経路は直接経路とよばれ，GPe と視床下核 (subthalamic nucleus: STN) を経由して GPi や SNc にいたる経路は間接経路とよばれている．また，線条体を介さずに皮質から STN に直接投射している経路もあり，こちらはハイパー直接経路とよばれている．

Barto らは，この大脳基底核回路が Actor-Critic 法を実装しており，線条体のマトリクスとストリオゾームが，それぞれ，actor と critic の機能を果たしているというモデルを提案した[1]．このモデルによると，ストリオゾームは状態価値関数 V を表現し，その出力をもとに SNc や VTA で TD 誤差 δ_t が計算され，これがストリオゾームにフィードバックされることによって V の更新が行われる．一方，TD 誤差 δ_t をコードしている SNc や VTA の出力は，マトリクスにも伝搬し，TD 学習法の原理で方策の学習が進み，GPi や SNr を介してその行動選択結果が出力される．

Doya は，方策そのものよりはむしろ行動価値関数 Q が，線条体のマトリクスやその下流の淡蒼球や黒質にいたる過程で計算しているというモデルを提案している[2]．ボルツマン行動選択則を用いた Sarsa アルゴリズムでは，方策 π は Q の関数として表されることに注意すると，このモデルも Barto らのモデルと整合する．さらに，SNc は行動の情報も SNr から受けていると考えれば，理論上は Sarsa 法のように Q を用いた TD 誤差の計算も可能であり，線条体や淡蒼球で行動価値関数をコードしているニューロンが見つかったという Samejima らや Ito らの実験結果とも整合する．

Morita らは，Doya のモデルと整合した形で TD 誤差の計算機構についての一つのモデルを提案している[9]．このモデルによれば，直接経路を構成する線条体ニューロンによって現在の価値関数が表現されているが，それは，大脳皮質 – 基底核ループを経て，時間遅れを生みながら，間接経路を構成する線条体ニューロンへと伝搬される．これによって，SNr では近接する二つの時点での価値関数の値を保持でき，これらの出力と脚橋被蓋核 (pedunculopontine tegmental nucleus: PPN) から伝搬される報酬情報が SNc で統合されて TD 誤差が計算できるとしている．

以上の仕組みで TD 誤差の計算や価値関数（あるいは方策）の学習ができたとしても，意思決定につなげるためには，可能な選択肢のなかから一つの行動だけを出力する機構がなければならない．Shouno らは，解剖学的結合性と生理学的知見をもとに，大脳基底核回路のスパイキングニューラルネットワークモデルを構築し，そのシミュレーション結果から，行動価値関数が皮質線条体のシナプス伝達効率と対応づけられるならば，GPe ニューロン間の相互抑制結合と GPe-STN ループが自律的に生成するカオス的な神経活動によって，確率的行動選択が可能であると指摘している[5,19]．

4.1.5 メタ学習と神経修飾物質

強化学習法をロボット制御などの工学的な問題に応用するとき，良い学習性能を引き出すためには，学習率 α，逆温度 β，割引率 γ といったパラメータを適切に設定する必要があるが，どんな値が良いかは問題依存であり，設計者の経験に委ねられている．つまり，設計者には学習アルゴリズムをうまくはたらかせるための学習，いわゆる「メタ学習」が要求される．一方で，大脳基底核が本当に強化学習法と等価な情報処理を行っているとすると，これらのパラメータをうまく調節しているメタ学習の神経機構が何かあるはずである．Doya は，脳幹から大脳基底核を含めた脳の広範囲に渡って投射される神経修飾物質がメタ学習の制御に関わっているという仮説を提案している[3]．この仮説では，神経伝達物質のうち，脳全体に拡散的に投射されて持続的な効果をもつニューロモジュレータ（神経修飾物質）が重要な役割を果たしており，これまでの神経生理による知見と計算論上の類似性から，以下のような対応関係にあることを提唱している．

・アセチルコリン = 学習率 α
・ノルアドレナリン = 逆温度 β
・セロトニン = 割引率 γ

ちなみに，学習率 α や逆温度 β は，学習の速さや安定性を調整し，学習の目的自体には影響を与えないが，割引率 γ は，学習の目的，すなわち，理論上の最適方策をも修飾する効果がある．その意味でも大変興味深いパラメータであり，著者らは近年セロトニンと割引率 γ の対応関係についてさらに研究を進めてきたので，ここではそれについて簡単に紹介させていただく．

たとえば，図 4.1.3 のような三つの状態と二つの行動からなる 2 種類のマルコフ決定過程を考えてみよう．図 4.1.3(a) の場合では，どの状態においても行動 2 より行動 1 を選択すれば高い報酬が得られるので，$\gamma = 0$ として即時的な報酬のみで最適性を評価しても，$\gamma \approx 1$ として将来に渡って得られる報酬の総和で最適性を評価しても，最適な方策は常に行動 1 を選択するというものである．ただし，学習の効率という点からすれば，γ が大きいほど図 4.1.1(a) のように価値関数の伝搬に多くの試行回数を要するので，γ を小さいほうが課題に適している．図 4.1.3(b) の場合，$\gamma = 0$ として即時的な報酬のみで最適性を評価すると，状態 1→ 状態 2，状態 2→ 状態 1，状態 3→ 状態 1 と遷移する行動がより多くの即時的報酬を生むので，最適方策は状態 1 と状態 2 を交互に行き来するようなものとなるが，長期的に見ると報酬のゲインはない．一方，$\gamma \approx 1$ として報酬の時間和で最適性を評価すると，状態 1→ 状態 2→ 状態 3→ 状

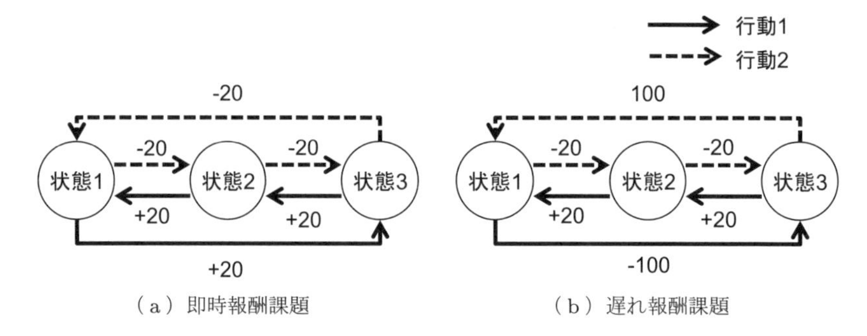

（a）即時報酬課題　（b）遅れ報酬課題

図 4.1.3　2 種類のマルコフ決定過程
矢印は各行動による状態の遷移先を表しており，数値は各状態遷移によって獲得できる報酬の値を表している．

態 1→ ··· と順番に状態を巡っていけるよう常に行動 2 を選択するのが最適で，3 ステップ当たりで $-20-20+100=+60$ の報酬を獲得することができる．よって，こちらの課題は，遅れてくる大きな報酬を軽視しないよう γ を大きくすべき課題である．

Tanaka らは，被験者に累積報酬を大きくするよう教示したうえで，図 4.1.3(a) と (b) のそれぞれに対応する二つの行動選択課題を課し，これらの課題間で被験者の脳活動がどのように違うかを fMRI で計測した[22]．その結果，(a) の課題時に比べてより大きな γ を要する (b) の課題時には，大脳基底核のほかにセロトニン作動性ニューロンが多く集まる縫線核でも有意な活動の上昇が見られることを明らかにした．このことから，セロトニンと割引率 γ の関連が類推されるが，Miyazaki らの実験はより直接的な形でこの関係を裏付けるものである[7, 8]．彼らは，餌場と水場に交互に訪れることができれば，それぞれで，餌と水の報酬が獲得できるというオペラント条件付け課題をラットに課した．この際，餌場（あるいは水場）に着くとすぐに報酬が与えられる即時報酬条件と，到達後一定時間待たなければ報酬が与えられない遅れ報酬条件の二つの条件設定をした．この課題遂行中のラットからマイクロダイアリシスという手法を用いて脳内のセロトニン濃度を計測した結果，遅れ報酬条件時は即時報酬条件時に比べて，脳内のセロトニン濃度が有意に上昇することが示された．さらに，遅れ報酬条件時の縫線核セロトニン作動性ニューロンの神経活動を電極記録した結果，我慢して報酬を待ち続けられている間はセロトニン作動性ニューロンの活動は高いのに対して，報酬が待ちきれなかったときには，その活動が低くなっていることが明らかになった．この結果は，目先の少しの我慢に比べて将来の報酬を高く評価できる γ が大きいモードと，将来の報酬をほとんど評価できない γ の小さいモードとが，セロトニン濃度の高低によって切り替えられていると解釈することができる．

4.1.6 おわりに

本節では，我々の意思決定や行動選択が報酬によって「強化」されていることを支持する定性的な例示から始まり，意思決定の際に脳内で生じる情報処理や情報表現の理解に強化学習理論がどのように貢献してきたかを概説してきた．神経回路網で学習が実現するためにはシナプス可塑性（神経細胞間の情報伝達効率の調節）が不可欠であるが，近年の研究では，強化学習を成立させるために必要なシナプス可塑性の細胞内分子機構についてもかなり理解が深まってきている[10, 24]．

この原稿の執筆当時，深層強化学習を実装した AlphaGo が囲碁のトッププロに圧勝したとして，人工知能が人間の知を超えるのも間近ではと世間を賑わしている[4]．たしかに，この 20 年ほどのあいだに著者のようなド素人にも負けるようなレベルであったものが，もうどんな人間でも勝てないようなプログラムに進化できたことには驚きである．しかし，所詮人間が明解にルールを記述した問題設定のなかで，情報表現に適した構造を人間が加えたうえで，人間が人生のなかで経験することができない数の試行錯誤を仮想世界で実行できたからこその成果である．本書の前半をしっかり勉強した読者にとっては，100×100 のグリッド迷路探索問題をスマホアプリが圧倒的に我々よりも速く解けたからといってとくに不思議なことには思えないだろう．もちろん，AlphaGo 開発者の人知れぬ努力と執念には本当に頭が下がる思いでいっぱいであるが，実は問題の規模が大きくなっただけで，本質的な部分は AlphaGo もグリッド迷路探索問題も大きく変わらず，知性という意味ではまだまだ畏れるに足りないものだと著者は考えている．それよりも，そもそも何が問題なのか，どんな環境なのかもわからない状況のなかで，人生の成功と失敗から「それなり」にうまくこなしてしまう人間の知，言い換えれば脳の情報処理の仕組みはどれだけ追いかけても追いつけないほど複雑であり，魅力的な研究対象である．その理解の一端に強化学習理論が貢献できたことは，言い過ぎかもしれないし，希望的観測かもしれないが，将来的には「ニュートンの運動 3 法則」の発見に勝るとも劣らない功績になっているかもしれない．

参考文献

[1] Andrew G. Barto. Adaptive critics and the basal ganglia. In J. Houk, J. Davis, and D. Beiser, editors, *Models of Information Processing in the Basal Ganglia*, chapter 11, pp. 215–232. MIT Press, 1995.

[2] Kenji Doya. What are the computations of the cerebellum, the basal ganglia and the cerebral cortex? *Neural Networks*, 12(78):961–974, 1999.

[3] Kenji Doya. Metalearning and neuromodulation. *Neural Networks*, 15(46):495–506, 2002.

[4] Elizabeth Gibney. What Google's winning go algorithm will do next. *Nature*, 531(7594):284–285, 2016.

[5] Jun Igarashi, Osamu Shouno, Tomoki Fukai, and Hiroshi Tsujino. Real-time simulation of a spiking neural network model of the basal ganglia circuitry using general purpose computing on graphics processing units. *Neural Networks*, 24(9):950–960, 2011.

[6] Makoto Ito and Kenji Doya. Validation of decision-making models and analysis of decision variables in the rat basal ganglia. *The Journal of Neuroscience*, 29(31):9861–9874, 2009.

[7] Katsuhiko Miyazaki, Kayoko W. Miyazaki, and Kenji Doya. Activation of dorsal raphe serotonin neurons underlies waiting for delayed rewards. *The Journal of Neuroscience*, 31(2):469–479, 2011.

[8] Kayoko W. Miyazaki, Katsuhiko Miyazaki, and Kenji Doya. Activation of the central serotonergic system in response to delayed but not omitted rewards. *European Journal of Neuroscience*, 33(1):153–160, 2011.

[9] Kenji Morita, Mieko Morishima, Katsuyuki Sakai, and Yasuo Kawaguchi. Reinforcement learning: computing the temporal difference of values via distinct corticostriatal pathways. *Trends in Neurosciences*, 35(8):457–467, 2012.

[10] Takashi Nakano, Tomokazu Doi, Junichiro Yoshimoto, and Kenji Doya. A kinetic model of dopamine- and calcium-dependent striatal synaptic plasticity. *PLoS Computational Biology*, 6(2):e1000670, 2010.

[11] James Olds and Peter Milner. Positive reinforcement produced by electrical stimulation of septal area and other regions of rat brain. *J Comp Physiol Psychol*, 47(6):419–427, 1954.

[12] Ivan P. Pavlov and Gleb V. Anrep. *Conditioned Reflexes: An Investigation of the Physiological Activity of the Cerebral Cortex*. Oxford University Press: Humphrey Milford, 1927.

[13] Roy Pickens and Travis Thompson. Cocaine-reinforced behavior in rats: Effects of reinforcement magnitude and fixed-ratio size. *J. Pharmacol. Exp. Ther.*, 161(1):122–129, may 1968.

[14] John N. J. Reynolds and Jeffery R. Wickens. Dopamine-dependent plasticity of corticostriatal synapses. *Neural Networks*, 15(46):507–521, 2002.

[15] Kazuyuki Samejima, Yasumasa Ueda, Kenji Doya, and Minoru Kimura. Representation of action-specific reward values in the striatum. *Science*, 310(5752):1337–1340, 2005.

[16] Wolfram Schultz, Paul Apicella, and Tomas Ljungberg. Responses of monkey dopamine neurons to reward and conditioned stimuli during successive steps of learning a delayed response task. *The Journal of Neuroscience*, 13(3):900–913, 1993.

[17] Wolfram Schultz, Peter Dayan, and P. Read Montague. A neural substrate of prediction and reward. *Science*, 275(5306):1593–1599, 1997.

[18] Munetaka Shidara, Thomas G. Aigner, and Barry J. Richmond. Neuronal signals in the monkey ventral striatum related to progress through a predictable series of trials. *The Journal of Neuroscience*, 18(7):2613–2625, 1998.

[19] Osamu Shouno, Johane Takeuchi, and Hiroshi Tsujino. A spiking neuron model of the basal ganglia circuitry that can generate behavioral variability. In Hendrik Jan Groenewegen, Pieter Voorn, Henk W. Berendse, Antonius B. Mulder, and Alexander R. Cools, editors, *The Basal Ganglia IX*, volume 58 of *Advances in Behavioral Biology*, chapter 15, pp. 191–200. Springer New York, 2009.

[20] Burrhus F. Skinner. *The Behavior of Organisms: An Experimental Analysis*. Appleton-Century-Crofts, 1938.

[21] Heinz Steiner and Kuei Y. Tseng. *Handbook of Basal Ganglia Structure and Function*, volume 20 of *Handbook of Behavioral Neuroscience*. Academic Press, 2010.

[22] Saori C. Tanaka, Kenji Doya, Go Okada, Kazutaka Ueda, Yasumasa Okamoto, and Shigeto Yamawaki. Prediction of immediate and future rewards differentially recruits cortico-basal ganglia loops. *Nature Neuroscience*, 7(8):887–893, 2004.

[23] Edward L. Thorndike. The law of effect. *The American Journal of Psychology*, 39(1/4):212–222, 1927.

[24] Sho Yagishita, Akiko Hayashi-Takagi, Graham C R Ellis-Davies, Hidetoshi Urakubo, Shin Ishii, and Haruo Kasai. A critical time window for dopamine actions on the structural plasticity of dendritic spines. *Science (New York, N.Y.)*, 345(6204):1616–20, 2014.

4.2 第 4 章　知能のモデルとしての強化学習
内発的動機付けによるエージェントの学習と発達

浅田稔

第 3 章までは，強化学習の基礎，発展的理論，工学的応用と進んできたが，第 4 章では，さらに進めて，知能モデルとしての強化学習の拡張や深化の様相を述べる．とくに，本 4.2 節では，強化学習の本質に関わると思われる内発的動機付け（Intrinsic Motivation: IM，以降は IM と略記）について，少し大きな視点から議論する．

環境に存在するエージェントがなぜ学習するかという，より根源的な課題に対して，外部からの報酬を獲得する動機付け，すなわち外発的動機付け（Extrinsic Motivation: EM，以降は EM と略記）だけでなく，自身で内部から報酬を生成するメカニズムとして，内発的動機付けが近年，注目を浴びている[7]．IM に関する自律エージェントの研究は，二つのコミュニティから生じており，目的も若干異なる[19]．

(a) 機械学習のコミュニティでは，強化学習におけるサンプリング効率を上げ，エージェントの世界に対する知識とそれに基づく制御能力の最大化を支援することを目的として IM を研究対象とする．

(b) 発達ロボティクスのコミュニティでは，ロボットが動的な環境で生涯学習し発達し続けることを目的として，累積的でオープンエンドの学習をするために IM を研究対象とする．

前者は，通常の機械学習屋さんの立場で，学習を効率よく進めるための手段であり，すでに 1.1 節で解説されている探索と利用のトレードオフの課題も含まれる．後者は，より生物学的な意味合いでの，発達的観点から，その漸進性，拡大性，自律性，能動性に着目している．動機付け自身は，好奇心や新規性とも強く関連し[9]，さらには，エージェント自身の情動や認知の学習・発達にもつながる．

以下では，まず最初に，筆者らの古い仕事のロボカップ (RoboCup) を題材としたロボットの学習課題を簡単に復習し，そのなかで基本問題が扱われていることを確認する．次に，基本課題を追及するうえで，より根源的な認知発達にチャレンジしている認知発達ロボティクス (Cognitive Developmental Robotics: CDR) を紹介する．そのなかの一要素としての動機付けに関して，歴史的な流れを復習し，脳神経科学との関連，計算モデルおよび実験等を紹介する．最後に，強化学習のみならず，それを含めた，より大きな視点での今後の課題を示し，まとめる．

4.2.1 ロボカップドメインでの強化学習

実ロボットへの応用の課題は，3.2 節でも説明されているが，ロボカップの課題に応じて，復習すると[38, 40]，

1. 学習時間：理論的には無限に学習するが，実世界ではすべてが限られている．ロボットの場合，無限の試行を繰り返すことなどできず，ロボットが摩耗し，実験の続行が困難である．人間の場合も，何度も失敗が続けば，それこそ動機を失う．そこで，易しいタスクからの学習 (Learning from Easy Missions: LEM)[4] を設定することで，理論的に，探索時間を状態行動空間 (State-Action Space) のサイズの指数オーダーから線形オーダーに圧縮可能である．先験的にタスクの「易しさ」がわかれば，問題はないが，そうでない場合，その確信のなさに従い，線形オーダーから遅くなるが，もとの学習の収束性が保証されていれば，同様に保証される．

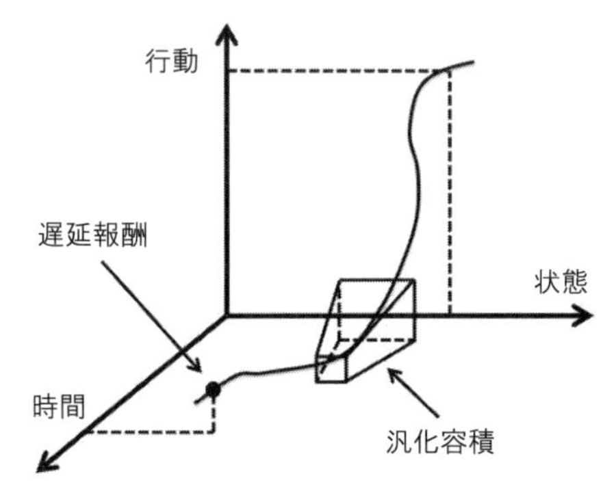

図 4.2.1 信用割当問題（文献[12] の図から適用）

2. 状態行動空間：状態が格子状で行動が格子間の移動などの理想的な状態行動空間は，イベントベースの抽象的な状態行動空間を除き，実世界ではほとんどありえず，セグメンテーション課題とよばれる大基本問題の一つである．報酬が与えられる時間も含めて「信用割当問題 (Credit Assignment Problem)」[12] とよばれている（図 4.2.1)．状態行動空間を再帰的に定義することで，状態行動空間構成の「鶏と卵」問題を解消した手法[3] が提案されている．また，初期を一状態とし，連続の状態行動空間を線形関数近似により分割する手法[34] では，線形関数近似に加え，報酬（ゴール到達）の成否による再分化も含まれている．最近では，ベイズ推定の枠組みで，状態・行動空間を自律的に分割する機構をもつ強化学習法が提案されており，3.2 節で紹介されている．

3. スケールアップ：より複雑なタスクへの応用として，階層構造化とマルチエージェント (multi-agent) 化の課題があげられる．前者では，MOSAIC[33] が有名だが，高橋ら[35] は，均一な強化学習器を多く準備し，階層のレベルを，それらの能力と

環境に依存して（事前に指定しない），自律的に構造化する手法を提案している．マルチエージェント学習では，同時学習による学習過程の不安定化が課題である．わかりやすい例としては，初心者 2 人のテニスを連想するとよい．どちらも下手なので，練習もできない．相手がコーチだと定まったボールを初心者に呈示するので，初心者は安心して練習でき，学習過程が安定化できる．Asada et al.[5] は初期段階の交互学習をコンピュータシミュレーションで実施し，中級レベルからの同時学習で実ロボットでのスキルアップを可能にした（図 4.2.2）．さらに，内部ら[37] は，学習者の観測と行動を通して，学習者と他者の行動の関係を局所予測モデルとして推定した．局所予測モデルは線形の状態空間表現をもち，学習者と他者の関係の複雑さは推定される状態ベクトルの次元で表現され，情報量基準をもとに決定された．

上記の一連の強化学習関連研究を通じて，セグメンテーションの大基本問題は，状態行動空間構成課題として，行動主体に依存した形で定式化された．ただし，ロボットは移動台車であり，まだまだ，自由度が少数である．さらに，自己，他者などのカテゴリー化は，人間の認知課題として重要かつ未解決であり，筆者の興味は，以下で述べる認知発達ロボティクスに移った．

4.2.2 認知発達ロボティクスのアプローチ

認知発達ロボティクス[2, 41] とは，理解の対象となる人間の発達モデルを人工物のなかに埋め込み，環境のなかで作動させ，その挙動から，発達モデルの新たな理解を目指すものである．その核となるアイディアは，物理的身体が他者を含む環境との相互

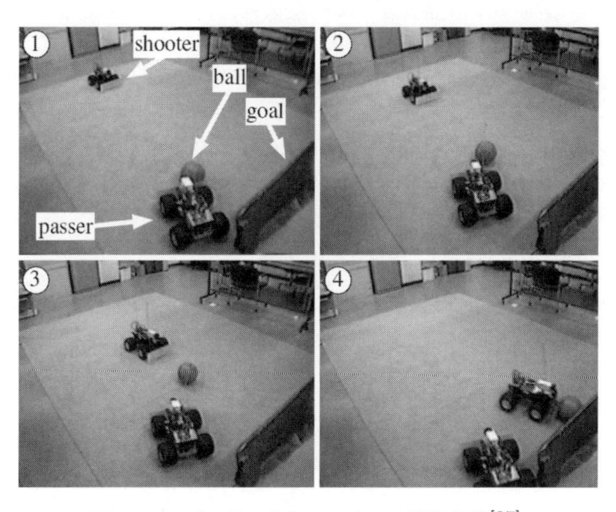

図 4.2.2 パッサーとシューターの協調行動[37]

作用から情報を構造化するための「身体性」と「社会性」であり，それをシームレスにつなぐのが「認知発達」である．その設計論は，身体を通じて世界にはたらきかけるロボット内部の知覚行動設計，およびロボットが上手に学習や発達できるような環境，とくに教示者をはじめとする他者の行動を含む環境設計である．そこには，「適応性」と「自律性」も含まれる．

具体例は，筆者らが手がけたJST ERATO 浅田共創知能システムプロジェクト†1である．共創の意味は二重で，一つは，他者を含む環境との相互作用を通じた知能の創発，二つ目は，単一の学問分野ではなく，学際的な協働の意味を込めている．胎児シミュレーションから始まり，人工筋による動的運動学習，自他認知，さらに社会的相互作用として音声模倣，共感発達，コミュニケーション発達に及び，広範な課題を扱ってきた．現在では，「神経ダイナミクスから社会的相互作用へいたる過程の理解と構築による構成的発達科学（科研特推 2012-2016）」に引き継がれ，赤ちゃんが外界との相互作用を通じて，自己と非自己から，自己に似た他者（養育者），自己と異なる存在の認知の発達過程を説明可能な計算モデルの提唱とそのイメージングや心理・行動実験による検証を通じたモデル精緻化を目指している．この過程で，自他認知のキーとなるミラーニューロンシステム (Mirror Neuron System: MNS)[36] が構築され，発達していくと想定される[42]．詳細はウェブページ†2に譲るとして，全体の簡単な概要を図 4.2.3 に示す．計算モデル，イメージング，心理・行動実験，ロボットプラットフォームの各グループが密に結合して，自他認知の発達原理の解明を目指している．

これらの一連の研究のなかで，エージェントの行動の駆動原理としての情動があると想定される．それは好奇心や動機などのエージェントの内的な属性と結びつき，さまざまな行動を生成する．以下では，この動機付けについて，概説する．

図 4.2.3 神経ダイナミクスから社会的相互作用へいたる過程の理解と構築による構成的発達科学プロジェクトの概要

†1 2005-2011: http://www.jst.go.jp/erato/asada/
†2 http://www.er.ams.eng.osaka-u.ac.jp/ の「プロジェクト」参照.

4.2.3 心理学的視点からのIM

冒頭で述べたように，内発的動機付けのIMについては，強化学習と発達ロボティクスの両方のコミュニティでホットな話題ではあるが，その定義や計算モデルについて，明確なコンセンサスが得られているわけではない．ここでは，文献[22, 23] などに従って，定式化を試みてみよう．

■ それ自身のために探究する活動

Ryan and Deci[25] に従えば，IM と EM は次のように定義される．

・IM：行為それ自身が本質的にもつ楽しみや満足のための動機．興味，挑戦など．
・EM：行為自身とは別の結果を得ることが目的の行為をとり続ける動機．操作的価値 (instrumental value)．

IM 行動は，乳幼児の時期から見られ，新しく出くわした物を握ったり，投げたり，噛んだり，物に対して叫んだりなどである．余談だが，米国の統計で 2001 年生まれの子どもの死亡要因のトップは 246 項目中で転落事故であり，これは交通事故のリスクと等価と言われている[16]．つまり，危険を介せず，歩行などにチャレンジしているようで，まさにIM の極致であろう．大人になっても，クロスワードパズルを解いたり，絵を描いたり，庭いじりなどに興ずる．英語の intrinsic, internal, extrinsic, external の違いは混同の要因であるが，Oudeyer and Kaplan[22] は，宿題をする子どもの例をあげ，以下のように説明する．

(a) 宿題をしないと親から制裁を受けるので，その制裁を回避する場合．行動要因は外的 (external) で，目的が親からの制裁回避であり，内発的ではなく，外発的 (extrinsic) である．

(b) 大人になったときに自身の夢の職業につきたいと願っての場合，行動要因は内的 (internal) であるが，目的は良い就職につながることなので，外発的 (extrinsic) である．

(c) 宿題が面白くて，それ自身のためにやる場合．新しい知識獲得への好奇心で，ビデオゲームを楽しむようにするので，行動要因は内的 (internal) であり，目的がそれ自身なので，内発的 (intrinsic) である．

これらは必ずしも排他的な概念ではなく，同時に存在する場合もある．

■ 能動的に内発的動機付けするものは何か？

歴史的には，関連する課題について，以下のような議論がなされてきた[22]．

(a) 動因理論（theory of drives，1950 年前後）：飢えや痛みなどの不利な状況を軽減する操り動因，探索動因などで IM や探索活動の説明が試みられたが，個人の内発的な要因を説明できなかった．

(b) 認知的不協和軽減 (reduction of cognitive dissonance) 理論（1950 年代後半）：内的認知構造と現在知覚される状況との差異を軽減することが IM の駆動原理と主張された．しかしながら，人間の行動は不確実性を増大する意図の行動もあるので，これでも説明できなかった．

(c) 最適不一致 (optimal incongruity) 理論（1960 年代半ば）：知覚と刺激の差異が興味ある対象．最も報酬があるのは，新規性が半ば，すなわち既知と完全な新規のあいだであり，中庸であることが，IM の探索継続の本質と説明した．

(d) イフェクタンス (effectance)，自己原因性 (personal causation)，有能さと自己決定 (competence and self-determination) のための動機付け：自身が環境にはたらきかけたときの効力感であり，自分が原因である感覚が重要である．自信による次ステップへの挑戦に駆り立てる際，自分の能力を最大限に発揮できる事態を追及する行動，さらには，自身の能力を向上させようとする行動を駆り立てる源が内発的動機付けであると説明した．

(a)，(b) は，自身の身体の恒常性を維持するために食料や水を探そうとする動機であり，非 IM 的である．(c) は，(d) がはたらくための条件を示しており，総じて，行動を駆り立てる要因は，新規性，変化，驚き，不一致，複雑，曖昧などで参照される刺激であり，これらをまとめて，collative variables とよんだ†．

4.2.4 IM の神経科学的基盤

強化学習に関連する神経基盤，とくに神経修飾物質 (neuromodulator) と意志決定については，4.1 節を参照していただくとして，ここでは，以降の計算モデルと関連する 3 種類の IM 関連の神経基盤について簡単に触れる[8]．

■ 上丘・ドーパミン・大脳基底核系

一過性のドーパミン (dopamine: DA) 作働性信号の機能に関する理論[24] では，新規事象が上丘を活性化し，これが，ドーパミン領域を活性化して，一過性のドーパミンのバーストを引き起こす．そして，これが，大脳基底核 (basal ganglia: BG) に達する．このとき，ドーパミンは，大脳基底核に含まれている情報，とくに，新規事象を引き起こした行動とそのコンテキストの全情報の関連を想起するスタンプの役目を担っている．この現象は，スキル学習につながるが，繰り返しが多くなると上丘は学習信号を抑制し，スキル学習が停止するが，必要に応じて，また呼び出される．これらの機構は IM の典型的特徴として，(1) スキルおよびその帰結に関する知識獲得，(2)

† 訳語が見当たらないので，原文そのままとする．

学習信号の脳内の上丘での生成，(3) 学習後の学習信号の停止を有する．

■ 海馬・ドーパミン系

2 番目は，海馬 (hippocampus: Hip)・ドーパミンと記憶生成に関するもの[17] である．海馬は，未知の物体，既知物体の未知配置，既知物体の未知系列などの知覚により，活性化する．そして，海馬は腹側被蓋領域 (VTA) のドーパミン作動性ニューロンを活性化し，これが海馬と VTA のターゲット領域の前頭皮質のあいだでの新しい記憶の生成につながる[18]．このことは，海馬と皮質が新規の刺激–刺激の連想学習を促す．これらの機構は，(1) 新規の物体と連想学習による知識獲得，(2) 学習信号の脳内の海馬で生起，(3) 知覚された物体が記憶されたことによる学習信号停止などの IM の特徴をもつ．

■ 神経修飾物質：ノルアドレナリン，アセチルコリン

TD 誤差とドーパミンに関する知見に関しては，4.1 節に詳しいが，ここでは，神経修飾物質であるノルアドレナリン (noradrenaline: NE) とアセチルコリン (acetylcholine: ACh) に関連する提案を示す[30]．脳は，経験に基づき，外界の状況についての予測（期待）をもっている．より正確な行動を生成するために，これらの期待が，ノイズにまみれた入力と統合され，実際の経験とのミスマッチに基づいて，新たな期待（予測）が獲得される．最初のキーアイディアは，アセチルコリンのレベルは高い不確実性，すなわち，期待がそんなに信頼できないと想定されたときに高いことで，これは，アセチルコリンが，どの程度期待もしくは実際の知覚に頼るべきか，どれくらい集中して期待を更新するかの両方を調整していることを意味する．二つ目は，ノルアドレナリンが，信頼できると想定された期待と直接知覚のミスマッチがあったときに期待されなかった不確実性信号を出すことである．これらの機構は以下の特徴をもつ．すなわち，ノルアドレナリンとアセチルコリンの信号は，(1) 外界に対する知識獲得を支援する，(2) 学習信号は脳内の皮質で生起する，(3) 外界が期待どおりに動けば，学習信号は徐々に消失することである．

4.2.5 IM の計算モデル

IM の計算モデルは，当然のことながら，強化学習モデルが基本であるが，それを明確にするために，従来の強化学習のアーキテクチャを，IM を想定した場合に拡張したアーキテクチャの概念図が示されている（図 4.2.4）．これは，Andrew Barto が，ICDL-EpiRob2011 で行った招待講演のスライドから再現したもので，エージェント自身のなかに Critic が内包され，内発的動機に基づく報酬を生成している．具体的な例として，前節の神経モデルを参考しながら，三つの計算モデルを簡単に紹介する．

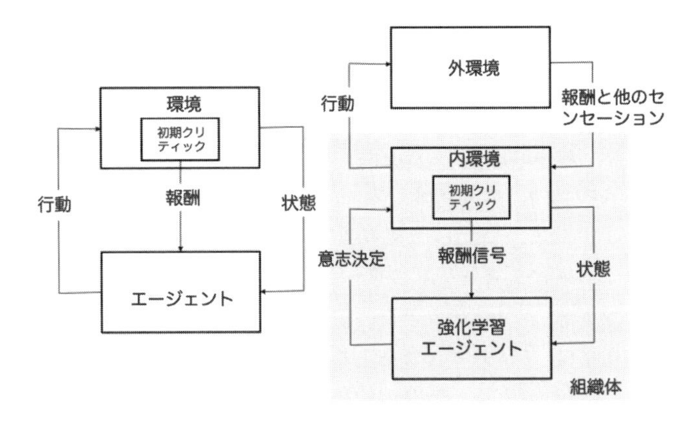

図 **4.2.4** 強化学習のアーキテクチュアの見直し
(Andrew Barto の招待講演 (ICDL-EpiRob2011) スライドから再現)

■ 知識ベースの IM モデル

予測誤差（神経修飾物質）や新規性（海馬・ドーパミン系）が関連し，それらにより知識獲得を基本とするモデルである．情報の理論と分散モデル，および予測モデルに分かれる．前者では，状態，任意の状態遷移，条件付き状態遷移の確率を総じて，$P(e)$ として表し，分割空間のための分布関数の形状特徴の測度を以下のエントロピーで表す．

$$H(E) = -\sum_{e \in E} P(e) \ln P(e) \tag{4.2.1}$$

新規性への引き込みは IM の典型であり，直接的な表現は，実際に観測された e に対して，その観測確率が小さいとき大きな報酬 $r(e)$ となる以下が定義されている．

$$r(e) = C(1 - P(e, t)) \tag{4.2.2}$$

ここで，C は不確実性動機 (uncertainty motivation) とよばれる定数で，ロボットの視点制御の設計などに利用されている[14]．

エンパワーメント (empowerment) とよばれる報酬測度が提案されている[11]．これは，センサ情報を最大化する行動系列を生成するようにエージェントを奨励する．適当なステップ数のあと，行動系列 $A_t, A_{t+1}, \ldots, A_{t+n-1}$ から，知覚 S_{t+n} へのチャンネル容量として，以下のように定義される．

$$r(A_t, A_{t+1}, \ldots, A_{t+n-1} \to S_{t+n}) = \max_{p(\vec{a})} I(A_t, A_{t+1}, \ldots, A_{t+n-1}, S_{t+n})$$

ここで，$p(\vec{a})$ は，行動系列 $\vec{a} = (a_t, a_{t+1}, \ldots, a_{t+n-1})$ の確率分布関数，I は相互情報量を表している．Capdepuy et al.[11] は，マルチエージェント環境での探索問題に適用し複雑な行動系を引き出している．

予測モデルも IM の典型であろう．ロボットの知識や期待は完全な確率分布で表現されるとは限らず，ニューラルネットワークや SVM などの予測器で表される．これらの予測器を Π とし，状態やその属性の一般的な標記をさきにならい e とし，現在の感覚運動コンテキスト，そして可能ならば過去のコンテキストも符号化する構造を $SM(\to t)$ と表すと，

$$\Pi(SM(\to t)) = \check{e}(t+1) \tag{4.2.3}$$

ここで，$\check{e}(t+1)$ は，予測されたイベントで，実際のイベント $e(t+1)$ との差を誤差 $E_r(t)$ として定義する．

$$E_r(t) = ||\check{e}(t+1) - e(t+1)|| \tag{4.2.4}$$

予測新規動機 (prediction novelity motivation) は，予測誤差が最大のとき，最大報酬になる．

$$r(SM(\to t)) = CE_r(t) \tag{4.2.5}$$

ここで，C は定数．Barto et al.[10] は，再利用可能なスキルの階層構造化とその拡張に，この誤差規範を用いた．

学習進度動機 (learning progress motivation) の最初の提案は，Schmidhuber[26] が行った．学習の進み具合の測度として，予測器 Π の予測誤差の差を用いた．すなわち，同じ感覚運動コンテキスト $SM(\to t)$ のもとで，最初の予測と学習則によって更新された予測器 Π' による予測との差で表される．つまり，

$$r(SM(\to t)) = E_r(t) - E'_r(t) \tag{4.2.6}$$

ここで，

$$E'_r(t) = ||\Pi'(SM(\to t)) - e(t+1)|| \tag{4.2.7}$$

である．これにより，ゴール指向のオンライン学習向けの適応的世界モデルを用いた「好奇心神経制御器 (curiosity neural controller)」を定式化した．

学習の進み具合を測る他の手法として，Oudeyer et al.[23] は，類似状況を領域に統合し，そのなかで比較する手法を提案している．領域数やその境界は，適応的に更新される．彼らは，これを AIBO を用いた感覚運動アフォーダンス実験に用いた（図 4.2.5）．

予測新規動機の変形として，予測既知動機 (predictive familiarity motivation) がある．予測可能かつ既知の場合を好む場合で，

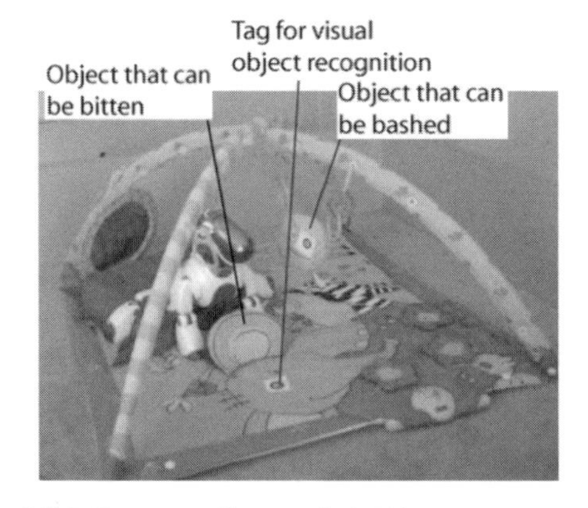

図 **4.2.5** 感覚運動アフォーダンスの実験環境（[23] より許諾を得て転載）

$$r(SM(\to t)) = \frac{C}{E_r(t)} \tag{4.2.8}$$

と表され，Andry et al.[1] が，アーム付きの移動台車が視覚を通じて，感覚運動の不変項を学習するケースに応用した．

明示的な IM モデルとは称していないが，顕著性に基づく好奇心により，語彙爆発のモデルを菊池ら[31] が提案し，シミュレーションと実ロボットの実験で，その有効性を示している．

■ 能力ベースの IM モデル

自身の決断能力に依存した動機による行動学習で，ゴール達成と期待される時刻 t_g に期待されるゴール g を自分で設定したとしよう．この能力の測度として，

$$l_a(g, t_g) = ||\overline{g(t_g)} - g(t_g)|| \tag{4.2.9}$$

が定義される．ここで，$\overline{g(t_g)}$ は，予測されたゴールであり，$g(t_g)$ は，実際の状態もしくはイベントを指す．次の時刻 $t_g + 1$ のゴールは，将来のこの測度の累積を最大化する方向に行動選択する，すなわち，常々，果敢に未知領域に挑戦する戦略に対応する．これは，無能力最大化動機 (maximizing incompetence motivation) とよばれ，以下で定義される．

$$r(SM(\to t), g, t_g) = l_a(g, t_g) \tag{4.2.10}$$

このモデルが，怪我して痛い目に遭うような，さらには死にいたる危険性も顧みずチャレンジする乳幼児のケース[16] に対応しそうである．もちろん，逆の最大能力進度 (maximizing competence progress) もありうる．

知識ベースと能力ベースの両方を含みうるケースとして，乳幼児の発声発達の自己組織化にならった音韻学習のアプローチがある[20]．好奇心駆動型の学習（知識ベースの IM モデル）に基づき，発声域の行動計画の自己組織化がなされ，能力ベースの IM モデルともみなせる．

■ 形態学的 IM モデル

上記二つの IM モデルは，現在の状況と過去や記憶の状況との比較の情報表現に依存するが，形態学的 IM モデルは，同時刻に知覚される刺激間の比較に依存する．代表的なものは，同期性動機 (synchronicity motivation) で，同期性による報酬最大化を図るモデルである．これに基づけば，因果関係・随伴関係を学習する際には，複数の現象が同期して生じることを発見することがポイントであり，同期すること自体に動機付けがある．よって，いったん発見された同期現象は，それを繰り返し確認するための行動に報酬が与えられる．Sumioka et al.[27] は，これにより，いったん発見された同期による随伴関係の再帰的構造化を共同注意関連の行動学習で示している．図 4.2.6 に，そのアーキテクチャを示す．

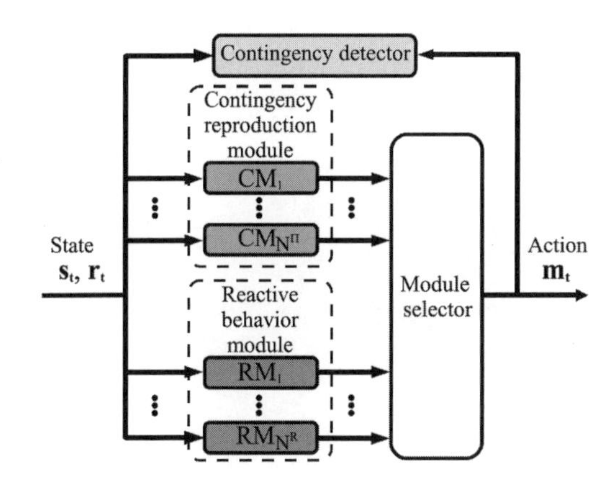

図 4.2.6 随伴性の発見と再生アーキテクチャ[27]

4.2.6 IM と社会性との関連

心理学の知見で示されているように，IM と EM は独立ではなく，相互に関連し，同時に存在する可能性や，時期を経て，発達的変化をする場合もある．これまでは，情報量基準を用いて，IM の計算モデルを紹介してきたが，個々のモデル間の遷移や，社会性を陽に取り込んだモデルにはなっていない．社会性による動機付けは EM ととられがちだが，必ずしもそうではない．たとえば，発声における相互模倣の場合[15]，模倣されることの喜びが，発声の模倣行為の動機付けになっているので，互いの IM が環境を介して相互作用しているとみなせる．社会性のより理論的な研究では，Triesch[28] が，センサデータの効率的符号化学習に IM が貢献していると考えた．それにより，自身の運動と他者（模倣呈示者）の運動のマッチングを導く情報圧縮の一般的な動機付けによる駆動の帰結として模倣が創発しうることを提案している．

人間の死亡要因のメタ解析[13] では，喫煙，アルコール，大気汚染などの直接的要因を抑えて，社会的関係性が上位を占めた．それほどに人間の場合，社会的関係性が重要である．Ogino et al.[21] は，社会的関係性を要求する乳幼児の様子を表すスティルフェースパラダイム (still-face paradigm)[29] において，その計算モデルを構築し，社会的関係性に対する要求のメカニズムを学習を通じて表している．スティルフェースパラダイムとは，乳幼児と親との相互作用中に突然，親が乳幼児からの応答に何も反応しない静止顔になると，乳幼児の笑顔が減少し，ぐずり，親の注意を引こうと発声することから，他者との関係性を維持したいという欲求が親子間相互作用を動機づけているとするパラダイムである．図 4.2.7 に学習結果を示す．左が Still Face 期間を含む相互作用時間帯における養育者の推定された情動状態で，右が学習者（9 ヶ月時想定）の社会的関係性尺度で，Still Face 期間に落ちている様子がうかがえる．これらも含めて，今後，社会性の明示的な IM モデルへの導入，ならびに発達的変化も考慮したモデルへの拡張や，それらのロボットへの実装による検証などが望まれる．

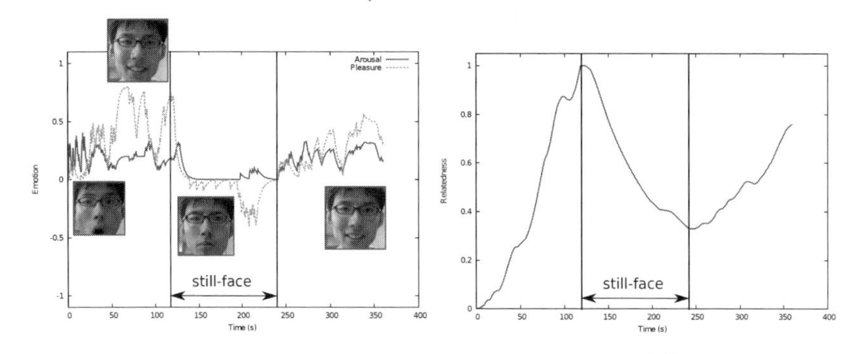

図 4.2.7 社会的関係性を動機付けとする学習結果[21]

4.2.7 おわりに

IM に関連する心理学における歴史的考察，脳神経科学的知見，計算モデルを紹介した．IM 自身は，認知発達ロボティクスの課題でもあり，社会性を考慮した IM は，人間の行動の駆動源であり，認知発達過程において重要な位置を占める．ロボットの行動原理設計の観点からも重要な研究項目である．本節で紹介してきた考え方や手法の詳細に関しては，書籍としてまとめられている文献[6] などを参照されたい．今後はより広範な視点から，より精緻な計算モデルの進展が望まれ，それが，自己や他者の認知を含めた，人間の心的機能の構成的理解につながると期待される．

参考文献

[1] Pierre Andry, Philippe Gaussier, Jacqueline Nadel, and Beat Hirsbrunner. Learning invariant sensorimotor behaviors: A developmental approach to imitation mechanisms. *Adaptive behavior*, 12(2):117–138, 2004.

[2] Minoru Asada, Koh Hosoda, Yasuo Kuniyoshi, Hiroshi Ishiguro, Toshio Inui, Yuichiro Yoshikawa, Masaki Ogino, and Chisato Yoshida. Cognitive developmental robotics: a survey. *IEEE Transactions on Autonomous Mental Development*, 1(1):12–34, 2009.

[3] Minoru Asada, Shoichi Noda, and Koh Hosoda. Action based sensor space segmentation for soccer robot learning. *Applied Artificial Intelligence*, 12(2-3):149–164, 1998.

[4] Minoru Asada, Shoichi Noda, Sukoya Tawaratumida, and Koh Hosoda. Purposive behavior acquisition for a real robot by vision-based reinforcement learning. *Machine Learning*, 23:279–303, 1996.

[5] Minoru Asada, Eiji Uchibe, and Koh Hosoda. Cooperative behavior acquisition for mobile robots in dynamically changing real worlds via vision-based reinforcement learning and development. *Artificial Intelligence*, 110:275–292, 1999.

[6] G. Baldassarre and M. Mirolli (eds.). *Intrinsically Motivated Learning in Natural and Artificial Systems*. Berlin:Springer, 2013.

[7] G. Baldassarre, Tom Stafford, M. Mirolli, P. Redgrave, R. M. Ryan, and A. Barto. Intrinsic motivations and open-ended development in animals, humans, and robots: an overview. *Frontiers in Psychology*, 5(Article985):1–5, 2014.

[8] Gianluca Baldassarre. What are intrinsic motivations? a biological perspective. In *IEEE International Conference on Development and Learning, and Epigenetic Robotics (ICDL-EpiRob 2011)*, CD–ROM, 2011.

[9] Andrew Barto, Marco Mirolli, and Gianluca Baldassarre. Novelty or surprise? *Frontiers in Psychology*, 4(Article907):1–15, 2013.

[10] Andrew G. Barto, Satinder Singh, and Nuttapong Chentanez. Intrinsically motivated learning of hierarchical collections of skills. In *Proc. of the 3rd International Conference on Development and Learning (ICDL 2004)*, 2004.

[11] Philippe Capdepuy, Daniel Polani, and Chrystopher L. Nehaniv. Maximization of potential information flow as a universal utility for collective behaviour. In *Proc. of the 2007 IEEE Symposium on Artificial Life*, pp. 207–213, 2007.

[12] J. H. Connel and S. Mahadevan. "Rapid task learning for real robot". In J. H. Connel and S. Mahadevan, editors, *Robot Learning*, chapter 5. Kluwer Academic Publishers, 1993.

[13] Julianne Holt-Lunstad, Timothy B. Smith, and J. Bradley Layton. Social relationships and mortality risk: A meta-analytic review. *PLoS Medicine*, 7(7):e1000316, 2010.

[14] Xiao Huang and John Weng. Novelty and reinforcement learning in the value system of developmental robots. In *Proc. of the 2nd international workshop on Epigenetic Robotics : Modeling cognitive development in robotic systems*, pp. 74–55, 2002.

[15] H. Ishihara, Y. Yoshikawa, K. Miura, and M. Asada. How caregiver's anticipation shapes infant's vowel through mutual imitation. *IEEE Transactions on Autonomous Mental Development*, 1(4):217–225, 2009.

[16] Amy S. Joh and Karen E. Adolph. Learning from falling. *Child Development*, 77(1):89–102, 2007.

[17] D. Kumaran and E. A. Maguire. Which computational mechanisms operate in the hippocampus during novelty detection? *Hippocampus*, 17(9):735–748, 2007.

[18] J. E. Lisman and A. A. Grace. The hippocampal-vta loop: controlling the entry of information into long-term memory. *Neuron*, 46(5):703–713, 2005.

[19] Manuel Lopes and Pierre-Yves Oudeyer. Guest editorial active learning and intrinsically motivated exploration in robots: Advances and challenges. *IEEE Transactions on*

Autonomous Mental Development, 2(2):65–69, 2010.

[20] Clement Moulin-Frier and Pierre-Yves Oudeyer. Curiosity-driven phonetic learning. In *IEEE International Conference on Development and Learning, and Epigenetic Robotics (ICDL-EpiRob 2012)*, CD–ROM, 2012.

[21] Masaki Ogino, Akihiko Nishikawa, and Minoru Asada. A motivation model for interaction between parent and child based on the need for relatedness. *Frontiers in Psychology*, 4(Article618):324–334, 2013.

[22] P-Y. Oudeyer and F. Kaplan. How can we define intrinsic motivation? In *Proc. of the 8th International Conference on Epigenetic Robotics: Modeling Cognitive Development in Robotic Systems (Epirob 2008)*, pp. 93–101, 2008.

[23] P-Y Oudeyer, F. Kaplan, and V.V. Hafner. Intrinsic motivation systems for autonomous mental development. *IEEE Transactions on Evolutionary Computation*, 11(2):265–286, 2007.

[24] P. Redgrave and K. Gurney. The short-latency dopamine signal: a role in discovering novel actions? *Nature reviews Neuroscience*, 7(12):967–975, 2006.

[25] Richard M. Ryan and Edward L. Deci. Intrinsic and extrinsic motivations: Classic definitions and new directions. *Contemporary Educational Psychology*, 25(1):54–67, 2000.

[26] J. Schmidhuber. Curious model-building control systems. In *Proc. of International Joint Conference on Neural Networks, volume 2*, pp. 1458–1463, 1991.

[27] Hidenobu Sumioka, Yuichiro Yoshikawa, and Minoru Asada. Reproducing interaction contingency toward open-ended development of social actions: Case study on joint attention. *IEEE Transactions on Autonomous Mental Development*, 2(1):40–50, 2010.

[28] Jochen Triesch. Imitation learning based on an intrinsic motivation mechanism for efficient coding. *Frontiers in Psychology*, 4(Article900):1–8, 2013.

[29] Edward Tronick, Heidelise Als, Lauren Adamson, Susan Wise, and T. Berry Brazelton. The infant's response to entrapment between contradictory messages in face-to-face interaction. *Journal of the American Academy of Child & Adolescent Psychiatry*, 17(1):1–13, 1978.

[30] A. Yu and P. Dayan. Expected and unexpected uncertainty: ACh and NE in the neocortex. In *in Advances in Neural Information Processing Systems 15 (NIPS)*, pp. 157–164M, 2002.

[31] 菊地 匡晃, 荻野 正樹, 浅田 稔. 顕著性に基づくロボットの能動的語彙獲得. **日本ロボット学会誌**, 26(3):45–54, 2008.

[32] 吉本 潤一郎, 伊藤 真, 銅谷 賢治. 強化学習の最近の発展《第 10 回》脳の意思決定機構と強化学習. **計測と制御**, 52(8):749–754, August 2013.

[33] 川人 光男, 銅谷 賢治, 春野 雅彦. 多重順逆対モデル（モザイク）その情報処理と可能性. **科学**, 70:1009–1018, 2000.

[34] 高橋 泰岳, 浅田 稔. 実ロボットによる行動学習のための状態空間の漸次的構成. **日本ロボット学会誌**, 17(1):118–124, 1999.

[35] 高橋 泰岳, 浅田 稔. 複数の学習器の階層的構築による行動獲得. **日本ロボット学会誌**, 18(7):1040–1046, 2000.

[36] ジャコモ・リゾラッティ（著）, コラド・シニガリア（著）, 茂木健一郎（監修）, 柴田裕之（翻訳）. 『ミラーニューロン』, 紀伊國屋書店, 2009.

[37] 内部 英治, 浅田 稔, 細田 耕. 複数の学習するロボットの存在する環境における協調行動獲得のための状態空間の構成. **日本ロボット学会誌**, 20(3):281–289, 2002.

[38] 浅田 稔（編著）. 『RoboCupSoccer ロボットの行動学習・発達・進化』, 共立出版, 2002.

[39] 保田 俊行, 大倉 和博. 強化学習の最近の発展《第 8 回》連続空間における強化学習によるマルチロボットシステムの協調行動獲得. **計測と制御**, 52(7):648–655, July 2013.

[40] 浅田 稔. 実環境におけるロボットの学習・進化的手法の適用と課題. **計測と制御**, 38(10):650–653, 1999.

[41] 浅田 稔. 身体・脳・心の理解と設計を目指す認知発達ロボティクス. **計測と制御**, 48(1):11–20, Jan 2009.

[42] 浅田 稔. 共創知能を超えて—認知発達ロボティクスよる構成的発達科学の提唱—. **人工知能学会誌**, 27(1):2–9, January 2012.

おわりに

本書では，強化学習に関するさまざまな研究を俯瞰するために，基礎的理論から発展，応用事例，そして認知科学研究という多角的な視点を積み重ねてきた．多様な著者の視点から見ることで，強化学習研究の広がりを捉えられるようになった．また，実際に応用するときにぶつかるさまざまな疑問にも答えられるものになったと思っている．

とはいえ，限られた紙面でカバーできなかったトピックも多い．

大規模な問題を扱う手法としては，semi-Markov decision process とよばれる，複数ステップの行動をマクロな行動として捉えることで，問題を階層化して扱うアプローチが研究されている．大規模な問題を実用的な時間で解くためには重要なアプローチであり，今後の発展が望まれる．

連続状態空間における強化学習としては，最適制御理論として捉えることで，この本で紹介したものとは別の見方が可能になる．ベルマン方程式の連続空間への拡張であるハミルトン–ヤコビ–ベルマン方程式は，近年，新たな近似解法の研究が進み，これまでより大規模な問題の解が求められるようになってきたことから，新たな領域への応用が期待されている．

また，一方で，シンボリックなもの同士の関係を状態や行動空間と考える，いわゆる relational 強化学習も，最近大きく注目を集めている分野の一つである．離散ではあるが状態数が組み合わせ爆発的に大きくなるような問題において強化学習を適用できることから，これまでとは異なる分野においても注目を集めている．

応用面においても，Windows ヘルプの文書の記述に対応する操作を学習する研究，税金滞納者へのはたらきかけのモデル化など，新たなドメインに適用することが進んでいる．

これらを含め，最先端の研究は，機械学習に関する国際学会である ICML，NIPS などが主な発表の舞台となっている．プレゼンテーションの動画配信などもあるので，いまの研究の方向性をより深く知ることが可能であろう．

また，5 年後，10 年後には，これまでとはまったく違った強化学習の使い方が展開されると予想している．

本書執筆のきっかけとなった計測自動制御学会でのリレー解説では，執筆者を集めて強化学習の将来についてパネルディスカッションを行った（次頁の表）．パネリスト達が挙げた 10 年後のゴール（2013 年時点）を見ると，大規模な予測や制御といった問題への展開や，それを実現するための方法論の確立，脳科学，生物学，心理学といった分野との協

表　各パネリストが掲げる10年後のゴールとそれを達成するために協働が必要な研究分野
（『計測と制御』第52巻，第12号より）

パネリスト	ゴール	協働が必要な研究分野
黒江	強化学習的（試行錯誤・相互作用に基づく）システムの解析・設計・制御のための方法論	総合科学としてのサイバネティクスの再構築
荒井	強化学習技術で国規模，アジア規模のネットワーク挙動予測，制御	人の意思決定，集団の動学（→行動科学，数理生態学，マルチエージェントシミュレーション技術）
麻生	医療・介護などの公的制度や組織の運営において，日常的に強化学習が用いられるようになる／ヒューマノイドのような多自由度ロボットによる高度な行動模倣の実現	機械学習，知識表現・意味処理，各応用領域ロボティクス
吉本	分子–細胞–神経回路をつなぐ大脳基底核の計算モデルの確立とそのシミュレーションの実施	分子生物学，光遺伝子学，高性能計算機科学，シミュレーション工学
伊藤	「強化学習心理学」をつくり出す／人・動物の報酬に基づく行動を強化学習で記述	階層強化学習，逆強化学習，ニューラルネットワーク，動物心理学，経済心理学
浅田	強化学習技術でJリーグチャンピオンに匹敵するヒューマノイドチーム（チームプレイ）をつくる	ロボティクス，脳神経科科学，心理学

働による発展などが挙げられている．本書でもいくつか例を取り上げたように，意思決定や予測，ロボット制御は強化学習の得意とする応用例であろう．これらについては計算機性能の向上，ビッグデータの恩恵によってより大規模化，高性能化していくに違いない．一方で，第4章などで紹介したように，強化学習にはヒトの意思決定をモデル化するという側面もあり，脳科学や生物学とのつながりも深い．そういった側面からの展開も注目が必要である．

また，強化学習は，新たな分野に機械学習技術を適用するための基盤技術としても，ますます重要になってくるだろう．機械学習においてはデータが不可欠であるが，データ収集のコストが問題になってきた場合には，強化学習の視点からのアプローチが非常に有効であるからである．他の機械学習手法との組み合わせにより，未知の対象から自律的にデータを集め学習するようなアプローチが，今後登場してくるものと期待している．

この本が，こうした強化学習の新たな研究を目指す人たちの一助となれば幸いである．

最後になってしまったが，九州大学の木村元先生には，『計測と制御』での連載より多くのサポートをいただいたことに深く感謝したい．計測自動制御学会には，『計測と制御』での連載の企画でもお世話になり，本書の出版についてもご快諾いただいた．お礼を申し上げたい．

編　者

索引

□あ 行

□か 行

□さ 行

□た 行

□な　行

□は　行

□ま　行

□や　行

□ら　行

□わ　行

編集担当　丸山隆一(森北出版)
編集責任　藤原祐介・石田昇司(森北出版)
組　　版　藤原印刷
印　　刷　　同
製　　本　　同
イラスト　有限会社ケイデザイン　北村裕子

これからの強化学習

2016 年 10 月 31 日　第 1 版第 1 刷発行

2017 年 4 月 28 日　第 1 版第 4 刷発行

編 著 者　牧野貴樹／澁谷長史／白川真一
発 行 者　森北博巳
発 行 所　森北出版株式会社
東京都千代田区富士見 1-4-11（〒102-0071）
電話 03-3265-8341 ／ FAX 03-3264-8709
http://www.morikita.co.jp/
日本書籍出版協会・自然科学書協会　会員

Printed in Japan ／ ISBN978-4-627-88031-3